Geneviève Dormann

# Sophie

Geneviève Dormann

# SOPHIE

Historischer Roman

Aus dem Französischen
von Irmelind Trempler

Ullstein

ISBN 3-550-06748-8
Die französische Originalausgabe erschien bei Albin Michel, Paris,
unter dem Titel: Le roman de Sophie Trébuchet

Satz: MPM, Wasserburg
Druck und Verarbeitung: Wiener Verlag, Himberg bei Wien
Printed in Austria 1996

Gedruckt auf alterungsbeständigem Papier
mit chlorfrei gebleichtem Zellstoff

Die Deutsche Bibliothek – CIP-Einheitsaufnahme

*Dormann, Geneviève:*
Sophie: historischer Roman/Geneviève Dormann.
Aus dem Franz. von Irmelind Trempler. –
Berlin; Frankfurt am Main: Ullstein, 1996
Einheitssacht.: Le roman de Sophie Trébuchet <dt.>
ISBN 3-550-06748-8

Für Valérie,
mein Kind, meine schöne Schwester

»Die Kühnheit ist wie ein Schutzschild.«

*Sallust*

## Châteaubriant, 1795

Jede dritte Nacht: Der sauber unter dem Haarknoten abgetrennte Kopf von Mademoiselle de la Biliais fällt unendlich langsam und kippt in einer nicht enden wollenden Bewegung zur Seite, und es erlöschen der geöffnete Mund, die kindlichen Wangen, die schönen blauen, weitaufgerissenen Augen und die blasse Stirn unter einem blutigen Schleier. Da wacht Sophie Trébuchet schreiend auf, und Tante Robin und die alte Péan haben alle Mühe, das junge Mädchen zu beruhigen. Julie versucht es mit der Erklärung, daß der Kopf nicht unter dem Haarknoten abgetrennt worden sein *kann*, aus einem sehr einfachen Grund: Die Haarknoten werden immer *vorher* abgeschnitten.

Sophie Trébuchet ist dreiundzwanzig Jahre alt. Sie ist 1772 in Nantes geboren.

Am 19. Juni 1772 läuten in Nantes die Kirchenglocken von Saint-Laurent. Ein kleines Mädchen wird getauft, das an jenem Tag in den frühen Morgenstunden in der Rue des Carmélites geboren worden ist – im Haus seines Großvaters mütterlicherseits, des Anwalts Le Normand du Buisson.

Man möge ihr doch das Fenster öffnen bei dieser hochsommerlichen Hitze, hat die junge Wöchnerin gefleht und auch verlangt, man solle sie allein lassen. Sie will sich sammeln, während dort drüben ihr Kind getauft wird. Von ihrem Bett aus sieht Renée-Louise einen blühenden Buddlejastrauch im benachbarten Garten, und am tiefblauen Himmel kreuzen zwitschernd Schwalben den trägen Flug der Möwen, die sich über der Stadt verirrt haben.

Beim ersten Glockenschlag sind der jungen Frau die Tränen über die blassen Wangen geströmt. Vor Erschöpfung? Sie weint vor allem darüber, daß sie wieder ein Mädchen zur Welt gebracht hat. Das dritte. Sie wollte einen Jungen, um ihrem Jean-François, der auch dieses Mal nicht da ist, eine Freude zu machen. Im Auftrag des Reeders Drouin segelt er irgendwo auf amerikanischen Gewässern. Er ist nun schon wieder seit fünf Monaten fort. Bei gutem Wind wird er im September oder sogar schon im August nach Nantes zurückkehren. Vielleicht ist er zu ihrem Geburtstag wieder da: Am 29. August wird Renée-Louise fünfundzwanzig Jahre alt.

Vor knapp einem Monat hat sie einen Brief zum Hafen gebracht, darauf die Adresse, die er ihr dagelassen hat: Kapitän Jean-François Trébuchet bei den Herren Bazelais,

Drouin und Fagorie in Saint-Marc auf Santo Domingo. Ihre Zeilen erreichen ihn in Port-au-Prince, wo die *Sèvres* für einige Zeit vor Anker gehen mußte. Es ist ein beruhigender, fröhlicher Brief, in dem Renée-Louise nur gute Nachrichten übermittelt. Die Ginganballen aus Lorient sind eingetroffen. Sie hat auf seine Anweisung hin dreihundert Stück gekauft, die man ihr preisgünstig überlassen hat. Sie hat sich auch um die Zuckerfässer gekümmert. Er braucht sich also um seine nächste Schiffsladung keine Sorgen zu machen. Sie erzählt von den beiden ältesten Töchtern: Der Keuchhusten von Renée ist inzwischen fast vergessen, und Madeleine hat gerade drei Backenzähne bekommen. Ihr selbst geht es ausgezeichnet, schreibt sie, und wenn sich das Kind bewegt, fühlt sie, daß es dieses Mal ein Junge wird. Sie ist sich ganz sicher. Sie wünscht es sich so sehr.

Während zu Ehren der kleinen Sophie die Glocken läuten, weint Renée-Louise bitterlich. Sie fühlt sich plötzlich elend und verlassen. Was hat sie von der Liebe eines Mannes, der nie da ist? Wozu romantische Zeilen schreiben – »Ich würde gern ewig leben und dir immer nahe sein …« –, wenn es ihn stets rastlos umhertreibt? Soll das ein Leben lang so weitergehen?

Als sie vor fünf Jahren geheiratet haben, war ihr Vater gar nicht erbaut. Er hatte gehofft, Renée-Louise würde irgendeinem reichen Händler das Jawort geben. Und nun hat sie sich in diesen Jean-François vergafft, der keinen roten Heller besitzt. Gewiß, der junge Kapitän ist ein hübscher Kerl, und seine Familie, die aus Auverné stammt, gilt als ehrenhaft, aber allein von der Liebe wird man nicht satt. Der Anwalt hatte seine Tochter gewarnt: »Deine Mitgift ist knapp bemessen, ich kann nicht mehr aufbringen. Mein Besitz in Saint-Fiacre ist noch mit dreitausendfünfhundert Livre belastet, die ich zurückzahlen muß.«

Vor lauter Freude über seine Zustimmung hat Renée-Louise dieser Geldgeschichte keine Bedeutung beigemessen. Und als Jean-François sich ein Jahr später nach Afrika einschiffte, hat er ihr zärtlich versichert, daß er seinen Weg in Windeseile zurücklegen werde, um hernach länger bei ihr zu sein. In Windeseile, hat er gesagt, aber wie lange ist er eigentlich bei ihr gewesen, seit er zum erstenmal fortgesegelt ist? Kaum ein bis zwei Monate im Jahr.

Und fünf Jahre später hat er seinen Weg noch immer nicht gemacht. Die Schiffe, die man ihm anvertraut hat, gehören ihm nicht und die Ladungen, die sie transportieren, auch nicht, mit Ausnahme einiger Waren, die er auf eigene Rechnung erwirbt und bei seiner Ankunft in Amerika oder Afrika verkauft. Wie jeder gute Kapitän findet er auch wieder eine Fracht für die Rückfahrt: Kaffee, Baumwolle, Indigo oder Pfeffer. Aber so bescheiden wie sein Startkapital ist auch sein Profit.

Jean-François ist weit entfernt davon, zu jenen reichen Reedern zu gehören, die Berge von Gold anhäufen, indem sie Neger von einem Ende der Welt zum anderen transportieren. Manche Schiffsladungen mit Sklaven bringen bis zu zweihundert Prozent Gewinn. Natürlich gibt es auch Verluste. Die in den Laderäumen zusammengepferchten Sklaven sterben nur allzu häufig an Skorbut, Typhus oder ganz einfach vor Angst und Verzweiflung. Es kommt auch vor, daß sie rebellisch werden. Dann muß man sie über Bord werfen, um das Schiff zu retten. Aber manchmal werden die Verluste auch durch Geburten wettgemacht: Trotz der rauhen Sitten auf See sind die Männer an Bord – Neger und Weiße, Kapitän und Matrosen gleichermaßen – nicht unempfänglich für die Reize der schönen Sklavinnen.

Der Transport des »Schwarzen Elfenbeins« ist wirklich

die Spezialität von Nantes. Die Stadt überrundet Bordeaux, Saint-Malo, Le Havre oder Marseille: pro Jahr ungefähr zehntausend Sklaven auf sechsunddreißig bis vierzig Schiffen. So findet man vor der Atlantikküste Afrikas, auf der Insel Gorée, Dakar gegenüber, ausgezeichnete Untertanen. Die schwarzen Duodezfürsten tauschen sie gerne gegen Werkzeuge, Glasperlen, Stoffe oder Branntwein, den sie für ihr Leben gern trinken. Mit einiger Sorgfalt verschifft man die noch sehr lebendige, vom Schiffsarzt ordnungsgemäß untersuchte menschliche Fracht. Man kann einen Neger, den man für sieben- bis achthundert Livre gekauft hat, für stolze achtzehnhundert Livre an einen Siedler auf Santo Domingo weiterverkaufen. Nach Abzug der Anteile für den Kapitän sowie der Kosten für das Schiff heimst der Reeder ein stattliches Sümmchen ein, das er dann in den Kolonien in Zucker, Baumwolle oder Kaffee anlegt.

Jeder kommt auf seine Kosten, denn die Erzeugnisse, die man im Sklavenhandel zum Tauschen braucht, halten Industrie und Handel daheim in Gang. Nantes und Umgebung kennen keine Not. Arbeiter und Handwerker wissen nicht mehr, wo ihnen der Kopf steht: Sie haben mehr Arbeit, als sie bewältigen können. Hier werden Nägel hergestellt, dort Waren aus Steingut, Taue oder Hüte. Man webt Stoff, brennt Likör, raffiniert, füllt Wein, Essig und Salz in Fässer. Im Hafen steht der Verkehr nicht still, und vollbeladene Schiffe fahren die Loire, die noch schiffbar ist, flußaufwärts zu den Essigfabriken von Orléans.

So haben die Kaufleute ungeheuren Reichtum angehäuft, und die goldschwere Stadt zieht die Begehrlichkeiten ganz Europas auf sich. Woher man auch kommt, aus Deutschland, Holland, Irland oder der Schweiz – jeder will in Nantes Bankier, Reeder oder Kaufmann sein. Nur

Seeleute wie Jean-François Trébuchet, die zwar aus einer guten Familie stammen, aber zu arm sind, um mit der Investition entsprechender Summen ein Vermögen anzuhäufen, bringen von den fernen Meeren nichts als Erinnerungen, Farben und Geschichten mit.

Und Renée-Louise, das Gesicht in ihrer Decke vergraben, fragt sich, ob das Geld nicht vielleicht der Lebensnerv der Liebe ist. Tiefe Niedergeschlagenheit überkommt sie, während man in der nahegelegenen Kirche dabei ist, dem kleinen Körper ihrer neugeborenen Tochter mit allerlei Beschwörungen den Teufel auszutreiben.

Ihr Leidensweg ist noch nicht zu Ende. In den folgenden acht Jahren wird sie noch fünf Kinder zur Welt bringen, die sie den Heimataufenthalten ihres geliebten Seemanns zu verdanken hat. Lauter Jungen, denn Gott hatte sie erhört. Zwei von ihnen sterben im Säuglingsalter, wobei der Teufel die Hand im Spiel hat.

Währenddessen befährt Jean-François die Meere, immer auf der Suche nach der täglichen Brotration für seine Familie, ohne es jemals zu Reichtum zu bringen. Unter der tropischen Sonne bekommt sein Gesicht Falten. Seine Sehkraft schwindet, wie er so jahrein, jahraus den unendlichen Horizont absucht. Von Zeit zu Zeit taucht er in der Rue des Carmélites im Hause seines Schwiegervaters auf, wo Renée-Louise oft wohnt, um zu sparen und nicht allein zu sein und weil ihre eigene Wohnung in der Haute-Grand-Rue mit wachsender Kinderschar immer enger wird.

Jean-François kommt oft ganz überraschend von der See zurück. Dann schleppt er Säcke herbei und reizende, aber unnütze Geschenke, und seine Kleider sind durchtränkt von fremdländischen Gerüchen. Er kommt, und seine Zärtlichkeiten bringen Renée-Louise schier um den Verstand, so ausgehungert, tolpatschig und ungeschickt ist er in seinem entwaffnenden männlichen Egoismus. Er ist entzückt, daß er sie nie zu sehen bekommt, wenn sie gerade von einer Schwangerschaft entstellt ist, denn Gott will, daß sie immer gerade erst schwanger ist, wenn er sie verläßt, und sieht er sie Monate später wieder, hat sie bereits entbunden.

Morgens, abends oder bei Einbruch der Nacht taucht er auf und erfüllt das strenge Haus mit Leben. Die Kinder klettern auf ihm herum und kämpfen eifersüchtig darum, wer als erster die Schulterstücke des Kapitäns und seine rauhen Wangen berührt.

Sophie, seine drittälteste Tochter, gewinnt oft bei diesem Spiel. Wenn ihr Vater da ist, ist sie wie ausgewechselt. Sie errötet, wenn sie ihn sieht, und so lebhaft und schwatzhaft sie sonst ist, so schüchtern und stumm wird sie dann plötzlich. Sie ist gehorsam und schweigsam, sie, deren Widerspenstigkeit und Wildheit Renée-Louise sonst so sehr zusetzen.

Merkwürdig, dieses heimliche Einverständnis zwischen dem kleinen Mädchen und dem Seemann. Wenn er kommt, verlangt er zuerst nach ihr: »Wo ist denn meine Teufelin?« Und die Teufelin kann sich ihm gegenüber alles herausnehmen. Sie zieht an seinem Haarzopf, sie vergräbt ihr Mäulchen in seinem feinen, weißen Jabot, sie schnallt das Kurzschwert mit dem Silbergriff ab. Sie fällt über ihn her, ergreift Besitz von ihm, richtet sich triumphierend auf seinen Knien ein und verhöhnt von dort aus die übrige Familie, Renée, Madelon, die kleinen plärrenden Jungen und sogar die sanfte Renée-Louise, die jedesmal, wenn ihr Ehemann zurückkehrt, zu Tränen gerührt ist.

Wenn der Kapitän eine Geschichte erzählt, wendet er sich an Sophie. Und Sophie liebt von allen seinen Geschichten am meisten die von dem dicken, großen Fisch, der in ihrem Geburtsjahr die *Sèvres* und ihre Mannschaft beinahe auf Grund gesetzt hätte.

Jean-François' Finger wandert über die Seekarte, hält an bei 25° nördlicher Breite und 32° 37' westlicher Länge, dem Meridian von Teneriffa.

»Es war am 25. Mai«, beginnt er, »abends um elf Uhr. Wir hatten Santo Domingo schon vor einigen Stunden verlassen. Plötzlich erzitterte unser Schiff vom Rumpf bis zu den Masten unter einem schrecklichen Stoß. Wumm. Wir glaubten, wir hätten einen Kiesel dicht unter der Wasseroberfläche berührt. In Windeseile erforschten wir die Tiefen des Schiffes. Da war viel zuviel Wasser. Alle Mann an Deck! Aber die Nacht war so schwarz, daß wir bis zum Tagesanbruch warten mußten ... Und da, Sophie, sahen wir backbords ein Ding, eine Höllenkreatur, einen Fisch, so riesengroß, wie ihn keiner von uns je zuvor gesehen hatte. Er saß einige Fuß oberhalb des Kiels fest und war dreißig bis vierzig Fuß lang. Ich gab den Befehl, das Tier mit Hilfe eines dicken Taus, das an einem Flaschenzug befestigt war, einzuholen. Dreißig Männer legten sich ins Zeug, vergebens; das Monstrum bewegte sich nicht.

Es war ausnahmsweise ein Engländer, der uns rettete. Kapitän Smith, der mit seiner *Anne* drei Meilen entfernt vor dem Wind kreuzte, hat auf unser Notsignal geantwortet. Er geruhte, uns ein Boot und drei Männer zu schicken. Wir machten eine Wende über dem festsitzenden Fisch und kappten ihn. Es war wirklich ein in diesen Gewässern unbekanntes Tier. Ein Meereseinhorn, das sich verirrt und unser Schiff oberhalb des Kiels durchbohrt hatte. Das Horn war in der Schiffswand steckengeblieben. Wir haben es Madame de Luynes geschenkt, Kinder, und wieder einmal haben uns Gott, die Jungfrau Maria und der heilige Yves beschützt.

Gott, die Jungfrau Maria und der heilige Yves, an die Kapitän Trébuchet so fest glaubt, nehmen es merkwürdigerweise mit ihrem Schutz nicht so genau.

Am 21. Juli 1780 bringt Renée-Louise ihr achtes Kind zur Welt. Es wird sie das Leben kosten. Eines Abends, drei Wochen später, stirbt sie, erschöpft murmelnd: »Gott sei Dank, der Tag ist zu Ende.« Sie ist zweiunddreißig Jahre alt.

Die Familie gerät in Panik. Da hat Kapitän Trébuchet nun sechs Kinder am Hals (denn der kleine Jean-Baptiste ist vor zwei Jahren an Diphtherie gestorben). Die Älteste ist zwölf Jahre alt, der Jüngste zwei Wochen. Sophie zählt acht Jahre.

Die einzigen nahen Verwandten, die Jean-François Trébuchet noch hat, sind sein ältester Bruder Louis, der Schmiedemeister, der das elterliche Haus, die Renaudière in Le Petit-Auverné, geerbt hat, dort in den Ruhestand gegangen ist und ein Jahr später sterben wird, und vor allem seine älteste Schwester Françoise, die er sehr liebt.

Sie ist sechsundfünfzig und seit zwei Jahren Witwe des Rechtsanwalts Robin, seinerzeit Notar in Saint-Julien-de-Vouvantes. Diese Tante Robin ist eine Persönlichkeit. Ein »Trotzkopf«, wie man in der Familie sagt. Ein Original. Jean-François, der wie alle Seeleute sehr fromm ist, erschreckt sich manchmal über die fortschrittlichen Ideen seiner Schwester und besonders über die Respektlosigkeit, mit der sie von den Priestern und der Religion im allgemeinen spricht. Sie ist sehr belesen, und nichts geht ihr über das Theater, so daß man sie dort häufig sieht, obwohl sie verwitwet ist. Aber sie hat ein so gütiges und heiteres Wesen, daß Jean-François ihr die voltaireschen Manieren und die Ungeniertheit verzeiht. Er nennt sie »die Robine«.

Françoise Robin ist nicht mittellos. Ihr Mann hat ihr

eine Rente hinterlassen, die zum Leben reicht. Außerdem besitzt sie Ländereien in der Gegend von Châteaubriant. Seit dem Tode ihres Mannes macht sich diese liebenswerte Person ein sehr angenehmes Leben. Im Winter lebt sie in Nantes in ihrem kleinen Haus in der Rue Sainte-Croix und im Sommer in Châteaubriant, wo sie ebenfalls ein Haus in der Rue du Couëré, der Straße der Notare, besitzt. Von dort aus überwacht sie ihr verpachtetes Land und begibt sich oft in die Renaudière, ihr Geburtshaus in Le Petit-Auverné.

Der einzige, etwas ärgerliche Fehler der Robine ist ihre Schwäche für große Namen und Adelstitel. In Wirklichkeit ist diese Voltaire-Anhängerin eine Royalistin, und noch das unbedeutendste Adelsprädikat versetzt sie in Trance. Im Umkreis von zwanzig Meilen weiß sie genauestens Bescheid über alle Heiraten und goldschweren Sippschaften. Sie kann Stammbäume über mehrere Generationen herbeten und ist stolz auf die Verbindungen ihrer eigenen Verwandtschaft mit den großen Namen der Gegend.

Insofern teilt sie ganz die geistige Haltung des damaligen Bürgertums von Nantes. Diese Neureichen sind versessen auf Titel und Wappen, die sie sich dadurch verschaffen, daß sie für teures Geld Adelsbriefe kaufen. Viele tauschen ihre bürgerlichen Namen gegen hochtrabende historische Vokabeln und fügen ihrem Familiennamen häufig die Bezeichnung einer jüngst erworbenen Länderei hinzu. Gegen Ende des Jahrhunderts waren nur etwa zehn Familien in Nantes wirklich Erben des Namens, den sie trugen. Es ist eine Gesellschaft der »Marquis von Carabas«.

Von all ihren Neffen und Nichten Trébuchet hat Tante Robin Sophie am liebsten. Das war von Anfang an so. Madame Robin selbst hat keine Kinder mehr. Ein Kind im Säuglingsalter hat sie verloren, und ihre Tochter Françoise ist längst mit einem Kaufmann in der Stadt verheiratet.

Als Sophie im Alter von vier Jahren beinahe an den Pocken gestorben wäre, hat Tante Robin sie ungeachtet der Ansteckungsgefahr in ihrem eigenen Haus gepflegt. Tage- und nächtelang hat sie am Bett des kleinen Mädchens gewacht. Das Krankenzimmer war mit rotem Stoff ausgeschlagen, denn Rot gilt als die Farbe, die den Juckreiz lindert. Tage- und nächtelang hat sie ihr Geschichten erzählt, Lieder vorgesungen, um sie abzulenken, wobei sie ihr sanft die Hände festhielt, um sie daran zu hindern, sich das Gesicht aufzukratzen. Und Sophie hat es ihr zu verdanken, daß ihr Gesicht nicht für immer von schrecklichen Narben entstellt ist.

Natürlich bleibt Kapitän Trébuchet auch noch der Schwiegervater Le Normand, aber die beiden Männer haben wenig füreinander übrig. Der ehemalige Steueranwalt des Marquis de Goulaine hält seinen Schwiegersohn für schlaff und versponnen. Er nimmt ihm übel, daß er arm ist und seiner Tochter so viele Kinder gemacht hat. Am liebsten würde er ihn auch noch für ihren Tod verantwortlich machen.

Kapitän Trébuchet wiederum mag diesen habgierigen und hartgesottenen Geschäftsmann nicht. In seinen Augen ist er gottlos, hängt zu sehr diesen neuen Ideen aus England an, und seine antiklerikale Einstellung ist ihm unerträglich. Er spürt die Verachtung des alten Mannes, und die Tatsache, daß er ihn braucht, macht die Distanz zwischen ihnen noch größer.

Jean-François ist nach dem Tod seiner Frau in Nantes geblieben. Er hat zu nichts mehr Lust, sagt er, er hat nur noch Sorgen. Da ist vor allem sein Alter; er ist fünfzig und fühlt sich müde. Die Reeder haben Bedenken, ihm noch einmal ein Schiff anzuvertrauen. Sie nehmen lieber junge Kapitäne. Seit zwei Jahren hat man ihm keine Fahrt mehr angeboten. Seine Rücklagen schmelzen immer schneller dahin, und in seinem abgeschabten Gehrock – dem einzigen, den er noch hat – wagt er sich nicht mehr in die Stadt. Zu allem Unglück war sein Jüngster von so schwächlicher Gesundheit, daß er seine Mutter nur um drei Monate überlebt hat.

Es belastet Jean-François sehr, keine Arbeit zu haben. Er ist für ein Leben an Land nicht geschaffen. Seit seinem achtzehnten Lebensjahr fährt er zur See – und die See fehlt ihm jetzt. Man sieht ihn manchmal in den Wirtshäusern am Quai de la Fosse, wo sich die aus der Ferne zurückgekehrten Seeleute, vom Rum berauscht, ihrer Heldentaten rühmen. Oder er geistert ruhelos im Haus seines Schwiegervaters umher.

Eines Nachmittags dringt ein Höllenlärm aus dem Salon. In dem Haus, in dem Trauer und Ratlosigkeit herrschen, sind die Kinder sich selbst überlassen. Sie sind unausstehlich. Weder das Dienstmädchen Jeannette Marion noch ihre Tante Rose werden mit ihnen fertig. Dieses Mal haben sie die Stühle und Sessel umgekippt und zu zwei Haufen gestapelt. Der eine stellt ein französisches Schiff dar, der andere eine englische Fregatte, die geentert werden soll. Sophie, Jean-Louis und der kleine Marie-Joseph sind die französischen Korsare, Renée, Madeleine und Auguste die feindlichen englischen Seeleute. Die Schlacht tobt.

Mit Schürhaken, Feuerzange und Kohlenschaufel bewaffnet, gehen die Kinder mit Geschrei aufeinander los. Der Lärm kümmert sie nicht. Eine Kakaokanne ist schon in tausend Stücke zersprungen, und ein Kaminschirm liegt zertrümmert mit den Füßen nach oben auf dem Boden. Marie-Joseph, der mit dem Schürhaken einen Hieb auf den Kopf bekommen hat, heult, wobei ihm der Speichel aus dem Munde tropft, während Sophie ihm, total überkandidelt und kerzengerade über dem Gemetzel stehend, den Befehl gibt, Munition herbeizuschaffen. Jean-François kann sich das Lachen nicht verbeißen, als er sich die Heldentaten seiner Sprößlinge besieht. Damit nicht genug, wirft er sich mit dem Kommandoruf »Klar zur Wende! Von vorne angreifen!« in die Schlacht, sehr zur Freude seiner Kinder.

In diesem Augenblick stürzt Großvater Le Normand herein, denn auch er hat den Krach gehört. Die Kämpfenden erstarren bei seinem Anblick. Monsieur Le Normand wirft einen strengen Blick auf die Verwüstungen in seinem Salon und gibt Jean-François ein Zeichen, ihm in sein Arbeitszimmer zu folgen.

»Wie alt sind Sie eigentlich?« wettert der Anwalt.

»Fünfzig«, antwortet Jean-François treuherzig.

»Nein, wirklich? Sie sind ja schlimmer als ein kleines Kind«, knurrt Monsieur Le Normand. »So geht das nicht weiter. Ihren Kindern fehlt eine strenge Hand. Es sind zu viele, man kann sie nicht alle hier im Hause großziehen. Eine Lösung muß her, und zwar sofort. Ab ins Pensionat ...«

»O je«, sagt Jean-François, »woher soll ich denn das Geld dafür nehmen? Wie Sie wissen, Monsieur, hat mir der Verkauf meiner Kleider und Möbel nur zweihundertzweiundachtzig Livre und neunzehn Sou eingebracht. Es ist ein Elend.«

»Wir werden Ihnen noch einmal helfen«, sagt Le Normand barsch. »Was sonst. Übrigens habe ich ein Schiff für Sie gefunden. Ich habe gestern mit den Herren du Collet und Paimparay gesprochen. Sie treffen Vorbereitungen für einen Konvoi von Versorgungsschiffen, die für unsere kämpfenden Truppen bestimmt sind. Dieser Konvoi soll von Kriegsschiffen geschützt werden. Du Collet und Paimparay – die mir nichts abschlagen können – bieten Ihnen das Kommando der *Comte de Grasse* an.

Es ist kein ganz neues Schiff, aber meiner Seel', dies eine Mal wird es wohl noch halten. Sie werden Pulver und Kanonenkugeln an Bord nehmen sowie Lebensmittel und diverse Waren. Sie bekommen ein Monatsgehalt von hundertfünfzig Livre, es ist Ihnen jedoch nicht gestattet, auf eigene Rechnung Waren zu laden. Sie dürfen auch nicht aus der Division, die den Konvoi schützt, ausscheren. Bei Ihrer Ankunft sind Sie gehalten, die Güter des Königs so schnell wie möglich zu löschen.

Was den Rest der Fracht betrifft, so übergeben Sie ihn entweder den Vertretern Ihrer Reederei oder Sie versuchen, ihn so günstig wie möglich zu verkaufen. Selbstverständlich bekommen Sie eine dem Gewinn entsprechende Provision. Abreise Ende Juni. Wenn Ihnen das zusagt, Monsieur, begeben Sie sich gefälligst umgehend zu den Herren du Collet und Paimparay. Sie werden dort erwartet. Danken Sie mir nicht, das ist zwecklos.«

Renée, Madeleine, Sophie, Jean-Louis und Auguste Trébuchet werden im Pensionat von Madame Menant-Dugué untergebracht. Marie-Joseph, der noch zu klein ist, bleibt bei seiner Amme in der Rue des Carmélites.

Sophie ist wütend, daß sie in dieses Pensionat eingesperrt werden soll. Sich unterordnen zu müssen, macht sie ganz wild.

»Warum«, fragt sie ihren Vater, »warum läßt du uns bloß allein?«

Der Kapitän versucht, ihr zu erklären, warum er nicht in Nantes bleiben kann. Er ist arm. Er muß wieder über die Meere fahren und Geld verdienen, damit seine Kinder etwas zu essen haben. Aber das überzeugt die zehnjährige Sophie keineswegs. Warum es in dieser prächtigen Stadt mit all ihrem Wohlstand und Luxus für sie nichts zu essen geben sollte, kann sie nicht einsehen.

Die reichen Reeder errichten Häuser aus weißem Tuffstein, deren Schönheit und Prunk mit der Residenz des Königs in Versailles konkurrieren. Im Hafen entlädt man die kostbaren Hölzer, die von den Inseln kommen, und Marmorblöcke, die jetzt vor Ort in den Gärten behauen werden. Für die schönen Wohnungen werden auf Bestellung Möbel aus Mahagoni, Palisander, Rosen- oder Ebenholz gefertigt. Blattgold verbindet sich mit Kristall und Seide. Überall wird gemalt, gestickt, ziseliert, graviert, geschmiedet, und so entsteht aus Reichtum Schönheit.

Die Tische bersten unter der Fülle. Die Weine sind vorzüglich, die Speisen erlesen, das Tafelgeschirr prachtvoll. Geht nicht das Gerücht, daß man beim Gerber Le Roux nur von silbernen Tellern speist, der Kinder wegen, die alles kurz und klein schlagen?

Elegante Gespanne rollen die neuen Prachtstraßen entlang. Hier sieht man Monsieur de la Villestreux mit seinen schwarzen Dienern, die er aus Santo Domingo importiert und in gelbe Livreen gesteckt hat, dort die Damen Grou, deren Diamanten von ausgewählter Schönheit sein sollen.

Aus den hohen, mit gewölbten Balkonen versehenen Fenstern der herrschaftlichen Häuser am Quai de la Fosse oder auf der Insel Feydeau dringt die Musik der abendlichen Konzerte und Bälle. Die Lager sind voll mit Gewürzen aus aller Welt. Die Läden quellen über von Waren. In der Abenddämmerung hantiert das Küchenpersonal, kleine Negerjungen und -mädchen, im Bratenduft der Kalbskeulen und getrüffelten Poularden.

Wie sollte die kleine Sophie Trébuchet in Nantes eine Vorstellung davon bekommen, was Armut ist, in einer Stadt, deren Bewohner in Samt und Seide gehen und die nach Vanille, Muskat und Kaffee duftet? In dem Jahr, als die Loire über die Ufer trat, die Kais überflutete und gegen die Brückenpfeiler schlug, hat sie ein blumengeschmücktes, mit rosafarbenem Satin ausgeschlagenes Boot gesehen, in dem ein reiches Taufkind bis zum Vorplatz der Sainte-Croix-Kirche gefahren wurde. Sollte es in einer Stadt, wo Stoffe an den Fenstern drapiert und über die Straßen gespannt werden, nur um die Prozessionen vor Wind und Wetter zu schützen, etwa nichts zu essen geben?

Wie könnten Zweifel an der Freigebigkeit des Himmels aufkommen, wenn am Fronleichnamsfest die Bürger von ihren Fenstern aus den vorbeiziehenden Baldachin mit Rosenblättern und Ginsterblüten überschütten? Wenn der farbenprächtige Zug des Klerus, der Notabeln und Zünfte mit Schildern, Bannern und Gesang über einen Teppich von Blumen und wohlriechenden Kräutern zu den von prächtigen Baldachinen überwölbten Altären zieht? Wovor sollte Sophie bange sein? Geht da nicht hinter dem Gouverneur und seinen Hellebardiers ihr eigener Großvater, einen Orangenzweig in der Hand, umgeben von den Mitgliedern des Gerichts, während die Geschütze vom Schloß herüberdonnern und alle Glocken der ganzen Stadt wie wild zu läuten beginnen?

Wie könnte sie denn begreifen, was Not ist, wenn sie Monsieur Le Normand mit seinem schwarzen Zweispitz auf dem gepuderten Haar sieht, mit seinem rotseidenen Gehrock, seinen weißen Strümpfen, seinen Schuhen mit Silberschnallen und seinen Hemden aus allerfeinstem Leinen? Diese werden übrigens in der Erdre gewaschen, denn die Wäsche bleicht in dem Fluß mit den geheimnisvollen Pilzen so gut. Und die Siedler auf Santo Domingo geben ihre schmutzigen Hemden zum Waschen den Schiffen nach Nantes mit.

Noch ist Sophie ein glückliches kleines Mädchen in einer glücklichen Stadt. Und das leichtlebige Nantes wird für immer mit der Erinnerung an ihren Vater verbunden bleiben. Bald wird er verschwunden sein, auf Nimmerwiedersehen. Sie wird niemals vergessen können, wie es war, wenn er wieder einmal auftauchte, sie hochhob und so fest an sich drückte, daß sie fast erstickte. Nie wird sie das Geräusch seiner Schritte vergessen, sein Lachen, das wie von ganz weither kam und all die überraschenden Geschenke, die er aus aller Welt mitbrachte: den kleinen weißen Affen, der im Garten der Renaudière freigelassen wurde und der seinem Spiegelbild im Wasserbecken Ohrfeigen gab, oder den Maki aus Madagaskar, mit seinen hervorquellenden Augen und dem gestreiften Schwanz, den Papagei, der die ganze Nachbarschaft mit seinem Schrei: »Haut den Angelsachs!« aufwiegelte, die Seidenhühner aus China, die aussahen wie weiße Federwölkchen auf Beinen und einen blauen Schnabel hatten. All dies wird sie nie vergessen.

Sophie schmollt. Daß ihr Vater wegfährt, geht ihr gegen den Strich. Sie will ihn nicht umarmen. Sie ahnt nicht, daß sie es nie mehr wird tun können.

Großvater Le Normand hat es also geschafft. Er ist seinen Schwiegersohn los. Im November 1781 unterzeichnet Jean-François den Vertrag für seine letzte Mission. Wohin werden sie ihn wohl schicken? Er wird es erst im letzten Augenblick erfahren. Die Königliche Marine, voll Mißtrauen und Angst vor feindlichen Überfällen, gibt immer erst kurz vor der Abfahrt des Konvois den geheimgehaltenen Bestimmungsort bekannt. Dieses Mal geht es nach Indien, wo Monsieur de Suffren gegen die Engländer kämpft. Die Waffen und Lebensmittel, die für ihn bestimmt sind, stehen unter dem Geleitschutz von Kriegsschiffen.

Lebt wohl, ihr Kleinen. Der Konvoi verläßt Brest am 28. Juni 1782. Kapitän Trébuchet nimmt das Bild einer schmollenden Sophie mit. Der Konvoi fährt gen Süden, Richtung Afrika und kommt sechsunddreißig Tage später am Kap der Guten Hoffnung an. Nächste Zwischenstation ist die Isle de France im Indischen Ozean.

An Bord der *Comte de Grasse* klappt nichts. Kapitän Trébuchet hat großen Ärger mit dem alten Kahn, den seine Reeder haben loswerden wollen. Die Mannschaft ist mittelmäßig. Und der Offizier Dibet, sein »Zweiter«, ist ihm feindlich gesonnen und macht daraus auch kein Hehl. Das Schiff hat alle möglichen Havarien und kommt so schlecht voran, daß der ganze Verband aufgehalten wird. Kapitän Trébuchet kann die Anordnungen aus Nantes nicht befolgen, sondern muß den Konvoi ziehen lassen. Damit liefert er sich den Piraten aus, die den Indischen Ozean unsicher machen. Sein Schiff wäre eine willkommene Beute für sie, denn es hat außer Munition diverse Stoffe, Taue, Planken, Schnaps, Öl, Mehl, Wein, Talg und Konserven mit Rind- und Schweinefleisch geladen.

Die *Comte de Grasse* schafft es immerhin bis nach

Port-Louis, wo sie am 3. August 1782 eintrifft. Monsieur Chevreau, der Königliche Intendant vor Ort, befiehlt Trébuchet, sein Pulver und seine Kanonenkugeln auszuladen. Doch die Schwierigkeiten hören nicht auf. Die restliche Ladung ist teilweise so beschädigt, daß sie sich nur zu Billigstpreisen verkaufen läßt. Trébuchet schickt einen Teil des Erlöses nach Nantes, macht Mitteilung über seine Notlage und wartet im übrigen auf Anweisungen.

Am 5. Dezember fährt der Konvoi nach Indien weiter. Das nächste Ziel ist Trinkomali, das Monsieur de Suffren soeben den Engländern in vier blutigen Gefechten abgetrotzt hat.

Die *Comte de Grasse* ist in Port-Louis liegengeblieben. Jean-François ist so krank wie sein Schiff. Er leidet an einer Bindehautentzündung; außerdem hat er empfindliche Eingeweide und verträgt die schlechte Verpflegung an Bord nicht. Zahllose Ärgernisse tun ein übriges.

Endlich kommt aus Nantes die Order, die *Comte de Grasse* zu verkaufen. Er antwortet – und das wird das letzte Lebenszeichen sein –, daß er das Schiff nicht habe veräußern können; der von den Reedern festgesetzte Preis sei zu hoch gewesen. Und weiter teilt er mit, er wolle versuchen, mit einer neuen Fracht nach Hause zurückzukehren, und beabsichtige, diese an den afrikanischen Küsten und in Europa abzusetzen.

Er soll am 1. September 1783 auf der Isle de France gestorben sein. Unter welchen Umständen? Eine mysteriöse Sache. War er an Land und krank? Oder auf See? Ist er an Bord vom »Zweiten« ermordet worden?

Der Prozeß, den der Richter Le Normand später – im Namen seiner Enkelkinder – gegen die Reeder anstrengt, bringt kaum Licht ins Dunkel. Nach allem, was bekannt wird, hat der Betrüger Dibet nach dem Tod des Kapitäns

Trébuchet das Kommando auf der *Comte de Grasse* übernommen, hat diese dann samt Waren verkauft und den Erlös in die eigene Tasche gesteckt. Außerdem hat er, um die Mannschaft zu bezahlen, Wechsel auf die Reeder ausgestellt und ist irgendwann seinerseits spurlos verschwunden.

Ein verschollener Vater braucht lange, um zu sterben. Lange hofft Sophie Trébuchet, ihren geliebten Seemann wieder zur Tür hereinkommen zu sehen. Im Lauf der Jahre wird sie sein Bild dann den Wellen überlassen. Er habe sein Leben für den König, für Frankreich hingegeben, wird ihr gesagt. Und sie selbst redet sich ein, daß er eines Abends *in einer mondlosen Nacht im abgrundtiefen Meer* versunken ist. So enden viele Männer in ihrer Gegend. Ihre eigenen Brüder, Auguste und Jean-Louis, beide Seeleute, kommen auf diese Weise im Abstand von zwei Jahren ums Leben, der eine mit siebzehn, der andere mit einundzwanzig Jahren.

Die Waisen Trébuchet bekommen nur ungefähr dreitausendfünfhundert Livre, die aus dem Lohn ihres Vaters sowie dem Verkauf seiner Habseligkeiten und Navigationsinstrumente zusammengekommen sind. Für ihre Erziehung in einem so teuren Pensionat ist das zu wenig. Das gilt vor allem für die Mädchen, deren Ausbildung dem Großvater nicht so wichtig ist.

Familienrat. Die beiden Ältesten, die fünfzehn und vierzehn Jahre alt sind, kommen bei einer Tante aus der Familie der Trébuchets unter. Ihr Onkel Le Normand, Staatsanwalt in Rennes, wird zu ihrem Unterhalt beisteuern. Jean-Louis und Auguste erhalten weiter bei Monsieur Kerhervé in Nantes Unterricht. Großvater Le Normand behält seinen Lieblingsenkel, den kleinen Marie-Joseph. Die zwölfjährige Sophie wird der sechzigjährigen Tante Robin zugeteilt. Beide sind selig.

Es ist Sophie nicht schwergefallen, der Rue des Carmélites den Rücken zu kehren. Mit gutem Grund: Sie mag ihren Großvater Le Normand nicht. Als Anwalt für seine Strenge bei Gericht bekannt gewesen, kann der herrschsüchtige und jähzornige alte Mann, der die große Familie nach seiner Pfeife tanzen läßt, nicht zulassen, daß ein kleines zwölfjähriges Mädchen ihm die Stirn bietet. Daß sie eine Waise ist, enthebt sie in seinen Augen nicht der Pflicht, sich seinem Willen bedingungslos zu unterwerfen, wie das auch die restliche Familie tun muß.

Allerdings muß man hinzufügen, daß Sophie alles andere als ein gefügiges Kind ist. Daß es nicht nach ihrem Kopf geht, hält sie, eine waschechte kleine Bretonin, nicht aus. Schlägt man ihr etwas ab, so kommt sie zwanzig-, ja hundertmal auf den gleichen Punkt zurück. Sie bringt es fertig, so laut zu schreien, daß die Kronleuchter klirren, und es kommt sogar vor, daß sie sich vor Wut auf dem Boden wälzt oder aus verletztem Stolz drei Tage lang schmollt.

Das hat sie von ihrem Großvater. Diese beiden unverträglichen Dickköpfe sind oft aneinandergeraten. Weder die furchterregende Stimme des Anwalts noch die Peitsche, noch alle möglichen Strafen und Verbote können Sophie bändigen.

So kommt es, daß Monsieur Le Normand, der Wichtigeres zu tun hat, als sich mit einem Kind herumzuschlagen, den Vorschlag von Tante Robin erleichtert angenommen hat; der Koffer mit Sophies Sachen ist unterwegs zur Rue Sainte-Croix.

Hier ist Madame Robins Winterquartier. Bei ihr lebt das Dienstmädchen Julienne Péan, genannt Julie.

Julie Péan, die aus einem Dorf nahe Châteaubriant stammt, ist genauso alt wie ihre Herrin. Seit ihrer Kindheit sind die beiden unzertrennlich. Françoise Trébuchet hat Julie eingestellt, als sie den Notar von Saint-Julien geheiratet hat. Julie hat ihr beigestanden, als sie das tote Baby und dann ein Jahr später Maître Robin zu Grabe getragen hat. Sie hat Françoise, Madame Robins Tochter und Sophies spätere Patentante, großgezogen.

Julies Aberglauben und Frömmigkeit halten jeder Prüfung stand. Sie bewegt sich in einer Welt, in der unglück- und glückbringende Kräfte einander aufspüren, sich gegeneinander behaupten und sich mit Hilfe von Zeichen, Gebärden und Zauberformeln bekämpfen, in denen der Teufel und der liebe Gott nicht mehr voneinander zu unterscheiden sind. Zehn Jahre lang steckte sie in jedes Kreuz, an dem sie unterwegs vorbeikam, eine Nadel, damit Françoise einen Ehemann finde. Ein schwierige Aufgabe, denn Françoise ist so häßlich wie gutmütig, und die Kavaliere sind leider eher hinter einer hübschen Gestalt her als hinter einer schönen Seele. Am Ende haben Julies Nadeln schließlich doch noch gesiegt: Françoise Robin wird im Alter von neunundzwanzig Jahren endlich Madame Mathis.

Sophie wächst also in einem Frauenhaushalt mit zwei ihr völlig ergebenen Frauen auf, rechnet man die dritte, ihre Patentante Mathis, nicht mit.

Die Robine spielt mit ihrer Nichte wie mit einer Puppe. Sie zieht sie an, kämmt sie, bringt ihr gute Manieren bei und vervollständigt ihre Ausbildung, die im Pensionat Menant-Dugué in den Anfängen steckengeblieben ist.

Tante Robin weiß nicht, was sie noch alles tun soll, um ihrem geliebten Kind Abwechslung zu bieten. Eines Morgens im Juni nimmt sie das Mädchen mit zu einem Ballonstart. Wie staunt Sophie, als sich das Gefährt aus gelacktem Taft, mit dem extravaganten Coustard de Massy und dem Oratorianer Mouchet an Bord, in die Lüfte erhebt. Oder sie machen eine Bootsfahrt auf der Erdre. Ihr kleines überdachtes Boot gleitet an Wäldern und Felsen, an Hügeln, auf denen sich Windmühlen drehen, vorbei bis zu den Hängen von Barbin, wo sie sich verschiedene Quarksorten, die dort besonders köstlich sind, schmecken lassen. Madame Robin besucht mit Sophie auch das Schloß von Blaubart, dem schrecklichen Gilles de Rais, dessen Untaten der Schrecken der Abendstunden sind.

Sobald die Tage länger werden, verläßt Tante Robin Nantes und zieht nach Châteaubriant. Sie mietet einen Wagen, und unter den Rufen »Vorwärts, Kutscher!« geht es durch Heide und Wälder bis zum Haus in der Rue du Couëré. Erst nach der Weinlese kehren sie nach Nantes zurück.

Sophie, deren überschäumende Lebendigkeit in der Stadt zu ersticken droht, liebt das Leben auf dem Land über alles. Châteaubriant, das ist für sie der Inbegriff von Freiheit. Die Familie Trébuchet ist in der ganzen Gegend bekannt. Sophie fühlt sich überall zu Hause und vollkommen sicher. Sie ist wie die kleinen Bauernmädchen gekleidet: Rock aus Baumwollflanell, Holzpantinen. So streift sie mit den gleichaltrigen Kindern durch die nahegelegenen Wälder. Sie pflücken Blumen und Walderdbeeren, fangen Schmetterlinge, spielen Verstecken, Himmel und Hölle oder Federball, stibitzen Wachteleier aus den Nestern, fischen Karpfen aus den Teichen und locken mit roten Stoffresten Flußkrebse ins Netz. Sie wälzen sich im Stroh der Scheunen, waten in den Schuppen der Mühlen durchs Korn. Unterwegs trinken sie in einem Bauernhof Milch. Abends kommt Sophie erschöpft, mit roten Bakken, Stroh im Haar, zerkratzten Waden und zerrissenen Röcken nach Hause.

Julie Péan schimpft, weil wieder Flickarbeit auf sie

zukommt. Sophie benimmt sich nicht wie ein anständiges Fräulein, sagt sie. Tante Robin setzt noch eins drauf: »Was sind denn das für Manieren?« Und sie fügt hinzu: »Vergiß niemals, daß du eine Trébuchet bist.« Sie sagt Trébuchet, als wollte sie Rohan sagen.

Wenn Julie nicht vor sich hin mault, erzählt sie Geschichten, daß einem die Haare zu Berge stehen. Was Sophie jedoch keineswegs mißfällt. Julie besitzt ganz einfach den Schlüssel zu allen Geheimnissen und Rätseln im Land. Die Irrlichter, die an Sommerabenden über den Gräbern des Friedhofs tanzen, sind die Seelen der Verdammten, die flehentlich um eine Messe bitten. Was da in der Ferne grollt, obwohl kein Gewitter in der Luft liegt, sind Menschen, die sich in ein Rudel heulender Wölfe verwandelt haben und hinter den Luftgeistern herjagen.

Will man Julie glauben, so schleicht in der Abendstunde die Bestie von Béré durch das Dickicht bei Châteaubriant. Julies leiblicher Neffe ist ihr eines Nachts, als er von einer Hochzeitsfeier zurückkam, begegnet. Er hat die Bestie gesehen, so wahr, wie ich dich sehe. Nicht Schaf, nicht Hund, nicht Ziege, sondern alles auf einmal. Mit gelben Augen. Die Jammergestalt kauerte am Fuß des Kreuzes, das auf dem Weg von der Mühle zum La Forge-See steht. Und da richtet sie sich auf ihren drei Hinterpfoten auf und wächst sich zu einem Gespenst aus, so riesig wie die Bäume im Wald. Und sie hat sich auf den Neffen gestürzt. Der entkam ihr nur mit knapper Not.

Aber die Bestie ist nichts im Vergleich zu der Schlange vom Pavée-Wald. Ein Monstrum, größer als ein Faß, das, wie Julie sich erinnert, kurz nach Johannis im Jahre 1775 die Postkutsche Nantes–Châteaubriant verschlungen hat. Man hat nichts mehr gefunden: die Reisenden, das Pferd, der Wagen, alles weg. Ist das Monstrum friedlich gestimmt, begnügt es sich damit, den Vorübergehenden schwierige Fragen zu stellen. Gefallen ihm die Antworten, läßt es sie wieder laufen. Es kommt manchmal auch vor, daß es ihnen völlig groteske Gaben überreicht.

Und Julie Péan raunt, ihren Flachsfaden drehend, mit tonloser Stimme von Kobolden, die die Pferde aus den Ställen stehlen und sie zwingen, bis in den Morgen hinein Galopp zu laufen. Oder vom Höllenhund, der unter den Sterbebetten liegt und gierig sabbernd auf die gottlose Seele lauert. Sobald sie entweicht, schnappt er nach ihr und trollt sich in einer Feuergarbe, die nach Schwefel stinkt, von dannen.

Als Julie mit Sophie eines Abends am Vioreau-See entlang nach Hause geht, zeigt sie ihr den Nebelschatten, der über den Seerosen treibt.

»Hörst du«, flüstert sie ihr zu, »hörst du?«

Und Sophie hat wahrhaftig so etwas wie einen sehr leisen, langgezogenen Schluchzer gehört, der über dem See im Nebel widerhallte.

»Das ist Mademoiselle de Foix«, hat Julie erklärt und ist einen Schritt schneller gegangen. »Sie war mit Monsieur de Laval verheiratet, hat sich dann aber in König Franz I. verliebt. Da hat ihr Ehemann sie in das Schloß gesperrt, und man weiß nicht genau, wie sie dort gestorben ist. Auf jeden Fall hört man immer noch – allen Messen, die man für sie gelesen hat, zum Trotz – ihr Schluchzen über dem See.«

Tante Robin hat es nicht gern, daß Julie Sophie solche Geschichten erzählt. Sie sagt, das ungereimte Zeug – und rasselt dabei unwirsch mit dem Schlüsselbund an ihrem Gürtel – bringe das Kind nur durcheinander.

Sophie ist jedoch in der Renaudière noch glücklicher als in Châteaubriant. Drei Meilen von der Rue du Couëré entfernt, in Le Petit-Auverné, im Pays de La Mée, steht die Renaudière, ein hübsches, mit Schieferplatten getäfeltes und gedecktes Haus, das schon Sophies Urgroßvater väterlicherseits gehörte. Sophies Vater Jean-François und Tante Robin sind dort geboren und aufgewachsen.

Nach dem Tode des Großvaters Trébuchet erbte, wie es üblich ist, sein ältester Sohn den Besitz, dann sein Enkel, Onkel Louis, ein Gießermeister wie alle männlichen Familienmitglieder mit Ausnahme von Jean-François, der Seemann wurde.

Onkel Louis, der immer anfällig war, ist vor drei Jahren, im Sommer 1781, gestorben. Tante Louise, erst fünfunddreißig, kommt über seinen Tod nicht hinweg. Sie lebt mit ihren Kindern Louise und René, die acht und sieben Jahre alt sind, in der Renaudière.

Diese Tante Louise, eine magere und schüchterne kleine Frau, ist sehr fromm und geht nur in Schwarz. Da sie eine der Töchter des Richters Le Normand ist, ist sie gleich zweimal Sophies Tante. Seit ihrer Kindheit – wie alle Töchter Le Normand – von dem tyrannischen Vater unterdrückt, ist sie allen Schicksalsschlägen wehrlos ausgeliefert. Spricht man in einem etwas lebhafteren Ton zu ihr, könnte man meinen, sie wolle weghuschen wie eine Maus. Seit drei Jahren bricht sie bei jeder Gelegenheit in Tränen aus und hält sich ständig ein rotes Taschentuch unter die Nase. Deshalb freuen sich ihre beiden Kinder unbändig, wenn ihre Cousine Sophie und Tante Robin kommen. Alle Traurigkeit des Hauses ist dann plötzlich verflogen.

Bei der Robine findet ihre Mutter Trost. Es gelingt Louise, die sogar über einen Zwirnsfaden stolpert, offensichtlich nicht, die materiellen Schwierigkeiten zu meistern, vor denen sie seit dem Tode ihres Mannes steht. Schon bei der Ausführung kleinerer Reparaturen verliert sie den Kopf, ganz zu schweigen von der Verwaltung der Pachthöfe und -ländereien; davon versteht sie rein gar nichts.

Tante Robin dagegen hat einen ausgeprägten Sinn fürs Geschäftliche. Mit der Autorität der Notarswitwe verwaltet sie ihren Besitz im Auverné. In ihrer Ängstlichkeit sehnt Louise sie deshalb herbei wie den Messias. Sie ist Madame Robin in liebevoller Bewunderung zugetan und läßt ihr in allem, was die Renaudière betrifft, freie Hand.

Während die beiden sich zurückziehen, um ihre Angelegenheiten in Ordnung zu bringen, schleppt Sophie Louise und René durch den Garten und um den Fischteich herum. Sie fangen Fische, stopfen sich im Obstgarten mit Früchten voll und laufen hinter Schmetterlingen und kleinen Wildkaninchen her, die in einem Gehege gehalten werden.

Läßt man einmal den Dachboden beiseite, auf dem haufenweise alter Plunder herumliegt, der sich für alle möglichen Arten von Verkleidungen eignet, übt das Haus selbst weniger Faszination auf die Kinder der Familie Trébuchet aus als seine im Laufe der Zeit errichteten Wirtschaftsgebäude; dort haben sie seit Generationen immer wieder ihr Hauptquartier aufgeschlagen. So der Pferdestall, der mindestens einem Pony, so groß wie ein Kind, Unterschlupf gewährt, die Kornscheuer, in der es sich in der Mittagshitze so schön schlafen läßt, oder der ehemalige Waffensaal, der zu einer Molkerei umgebaut worden ist.

Und dann gibt es da auch noch die Obstpresse, die das ganze Jahr über nach Äpfeln riecht, und die Waschküche und auch die Scheune, in der Sophies Vater aus einer Laune heraus während eines kurzen Aufenthalts einen

Billardtisch hatte aufstellen lassen; das hatte man im ganzen Land als eine gewissermaßen königliche Verschwendung angesehen. Für den Geist des verschollenen Seemanns, der dieses Haus seiner Kindheit so sehr geliebt hat und dem er immer, wenn er von See zurückkam, einen Besuch abstattete, hat Sophie ein besonderes Gespür. Ihren Vater, den sie so wenig gekannt hat, findet sie in der Renaudière eher wieder als in Nantes.

Wenn Sophie das Haus durchstreift und den Erzählungen von Tante Robin lauscht, wird das Kind, das ihr Vater einst war, für sie wieder lebendig. Sie spielt mit fast denselben Sachen wie er. Und auch die Schaukel, auf der sie hin und her schwingt, ist immer noch die ihres Vaters Jean-François. Auf dem Dachboden hat sie seine Kreisel und Bälle, sein altes kleines Holzpferd und seine Angelruten wiedergefunden. In der Renaudière wird Kapitän Trébuchet erst von dem Tag an älter als zwölf Jahre, da der kleine René tief unten in einem Koffer ein Logbuch entdeckt, das mit seinen Seemannsgeschichten und Reisebeschreibungen von fernen Ländern für sein zukünftiges Leben schicksalhaft werden wird. Lange wird René davon träumen, wie sein Onkel zur See zu fahren und an der Küste der Isle de France zu landen, von deren Gerüchen und Farben er in einem obskuren Werk auf einem bretonischen Dachboden gelesen hat.

Seine Mutter ist natürlich entsetzt bei der Vorstellung, ihr einziger Sohn könnte den Seemannstod sterben; und er muß schwören, niemals zur See zu fahren. Traurig gehorcht René, aber er wird einen anderen Weg finden, um seinen Traum von der Insel zu verwirklichen. Er wird Medizin studieren und sich als Arzt auf der Isle de France niederlassen.

Während der Sommer im Pays de La Mée entdeckt Sophie im Garten der Renaudière ihre Liebe zum Erdreich und zu den Pflanzen. Ihr ganzes Leben lang wird sie versuchen, die Erinnerung an den Garten ihrer Kindheit mit seinen Düften wiederzufinden. Die Apfelrosen und den Goldlack, die im Morgentau nach Vanille riechen. Und zur Mittagszeit, wenn die trunkenen Bienen die Buddleja mit ihrem Gesumm erfüllen, den Wohlgeruch warmen Honigs. Und dann das durchdringende Aroma von Jasmin, Linden und blühender Schafgarbe. Und den noch stechenderen Geruch von Heu, wenn es in der Kühle des frühen Abends gemäht wird. Und nach dem Gewitter die betäubenden Ausdünstungen feuchtwarmer Erde.

Das Veredeln, Säen und der langsame Gang der Jahreszeiten lehren das ungestüme Mädchen, sich in Geduld zu üben: Ein Erbsensproß braucht zehn Tage, eine Pfingstrose drei Jahre. Sie nimmt mit Staunen wahr, wie das riesengroße Rhabarberblatt sich vor ihren Augen zusehends entfaltet. Wenn sie Liliensträuße schneidet, von denen sie einen Teil in die nahegelegene Kirche schafft, um ihrer frommen Tante Louise eine Freude zu machen, hinterläßt der Blütenstaub Flecken auf ihrer Schürze. Den Rest der Blütenblätter legt sie auf Tante Robins Rat in Branntwein ein. Tante Robin ist nicht so fromm, dafür aber praktischer als Tante Louise; sie weiß, daß es kein besseres Schmerz- und Heilmittel für Brandwunden und andere Übel gibt.

Die eigentliche weise Frau in der Familie ist jedoch die alte Julie Péan. Woher sie ihr Wissen über Kräuter hat? Wer ihr beigebracht hat, mit leichten Berührungen und Handgriffen Leiden zu heilen und zu lindern und dabei mit leiser, monotoner Stimme diese sonderbaren Litaneien herzubeten? Tante Robin sagt, daß es besser sei, man wisse es nicht. Denn das sei alles nicht sehr katholisch.

Wenn der Juni kommt, streift Julie, einen Korb am Arm, kreuz und quer durch das Land, um ihre wildwachsenden Heilpflanzen zu ernten, die sie dann stundenlang trocknet, kocht oder mariniert. Sophie hüpft hinter ihr her. Sie lernt von Julie, wo man unter den Böschungen die blutverdünnende Schafgarbe, die Königskerze gegen Gelbsucht und die fiebersenkende Berberitze findet. Und Julie zeigt ihr, wie man aus Kornblumen, die in Tau eingeweicht werden, ein Augenwurzwasser herstellt, das die Lider glättet, wenn sie von Kummer geschwollen sind. Unermüdlich reißen die Alte und das Kind die Blüten des Kreuzkrauts und der Raute und das Schöllkraut, dessen gelber Saft Warzen austrocknet, aus den alten Mauern.

Hört man Julie so reden, dann gibt es keine Krankheit, die sie nicht heilen könnte. Zwar kann sie weder lesen noch schreiben, hat dafür aber ein erstaunliches Gedächtnis. Sie braucht nur den Namen einer Krankheit zu hören, schon kann sie mit der Sicherheit eines erfahrenen Apothekers die passende Arznei nennen. Darmverschlingung? Nußsattel mit Weißwein. Schorf? Verband mit Kröte, in Öl gekocht. Nierensteine? Nierenfett vom Kaninchen und Malvenblüte.

Ganz zu schweigen von den unsichtbaren Übeln, diesen vom Haß verursachten inwendigen Rissen, die nur mit Zeichen oder Gebärden zu kurieren sind. Julie hat ein sicheres Gespür für Menschen, die manchmal, ohne es zu wollen, Unglück und Tod bringen. Sie sagt, daß sie eine schlechte Ausstrahlung hätten.

Da Julie die Gabe hat, immer das richtige Heilmittel zu finden, zieht sie zahlreiche Kranke an, die sie je nach Schwere des Falles mehr oder minder freudig empfängt.

Aus Soudan, Ruffigé oder Moisdon kommen sie zu ihr. Je ernster der Fall, desto mehr plustert sie sich auf, befriedigt und geschmeichelt. Harngrieß, Windkoliken, Skrofeln oder ein schlimmer Finger – nichts kann die alte Péan stoppen, wenn sie hoheitsvoll Salben, Kräutertees und Verbände austeilt.

»Das Wunder ist«, sagt Tante Robin, »daß bisher niemand dabei zu Tode gekommen ist.« Allerdings befürchtet sie, daß die Aktivitäten ihres Dienstmädchens ihr Haus wegen Hexerei in Verruf bringen könnten. Man kam früher für weniger auf den Rost.

Zwar begegnet die Robine Julies heilender Gabe und ihren abergläubischen Praktiken, die sie als faulen Zauber bezeichnet, mit skeptischem Spott, hat sich aber ihrerseits religiöse Überzeugungen und Riten aus ihrer Kindheit, die sie auf dem Lande verbracht hat, bewahrt. Wenn sie zum Beispiel in der Kirche Kerzen aufstellt, um das Leben, so wie sie es versteht, in Gang zu halten, empfindet sie dabei keinerlei Scham. Daß das Brot verkehrt herum auf dem Tisch liegt, duldet sie nicht, ist das doch ein sichtbares Zeichen dafür, daß irgendwo ein Schiff untergeht. Um Unglück abzuwenden, verstreut sie Rohsalz. Als Onkel Louis in der Renaudière gestorben war, wurden auf ihre Veranlassung hin die Bienenstöcke mit schwarzen Tüchern verhängt, die Standuhren im Hause angehalten und die Spiegel zur Wand gedreht.

Dabei ist sie alles andere als eine naive Bäuerin. Im Gegensatz zu anderen Frauen ihres Alters und den weiblichen Mitgliedern ihrer Verwandtschaft fehlt es ihr nicht an Bildung, und sie verfolgt, was an neuen Ideen aufkommt. Neben dem Theater sind Bücher ihre ganze Leidenschaft. In Nantes und auch in Châteaubriant sieht Sophie sie oft mit einem Buch in der Hand. Im Winter geht sie in Nantes regelmäßig in eine dieser

Lesestuben, wo Bücher und Gazetten aus Paris ausliegen.

Rousseau, Diderot, d'Alembert und vor allem Monsieur de Voltaire, dessen Erzählungen, Tragödien und leichte Poesie sie über alles liebt, bringen sie auf neue Ideen. So formt sich in ihrem Kopf ein Gedankengebäude, das eine Kreuzung zweier entgegengesetzter Richtungen ist und seinen Ursprung in der Vorstellung von einer vergehenden und einer im Entstehen begriffenen Welt hat. Der Tradition verhaftet und dennoch offen für neue Strömungen, fromm und voller Widerspruchsgeist, eine Royalistin, die zugleich Anhängerin von Voltaire ist, voller Respekt vor den Insignien des Adels und verärgert über dessen ungerechtfertigte Privilegien: Die Robine gilt als ein Original, den alten Perücken, die ihre Vorstellungen für allzu kühn halten, ebenso suspekt wie den Jungen, die ihrem Herzoginnengehabe mißtrauen.

Und von dieser Frau nun, die Mutterstelle bei ihr vertritt, wird Sophie Ideen erben, die gelinde gesagt, oft widersprüchlich zu sein scheinen.

Sophie hält mit ihren zwölf Jahren nicht viel vom Lesen. Sie liest die Sätze langsam, Silbe für Silbe, verliert oft den Faden und wird dann ungeduldig. Tausendmal lieber hört sie Tante Robins und Julie Péans Geschichten zu. Bis zu dem Tag, an dem Madame Robin beim Vorlesen eines Märchens von Perrault auf die Idee kommt, im spannendsten Augenblick aufzuhören. Sophie ist enttäuscht und will unbedingt das Ende hören, doch Tante Robin ist unerbittlich. Sie hält Sophie das Märchenbuch unter die Nase: »Das Ende steht hier drin.« Sie braucht nur selbst zu lesen. Und so entdeckt Sophie Trébuchet die Bücher, die nicht müde werden, auf Wunsch Tag und Nacht Geschichten zu erzählen; man muß sich nur die Mühe machen, sie aufzuschlagen. Von nun an kann sie nicht mehr darauf verzichten.

In Nantes und Châteaubriant vergehen die Jahreszeiten für Sophie mit Spielen, Lachen, Singen und auch mit Lernen, da ihr vieles not tut, um, wie ihre Tante geschwollen sagt, ein »vollkommenes junges Mädchen« zu werden.

Zopfstich, französische Spitze, feine Säume und Seidenknoten. Kinder reden nur, wenn sie gefragt werden. Selbst wenn sie sich langweilen. Und außerdem langweilen sich nur die Schlafmützen. Man muß den Erwachsenen höflich zuhören, selbst wenn ein Veteran mit Lockenperücke, einen ganzen Abend lang ins Kaminfeuer starrend, über die Schlacht von Fontenoy schwafelt.

Man sagt nicht: Ich habe es nicht mit Absicht getan, sondern man hat die Absicht, es nicht zu tun. Auf der Straße rennt man nicht. Man rafft seine Röcke nicht hoch, um über einen Bach zu springen. Man springt überhaupt nicht über Bäche. Man weint nicht in Gegenwart Dritter. Man übt sich darin, Enttäuschung und Kummer hinter der Maske eines Lächelns zu verbergen. Man macht einen Knicks, den kleinen für alle Tage und dann den großen, komplizierten – drei Schritte, Kreisbewegung mit dem Bein und tiefe Verbeugung – für den König, man kann nie wissen ... Schließlich bist du eine Trébuchet.

Man schneidet die Nagelhaut nicht, man schiebt sie mit einem Elfenbeinstäbchen hoch. Müßiggang ist gefährlich. Ein junges Mädchen trägt keinen Schmuck, aber sie sollte sich tunlichst auf die Lippen beißen und in die Ohrläppchen zwicken. Das gibt ein hübsches Rosa. Bei Neumond pikiert man den Salat und dreht die Haare auf, um die Löckchen dann über der Flamme eines Wachsstockes zu erhitzen. So vermeidet man, daß sie sich spalten und macht sie noch schöner.

Die Stimmgabel gibt das *A* des Pianoforte an. Wer sich

strebend bemüht, singt nicht falsch ... *Ach Mama, soll ich Ihnen sagen ... Es regnet, es regnet, Schäferin ... Marlborough zieht in den Krieg ...*

Ausgelassenes Lachen und Getuschel mit Marie Le Maignan, der geliebten Freundin. Marie ist die Schwester des Ritters Le Maignan du Bois-Vigneau. Sie wohnen auf dem Gut Heurtebise, ein paar Meilen von Auverné entfernt, auf dem Wege nach Moisdon. Marie und Sophie sind gleichaltrig, und auf Festen, Taufen, Hochzeiten, Johannisfeuern und bei der Weinlese sieht man sie immer zusammen. Sie lernen tanzen: das Menuett, die Gavotte, die Bourrée, die Maraîchine und die Guimbarde, den Passepied und die Gigouillette. Sie träumen zusammen, prusten los, wenn sie Jungen sehen, tauschen Bänder und Geheimnisse aus.

Der Ritter Le Maignan ist sehr schön, wenn er erschöpft, schmutzig und mit Kleidern, die er sich an den Brombeerranken im Dickicht zerrissen hat, von der Jagd zurück in die Renaudière kommt, um den Damen Trébuchet seine Opfergabe darzubringen: einen blutenden Hasen oder einen Frischling.

Sophie und Marie wachsen heran. Marie blond, Sophie braun, Marie groß, Sophie klein und wie gedrechselt. Ein Sommer nach dem anderen geht ins Land, und sie singen nicht mehr dieselben Lieder. *Kadett Rousselle* und *Die Mutter Michel* machen den jungen Trommlern Platz, die Herzen und Rosen verschenken, und den Freuden und Leiden dieser geheimnisvollen Liebe, deren Name allein schon den jungen Mädchen die Röte in die Wangen treibt.

*Doch was hilft die Schönheit*
*Meinem betrübten Herzen,*
*Wenn in Amaryllis' Augen*
*Ich Tränen sehe.*

»Ach, das ist doch nichts Neues«, sagt Tante Robin. »Schon meine Großmutter hat das gesungen!«

Und sie nimmt aus ihrem Golddöschen eine Prise feingeriebenen Tabaks, die sie durch die Nase einzieht. Sie sagt, das bereite ihr nicht nur Vergnügen, sondern habe sie auch immer vor Krankheiten bewahrt. Und langsam schlürft sie eine Tasse Kaffee, ihr Luxus und neben dem Kakao ihr Heilmittel gegen die Melancholie.

Wenn die Weinernte in Saint-Fiacre auf den Ländereien von Großvater Le Normand zu Ende geht und im ersten Oktoberfrost die Mispeln reif werden, kehren sie – »Vorwärts, Kutscher, leb wohl, Marie!« – über die herbstlich gelbrot gefärbten Wege nach Nantes zurück.

Bei dem Gedanken an die bevorstehenden Winterfreuden lächelt Tante Robin. Julie Péan hingegen hat schlechte Laune. Sie mag die Stadt nicht. Und Sophie? Sie sieht das Land an sich vorüberziehen, ohne wirklich etwas zu sehen. Sie träumt von einem dieser Kleider »à l'anglaise«, die jetzt so sehr in Mode sind. Ein Modell, das Mademoiselle Bertin für die Königin entworfen und das Marie Le Maignan aus einer Pariser Zeitung abgezeichnet hat. Ein Kleid, bei dessen Anblick Tante Robin natürlich entsetzt aufschreien wird, denn sie fühlt sich nur mit ihren in die Taschen hochgezogenen »Polonäsen« wohl. Das junge Mädchen hört die Robine schon kreischen: »Das soll ein Kleid sein? Ich könnte schwören, daß es ein Nachthemd ist, mein armes Kind! Alles, was recht ist, die Frauen ziehen sich nicht mehr an, sie verkleiden sich!«

Sei's drum. Sophie sieht ihr Kleid schon vor sich, zum Greifen nahe. Ganz schlicht, eine schlanke mit Fischbein verstärkte Taille und ein leichtes Gesäßpolster. Ein wenig ausgeschnitten. Doch nicht zu sehr. Mit Puffärmeln aus Musselin. Das ist's: ein Kleid aus leichtem Taft in einem Ton, der zwischen Dunkel- und Hellrot liegt.

Glänzende Haare und neue Straßen, schlanke Taille und weiße Häuser, Sophie und Nantes werden von Tag zu Tag schöner.

In zwei Jahren ist das Quartier de la Comédie aus dem Boden gestampft worden, auf Betreiben des Finanziers Graslin, der im Kaffeegeschäft zu Geld gekommen ist. Man sagt, daß er beharrlich gegen die Kapuziner gekämpft habe, die im Besitz aller Grundstücke des Viertels waren und keinen Fingerbreit weichen wollten. Gemeinwohl? Nie gehört.

Aber, siehe da: Monsieur Graslin hat gewonnen. Übersichtliche Straßen da, wo sich früher Gäßchen krümmten, hübsche Häuser, wo vorher Brachland war, wo die Ratten herumliefen und baufällige Holzhütten in sich zusammenfielen. Des weiteren ein prächtiges Hotel für die Reisenden unweit des neuen, aus weißem Stein erbauten Theaters. Mit seinem Portikus, der auf acht Pfeilern ruht, seinem großen, goldverzierten Saal, den ein achtundvierzigarmiger Kronleuchter erhellt, ist das Theater der Stolz der Bürger von Nantes.

Zu Ostern wird es eingeweiht. Am Abend drängt sich alles, was in der Stadt Rang und Namen hat, auf dem hellerleuchteten Platz, wo die Karossen ihren Inhalt, in Seide gehüllt, ausspucken: die Petits des Rochettes, die du Cazaux, die Herren du Hallay, die Montaudoin de Launay, die Perrée de la Villestreux, Bouteiller und Colas de Malmusse, die Le Roux und die Grou, Monsieur de Kervegan und den Ballonflieger Coustard de Massy.

Alles, was mit Zucker, Tuch, Negern oder Indigo handelt, Bankiers, Reeder und Industrielle, die Crème de la crème ist herbeigeströmt, um die Saint-Huberti aus Paris singen zu hören.

Sophie ist schüchtern und aufgeregt. Es ist der erste wirkliche Auftritt des jungen Mädchens in der Öffentlichkeit.

Sie hat Stunden damit verbracht, sich schönzumachen, sich Seidenrosen ins Haar zu stecken, und jetzt rafft sie behutsam das besagte dunkelrote Taftkleid hoch, ein wenig ausgeschnitten, doch nicht zu sehr, das sie schließlich bekommen hat, genauso, wie sie sich es gewünscht hat. Sie geht hinter der Robine her, die sich zu diesem Anlaß in ein Monument aus Brokat verwandelt hat, über dem eine Haarpracht so herrlich erblüht, daß man meinen könnte, es handelte sich um einen der hängenden Gärten.

Und Sophie kann sich nicht satt sehen an dem Schauspiel, das diese glanzvolle Menschenmenge bietet, die sich unter dem Portikus des neuen Theaters drängt. Man begrüßt und gratuliert sich überschwenglich, man zeigt sich im Glanz der Equipagen und Toiletten. Der Platz ist völlig verstopft. Kaleschen, Karossen und Mietwagen bleiben zuweilen mit den Rädern oder dem Geschirr aneinander hängen. Schreie und Flüche sind zu hören. Die Pferde wiehern, die Peitschen knallen. Im Schein der von Lakaien getragenen Fackeln glänzen die kostbaren Schwertknäufe, die Goldspangen auf den Schuhen, die Diamanten und Perlen am Hals der Damen, die wallenden Satin-, Taft- und Seidengewebe, die weißen Baumwollstoffe, Organdy, Musselin, Kaschmir, die gold- und silberdurchwirkten Spitzen.

Es ist eines der letzten Feste in Nantes. Schon ziehen am Himmel dunkle Wolken über Frankreich auf.

Die ganze Stadt hat das Gerangel zwischen Monsieur Graslin und den Kapuzinern mit Interesse verfolgt. Und alle begrüßen den Sieg des Finanziers. Denn Nantes, eine bretonische und gläubige, aber eben protestantische Stadt, ist gegen die Kirche und vor allem gegen die

Mönche. Der Reichtum und Hochmut der zahlreichen Klöster erregt allgemeinen Ärger. Man nimmt es den Orden übel, daß sie sich vor den Steuern drücken, aber selbst wiederum Abgaben erheben. Die reichen Grundbesitzer, die sich an ihren Besitz klammern, obwohl sie das Armutsgelübde abgelegt haben, geben Anlaß zu Empörung und Mißgunst und einem mehr oder weniger verleumderischen Gerede über ihre Verderbtheit und den unanständigen Luxus ihrer Lebensführung. Man wirft dem wohlhabenden Klerus auch seinen Mangel an Solidarität vor, denn er läßt den niederen Klerus in entsetzlicher Not dahinvegetieren.

Die Kapuziner, die mögen ja noch angehen, da sie wenigstens als Feuerwehrleute und Krankenpfleger für die Armen da sind. Aber in Nantes gibt es eine Menge Benediktiner, Franziskaner, Karmeliter, Kartäuser, Oratorianer, die in ihren Häusern bald einige blutige Revolutionäre ausbrüten werden. Da sind die Nonnen von Sainte-Claire und Sainte-Madeleine, die Karmeliterinnen, Benediktinerinnen, Ursulinerinnen und Franziskanerinnen.

Diese religiösen Orden widersetzen sich den Ambitionen des neuen handeltreibenden Adels, der ihre Mitglieder schlicht und einfach als fette Faulenzer behandelt, besonders die der kontemplativen Orden.

Tante Robin selbst, die nie eine Hohe Messe oder Prozession versäumen würde, bereichert ihren Wortschatz um alle möglichen spöttischen Spitznamen, wenn sie die Mönche als Geschmeiß, Brahmanen oder Kappenzipfel bezeichnet.

War Sophie, als sie noch klein war, unartig, so drohte die Robine damit, die Mönche zu holen, die, wie jeder weiß, nichts lieber tun, als kleine Kinder zu verschlingen, die sie zuvor unter ihre Kutten gesteckt und entführt haben. Später brachte sie ihr bei, daß es zwar nötig sei, an Gott zu glauben, daß man sich aber vor den Priestern hüten müsse.

Die einzigen Geistlichen, die Madame Robin toleriert, sind die demütigen Landpfarrer, deren Armut sie anrührt. Wenn sie einmal im Jahr zur Beichte geht – es bleibt einem ja nichts anderes übrig –, vertraut sie sich immer Abbé Bédard an, der Vikar in Auverné ist. Später, während der Revolutionswirren, versteckt man diesen widerspenstigen Priester in der Renaudière und rettet ihm dadurch das Leben. Der so dem Tod Entronnene geht nach Spanien ins Exil.

Auf jeden Fall erstickt Sophie nicht in religiöser Schwärmerei. Sie ist ein Kind ihrer Zeit mit den Ideen ihrer Zeit, und die religiösen Zwänge belasten sie kaum. Wenn sie sonntags die Messe besucht, tut sie das eher aus Gewohnheit als aus Überzeugung. Außerdem versteht sie nicht, warum ihre älteste Schwester Madeleine sich ihrer Tante Rose anschließt, die bei den Ursulinerinnen in Nantes ist. Sophie ist für ein Leben hinter Klostermauern nicht geschaffen.

Sophie ist ein Mädchen mit fortschrittlichen Ideen. Und darin ganz Tochter ihrer Stadt. Nantes bietet mehr als jede andere Stadt in Frankreich einen fruchtbaren Boden für die Saat der neuen Philosophie. In den Salons, Cafés, in den literarischen Zirkeln, Versammlungen und Freimaurerlogen, denen zahlreiche Bürger aller Schichten nahestehen, diskutiert man heftig, begeistert sich für Freiheit und Gleichheit. Man spricht davon, das Joch abzuschütteln, sich von den Zwängen und Vorurteilen, die wider die Vernunft und die Natur sind, zu befreien. Man stellt sich für die größtmögliche Zahl der Menschen das Glück auf Erden vor. Ein Glück, das allen gemeinsam ist. Es ist von Philanthropie die Rede. Man will aufräumen mit den Ängsten und krausen Ideen, die Kirche und Tradition den Menschen aufzwingen. Im Zeitalter der Aufklärung und der exakten Wissenschaften will man nur noch an das glauben, was man verstehen und beweisen kann. Man träumt davon, eine ideale, gute, empfindsame und fortschrittliche Gesellschaft zu schaffen.

Man erträgt die Tyrannei der Kirche nicht mehr und auch nicht den Hochmut dieses Schwertadels, der nicht einmal mehr an seine althergebrachten Werte glaubt, dieser durch das Leben bei Hofe verdorbene Adel, der, heruntergekommen oder durch Müßiggang verarmt, in seinen Provinzschlössern dahinvegetiert. Dieser Adel hat seine Privilegien nicht mehr verdient, sein Stolz ist bar jeder Berechtigung. Er beeindruckt nur noch die Bauernlümmel, auf denen lastet er mit seinem schweren, jahrhundertealten Gewicht. Ein unerbittlicher Feind wird sich gegen ihn erheben: das geduldige, fleißige, sparsame, hartnäckige und gebildete Bürgertum. Das profitgierige und mißgünstige Bürgertum. Das verachtete und gegängelte Bürgertum will nun seinerseits regieren.

Es ist nicht die Rede von Unordnung, sondern von der wiederherzustellenden Ordnung. Das drückt Sophies Großvater mütterlicherseits sehr gut aus: »Es gärt überall; es wird daraus einen neues Goldenes Zeitalter hervorgehen, in dem der König von Frankreich im Gleichklang der Gefühle mit den Philosophen endlich eine freie Nation lenken wird und nicht länger eine Ansammlung von Sklaven, die den sogenannten Adligen unterworfen ist.«

Glauben Sie, Tante, daß die Königin so böse und egoistisch ist, wie man sagt?«

»Böse, nein. Ich glaube vor allem, daß die Arme sehr ungeschickt und sehr unvorsichtig ist.«

»Es scheint mir, unser König hat nicht die nötige Entschlossenheit.«

»Halt den Mund, Sophie. So spricht man nicht vom König.«

Erklären Sie mir das, Tante ... Ich verstehe das nicht. Diese Stelle aus Voltaires Schriften, die Sie mir neulich vorgelesen haben. Diese Seite, auf der er so heftig gegen die Sklaverei und den Sklavenhandel protestiert, erinnern Sie sich? Ich habe aber gehört, wie jemand zu meinem Onkel Trébuchet sagte, Monsieur de Voltaire sei persönlich mit fünftausend Livre an einem Sklavenschiff beteiligt. Sagen Sie mir, wie verträgt sich dieses mit jenem?«

»Ach, liebes Kind, das sind eben die typischen Widersprüche eines Philosophen.«

Seit der schrecklichen Dürre im Jahre 1785 scheinen sich alle Naturgewalten gegen Frankreich verschworen zu haben. Die Lage verschlechtert sich von Tag zu Tag. Nachdem Hagelschlag die Ernte vernichtet hat, fehlt es nun an Korn. Das Mehl ist knapp. Das Brot ist sehr teuer geworden. Für die Armen unerschwinglich.

Auf einen verregneten Sommer folgt ein schrecklicher Winter. Es ist so kalt, daß die Flüsse zufrieren und kein

Mühlrad sich mehr dreht. Überall erfrieren und verhungern die Menschen. Unbekannte Krankheiten raffen Greise und Kleinkinder dahin. In Châteaubriant sind die Wölfe aus dem Wald herausgekommen; mehrere von ihnen hat man erlegt.

Doch gefährlicher als die Wölfe sind die Bettlerbanden, die, ausgehungert und bedrohlich, wer weiß woher kommen, Bauernhöfe plündern und Reisende ausrauben. Sobald es Abend wird, wagt sich niemand mehr auf die Straße. Man verkriecht sich in den eigenen vier Wänden, verbarrikadiert und verrammelt die Türen, und die Heugabel oder die Flinte liegen griffbereit neben dem Hausherrn. Man macht die Hunde los. Und nach Einbruch der Nacht geht kein Liebespaar mehr in den Hohlwegen spazieren.

Die Dragoner des Königs versuchen zwar, die Bevölkerung zu schützen, sind aber nicht zahlreich genug, und überall greifen die Bürger zu den Waffen, um sich selbst zu verteidigen.

In diesem schrecklichen Winter sind in Nantes die Mimosen und Palmen erfroren. Die Lebensmittel werden knapp. Anfang Januar 1789 wird das Rathaus gestürmt, und unter den Rufen »Es lebe der König!« kommt es zu Plünderungen in den Bäckereien. Kerzen, Öl und Zucker werden immer teurer ebenso wie Kaffee und Geflügel. Wenn Julie vom Markt zurückkommt, stimmt sie jedesmal ein langes Klagelied an. Immer mehr Diebe kämen in die Stadt, sagt sie. Tante Robin versucht, ihr zu erklären, daß an der Teuerung die schlechten Zeiten schuld seien, doch vergeblich. Die alte Dienerin ist überzeugt, daß Verschwörer am Werke sind, die das Volk aushungern wollen. Noch so ein perfider Streich der Engländer. Kein Zweifel.

»Sie werden schon sehen«, sagt sie, »am Ende werden

sie uns noch zwingen, wie die Schweine Kartoffeln zu essen.«

Madame Robin ist beunruhigt. Was ist zu tun? Ist es besser, in Nantes Hungers zu sterben oder mit durchschnittener Kehle in Châteaubriant? Dort sollen die Wälder, wie man hört, zu wahren Räubernestern geworden sein. Der bloße Gedanke an eine Reise macht ihr angst. Übrigens trauen sich immer weniger Leute in ihren Wagen auf die Straße.

Besorgniserregende Gerüchte sickern in die Stadt. Hausierer, Postkutschen und -wagen bringen Nachrichten mit, noch betrüblicher als die, die in den Zeitungen stehen. Die königlichen Kassen seien leer. Die Kriege haben viel Geld gekostet, und die Steuerlast wird immer drückender. Die Lebensmittelknappheit und die Schrekken, welche die Räuber verbreiten, hätten zu Unruhen in Paris und in anderen Städten geführt. Der Minister Nekker sei völlig kopflos und der König überfordert.

Die Landbevölkerung beginnt zu murren. Die Bauern hatten geglaubt, sie wären nach der Versammlung der Generalstände die Steuern los, die sie zugrunde richten. Doch weder die Taille noch die Zehntsteuer der Kirche werden ihnen erlassen.

Überall herrscht Aufregung und Unzufriedenheit, Unruhe und Aggressivität. In Nantes wie überall in Frankreich haben die Bürger nur noch einen Gedanken: Schluß mit diesem frechen Adel und hochmütigen Klerus, die nichts als Verachtung für sie übrig haben. Der Adel, der sich bedroht fühlt, reagiert mit plumpem Ungeschick, willens, seine Privilegien bis in die kleinsten symbolischen Einzelheiten hinein zu verteidigen.

Als zum Beispiel der Trauerzug eines Oberlandesgerichtsrats über die Place Saint-Pierre zog, kam es zu einem Skandal. Die Familie des Verstorbenen hatte es gewagt, die fünf Fuß hohe Ehrenkerze auf einem stufenförmigen, mit schwarzem Samt ausgeschlagenen und einer silbernen Borte eingefaßten Kerzenhalter, überragt vom Familienwappen im Lichterkranz, im Zug mitzuführen. Bislang war dieses Ehrenabzeichen traditionsgemäß ausschließlich dem Adel vorbehalten gewesen. An diesem Tag aber war der Tote nur ein Bürger, wenn auch einer von Rang.

Das anmaßende Schauspiel erregte den Ingrimm eines ruinierten Landjunkers, dem die Bewohner von Nantes seiner schmutzigen und unordentlichen Kleidung wegen den Spitznamen *Drei-Groschen* verliehen hatten. Als der Zug vorüberzog, konnte man sehen, wie *Drei-Groschen* sich voller Wut auf die Ehrenkerze stürzte und alle Lichter mit seinem Schwert niedermähte, was natürlich die Beteiligten aufbrachte.

Als die Generalstände zusammentraten, weigerte der bretonische Adel sich im Bündnis mit dem hohen Klerus, an der Debatte teilzunehmen. Lieber wollte er auf seine Stimmen, ungefähr dreißig an der Zahl, in der verfassunggebenden Versammlung verzichten, als sich so weit zu erniedrigen, mit dem dritten Stand zu diskutieren. Dieser aber hat die Gelegenheit genutzt, um die Jugend gegen die Anmaßenden aufzustacheln.

In Rennes hat Moreau, der spätere General, die Studenten aufgewiegelt. Es hat schwere Schlägereien gegeben. Einer der Redner ist nach Nantes gekommen und hat Hunderte von jungen Bürgern um sich geschart. Sie haben sich auf den Weg nach Rennes gemacht, um die »Lakaien des Adels«, wie sie sagen, zu bestrafen.

Der Adel hat natürlich zum Gegenschlag ausgeholt. Krawalle und große Worte. In fieberhafter Eile werden Broschüren und Schmähschriften gedruckt. »Alle Menschen sind gleich«, proklamiert ein bürgerliches Blatt,

»nur der König von Marokko und die bretonischen Edelleute ahnen davon noch nichts.«

Worauf die Adeligen antworten, die Bürgerlichen brauchten sich nicht zu beklagen. Sind sie nicht reicher als alle anderen und in jeder Weise begünstigt? Bouteiller zum Beispiel. Er, der reichste Großhändler der ganzen Provinz, besitzt, wie man weiß, mindestens sechs Millionen und wird mit nur eintausenddreihundertvierzig Livre veranlagt, während ein Edelmann mit hundertfünfzigtausend Livre Rente dreitausendsechshundert Livre Steuern zahlen muß.

Bouteiller behauptet wutschnaubend, daß er in Frankreich und in den Kolonien mehr als fünfundsechzigtausend Livre Abgaben an die Staatskasse zahlen würde. »Außerdem«, sagt er, »beschäftigt ein Händler eine Vielzahl von Arbeitern; er bringt Fabriken in Schwung, bildet Matrosen aus, stärkt die wirtschaftliche Kraft unserer Kolonien.«

Dieser Austausch von Artigkeiten wird in allen Cafés, Zirkeln und Versammlungen von Nantes kommentiert. Manchmal würde Sophie am liebsten in die Stadt rennen, wo es heiß hergeht, wo die jungen Leute sich tummeln und Reden halten. Nicht, daß sie etwas von Politik verstünde, aber all dies Durcheinander ist ihr ganz lieb, bringt es doch Abwechslung in ihr eintöniges Leben. Tante Robin aber, im Alter vorsichtig geworden, hat ihr glatt verboten, zu diesen lärmenden Versammlungen zu gehen, wo die Diskussionen manchmal ein böses Ende nehmen. Für ein siebzehnjähriges Mädchen ist dort kein Platz. Warum sich der Gefahr aussetzen, verprügelt zu werden? Der eine oder andere versorgt die Rue Sainte-Croix immer mit den neuesten Nachrichten. Jean-François Normand, ein junger Mann in Sophies Alter, Sohn eines mit Trébuchet befreundeten Kapitäns, kommt abends manchmal vorbei und erzählt, was er gesehen und gehört hat. Der Jüngling, immer ein wenig exaltiert, berichtet in allen Einzelheiten, wie es in der ganzen Stadt gärt.

Sophie ist mit einer Petit-Point-Stickerei für den Sitz ihres dritten Sessels beschäftigt, als Motive dienen La Fontaines Fabeln. Sie hört Jean-François zu. Und während sie einen scharlachroten Wollfaden einfädelt, um einem Wolf, der am Ufer eines türkisfarbenen Bächleins dem Lamm auflauert, drei blutrünstige Punkte ins Auge zu sticken, bedauert sie, kein Junge zu sein. Mit Jean-François ginge sie dann hinein in die Stadt mitten in das aufregende Gewoge.

Mitte Juli 1789 überstürzen die Ereignisse sich plötzlich. Am 15. kommen alarmierende Nachrichten aus Paris. Monsieur Necker habe am letzten Sonnabend seinen Hut genommen und sei durch Monsieur de Breteuil ersetzt worden; der aber hat die krankhafte Angewohnheit, gefährliche Kriminelle aus dem Gefängnis zu entlassen, und ist deswegen keineswegs populär. In dieser Ernennung haben die Revolutionsredner im Palais-Royal prompt die Ankündigung einer »Bartholomäusnacht der Patrioten« gesehen. Außerdem hat der König, gerade um jedes Blutvergießen zu vermeiden, die Truppen, die die Hauptstadt gegen die Räuber schützen sollten, aus Paris und Umgebung abgezogen, und letztere sind nun die Herren der Stadt. Man konnte sehen, wie Horden, mit Piken und Knüppeln bewaffnet, durch die Straßen zogen und Passanten terrorisierten. Oder wie ein wildgewordenes Weib einer Bürgerin im Vorbeigehen die Ohrringe abreißen wollte. Da einer zu fest saß, hat sie gleich das ganze Ohr mit abgerissen.

Die Räuber haben die Zollschranken in Brand gesteckt, die Weinhandlungen und Bäckereien ausgeplündert und die Gerätekammer verwüstet. Diese blutrünstigen Trunkenbolde, die wie eine Welle in die Stadt geschwappt sind, haben den Parisern einen solchen Schrecken eingejagt, daß sich niemand mehr auf die Straße traut.

Im Laufe des Montagabend fangen sich die Leute wieder. Wenn der König sein Volk schutzlos den gewalttätigen Übergriffen der Räuber ausliefert, so wird es sich eben selbst verteidigen. An der Porte Saint-Martin wird eine erste Bürgerwehr aus Freiwilligen aufgestellt: zwölfhundert Mann, darunter Bürgerliche, Arbeiter, Handwerker, Richter, Ärzte, Familienväter und Studenten.

Man hat sich bewaffnet, so gut es geht; Pistolen allerdings sind verboten, da sie als zu gefährlich gelten. In der ersten Zeit geht es nur darum, Angst zu verbreiten, damit das Chaos aufhört. Wachposten werden aufgestellt und Patrouillen eingesetzt.

In der Nacht von Montag auf Dienstag haben die Plünderungen wieder angefangen; dabei ist es zu solchen Ausschreitungen gekommen, daß die Bürgerwehr nun härter durchgegriffen hat. Die Flinten wurden herausgeholt; einige Räuber hat man an den Laternen aufgeknüpft.

Als diese Nachrichten nach Nantes dringen, steigt auch hier das Fieber. Die Leute reißen sich um die Zeitungen und laufen zu den aus Paris kommenden Wagen, um zu hören, was dort passiert. Die unwahrscheinlichsten Gerüchte gehen um. Auf den Straßen bilden sich Gruppen. Redner ergreifen das Wort.

Am 16. hat sich die Nachricht wie ein Lauffeuer verbreitet: Am 14. Juli hat das Volk das große Gefängnis der

Bastille gestürmt. Die Neuigkeit geht von Mund zu Mund, wird aufgebauscht und mit grausamen Einzelheiten ausgeschmückt. Paris liege in Schutt und Asche; es habe Massaker gegeben, und unter den Gefangenen und den Angreifern der Bastille seien Tausende von Toten.

Es sollte lange dauern, bis man die volle Wahrheit erfuhr: daß nämlich Mitglieder der Bürgerwehr, die zur Bastille gekommen waren, um Waffen zu holen, das Staatsgefängnis erstürmt hatten und daß Räuber dabei waren, die sich unter ihre Truppe gemischt hatten. Noch ging es nicht darum, das Wahrzeichen des königlichen Despotismus niederzureißen. Man wollte sich einfach nur verteidigen. Im übrigen schrie die Menge: »Es lebe der König!«

Es stellt sich heraus, daß die Festung nicht *gestürmt* worden war, sondern sich nach recht belanglosen Kampfhandlungen *ergeben* hatte; im übrigen blieben nicht Tausende von Opfern auf der Strecke, sondern achtundneunzig der Angreifer und ein Dutzend Offiziere der Bastille, von denen einer allerdings der Gouverneur war. Es muß ein relativ stiller Kampf gewesen sein, denn eine Menge Schaulustiger war aus der Umgebung herbeigeeilt, um dem Schauspiel beizuwohnen; viele hübsche Frauen darunter, die ihre Wagen in einiger Entfernung hatten stehen lassen, um näher an das Geschehen heranzukommen.

Was die *große Zahl* der befreiten Gefangenen betrifft, so waren es ihrer nur sieben: vier Fälscher, ein Mörder und zwei Verrückte.

Am 18. Juli – die Nacht geht eben zu Ende – wird Sophie von ungewöhnlichem Glockengeläut und mehr noch von dumpfem Lärm, der von der Straße heraufdringt, aus dem Schlaf gerissen. Alle Glocken von Nantes läuten Sturm. Ist da etwa ein riesiges Feuer ausgebrochen?

Irgendwo im Haus schlägt ein Tür zu, und Madame Robin kommt in Sophies Zimmer gestürzt, hinter ihr die Péan, schlotternd vor Angst.

»Steh auf!« ruft Madame Robin ihrer Nichte zu. »Da ist irgend etwas im Gange. Wir ziehen uns lieber an.«

Es wird Tag. Der Lärm auf der Straße schwillt an. Fensterläden schlagen, Leute rennen, schreien, Hunde bellen. Zurufe.

»Die Regimenter kommen!« schreit eine Frau. »Sie werden alles in Schutt und Asche legen!«

»Was für Regimenter. Woher? Woher kommen sie?«

»Wo geht ihr hin?«

»Zur Markthalle. Wir sollen zur Markthalle kommen. Befehl von Coustard!«

»Wie kommt denn der dazu, Befehle zu erteilen?«

In diesem Augenblick klopft es an der Haustür. Die drei Frauen fahren hoch.

»Herr Jesus!« zetert die alte Julie. »Die Räuber!«

Doch von der Straße läßt sich eine vertraute Stimme vernehmen: »Sophie! Ich bin's, Jean-François Normand. Mach auf!«

Jean-François ist in heller Aufregung. Er redet so schnell, daß er sich verhaspelt. Sie sollen zur Markthalle gehen, sagt er. Alle gehen dahin. Man weiß noch nicht genau, was passiert, aber gleich wird Monsieur Coustard de Massy sprechen. Das ist der Aufstand. Die Freiheit. Er ist gekommen, um Sophie abzuholen, damit sie den Weg nicht allein machen muß.

»Kommt nicht in Frage!« protestiert Madame Robin.

Doch Sophie hat sich schon angezogen: Rock, Mieder, Umschlagtuch und Haube.

Auch sie ist jetzt ganz aufgeregt. Dieses Mal geht sie mit Jean-François, selbst wenn sie, um der Aufsicht ihrer Tante zu entwischen, aus dem Fenster springen müßte.

»Und wenn es zu Tumulten kommt?« jammert Madame Robin. »Das ist doch alles Wahnsinn!«

»Sie beleidigen mich«, gibt Jean-François zurück. »Ich bin doch da; ich beschütze Sophie ... Und außerdem, Madame, wird das heute ein historischer Tag. Das Volk erhebt sich. Endlich. Wenn Sie mitkommen wollen ...«

»Vielen Dank!« wehrt Madame Robin ab. »Ich habe keine Lust, mich herumschubsen zu lassen.«

Sophie Trébuchet und Jean-François haben sich an der Hand gefaßt und unter die Menge gemischt, die zur Markthalle drängt. In den Straßen von Nantes herrscht zu dieser frühen Stunde Jahrmarktsstimmung. Männer, Frauen und Kinder ziehen fröhlich dem sommerlichen Morgen entgegen. Da und dort werden Lieder angestimmt. Ein Säufer, schon wieder angetrunken, klettert auf einen Stuhl und setzt zu einer unbeholfenen, feierlichen Rede an, der kein Mensch zuhört. Die Leute laufen aus ihren Häusern; und der vorüberziehende Zug schwillt immer mehr an, zu einer Menschenflut, in der sich Wirbel bilden. Aus einem Handgemenge heraus ertönen Schreie. Und man hört, wie Mädchen kichern, die offenbar kitzelig sind.

In der Markthalle steht ein Männchen, das man auf eine Art Behelfsbühne gehievt hat, hoch über der Menge und hält, mit den Armen fuchtelnd, eine Ansprache. Der da redet, ist der überspannte Coustard de Massy, Vorsitzender des militärischen Ehrengerichts, Besitzer eines Betriebes auf Santo Domingo mit fünfzehnhundert Negern und einem Gerücht zufolge Liebling der Damenwelt von Nantes. Derselbe, den Sophie vor fünf Jahren sah, als er sich an Bord jenes Ballons in die Lüfte erhob, der ihn damals so populär machte.

Coustard – er schmiedet Verse, wenn er dazu aufgelegt ist – setzt zu einer mit klassischen Zitaten gespickten

Rede an. Vor der Menge, die er zusammengetrommelt hat und die ihm schweigend lauscht, thront er auf seinen Kisten und will sie mit stilvoller, blumiger Rede für sich gewinnen, berauscht von seinen eigenen, mit schmetternder Stimme vorgetragenen Worten.

Der Mann, der sich zum Anführer der aufständischen Bewegung emporgeschwungen hat, polemisiert voller Erregung gegen Hof und Adel. Die Abgeordneten in Paris seien gefährdet. Er beschreibt die Gefahren, denen der anständige Bürger überall ausgesetzt ist, vergleicht Nantes mit dem Wald von Bondy, ruft zur bewaffneten Verteidigung der Stadt auf. Anführer müssen ernannt, Bürgerwachen gebildet werden. Und den Anfang muß man beim Schloß machen. Auf zum Schloß! Es wäre doch gelacht, wenn Nantes *seine* Bastille nicht auch im Sturm nehmen würde!

»Es lebe der König!« schreit Coustard.

»Es lebe der König!« schreit die Menge zurück.

Schon werden wie aus dem Nichts Kisten mit Waffen hervorgeholt und Flinten verteilt; und mit Coustard an der Spitze strömt die Menge zum Schloß.

Als sie in ein Handgemenge geraten, muß Jean-François Sophies Hand loslassen, aus den Augen aber läßt er sie nicht. Wie froh ist er, auf das Mädchen, in das er heimlich verliebt ist, aufpassen zu dürfen. Daß er einmal mit ihr allein spazierengehen würde, hätte er sich nicht träumen lassen. Dieser Tag, mit seiner ungeheuren Menschenmenge, die gewissermaßen als Anstandsdame mit ihnen zieht, hat es möglich gemacht. Und der junge Mann hofft insgeheim, es möge »etwas« passieren. Das wäre nicht nur unterhaltsam, sondern würde ihm vielleicht auch die Gelegenheit verschaffen, Mademoiselle Trébuchet das Leben zu retten.

Das junge Mädchen, fest in sein Umschlagtuch gehüllt,

hat genauso wie die Umstehenden sichtlich das Fieber gepackt. Sie ist blaß, aber ihre Augen leuchten.

»Bist du müde?« fragt Jean-François besorgt. »Soll ich dich nach Hause bringen? Hast du keine Angst?«

»Nein«, sagt Sophie … »Ich will alles sehen.«

Sie bilden den Schluß einer Marschsäule, die sich durch die ganze Stadt von der Fosse bis nach Richebourg zieht; die Tore des Schlosses sind noch nicht einmal zu sehen, da ist schon ein großer Teil der Stadt dahinter verschwunden.

Die Menge hat sich unterwegs zunehmend verjüngt. Müde oder ängstlich geworden, sind die ältesten Bürger und die Mütter mit kleinen Kindern vorsichtshalber zurückgegangen. Eine jugendliche Schar zieht jetzt über die heruntergelassene Brücke, während die wenigen Invaliden, aus denen die Garnison der Festung besteht, friedlich auf und ab gehen und die Invasion nicht zu bemerken scheinen.

Die Menge stößt nicht auf den geringsten Widerstand. Um blutige Zusammenstöße zu vermeiden, hat der Gouverneur, Monsieur de Goyon, lieber gleich die Öffnung der Tore angeordnet. Und absichtlich hat er es unterlassen, das Regiment von Rohan-Soubise, das noch in Nantes ist und seine kleine Mannschaft hätte verstärken können, um Hilfe anzurufen. Darüber hinaus hat er an die Bürger von Nantes eine gewaltige Schinken- und Brotration verteilen lassen, auf die sich die Ausgehungerten gestürzt haben. Dieser unerwartete Empfang hat den exaltierten Anführern der Menge den Wind aus den Segeln genommen. Sollten sie für nichts und wieder nichts gekommen sein? Um nicht das Gesicht zu verlieren, verbrennen sie im Schloßhof in einem riesengroßen Freudenfeuer das Archiv der Bretagne.

Vorwürfe und drängende Fragen lassen Tante Robin

und Julie auf Sophie herabprasseln, als sie erschöpft nach Hause kommt. Sie sei zu einem Imbiß ins Schloß gegangen, sagt sie, zu dem die ganze Stadt geladen gewesen sei.

Eines Nachmittags im Winter 1793 betritt Sophie Trébuchet den Salon in der Rue Sainte-Croix. Als sie die Robine in ihrem Sessel entdeckt, zuckt sie zusammen. Sie sitzt da, die Hände flach auf dem Rock. Daß im Kamin das Feuer erlischt, aus den Wänden die Feuchtigkeit sickert und im Zimmer sich Dunkelheit ausbreitet, ist ihr egal.

Madame Robin, die auf die Siebzig zugeht, benimmt sich seit einigen Monaten wie eine Standuhr, deren Räderwerk im Staub steckenzubleiben droht: Zwar geht sie noch, doch manchmal bleiben die Zeiger stehen. Die Zeit steht still, die Glocke hat einen Sprung. Und genauso plötzlich wie die Standuhr stehengeblieben ist, geht sie dann wieder.

Sophie facht die Glut an, legt ein Holzscheit nach und zündet die Kerzen an. Dann setzt sie sich auf eine kleine Bank zu Füßen der alten Dame, die nicht einmal zu merken scheint, daß sie da ist. Ausdruckslos starrt sie ins Feuer und bewegt ihre Lippen, bringt aber keinen Ton heraus.

Besorgt spitzt Sophie die Ohren und versucht zu verstehen, was sie sagt, und das junge Mädchen ist ganz unglücklich, die Tante, die so zärtlich wie eine Mutter zu ihr war, in diesem Zustand zu sehen. Die korpulente Dame ist nur noch ein Schatten ihrer selbst. Ihre Wangen, einst voll und blühend, sind eingefallen. Die Haut hängt schlaff und grau, als hätte sie Schimmel angesetzt, von den Knochen. Die kokette Frau hat sich in eine Alte verwandelt, die es nicht stört, wenn ihr die Haube schief auf dem Kopf sitzt oder wenn ihr ein Furz entfährt. Daß sie bloß nicht kindisch wird, denkt Sophie, und drückt ihr ganz fest die dürren, eiskalten Hände.

»Was sagen Sie, Tante?«

»Ah ...«, antwortet die Robine, »man durfte nicht ... Man durfte *ihn* nicht töten! ... Das hat uns Unglück gebracht, siehst du ...«

Die Hinrichtung des Königs im Januar hat sie völlig durcheinandergebracht. Sie hat sich davon nicht erholt. Seitdem sagt sie immer wieder mit klagender Stimme diesen einen Satz: »Man durfte nicht ...«

»Soll ich Ihnen eine Schokolade machen?« schlägt Sophie vor, um sie abzulenken. »Das wärmt.«

Ist die alte Feinschmeckerin bei dem Wort Schokolade aus ihrer Erstarrung erwacht? Auf einmal scheint das Leben in sie zurückzukehren, und sie entdeckt ihre Nichte.

»Sprich nicht so mit mir«, sagt sie mit dumpfer, aber gefestigter Stimme. »Hundertmal habe ich dir das schon gesagt, meine Kleine: Du sollst mich nicht siezen! Wir werden verhaftet, wenn dich einer hört.«

»Ich bitte *dich*, mir zu verzeihen, Bürgerin Robin«, sagt Sophie. »Ich hatte diesen Unsinn ganz vergessen. Ich werde Julie bitten, *dir deine* Schokolade warm zu machen.«

Und sie geht hinaus, um es mit der anderen Alten aufzunehmen, die in ihrer Küche herumkramt und ihr mit Sicherheit antworten wird, daß der knappe Vorrat schnell verbraucht sein wird, wenn man sich angewöhnt, jeden Tag Schokolade zu trinken. Und wie einen neuen Vorrat anlegen in diesen Zeiten?

Und die sind schlecht, das muß man schon sagen. Tante

Robin hat vielleicht wirklich recht: Der Tod des Königs hat Frankreich kein Glück gebracht.

Europa ist verärgert. Die Engländer haben im Süden, die Österreicher im Osten angegriffen. Sie haben gemerkt, daß Frankreich schwach ist, und versuchen das auszunutzen, um sich das Land einzuverleiben.

Wo sind die Freude, die Hoffnung, die Begeisterung des Sommers 89 geblieben, als man glaubte, es werde ein neues friedliches Zeitalter der Gerechtigkeit und Gleichheit anbrechen? Als Nantes im Freudentaumel tanzte, Freudenfeuer anzündete, Freiheitsbäume pflanzte, die Tugenden, das Genie und die Arbeit feierte, sich an patriotischen Liedern berauschte und den Damen Bürgerinnen in Seidenkleid und roter Jakobinermütze Beifall klatschte. Als Dankgottesdienste und begeisterte Reden des Bürgermeisters Kervégan einander abwechselten.

Wo sind sie jetzt, die Veteranen, die »kamen, um in der Erneuerung Frankreichs ihre Jugend wiederzufinden«, und die tatendurstigen jungen Leute, »in ihren schwachen Händen das blitzende Eisen und in ihren leuchtenden Augen das Feuer jugendlichen Mutes«? Selbst die Oratorianer hatten sich in ihrer erzieherischen Arbeit auf die neuen Ideen eingestellt, »um die Schüler in der Einübung religiöser und sozialer Tugenden besser anleiten zu können«.

Nun, da der Adel, der die Menschen zertreten hatte, selbst zertreten war, wurde der kleine Mann zum Bourgeois und der Bourgeois zum Edelmann. Federbusch und Beförderung war alles, worauf man aus war. Man änderte die Namen, und die Berufsbezeichnungen wurden so pompös, daß selbst die Sardinenzählerinnen im Hafen von nun an »Bürgerinnen für die Sardinen« genannt werden wollten. Die Beamten aller Dienstgrade machten sich wichtig.

Natürlich hatten die Menschen Hunger, und die Stadt glich, sobald es Nacht wurde, immer noch einer Räuberhöhle. Aber nach dem Juli-Aufstand hatte man nach dem Vorbild von Paris eine Nationalgarde aufgestellt. Ihr erster Auftritt war eine Farb- und Stofforgie.

»Und wenn man bedenkt«, sagte Tante Robin, »daß es immer noch Dummköpfe gibt, die behaupten, daß dieser modische Putz nur Frauensache ist!«

Man mußte all diese Herren nur einmal sehen, wie sie zwischen Tuch, Baumwolle, Barchent und Samt, zwischen Leder, Spitzen und Tressen herumschnüffelten. Jede Kompanie der Garde wollte ihre eigene Uniform haben. Man ließ sich von Modellen aus Paris inspirieren.

Innerhalb von achtundvierzig Stunden hatte man Schneidern, Sattlern und Hutmachern das Äußerste abverlangt. Unter den spöttischen Blicken von Ehefrauen und Schwestern stolzierten die frischgebackenen Nationalgarden in ihren nagelneuen Kleidern einher. Am elegantesten waren die jungen Männer vom Quai de la Fosse. Eine Kompanie Freimaurer trug voller Stolz ihre scharlachroten Samtaufschläge zur Schau, eine andere himmelblaue. Die Kavallerie hatte Rosa gewählt, und die Kragen der Kanoniere waren zitronengelb.

Als Jean-François in seiner Uniform mit weißen Aufschlägen und weißem Futter, rotem Kragen und gelben Knöpfen zu Sophie kam und von ihr bewundert werden wollte, rief sie aus: »Oh, was für ein hübscher Papagei.« Da war Jean-François natürlich pikiert.

Aber die Begeisterung der jungen Garde hat nicht lange vorgehalten. Als es keinen Spaß mehr machte, mit stolzgeschwellter Brust an der beifallklatschenden Menge vorbeizuziehen, haben sie tausend Vorwände gesucht, um sich dem langweiligen Wacheschieben zu entziehen.

Und dann begann die schöne Frucht der Revolution

sehr schnell zu faulen und zu stinken. Die Abschaffung der verhaßten Privilegien des Adels, die Aberkennung ihrer Titel und die Beschlagnahmung ihres Besitzes, ihr Exil kam nur der Bourgeoisie zugute. Die Arbeiter und Bauern haben nichts davon gehabt. Die Armen sind immer noch arm.

Sieht so das *erneuerte* Frankreich aus? Täglich verlieren die Assignaten an Wert, und überall verhungern Menschen. In Nantes kann man nicht einmal mehr in Ruhe seine Nüsse essen, ohne Gefahr zu laufen, zum schlechten Patrioten abgestempelt zu werden, denn die Gemeinde hat angeordnet, mit den Vorräten sparsam umzugehen. Die Hungersnot in der Stadt ist nicht nur eine Folge harter Winter und schlechter Ernten. Die Bauern halten die Lebensmittel zurück, um sich für das Elend, das sie den neuen Machthabern zu verdanken haben, zu rächen.

Die Empörung auf dem Lande wächst. Es hat keine Steuererleichterungen gegeben, im Gegenteil; und außerdem zieht man die jungen Burschen ein, um sie an den Grenzen des Landes in den Tod zu schicken: allein dreihunderttausend Mann im Februar! Und wer soll bei der Aussaat, der Weinlese und der Getreideernte helfen?

Außerdem ist die Frömmigkeit, die in der Stadt sehr verkümmert ist, auf dem Lande noch immer sehr lebendig. Die Bauern sind aufgebracht. Mit welchem Recht nimmt man ihnen ihre Pfarrer weg? Diejenigen, die sich geweigert haben, den Eid auf die Verfassung zu leisten, müssen sich, um dem Tod zu entgehen, verstecken oder ins Exil gehen. Man ersetzt sie, ohne die Gemeinden zu fragen, durch wildfremde Pfarrer der neuen Art, die für die Gläubigen Eindringlinge sind und die sie hassen. In Châteaubriant hat man letztes Jahr den Abbé Bédard in der Renaudière verstecken müssen: Er wurde von den Nationalgardisten gesucht. Im September ist es ihm gelungen, als blinder Passagier mit einem Schiff nach Spanien zu entkommen.

Geplünderte und zugesperrte Kirchen, unerhörte Freveltaten, wie kann man das alles überhaupt ertragen? Und nicht mehr zur Beichte gehen zu können, bei wem man will; nicht mehr beten zu können, um Sorgen und wachsende Angst zu beschwichtigen. Die Menschen unterschiedlicher Glaubensrichtungen sind entzweit.

Begreiflicherweise hat unter diesem Druck der religiöse Eifer sehr zugenommen. Die Gläubigen setzen ihr Leben aufs Spiel, um geheimen Messen beizuwohnen. Und unterderhand werden fromme Bilder, die neuerdings verboten sind, weitergereicht.

Außer sich vor Wut, haben sich die Bewohner der Vendee südlich der Loire zu Banden zusammengeschlossen, Waffen gesammelt und mit Knüppeln, Forken und Gewehren Wehrübungen abgehalten. Als erstes haben sie Männer aus dem Volk zu ihren Anführern ernannt: den Fuhrmann Cathelineau, den Jagdhüter Stofflet, den Steuereinnehmer Souchu und den Perückenmacher Gaston. Diese mutigen Leute hecken einen Krieg aus, wissen aber nicht, wie man ihn führt. Sie haben's nicht gelernt. Die Nationalgardisten und die Soldaten in den Garnisonen sind besser ausgerüstet und geübt.

Also haben sich die Bauern der Vendee die Spezialisten, die ihnen fehlen, aus den Schlössern geholt: die jungen adligen Offiziere, die sich aufs Kämpfen verstehen. Die Charette, die Bonchamps, die d'Elbée, die Sapinaud, den schönen Marquis de Lescure und den jungen ungestümen La Rochejacquelein, der mit seinen einundzwanzig Jahren gerade mal so alt wie Sophie ist. Anfangs waren sie nicht sehr scharf darauf, sich am Aufstand der Bauern zu beteiligen, aber man hat ihnen in den Ohren gelegen. »Ohne euch können wir nichts ausrichten.«

Da haben sie sich umstimmen lassen und die Führung der Bauern übernommen, die das Waffenhandwerk nicht gelernt hatten und sehr schreckhaft waren, denn an Kanonenlärm waren sie nicht gewöhnt. Ihre Ratschläge waren Gold wert. Und mit Feuereifer haben all diese jungen Bauern, die sich dem Kriegsdienst verweigert hatten, sich in den Guerillakampf gestürzt. Und so haben die Lehnsherren und Leibeigenen, die früher miteinander verfeindet waren, in ihrem gemeinsamen Unglück zueinandergefunden: im Namen des verhöhnten Gottes und der Rache für den König.

Bocage und Moor erheben sich. Die Männer sammeln sich Gemeinde für Gemeinde, Gegend für Gegend. Die Bauerntölpel in ihren Holzpantinen stoßen auf die Soldaten der Nation, die sie wegen der Farbe ihrer Waffenröcke die »Blauen« nennen, oder weil die Unkenntnis des Geländes sie unbeholfen macht, die »Tolpatschigen«. Der Aufstand breitet sich aus. Bald ist das ganze linke Loire-Ufer in Aufruhr. Schon greift die Unruhe auf die Departements nördlich der Loire über. Es wird nicht mehr lange dauern, dann werden die Chouans den Aufständischen aus der Vendee zu Hilfe kommen.

Währenddessen palavert der Konvent in Paris und nimmt den Lärm, der von Westen herüberdringt, nicht ernst. Ein paar Truppen werden losgeschickt, um diese bedeutungslose Rebellion niederzuschlagen. Aber die vendeischen Aufständischen und die königlich-katholische Armee rücken vor. So entbrennt der Bürgerkrieg zwischen den blauen und den weißen Franzosen. Erstere haben den Vorteil der Legalität, der Truppenstärke und der Waffen. Letztere aber sind hier zu Hause. Seit ihrer Kindheit sind sie mit den Tücken und Vorteilen des Geländes vertraut, den Hohlwegen, Wäldern und Steinbrüchen, die Deckung bieten und natürliche Verstecke sind.

Sie wissen, wie man sich die aus den feuchten Wiesen aufsteigenden Nebelbänke zunutze macht. Welch Freude, wenn sich die blauen Tolpatschigen darin verirren oder ihre Transporte im Morast steckenbleiben. Was nützen ihnen da die schönen Uniformen, Schuhe und Waffen. Die armen Vendeer, schlecht gekleidet und nur notdürftig bewaffnet, sind ihnen überlegen, wobei ihnen ihre listigen Hinterhalte und ihre wilden, oft überraschenden Angriffe zustatten kommen. Mit Knüppeln stehlen sie Kanonen. Ist der Handstreich vollbracht, verziehen sich die Guerilleros, lösen sich, Hecken und Wälder, Engpässe und Schluchten nutzend, in Luft auf. Sie wissen, daß sie nichts zu befürchten haben: Das Gelände ist so uneben, daß es für Kavallerieaufmärsche ungeeignet ist.

Außerdem erhalten sie Unterstützung aus der Bevölkerung. Die Frauen und Kinder helfen ihnen. Mit Hilfe von Geräuschen, Codes und Zeichen übermitteln sie ihnen wertvolle Informationen, die die Blauen nicht abfangen können: Vogelgezwitscher, eine aus Zweigen angeordnete Figur, die Position eines Windmühlenflügels, ein Taschentuch auf einer Fensterbrüstung oder eine Rauchsäule zwischen zwei Bäumen reichen, um auf eine Gefahr aufmerksam zu machen oder auf einen Sammelpunkt hinzuweisen.

Im Frühsommer sind die Weißen Herr über Saumur und Angers. Werden sie sich die Abwesenheit der am Rhein kämpfenden republikanischen Truppen zunutze machen und auf Paris vorrücken? Nein. Weit gefehlt. Sie beschließen, Nantes einzunehmen; doch da beißen sie auf Granit, denn die republikanische Stadt verteidigt sich heldenhaft. Und am 1. August verabschiedet der Konvent, endlich von den Ausmaßen der Erhebung alarmiert, auf Vorschlag des Abgeordneten Barère den Plan, das aufständische Land völlig zu verwüsten. Fürs erste schickt er die achtzehntausend Mann der Garnison, die gerade in Mainz kapituliert hat, in den Westen.

Kléber und seine Mainzer treffen am 6. September in Nantes ein. Ende des Monats gibt der Konvent folgenden Befehl aus: »Kämpfer für die Freiheit, Ende Oktober müssen die Räuber der Vendee ausgerottet sein . . .«

Robespierre schickt auch den Bürger-Abgeordneten Jean-Baptiste Carrier nach Nantes, einen siebenunddreißigjährigen Anwalt und ehemaligen Seminaristen aus dem Cantal. Seine Mission ist einfach und läßt sich in wenigen Worten zusammenfassen: »Die Föderalisten vernichten und die Vendee mit der Geißel der Zerstörung heimsuchen.«

Das ist der Mann der Stunde. Er wird hundert Tage in Nantes bleiben. In dieser Zeit läßt er vierzehntausend Personen hinrichten, von denen viertausendachthundert in der Loire ertränkt werden. Er führt seine Vernichtungsmission mit solchem Eifer und solch krimineller Phantasie aus, daß der Konvent höchstselbst den Mann angewidert aufs Schafott schickt, der sich rühmte, aus den Gefängnissen »Vorzimmer des Todes« und »aus Frankreich einen Friedhof« zu machen.

Lebt wohl, ihr zierlichen Schuhe, ihr Kleider aus Samt und Musselin. Sophie Trébuchet läuft jetzt in Holzpantinen durch die Stadt. Eines Tages geht sie in die Rue des Carmélites und bittet Jeannette Marion, das Dienstmädchen ihres Großvaters, für sie auf dem Dachboden nach den Kleidern zu suchen, die ihre Mutter getragen hat und an die sie sich mit der Begeisterung des kleinen Mädchens von damals erinnert. Sie möchte sie umändern, um sie selber anzuziehen. Aber die Kleider von Renée-Louise sind verblichen. Der Staub hat ihnen die Farbe genommen. Spitze und Samt, von Motten zerfressen und von jahrelanger Feuchtigkeit mürbe geworden, zerfallen in der Hand. Und die ganze Stadt kommt Sophie wie Renée-Louises Kleider vor. Sie fault dahin, jeden Tag ein bißchen mehr.

Nantes, die im Delta der Loire gelegene, von Luxus verwöhnte Handelsstadt, wo sich kreolisches Geplapper mit allen Sprachen Europas mischte, wo den zarten Tönen der Spinette und Cembalos auf der Insel Feydeau oder auf Klein-Holland das kraftvolle Echo der Glocken und Pfeifen von den Schiffen her antwortete, Nantes, zwischen den sechs Loire-Armen liegend, ist nicht länger das glückliche Venedig des Westens.

Versteinert ist die Stadt jetzt und infernalisch; Elend, Hunger und Krankheiten breiten sich aus; Angst und Tod triumphieren. Kein Tanz mehr, kein Handel, auch in den Cafés und Zirkeln versucht niemand mehr, die Welt zu verbessern. Die Seeleute fahren nicht mehr zur See, die Fischer gehen nicht mehr auf Fischfang, die Geflügel-, Fisch-, Gemüse- und Käsehändler haben nichts mehr zu verkaufen. Für einen schlechten Blätterteigkuchen, einen Laib Brot oder ein Zuckerbrot steht man stundenlang an. Man muß mit verfaulten dicken Bohnen oder Brot aus Kichererbsenmehl vorliebnehmen. Die Schmerbäuche und frischen Jungmädchengesichter sind verschwunden. Und man begegnet manchem Edelfräulein in der Stadt, das, einst stolz auf sein Familienwappen, jetzt zerlumpt zwischen allerhand Dirnen und streunenden Hunden umherirrt und bettelt, um nicht zu verhungern. Und mancher Stutzer, der früher auf hohem Roß saß, drückt sich jetzt leise an der Mauer entlang.

Das Schlimmste ist die Angst. Wenn Sophie, ihre Tante

und Julie in dem kalten Haus in der Rue Sainte-Croix zittern, so tun sie es mehr vor Entsetzen als vor Kälte. Die ganze Stadt bebt vor unterdrückter Beklommenheit. Jedes Läuten der Sturmglocken, jedes Trommeln verbreitet Angst. Alle fürchten sich vor den wilden Burschen aus der Vendee, die einen Ring von Haß um die Stadt legen; sie fürchten sich vor der englischen Flotte, die sich an der Küste zur Landung bereit macht, um den Vendeern zu Hilfe zu kommen; sie fürchten sich vor den im Namen der Nation agierenden Gerechtigkeitsaposteln in der Stadt. Freundlichkeit unter den Nachbarn, Freundschaft, Vertrauen sind dahin. Jeder mißtraut jedem, und niemand traut sich mehr, dem anderen in die Augen zu sehen, aus Angst, darin Zweifel oder Verrat zu lesen.

Seit dem 17. September gibt es keine Unschuldigen mehr. Wird man mit jemandem verwechselt oder hat eine Nase, die dem Revolutionskomitee nicht paßt, so reicht das, um auf der Stelle verhaftet, ins Gefängnis geworfen und hingerichtet zu werden. Denunziationen und Hausdurchsuchungen häufen sich. Wehe dem, in dessen Haus die Marat-Büste nicht an gebührendem Platze steht; wehe dem, der seinen Laden des Sonntags schließt, der versehentlich noch nicht alle Spuren der verfluchten aristokratischen und kirchlichen Vergangenheit beseitigt hat. Wehe dem, der den Eindruck erweckt, vermögend, einflußreich oder auch nur intelligent zu sein. Und als Verschwörer macht sich sogleich verdächtig, wer Schmuck trägt oder Bonmots zum Besten gibt.

Als der furchtbare Carrier nach Nantes kam, fand er ein Revolutionskomitee vor, das gewillt war, sich in den Dienst seiner Säuberungspläne zu stellen, eine Ansammlung von allem, was die Stadt an mißgünstigen, verbitterten, korrupten Männern aufzubieten hatte.

Der Schrecklichste von allen ist Jean-Jacques Goullin,

ein blasser und schwächlicher Geck, Sohn eines Pflanzers aus Santo Domingo, den der Sklavenaufstand ruiniert hat. Mit siebzehn Jahren ist er nach Nantes gekommen, ist seitdem ohne Arbeit und lungert, gierig auf der Suche nach dem schnellen Geld, in den Spielhöllen herum. Der Protektion Fouchés hat er einen Posten als Einnehmer von Registrierungsgebühren zu verdanken. Dann hat er sich zum Vorsitzenden des Revolutionskomitees aufgeschwungen, ein idealer Posten, um Haß auszuleben und Begehrlichkeit zu befriedigen. Nun verfügt er über die Macht, seine Gläubiger oder solche, deren Besitzungen er begehrt, hinrichten zu lassen. Und diese Möglichkeit wird er sich nicht entgehen lassen.

Die Gefangenen, die ihm auf Gedeih und Verderb ausgeliefert sind, behandelt er wie Sklaven. Das hat er sich auf Santo Domingo abgeguckt. Diese Leute in Nantes seien schließlich nur weiße Neger, meint er, und ihr Leben ist in seinen Augen keinen Pfifferling wert.

Goullin hat sich im Komitee mit Männern seines Schlages umgeben.

Da ist Bachelier, der anrüchige Notar, der zuerst einmal sieben seiner Kollegen hat einsperren lassen, von denen vier dabei ums Leben kommen. Und der Bürger Chaux, in zwei Fällen des betrügerischen Bankrotts überführt, ein Mann, an dem der Neid nagt und der sich seiner Schulden dadurch entledigt, daß er seine Gläubiger festnehmen läßt. Und Moreau-Grandmaison, unter dem Ancien régime wegen Mordes verurteilt, dann dank geheimer Verbindungen freigelassen, ein sadistischer Folterknecht, der seinen Instinkten endlich freien Lauf lassen kann. Und der Nadelhändler Mainguet, der sich damit brüstet, daß er die Häuser der Notabeln plündert, und der Uhrmacher Bologniel, der sich aus dem Besitz der Verurteilten eine herrliche Sammlung alter Uhren zusammenklaut.

Unter dem Deckmantel des Patriotismus plündert, erpreßt, mordet diese feine Gesellschaft munter drauflos. Der Tod schwebt drohend über allen Wegkreuzungen, schleicht an den Ufermauern entlang, liegt in den Gassen im Hinterhalt, streift durch die Felder. Die Gesellschaft für Denunziantentum Vincent-la-Montagne und die Kompanie Marat spuken durch alle Alpträume. Die schlimmste aller Abteilungen aber ist die der amerikanischen Husaren, an die sechzig befreite Neger, die unter den Anfeuerungen ihres weißen Anführers Pinard Rache nehmen. Sie lassen sich mit Rum vollaufen und fallen über die gefangenen Frauen her, die man ihnen überläßt, bevor man sie erschießt. Vor diesen amerikanischen Husaren hat Sophie die größte Angst seit dem Tag, da fünf ihrer unglücklichen Opfer den Ansturm von jeweils zwanzig Männern über sich ergehen lassen mußten, bevor sie starben.

Sophie wird nicht verhaftet. Die Stellung ihres Großvaters Le Normand bietet ihr sogar einen gewissen Schutz, aber wenn die Husaren völlig betrunken in die Stadt einfallen, muß jede Frau fürchten, auf grauenhafte Weise vergewaltigt zu werden. Die Husaren spezialisieren sich auch darauf, die Schlösser in der Umgebung auszurauben, während die Gebirgsaufklärer, eine andere Abteilung der Kompanie Marat, es vorziehen, in Nantes selbst zu plündern, nachdem sie die reichen Kaufleute und ihre Familien ins Gefängnis geworfen haben.

Die Zahl der Gefangenen ist derart angestiegen, daß man nicht einmal mehr weiß, wo man sie solange unterbringen soll, bis man sie endlich, nach pauschaler Verurteilung oder auch ohne eine solche, losgeworden ist. Sie werden in ausgedienten Lagerhallen zusammengepfercht, in Klöstern und sogar auf Schiffen, wo sie unter entsetzlichen hygienischen Bedingungen dahinvegetieren.

Der sanfte Wind trägt keinen Ginsterduft mehr über

die Stadt, sondern ekelerregenden Gestank. Im feuchtwarmen Klima der Loire, in dem alle Pflanzen so schnell wachsen, breiten sich mit derselben Geschwindigkeit auch die Miasmen aus. In den Massenquartieren der Flüchtlinge und in den Gefangenenlagern bricht Typhus aus. Die Epidemie verbreitet sich rasend schnell, obwohl man überall Essig verbrennt, um zu desinfizieren, und nur noch im Laufschritt und mit vorgehaltenem Taschentuch seinen Geschäften nachgeht. Die Krankenhäuser sind, wie könnte es anders sein, zum Bersten voll.

Tod den Vendeern! Tod den Aristokraten, so noch welche da sind! Den Emigranten und ihren Helfershelfern! Tod den Priestern, die den Eid auf die Verfassung verweigert haben, und denen, die auf sie hören! Tod den Verschwörern, den Reichen, den Kaufleuten.

Diesen Tod tragen die Richter durch das entsetzte Land. Den Tod frei Haus. Man sieht sie hoch zu Roß in Begleitung des Henkers daherkommen, in ihrem Gefolge Soldaten des Trosses, die den Wagen mit der Guillotine ziehen. Man nimmt auch auf den Wiesen im Westen und in den Steinbrüchen von Gigant Erschießungen vor: hundertfünfzig bis zweihundert Gefangene pro Tag.

Männer, aber auch Kinder und Frauen. Ja, auch Frauen. Seitdem man entdeckt hat, daß sie so häufig den verfluchten Räubern der Vendee helfen, braucht man sie nicht mehr zu schonen. Aber das Schießpulver ist teuer und die Guillotine eine anfällige Maschine; sie schafft es nicht, all jene schnell genug ins Jenseits zu befördern, die Carrier und seine Bande beseitigen wollen. Die Mechanik klemmt, das Fallbeil wird stumpf, und die Reihe der Gefangenen wird immer länger.

Da verfällt Carrier auf die Idee, sich die Fluten der Loire zunutze zu machen, um die immer größer werdende Menge seiner Opfer gleich massenweise umzubringen.

Und das Komitee bedenkt es mit Beifall, wenn er von der »Badewanne der Nation«, der »senkrechten Deportation« oder einfacher »dem Bad« spricht. Man beginnt die Übung mit vierundachtzig Priestern, die man in Boote pfercht, die mit Ventilen ausgestattet sind. Sie werden zur Mitte des Flusses manövriert, die Ventile werden geöffnet, und schon versinkt das Boot mit seinen Gefangenen langsam in den Fluten.

»Was für ein revolutionärer Strom die Loire doch ist!« ruft Carrier aus und ist mit seiner Erfindung zufrieden.

Goullin setzt noch eins drauf. Er kommt persönlich, um die Massenertränkungen zu überwachen und spornt sogar die »Ertränker« an: »Macht schneller, die Flut steigt!«

Und Moreau-Grandmaison kommt auf die Uferböschung, um seine sadistischen Instinkte zu befriedigen: Mit seinem Säbel schlägt er den Verurteilten, die sich an den Bootsrand klammern, die Finger ab.

Später gibt Carrier dem Vergnügen an diesem Schauspiel mit seiner Erfindung der »republikanischen Hochzeiten« noch eine besondere Würze: Sie besteht darin, zwei Verurteilte, ein junges Mädchen und einen jungen Mann, beide nackt, eng aneinanderzubinden; man weidet sich an dem Anblick ihres verletzten Schamgefühls und wirft sie dann ins Wasser.

Eines Tages sieht Sophie seltsame schwarze Bündel auf der Loire treiben. Später erfährt sie, daß es Pfarrer waren, die man beim Schwimmen hatte Wasser schlucken lassen. Es haben so viele beim Schwimmen Wasser geschluckt, daß der Fluß von den Leichen ganz verseucht war. Die Gemeinde mußte den Einwohnern verbieten, in der Loire zu waschen, ihr Wasser zu trinken oder zu fischen.

In einer Welt, mit der es bergab geht, in der kein Stein mehr auf dem anderen steht, in der einer hüh und der andere hott sagt, fühlt Sophie sich zerrissen und unglücklich.

Als sie noch ein Kind war, hatte der Vater ihr eines Tages erklärt, was die Windrose auf einem Seekompaß bedeutet. Er hatte ihr den Steuerstrich gezeigt, der die Achse des Schiffes bildet, und die Spitze der Lilie, die sicher und unwiderlegbar nach Norden deutet. Jean-François behauptete, die Rose sei unfehlbar. Man könne sich hundertprozentig auf die angegebene Nordrichtung verlassen und trotz aller Unberechenbarkeit der Strömung und des Schiffes mit Sicherheit seinen Kurs bestimmen. Das hatte dem kleinen Mädchen ein Gefühl tiefer Ruhe gegeben, das man für manch anderes als nur für die Fahrt auf Schiffen gebrauchen kann. Die Nordrichtung zu finden, und sie nicht aus den Augen zu verlieren, das war wichtig. Und angenommen, die Rose zerbrach eines Tages, so blieben immer noch die Sterne und der Gang der Sonne, um sie anzuzeigen.

Tante Robin war Sophie lange Zeit als eine Art Windrose erschienen. Sie bestimmte, wo die Nordrichtung war und welchen Weg man einzuschlagen hatte. Selbst wenn man an ihren Vorgaben zweifelte, sah man schließlich doch immer ein, daß sie recht gehabt hatte. Das Gute war tatsächlich hier, das Böse dort. Hier die Freude, dort der Kummer.

Aber in der gewalttätigen, aus den Fugen geratenen Welt, in der die Zweiundzwanzigjährige lebt, erzählen die Windrose und die Sterne irgendwelchen Unsinn, und die Nordrichtung scheint verlorengegangen zu sein. Das ist die Hölle.

Was ist vernünftig? Was ist wahr? Was ist aus der heißersehnten Revolution und ihrem Glücksversprechen geworden? Man wollte Freiheit, Gleichheit, Brüderlichkeit, nicht dieses Gemetzel ohne Ende. Sophie weiß nicht einmal mehr, an wen sie sich in ihrer eigenen Familie, die sich über unterschiedlichen Überzeugungen und Interessen entzweit hat, klammern soll. Sicherlich nicht an die geliebte Robine, die nur noch den Tod des König beweinen und über ihre enttäuschten Hoffnungen jammern kann.

An Großvater Le Normand? Er hat gerade, aus Angst, sein Konventspatriotismus könne angezweifelt werden, seine eigene Tochter Rose, die Ursulinerin, sowie seine Enkelin Madeleine, Sophies älteste Schwester, aus dem Haus gejagt. In dem Glauben, dort Schutz zu finden, hatten sich die beiden unglücklichen Nonnen zu ihm geflüchtet, nachdem ihr Kloster geschlossen worden war. Soviel zum Großvater! Carrier hat ihn gerade zum Staatsanwalt des Revolutionstribunals ernannt. Auch er unterzeichnet also die Todesurteile, die Sophie so abstoßend findet.

Ihr Großvater ist zum erklärten Feind derer geworden, die Sophie liebt: ihrer Freunde, ihrer Vettern aus der Umgebung von Châteaubriant, diese Leute aus der Vendee, die man in Nantes Räuber nennt. Der Ritter Le Maignan und sein Bruder, die an der Seite Beauchamps kämpfen, sind in den Untergrund gegangen. In Rennes sind Marie, ihre geliebte Marie, und ihre Schwester eingesperrt worden. Und Sophie kann nichts für sie tun.

Da ist ihr junger Onkel, François Le Normand, Schreiber beim Friedensgericht und Vorsitzender des Klubs Vincent-la-Montagne. François hat sich in Louise, die Tochter des Gerichtsschreibers Gandriau, verliebt, eine bezaubernde Rothaarige von fünfundzwanzig Jahren, die es mit ihrer Leichtlebigkeit zu einem sehr schlechten Ruf gebracht hat. Großvater Le Normand war natürlich vehement gegen eine Ehe seines Sohnes mit diesem Geschöpf. Darüber hat sich François jedoch hinweggesetzt. Nach gerichtlichen Strafandrohungen, die ihn eigentlich für immer mit seinem Vater hätten entzweien müssen, hat ein verfassungstreuer Priester François und Louise im Sommer 91 getraut.

Keiner aus der Familie Le Normand ist zur Trauung gekommen. Selbst Tante Robin wollte sich nicht blicken lassen. Nur Sophie ist hingegangen. Erstens, um ihren Großvater zu ärgern, vor allem aber, weil sie von dieser jungen Tante Louise, die nur drei Jahre älter ist als sie, fasziniert ist. Sie findet sie schön und gewitzt. Sie beneidet sie um ihre fröhliche Unverschämtheit, ihren Mut und vor allem um diese vollkommene Freiheit, zu tun und zu sagen, was sie will, die ihr, Sophie, so sehr fehlt. Sich über alles lustig machen und nichts respektieren, so wie Louise es tut, das würde sie auch gerne können.

So wurde beispielsweise, kaum daß Carrier in Nantes eingetroffen war, Louise seine Geliebte, und das, ohne ein Geheimnis daraus zu machen. Damit war der Familienskandal perfekt. Dieses furchterregende Konventsmitglied ist dem Zauber der rothaarigen Schönen völlig erlegen. Er kann ihr nichts abschlagen. Daher die Ernennung des Großvaters und François' Beförderung zum Verwaltungsdirektor des Egalité-Krankenhauses, das im ehemaligen Kloster der Ursulinerinnen eingerichtet worden ist. Louises Ehebruch kommt der ganzen Familie zugute: Marie-Joseph Trébuchet, Sophies jüngerer Bruder, wird als Schreiber im Krankenhaus eingestellt, sein Onkel ist nun sein Vorgesetzter.

Zwar schockiert Louises Benehmen, aber niemand wagt zu protestieren, als sie das eheliche Heim verläßt, um sich mit ihrem Liebhaber in dem prächtigen Stadthaus des Monsieur de la Villestreux häuslich einzurichten. Carrier hat es zu diesem Zwecke beschlagnahmt, nicht ohne seinen Besitzer zuvor ins Gefängnis zu sperren. Die Tochter eines Gerichtsdieners ist zu einer vornehmen Dame geworden. Sie stolziert in den Kleidern der Damen de la Villestreux einher, und ganz Klein-Holland hallt von ihren Festen wider.

Sophie verurteilt diese Großtuerei zwar, aber Louise bringt ihr eine so warmherzige Freundschaft entgegen, daß sie ihr nicht widerstehen kann, dies um so weniger, als sie ihrer gleichaltrigen Freundin beraubt ist, seit Marie Le Maignan im Gefängnis sitzt.

Tante Robin weigert sich noch immer, Louise, der sie den Spitznamen »das Flittchen« gegeben hat, zu empfangen. Wenn diese in die Rue Sainte-Croix kommt, um Sophie zu besuchen, schützt sie Unwohlsein vor und schließt sich in ihr Zimmer ein.

Sophie hat kein Verständnis für Louises Liaison mit Carrier. Sie findet diesen Aufschneider aus der Auvergne – siebenunddreißig ist er – gräßlich: Er sieht kränklich aus, hat eine zu lange Nase, einen lächerlichen Akzent und stinkt nach Knoblauch, Leid und Tod. Wie kann man sich nur einem solchen Monstrum hingeben? Unmöglich. Eines Tages kann sie sich nicht verkneifen zu sagen: »Louise, wie kannst du nur ...«

»Ach, Unsinn«, antwortet Louise, »er ist nicht so schlimm, wie man immer meint. Und dann, wie soll ich sagen ... ich finde ihn aufregend.«

»Und dein Mann? Sagt er nichts dazu?«

»Er ist viel zu beschäftigt«, sagt Louise. »Wenn du ihn sehen würdest, wie er angibt, wie er sich aufspielt! Und außerdem«, fügt sie lachend hinzu, »hat er vor Jean-Baptiste viel zu viel Angst; er macht das Maul nicht auf ... Das finde ich an Carrier so aufregend: er macht allen angst. Aber wenn du wüßtest ... Bei mir ist er wie ein

Lamm. Er frißt mir aus der Hand. Er behängt mich mit Juwelen. Er macht alles, was ich will. Er sagt, daß ich schrecklicher bin als er. Das ganze Geheimnis ist, daß ich weiß, was ihm gefällt ... Rate mal, wie er mir zu Ehren die Guillotine getauft hat? Das ›kleine Louischen‹.«

Und Louise erzählt Sophie von dem zauberhaften Paris; da möchte sie hin. Recht bald wird ihr Wunsch erfüllt werden, hat Jean-Baptiste versprochen. Aber erst müssen die verdammten Vendeer vernichtet werden.

»Du glaubst doch wohl nicht, daß ich hier in Nantes verschimmeln werde?«

Und sie schwärmt von Paris, von seinen Festen, seinen Gärten und Palästen. Und in diesem Paris, ihrem Liebhaber sei Dank, wird sie bald so etwas wie die Königin des Konvents sein.

Südlich und nördlich der Loire tobt der Krieg zwischen den Blauen und den Weißen. Die beiden Lager machen keine Gefangenen mehr, foltern aber täglich wilder um die Wette.

Aus Paris kommt der Befehl: *»Alles umbringen, alles in Brand stecken.«* Der Konvent hat beschlossen, die Vendee zu vernichten; es soll endlich Schluß sein mit diesem gräßlichen Aufruhr. Und wenn man vernichten sagt, so meint man auch vernichten. Systematisch zünden die republikanischen Truppen Wälder und Dörfer an und legen die Leichen der Bewohner in Schichten übereinander.

Wie eine Höllenbrut stürmen General Turreaus Kolonnen durchs Land, vergewaltigend, folternd, brandschatzend. Die Pferde von Westermanns Soldaten zertreten die

Kinder unter ihren Hufen. Oder die Marsjünger machen sich einen Spaß daraus, die Kleinen mit ihrem Säbel in der Mitte durchzuschlagen. Die Mörder, denen das Morden gesetzlich erlaubt ist, lassen ihrer Phantasie freien Lauf. Sie stecken den Frauen Patronen in den Leib, die sie dann zünden. Schwangeren werden die Bäuche aufgeschlitzt und die ungeborenen Kinder mit dem Bajonett aufgespießt.

Nach einem Verfahren, das ein Sanitätsoffizier namens Péquel erfunden hat, gerben die Soldaten in Angers menschliche Haut. Die Hose aus Vendeerhaut ist in der republikanischen Armee bei den Herren Offizieren sehr beliebt. An Rohstoff mangelt es nicht. Man braucht aus dem Haufen nur eine Leiche herauszusuchen, die ein wenig größer ist als man selbst, da ja noch die Nähte zu bedenken sind. Man zieht ihr sorgfältig von der Taille bis zu den Fußknöcheln die Haut ab, gerbt sie und braucht dann die Hose nur noch zusammenzunähen.

Wenn genug Zeit ist, werden die Vendeerinnen, bevor man sie tötet, vergewaltigt. Oder sie werden, bei lebendigem Leibe oder auch tot, in den Ofen geworfen. In Clisson wurden auf diese Weise hundertfünfzig Unglückliche in einem Behelfsofen eingeschmolzen. Die auf diese Weise gewonnenen zehn Fässer Fett expedierte man nach Nantes.

Was damit geschehen ist?

»Viel feiner als Schweineschmalz«, grinste Carrier, der gerade zu Abend aß.

Das war bestimmt ein Scherz. Aus dem Fett der Vendeerinnen hat man Seife gemacht. Keine Übertreibungen, bitte.

In puncto Greueltaten stehen die Vendeer den Blauen nicht nach. Sie schwärmen für republikanische Ohren und legen sich Sammlungen davon an, und wenn sie sich nicht an Frauen und Kindern vergreifen, so nur deshalb, weil es in den Armeen der Nation, die man ausgeschickt hat, um sie zu dezimieren, keine gibt. Aber man tötet einen Blauen nie – besonders einen Mainzer nicht! –, ohne ihn zuvor ein wenig zu quälen.

Wie lange die Vendee braucht, um zu sterben! Ab 1793 treten die republikanischen Generäle Santerre und Rossignol – deren Dummheit sprichwörtlich geworden ist – mit der dringenden Bitte an den Konvent heran, ihnen ein »chemisches Mittel« zur Verfügung zu stellen, das ihnen hilft, mit der aufständischen Bevölkerung schneller fertig zu werden. Der Wohlfahrtsausschuß hat gegen diese Idee nichts einzuwenden. Ein Physiker und Alchimist erfindet eine Lederkugel mit einem Gemisch, das Dämpfe freisetzt, wenn es angezündet wird; alle Lebewesen im weiteren Umkreis ersticken dann, sagt er. Doch das Ergebnis ist enttäuschend. Ebensowenig Erfolg hat der Apotheker Proust aus Angers mit seiner Giftkugel.

Carrier, effizienter und praktischer als alle anderen, kommt mit dem Vorschlag, einfach die Quellen und das Brot in den vendeischen Landen zu vergiften.

In Bressuire, Châtillon, Cholet, Mortagne, Angers, Le Mans, Savenay schlitzen sie einander unterdessen weiter die Bäuche auf. Jeden Tag hallt das Echo des Gemetzels in Nantes wider, wo die Guillotine, obgleich sie nicht untätig ist, als ein vergleichsweise handwerkliches Vernichtungsmittel angesehen werden muß.

Nacht für Nacht, wenn die Verurteilten zur Loire geschleppt werden, erwacht Sophie von ihrem Gebrüll und Gejammer. Die Nächte in Nantes bestehen aus einem einzigen Schluchzen und herzzerreißenden Abschiednehmen. Das durchdringende Geschrei der Kinder, die man ihren Müttern wegreißt, das Röcheln der Greise, die hysterischen Schluchzer der mißhandelten Frauen machen Sophie immer nervöser. Um den entsetzlichen nächtlichen Lärm nicht mehr hören zu müssen, hat sie ihr Bett in eine kleine Kammer auf der Rückseite des Hauses bringen lassen. Zwar ist die Luft in dem fensterlosen Raum stickig, aber der Lärm der Straße dringt nur noch gedämpft herüber.

Wie alle Bürger mußten Sophie, ihre Tante und die Péan an der Haustür ihren Namen und Familienstand anschlagen; sonst aber hat man sie immer in Ruhe gelassen. Natürlich weil sie unter dem Schutz des Großvaters Le Normand stehen. Er hat ihnen das staatsbürgerliche Führungszeugnis verschafft, und Carriers Schergen haben nie eine Hausdurchsuchung in der Rue Sainte-Croix erzwungen. Die Bürgerinnen Robin und Trébuchet gelten als gute Patriotinnen, und ihr bescheidener Lebensstil macht sie unverdächtig.

Eine gute Patriotin, die Bürgerin Trébuchet? Sie hat Glück, daß kein Spion des Klubs Vincent-la-Montagne an ihrer Tür horcht, als sie eines Tages gegen den republikanischen Kalender wütet, ein Buch mit sieben Siegeln, wie sie sagt. Was soll das, diese Wochen, die jetzt zehn Tage haben, diese krummen Monate, diese Sansculottiden und diese Jahre, die keine mehr sind? Sophie verrechnet sich ständig, zerbricht sich den Kopf, um Prairial in Mai, Septidi in Sonntag zu übersetzen: Ich addiere siebzehn, schreibe meine Vier hin, behalte die Zwei im Sinn – und wieder falsch. In diesem Monat Ventôse des Jahres III, an diesem Tridi, der den vertrauten Mittwoch verjagt hat, schlägt die Bürgerin Trébuchet mit ihrer kleinen Faust auf den Rosenholztisch und schreit nein-nein-nein, nie im Leben wird sie diesen Kalender benutzen können, die Ausgeburt dieser Schafsköpfe – jawohl, Tante, Schafsköpfe! –, die nicht wissen, was sie sich denn noch alles einfallen lassen sollen, um das Leben immer noch ein bißchen unerträglicher zu machen.

Und während Madame Robin voller Entsetzen über Sophies Reden den schweren Vorhang zuzieht und sich die Ohren zuhält, als genügte das, um die gefährlichen Worte ihrer Nichte aus der Welt zu schaffen, zieht sich Sophie wütend die Haube über die Ohren, rafft ihr wollenes Schultertuch an sich – das einzige, das sie hat – und verläßt Türen schlagend das Haus.

Schuld an ihrem Zustand ist nicht wirklich der Kalender. Schuld ist alles, so wie es ist, und der Kalender bringt das Faß zum Überlaufen. Sie ist durch und durch Bäuerin und hält die stickige Enge in der Rue Sainte-Croix nicht mehr aus. Sie braucht Luft und Bewegung. In der Renaudière würde sie sich jetzt auf ihre Stute schwingen und durch die Heide galoppieren, sich Körper und Seele vom Wind, der jetzt sicher nach Ginsterfeuer, Freiheit und Leben riecht, durchpusten lassen.

Doch plötzlich geht es in der kleinen, nachmittäglich stillen Straße von Nantes noch aufgeregter zu als soeben im Hause von Madame Robin. Die Kramläden sind auf einmal wie leergefegt, Fensterläden schlagen zu, Holzpantinen klappern über das Pflaster, und von Tür zu Tür, von Balkon zu Dachluke, hört man rufen: »Wer? Wo denn? Wie viele?« Trommelwirbel und das Grollen einer aufgeregten Menge kommen immer näher.

Sophie, die schon in die Rue de la Bâclerie eingebogen ist, begreift – doch es ist zu spät –, daß sie besser zu Hause geblieben wäre.

Obwohl die Guillotine in unmittelbarer Nähe, auf der Place du Bouffay, steht, ist Sophie dieses Schauspiel bisher zum Glück erspart geblieben. Sie will umkehren, stößt aber auf eine dichte Menschenmenge, die aus der Rue de la Juiverie hervorquillt. Die Trommler kommen immer näher, und wie jedes Mal lockt der Lärm eines Hinrichtungszugs die Neugierigen an. Sie strömen aus allen Gassen und Gäßchen herbei, erbarmungslos umzingeln sie Sophie, schwappen wie eine Woge über sie hinweg, nähern sich so rasant wie ein Pferd im fliegenden Galopp. So muß es sein, wenn das Meer steigt und dabei den Mont-Saint-Michel umschließt. An Flucht ist jetzt nicht mehr zu denken. Wie ein Strohhalm wird sie vom Menschenstrom fortgerissen.

Die Menge, die das Blut, das da bald fließen wird, magisch anzieht, besteht hauptsächlich aus Frauen. Junge, Alte, kleine Mädchen, Verrückte, Fußkranke. Die Frauen drängen sich am eifrigsten zu diesem Schauspiel der Rache. Die Schwangeren halten schützend die Hände über ihre Bäuche. Die ganz Eiligen haben noch ihr Nähzeug, den Strickstrumpf oder einen Besen in der Hand. Viele ziehen ihre Kinder hinter sich her. Die fürsorglichen Mütter haben Angst, ihre Kinder allein zu Hause zu lassen, sie könnten ja Dummheiten machen.

Und all diese fließen, spritzen wie Eiter aus einem reifen Furunkel auf die kleine Place du Bouffay, wo das »Rasiermesser der Nation«, die »Kopfschneidemaschine«, das kleine Louischen auf einem Podest steht. Einer der Mörder fühlte sich peinlich berührt und ist auf die Idee gekommen, sie rot anzustreichen, damit man das abstoßende Blut der Feinde der Republik nicht sieht. Nantes ist eine Stadt, die auf sich hält. Eine dichte Schicht Kleie unterhalb der Teufelsmaschine macht es leichter, diese nach jeder Hinrichtung zu säubern. Die Gemeinde hat zu diesem Zweck einen Finanzierungskredit verabschiedet.

Am Rande des Platzes wird das Gedränge unerträglich; jeder versucht, sich in die erste Reihe zu schieben, um ja nichts von dem bevorstehenden Schauspiel zu verpassen. Als der Zug mit den Verurteilten, den Trommlern und der berittenen Wache eintrifft, bricht die Menge in ein Freudengeheul aus. Der Trommelwirbel, der alle ganz gefangennimmt, peitscht den Wahnsinn noch mehr auf. Die Schaulustigen treten von einem Fuß auf den anderen, recken die Hälse, und die Väter setzen sich ihre kleinen Kinder auf die Schultern. An den Fenstern der Bürgerhäuser, die den Platz säumen, drängen sich die Schaulustigen, und die Balkone drohen, unter ihrer Last abzustürzen. Fernrohre und Theatergläser werden hervorgeholt.

Der Zug mit den Verurteilten – noch kann man ihn nicht sehen – hat Mühe, sich einen Weg durch die dichte Menge zu bahnen. Mit ihren Gewehrkolben schlagen Carriers Soldaten eine Schneise und richten ihre Bajonette auf die Schaulustigen, um sie auf Distanz zu halten. Sophie ist zu klein gewachsen, als daß sie einen Fluchtversuch wagen könnte. Sie kann nicht vor und nicht zurück und hat genug damit zu tun, nicht umgerissen oder erdrückt zu werden. Dort, wo der Zug vorbeikommt, hört die Menge einen Moment lang auf zu toben. Beim Anblick der drei zwischen den Soldaten gehenden Frauen verschlägt es denen, die etwas sehen können, die Sprache.

Zu ihrem Erstaunen erblickt die Menge nicht, wie erwartet, Räuber, sondern eine grauhaarige Frau und zwei ungefähr zwanzig Jahre alte Mädchen. Welch ein Bild des Jammers, wie sie dicht aneinandergedrängt, in ihren Leinenmiedern, die Arme und Hals freilassen, vor Angst und Kälte zitternd, daherkommen. Und die Menge, die angesichts der drei Frauen einen Augenblick lang sprachlos war, schreit jetzt um so lauter, als wollte sie ihr schlechtes Gewissen betäuben. Die Verurteilten kommen langsam voran, von böswilligen Händen gestoßen, die anfassen, kneifen wollen, während die Zuschauer, mühsam von der Wache im Zaum gehalten, die Zähne blekken, Beleidigungen ausstoßen, obszöne Witze über den Platz schreien und diverse Gegenstände nach ihnen werfen. An den entsetzen Blicken, die die beiden jüngeren Frauen in die Runde werfen, kann man erkennen, daß sie noch mehr Angst vor der Menge haben als vor dem, was ihnen bevorsteht.

Sophie hat die drei Frauen plötzlich wiedererkannt. Die Älteste ist Madame de la Biliais, die beiden anderen sind ihre Töchter Renée und Marie-Perrine. Ihr Vater war Parlamentsrat in der Bretagne und hatte beruflich häufig mit Großvater Le Normand zu tun. Sophie erinnert sich, wie sie mit Marie-Perrine, der Jüngeren, und ihren Brüdern im Garten ihres Schlosses in der Nähe von Nantes einmal Verstecken gespielt hat. Renée hatte damals nicht mitgespielt; sie ist ein bißchen älter, während die Jüngere in Sophies Alter ist. Der Nachmittag hatte ein böses Ende genommen, denn Sophie hatte Marie-Perrine dazu angestiftet, eine von Sukkulenten gesäumte Allee zu begradigen, indem sie alle überstehenden Zweige abbrach.

Es macht ja solchen Spaß, bei anderen Leuten Dummheiten auszuhecken, wenn man sicher sein kann, daß man als Gast keine Strafe zu befürchten hat. Und tatsächlich, als Madame de la Biliais die Verstümmelung ihrer mit so viel Mühe gezogenen Pflanzen entdeckte, hatte Marie-Perrine eine Tracht Prügel bekommen. Sie waren damals zehn Jahre alt. Zum letztenmal haben sie sich gesehen, als Marie-Perrine nach Nantes gekommen war, um blaues Taftband zu kaufen. Später wurde bekannt, daß die Brüder de la Biliais emigriert waren und der Vater unter der Anklage, widerspenstige Priester versteckt zu haben, Anfang des Jahres hingerichtet worden war. Von der Mutter und den Töchtern hatte Sophie aber nichts mehr gehört. Vielleicht hatten sie nach England fliehen können.

Madame de la Biliais ist kaum wiederzuerkennen. Ihr graues Haar, das man ihr in aller Eile gestutzt hat, steht in grotesken Büscheln um das magere, quittegelbe Gesicht. Sie ist jetzt eine alte Frau. Sie hält den Blick gesenkt, und wäre nicht das Beben ihrer bleichen Lippen – Spricht sie ein Gebet? Leidet sie unter nervösen Zuckungen? –, man könnte meinen, sie wäre schon tot.

Man hat den drei Frauen die Hände auf dem Rücken zusammengebunden, und Sophie sieht, wie Marie-Perrine sich krampfhaft die Wange an der Schulter reibt, weil sie eine Haarsträhne, die sie an der Wange kitzelt, nicht zurückstreichen kann.

Sophie ringt verzweifelt die Hände. Sie kann nichts tun. Es ist nicht einmal sicher, daß ihr Großvater das Bevorstehende hätte aufhalten können. Die Menge läßt sich ihre Opfer nicht so leicht nehmen.

Mit ausgeklügelter Grausamkeit läßt man die Töchter der Mutter vorangehen, damit diese den Tod ihrer Kinder in allen Einzelheiten miterlebt. Schon besteigt Renée, die ältere, steifbeinig die Plattform, wachsbleich, aber hocherhobenen Hauptes, so als trüge sie noch die Last ihrer zu einem Knoten geflochtenen blonden Haarpracht. Ihre veilchenblauen Augen blicken ins Leere. Sie nimmt nichts mehr wahr. Sie wirkt aufreizend stolz und zugleich geistesabwesend. Aus der Menge sind Schreie zu hören.

Marie-Perrine ist weit von der hochmütigen Gelassenheit ihrer Schwester entfernt. Sie weint, schlägt um sich und versucht in ihrer Hilflosigkeit, die beiden Wächter, die sie vorwärtsschleppen, zu beißen.

»Vorsicht«, kreischt ein altes Klatschweib, »die hat die Tollwut!« Einige lachen.

»Mama, Mama, ich will nicht sterben«, schreit das junge Mädchen, das fast noch ein Kind ist.

Hat Madame de la Biliais den Schrei ihrer Tochter

gehört? Sie hält die Augen geschlossen, aber der graue, magere Kopf mit dem gelben Gesicht schlägt in den Nacken, so wie ein Pferd scheut, wenn es in seinem Geschirr nervös wird.

Niemand in der umstehenden Menge weiß, welcher Verbrechen sich die drei Frauen schuldig gemacht haben. Sie sind reich, das genügt. Später wird man erfahren, daß sie verdächtigt worden waren, Herz-Jesu-Bilder gestickt und an die Soldaten der königstreuen Armee verteilt zu haben, die sie sich an den Waffenrock heften und die den Blauen als Zielscheibe dienen.

»Rühr mich nicht an!« sagt Renée heftig zum Henker.

Das junge Mädchen legt sich ohne sein Zutun bäuchlings auf das Brett, das gleich kippen wird.

Sophie kann nicht mehr hinsehen. Mit Fußtritten und unter Zuhilfenahme der Ellenbogen – ihr Umschlagtuch verliert sie dabei – gelingt es ihr, durch eine Gasse in der Menge ins Freie zu gelangen. Mit dem Abscheu wachsen ihr die Kräfte. Wenn es sein müßte, würde sie einen Absperrungsgürtel der Gemeindepolizei durchbrechen.

Sie ist gerade im Begriff, den Platz zu verlassen, um in die Rue Sainte-Croix einzubiegen, als sie das abscheuliche Geschrei hört, das, mit Trommelwirbeln und Pfeifenklängen vermischt, verkündet, daß der Kopf von Mademoiselle de la Biliais, der älteren, soeben gefallen ist. Sophie sieht nicht, wie das blutige Haupt an den Haaren hin und her geschwenkt wird. Sie sieht nicht, wie der Henker die Ohrgehänge abreißt, bevor er den Kopf dem gemarterten Körper zwischen die Beine legt. Sie sieht nicht, wie Marie-Perrine stirbt, die einst ihre Spielgefährtin im Park von Saint-Etienne-de-Montluc war. Und sie sieht auch nicht den armseligen kleinen, gelbgrauen Kopf der Mutter hinunterpurzeln. Bei Madame de la Biliais gab es zum

Nachmittagskaffee immer so köstliche Erdbeeren mit süßer Sahne. Wie fröhlich ging es damals zu. – Sophie sieht nichts von alledem, aber sie wird ihr ganzes Leben davon träumen.

Sie wirft sich aufs Bett, beißt in das Laken, um das Wimmern zu ersticken, das aus ihr hervorbricht und an eine verwundete Katze erinnert.

Noch am gleichen Abend fleht sie Madame Robin an, nach Châteaubriant fahren zu dürfen. Es reicht ihr, dieses Leben in Nantes. Sie hält diese grausigen Straßen, diese blutrünstige Menge, diese Schreie und diesen Fäulnisgestank, bei dem sich ihr der Magen umdreht, nicht länger aus. Sie will zurück in die Renaudière, in ihre Heidelandschaft, ihre Wälder und zu ihren Bauern, die unbeholfene, aber verläßliche Freunde sind. Sie will weg, nichts wie weg.

»... sonst werde ich verrückt, das schwöre ich euch.«

Diese Insel des Friedens, von der Sophie in Nantes so oft geträumt hat, was ist aus ihr geworden? Die ruhige, friedliche Kleinstadt, in der sie ihre Kindheit verbracht hat, auch sie ist nicht wiederzuerkennen. Ausgebrannte Häuser, geschlossene Geschäfte, verwüstete Herbergen, und der fröhliche Mittwochsmarkt nur noch eine schöne Erinnerung. Man darf sich nicht mehr ohne staatsbürgerliches Führungszeugnis bewegen, und die Wachen, die dieses sehen wollen, tun so, als würden sie einen nicht kennen. Und die Ausgangssperre, von neun Uhr abends bis vier Uhr in der Frühe, verwandelt die Stadt in ein Gefängnis. Man hat sogar ihren Namen geändert. Die neue Obrigkeit hat befunden, daß Châteaubriant zu sehr an ... »den Prunk und den Hochmut der Tyrannei« erinnert. Man muß jetzt Montagne-sur-Chère sagen.

Châteaubriant, strategisch wichtiger Knotenpunkt, wo die Straßen von Nantes nach Rennes und von Rennes nach Angers sich kreuzen, ist Garnisonsstadt geworden. Die in der Vendee eingesetzten republikanischen Truppen sind hier konzentriert. Letztes Jahr mußte der kleine Marktflecken, eigentlich für dreitausend Einwohner angelegt, bis zu siebenunddreißigtausend Besatzer aufnehmen, die alle eine warme Unterkunft und Nahrung brauchten. Im Schloß, in den Häusern, in den Scheunen, überall waren Soldaten. Fremde auf der Durchreise gewissermaßen, die unter dem Vorwand, Kriegsteilnehmer zu sein, sich alle erdenklichen Freiheiten herausnahmen. Hungrig, wie sie nun einmal waren, haben sie Speicher, Speisekammern und Hühnerhöfe geplündert. Jeder Schürze sind sie nachgelaufen, haben ehrenwerte Bürger überfallen und ausgeraubt. Diese aber waren zum Stillhalten verdammt, denn sie wären als schlechte Patrioten angesehen worden, hätten sie sich beschwert.

Stroh und Hafer sind für die Pferde und Maultiere der Armee beschlagnahmt und sogar in den Kirchen aufgeschüttet worden – man hat diese zu Pferdeställen gemacht. Auch die Wäsche wird konfisziert. Die schönen Tischtücher für festliche Gelegenheiten, die feinen Laken werden für die Verwundeten in den Hospitälern in Fetzen gerissen. Die Schuster müssen alle zehn Tage fünf Paar Schuhe für die Soldaten abliefern. Zu einem Spottpreis, versteht sich. Sogar Holzpantinen sind schwer aufzutreiben. Und die Holzschuhmacher aus dem Wald von Jarrier verkaufen, nicht faul, ihre Ware zu völlig überhöhten Preisen. In der Stadt fehlt es an Brennholz; man muß sich mit Kienfackeln behelfen, da die Truppen alle Talgkerzen haben mitgehen lassen.

Die Einwohner von Châteaubriant wissen nicht mehr, vor wem sie mehr Angst haben sollen, vor der Brutalität dieser unersättlichen Truppen oder vor den aufständischen Bauern der Vendee, denen die Soldaten von Marceau und Kléber übel mitspielen. Die Bauern verstecken sich in den Wäldern rings um die Stadt, suchen Unterschlupf in Köhlerhütten oder in den Spalten der Steinbrüche, von denen es viele in der Gegend gibt.

Überall in den Wäldern von L'Arche, Vioreau, Juigné und Teillay liegen sie im Hinterhalt. Man meldet sie aus dem Pavée-Wald, aus La Guerche, Saint-Mars, Rougé oder Candé an der Verbindungsstraße nach Angers, aus den natürlichen Festungen, in denen sie jeden Pfad, jedes Versteck von Kindesbeinen an kennen. Die »Bäurischen«, wie sie genannt werden, haben das Gebiet östlich der Stadt, von Martigné Richtung Vitré bis Pouancé Richtung Segré, fest in der Hand. In Lagern, die sie immer wieder schnell abbrechen, über das Land verstreut, führen sie in kleinen Trupps Überraschungsangriffe, die die republikanischen Soldaten ganz durcheinanderbringen; plötzlich aus einer Nebelbank auftauchend, fallen sie wie die Teufel über die entsetzten Truppen her, um ebenso schnell wieder zu verschwinden. Die Blauen wissen, daß ihre gefürchteten Gegner in den Städten und auf dem Lande geheime Verbindungen haben. Man versteckt sie, bringt ihnen Essen, pflegt ihre Verletzten. Seit einiger Zeit werden Briefe geöffnet, um den schlechten Patrioten, die den verfluchten Banditen helfen, auf die Schliche zu kommen. So kam es, daß sich die Demoiselles de Fermon in Gastines im Gefängnis wiederfanden.

Daß es heimliche Unterstützung von seiten der Bevölkerung gibt, ist nicht verwunderlich. Die konservativen und tiefgläubigen Menschen auf dem Lande hatten zunächst die Revolution positiv aufgenommen. Die Verfolgungen, die Vertreibung der Priester und die Schändung der Kirchen und Kultgegenstände hatten sie dann aber verbittert. Im vergangenen Frühling wurde der General Commaire, ein gräßlicher Lüstling, tot in seinem Bett aufgefunden, nachdem zuvor während einer nächtlichen Orgie liturgische Gefäße und Priesterschmuck zu gottlosen Zwecken mißbraucht worden waren. Man vergreift sich nicht an diesen Dingen.

Auch die Grabschändungen auf den Friedhöfen wollten die Leute nicht hinnehmen. Man läßt die Toten ruhen, auch die aristokratischen. Und diese liederlichen Frauenzimmer, die die Kanzel bestiegen, als sei die Pfarrkirche jetzt ein offenes Haus für den Pöbel! Und dieser gottlose Katechismus, den man den Kindern beibringt!

Von öffentlichem Protest kann natürlich keine Rede sein, wenn einem das Leben lieb ist, aber heimlich organisiert sich der Widerstand. Die republikanischen Priester, die man den Gemeinden aufgezwungen hat, können ein Lied davon singen. Man bleibt nicht nur ihren Messen fern, sondern macht ihnen außerdem mit allerlei Schikanen das Leben schwer.

»Sie werden kein Feuer finden, um ihre Kerzen anzuzünden«, sagt Julie Péan verständnisvoll.

Es ist also gang und gäbe, daß viele, die nach außen den untadeligen Patrioten spielen, heimlich den Kampf der Aufständischen in der Vendee unterstützen, den diese im Namen ihres verhöhnten Glaubens führen. Dieses unausgesprochene Einverständnis spaltet sogar Familien. So hatte Fresnais de Beaumont, ein im Wald von Juigné gefürchteter Räuber, der kurz vor Sophies Ankunft in Châteaubriant hingerichtet worden war, einen Bruder, der auf der Seite der Blauen kämpfte.

Sophie, die Republikanerin, die Leserin von Rousseau und Voltaire, die Enkelin von Richter Le Normand, selbst

Sophie kann diesen schlecht bewaffneten und zerlumpten Rebellen, deren Heldentaten in aller Munde sind, ihre Sympathie nicht versagen, obwohl sie deren religiösen Eifer nicht teilt.

Meist sind diese mit naivem und verzweifeltem Ungestüm kämpfenden Bauern so alt wie sie. Ihre Vettern und Freunde sind dabei. Die Le Maignan du Bois-Vigneau, Brüder von Marie. Der »Herr Ritter«, wie man den einen in der Gegend auch nennt und von dem es heißt, er esse ohne Appetit zu Mittag, wenn er am Vormittag nicht mindestens drei Frauen von Blauen zur Witwe gemacht hat. Er und sein Bruder, der in Le Mans getötet worden ist. Und François Bellet, Sophies Vetter, ein glühender Royalist, der in der Forge-Neuve arbeitet. Und Abbé Le Métayer, ein anderer Vetter von ihr, der sich geweigert hat, den Eid auf die Verfassung zu leisten und seitdem auf der Seite der aufständischen Vendeer kämpft. Und die Defermon aus Moisdon. Und ihre Freunde Leussier vom Schloß Lapinais bei Le Grand-Auverné. Und die Morineau aus La Cheptais. Und die Kinder von Fresnais de Beaumont aus Saint-Julien-de-Vouvantes. Als Sophie erfuhr, daß deren Vater hingerichtet worden war – ein Dichter oder etwas Ähnliches, und später ein gefürchteter Räuber –, mußte sie weinen. Seine Tochter Amarante hat Sophie einen Brief gezeigt, den er folgendermaßen datiert hatte: »Aus dem tiefen Wald, April 1793 ...«.

Sophie ist empfänglich für den derben und etwas kindlichen Humor dieser Räuber und für die Spitznamen, die sie sich geben, um die Blauen an der Nase herumzuführen: Jean Terrien, genannt Löwenherz, Doppelkinn, Leopard, Goldfuchs, Herzkönig, Rebhuhn.

Ihre listigen Einfälle, Verkleidungen und Indianer-Attacken haben etwas Kindliches, und Sophie hat ihren Spaß daran. Löwenherz' Männer haben sich geschworen, im Nest der Tolpatschigen Angst und Schrecken zu verbreiten: Sie dringen des Nachts bis in den Faubourg de Béré vor, schneiden einem Tolpatschigen, auf dessen Konto der Tod einiger Kameraden geht, den Kopf ab und hängen diesen am Vordach seines Hauses auf. Sie schrauben Wagenräder ab, leiten Fahrzeugkolonnen und Postkutschen um, damit der Verkehr um die Stadt herum durcheinandergerät. Oder sie entwenden einer Handvoll Patriotinnen die Kleider, so daß diese mit nacktem Hintern in die Stadt zurückkehren müssen; sie entführen die Kuh des Krankenhauses und hinterlassen an deren Stelle die Botschaft: »Da in eurem Krankenhaus die Tolpatschigen gesund gepflegt werden, stehlen wir eure Kuh.«

Obwohl die Männer von Löwenherz all dies anrichten, kann Sophie sie nicht verurteilen, sosehr sie Gewalt eigentlich verabscheut. Diese schrecklichen Kinderstreiche stillen ihren Rachedurst und stellen für sie die Gerechtigkeit wieder her. So als wäre jede vendeische Provokation eine Antwort auf die Schreie der unschuldigen, in der Loire ertränkten Bürger von Nantes, eine Antwort auf den abgeschlagenen Kopf von Mademoiselle de la Biliais, der immer noch durch ihre Alpträume wirbelt.

Und außerdem fühlt Sophie sich diesen Aufrührern näher als jenen, die auf ihren Untergang eingeschworen sind, diesen neuen Notabeln, diesen von der Verfassung vorgesehenen Gremien, deren Zeremonien und Reden sie lächerlich findet. Sie haben das Recht und die Zustimmung der Nation auf ihrer Seite und bilden die überwältigende Mehrheit. Sophie, die Widerspenstige, mag nur die Widerspenstigen und Geächteten. Sie wird dies in ihrem Leben noch des öfteren unter Beweis stellen können.

Sie ist jetzt dreiundzwanzig Jahre alt, und mit ihrer romantischen Seele möchte sie von Helden träumen. Der

Romantizismus dieser Jahre 1794 und 1795 findet eher Nahrung in den Wäldern und Ginsterbüschen als in den Selbstdarstellungen der Bürger, die sich im Rathaus eingenistet haben und deren Taten in täglichem Widerspruch zu ihren schönen Grundsätzen von Freiheit und Gleichheit stehen.

Und dann ist da noch die Liebe, die in diesem ausgehenden Jahrhundert in Romanen, Gedichten, auf der Bühne und in Romanzen so überschwenglich besungen wird.

»Wo ist der erhabene Geliebte, der mir bestimmt ist?« Verliebt in die Liebe, noch bevor sie ihren Gegenstand kennt, und von ihren Büchern in eine verwirrend süße Stimmung versetzt, denkt Sophie mit Inbrunst an ihn und bereitet sich insgeheim darauf vor, ihm zu begegnen.

Sie macht sich von diesem Mann eine flüchtige, oberflächliche Vorstellung mit einer Fülle von nicht zueinander passenden Einzelheiten, die sie diesem oder jenem Buch entnommen hat und die das Bild in Unordnung bringen. Bald dunkelhaarig, bald blond, bald wagemutig, bald zurückhaltend. Ein wenig Saint-Preux, ein wenig Des Grieux, und immer Tristan. Und sie ist Julie, Manon oder Isolde; und Sophie fragt sich, ob die Bücher die Wahrheit sagen. Müssen die Geschichten immer so schlecht ausgehen, folgen der Leidenschaft immer die Tränen? In ihren Büchern sucht sie nach Hinweisen oder Merkmalen, die eine plötzlich hervorbrechende Leidenschaft ankündigen. Welches Zeichen verrät die Liebe mit eben jener Sicherheit, mit der die Blitze dem Donner oder die herbstliche Färbung der Blätter dem Winter vorangehen? Aber auch da ist nichts klar und eindeutig. Aus dem

Büchern erfährt man nur Verschwommenes. Wird beim Anblick des Geliebten die eine rot, so die andere blaß. Und wie in den Büchern geschrieben steht, kann man auch in Ohnmacht fallen oder am ganzen Leibe zittern. Von all dem hat Sophie noch nichts erlebt. Und sie wartet; doch mein Gott, wie er auf sich warten läßt; und wie lange das Warten dauert!

Der Körper spielt bei dem Ganzen natürlich auch eine Rolle. Diese Seufzer, diese Glut, diese köstliche Benommenheit, diese amüsanten Verrücktheiten, dieser »kleine Tod«, den sie nicht kennt, von dessen Existenz sie nur vor langer Zeit in einer hübschen Geschichte im *Journal für Damen* erfahren hat. Es war eine frivole Erzählung mit dem Titel *Flüchtiges Glück*, von Monsieur Vivant de Non, die ihre Tante ihr, rot vor Scham, aus den Händen gerissen hat, aber zu spät, denn sie hatte sie schon gelesen. Sie handelte von einem jungen Mann und einer Frau, die eine leidenschaftliche Liebesnacht im Pavillon eines Parks erleben. Unvergeßlich bleiben ihr diese Worte: »Ich bete dich an ... nein, oh nein ... Ja, ach, ja«.

Sophie wird sich allmählich ihrer weiblichen Reize bewußt, hat aber das unbestimmte Gefühl, daß sich in das Vergnügen an diesen Reizen auch Gewalt mischen kann. Die Zeit für Bettgeschichten ist vorbei, und die täglichen Nachrichten sind nicht dazu angetan, sie zu beruhigen. All die Frauen und Mädchen, die von diesen blutrünstigen Bestien gequält und vergewaltigt werden, all die Frauen, denen Leid zugefügt wird, die gedemütigt werden, die ihren Schmerz herausschreien und sterben ... Sollte die Macht der Frauen über die Männer doch nicht so unbegrenzt sein, wie die Romane es einem weismachen wollen?

Über all diese Dinge mit ihrer Tante, der so viel Älteren, zu sprechen, hat sie nicht den Mut. Marie, ihre geliebte Vertraute, ist weit weg. Und ihre Tante Louise, die junge Ehebrecherin, ist ihrem Liebhaber Carrier nach Paris gefolgt, wo sie nach dessen Verurteilung spurlos verschwunden ist.

Er darf, er wird kein gewöhnlicher Mann sein, das ist das einzige, was sie von ihrem Zukünftigen mit Sicherheit weiß. Denn der Geliebte, der Gatte, von dem sie sich Kinder wünscht, muß ein Mann von Format sein. Das will sie, das fordert sie. Und in ihrer schwärmerischen Phantasie hat er eher Ähnlichkeit mit dem brillanten, ungestümen Charette, dessen Unerschrockenheit, Eleganz und galante Umgangsformen sogar im republikanischen Nantes gerühmt werden, als mit jenen recht blassen jungen Konventsbeamten, wie zum Beispiel Jean-François Normand, der ihr den Hof macht.

Sophie wünscht sich den Märchenprinzen aus ihrer Kinderzeit herbei, denn sie sieht sich in ihren Zukunftsträumen eher in einem Schloß als in einer Hütte. Ein Schloß mit einem Garten, der noch schöner als der Garten der Renaudière ist, in dem Kinder herumtollen, die dem Märchenprinzen, ihrem Vater, ähnlich sehen, diesem zärtlichen Helden, der an gewissen Abenden mit ihr im Galopp auf- und davonreitet. In anderen Augenblicken malt sie sich aus, wie er nach einem denkwürdigen Kampf, in dem er sich hervorgetan hat, als gefeierter Sieger heimkehrt. Oder sie stellt sich einen jungen Aristokraten vor, der, heimlich als Räuber ins Land zurückgekehrt, gefährliche Abenteuer besteht, und sie ist die Muse, Frau und Komplizin an seiner Seite. Ein d'Elbée, ein Lescure oder ein Scépeaux.

Es gibt nichts Armseligeres und Hilfloseres als ein dreiundzwanzigjähriges Mädchen. Sophie Trébuchet ist hübsch, findet sich aber häßlich und plump. Ein roter Fleck am Kinn bringt sie schon aus der Fassung. Sie findet sich farblos, zu klein, zu flach. »Wer will so eine wie mich schon haben?«

Ach, wäre sie doch so strahlend schön wie die Gräfin La Rochefoucauld, »Charettes Stute«, wie ihr Großvater zu sagen pflegte. Eines Tages, als die hinreißende goldhäutige Kreolin, die Allerliebste des schönen Charette, durch die Straßen von Nantes ging, hat Sophie sie gesehen. Sie führte ihre beiden kleinen Söhne an der Hand, und Männer wie Frauen drehten sich ganz verzaubert nach dieser strahlenden Venus um, die da an ihnen vorüberging, nein, wie im Tanze vorbeischwebte. Anfang des Jahres ist sie in Les Sables erschossen worden, während Charette immer noch frei herumläuft.

»Wer holt mich bloß aus diesem Loch?« Und die alte Julie macht Sophie rasend, ärgert sie ständig. Guckt Sophies Unterrock heraus, so sagt sie: »Du suchst wohl eine Schwiegermutter.« Nichts als verletzende Anspielungen. Macht Sophie sich schön, steht sie breitbeinig, die Hände in den Hüften, hinter ihr: »Laß gut sein, mein Kind, die schönsten Rosen werden zu Hagebutten.«

Oder sie rät ihr, sich einen Ehemann zu suchen. Julie, die Unverheiratete, ist ganz verrückt auf die Hochzeiten anderer. Hat sie Angst, nach ihrem Tod das Schicksal aller alten Jungfern zu erleiden: sich in eine Eule zu verwandeln?

Der Frühling ist von einer Schönheit, daß einem das Herz übergeht. Die Nachtigallen, die vom Krieg nichts wissen, sitzen zu Tausenden im blühenden Ginster und schlagen und singen sich die Seele aus dem Leib. Sophie hält es nicht mehr im Haus. Ihre Stimmungen tanzen wie Schrotkugeln im Wald ... Einen Tag fröhlich, den anderen verzweifelt. Bald himmelhoch jauchzend, bald zu Tode betrübt, die Bürgerin Trébuchet hat Hummeln im Hintern. Sie erstickt in Châteaubriant. In den Straßen der Stadt riecht es nach Tod.

»Irrtum«, antwortet Julie. »Es riecht nicht nach Tod«, sagt sie und hält sich die Nase zu, »nach dem Arschwisch riecht's«, womit sie auf die Nachttöpfe anspielt, die die Weiber unten am Fuße des Schlosses in die Chère kippen.

Unter den fadenscheinigsten Vorwänden schwingt sich Sophie auf ihren Braunen – er ist der Beschlagnahmung entgangen – und reitet über die Viehweiden zu ihrer geliebten Renaudière, wo schon die ersten Narzissen blühen.

Tante Robin, krank vor Angst, muß mit ansehen, wie Sophie, immer in der Gefahr, in einen tödlichen Hinterhalt zu geraten, kreuz und quer durchs Land streift. Um nichts in der Welt würde sie sich aus dem Haus in Châteaubriant rühren. Jeden Tag bringt Julie Péan aus der Stadt schreckliche Nachrichten mit, die sie in einer Art düster triumphierender Freude zum besten gibt. Der Bürgermeister und der Beauftragte der Nation, de Noëlet, sind mit durchgeschnittener Kehle am Fuße des Freiheitsbaumes gefunden worden; den für die Erfassung der Kornbestände zuständigen Kommissar haben in Villepot die Räuber ermordet. Die Bäurischen sind unermüdlich: Plünderungen in Juigné, die Archive in Erbray verbrannt, den Bürgermeister von Moisdon um die Ecke gebracht, die für Châteaubriant bestimmten Flinten nächtens aus den Schmieden entwendet.

»Aber Tante, Sie wissen doch, daß ich keine Angst habe.« Sophie wird ungeduldig. »Ich kenne doch jeden. Wir sind hier nicht in Nantes!«

»Da ist für mich kein Unterschied«, seufzt Madame Robin.

»Aber ja«, sagt Sophie. »Hier wird nicht jeden Tag guillotiniert.«

Die Familie Trébuchet, das stimmt, ist allen Bauern im Umkreis, von Moisdon bis Saint-Julien und von Les

Auverné bis Châteaubriant, wohlbekannt. Auf den Höfen und in den Häusern, die auf ihrem Wege liegen, hat man Sophie schon gekannt, als sie noch ein kleines Mädchen war, und man begrüßt sie wie damals: »Tach auch, Fräuleinchen.«

Will Sophie einen Spaziergang machen, so tut sie das am besten unter dem Vorwand, sie wolle hamstern gehen. Da die Lebensmitteltransporte, die von den Räubern aufgehalten werden, nicht immer in Châteaubriant ankommen, ist die Hungersnot dort groß. Doch auf dem Lande gibt es freundliche Leute mit Gemüsegärten und Hühnerställen. Auf ihren Streifzügen sammelt sie hier ein Ei ein, dort Geflügel oder Speck, Salat oder Obst. Triumphierend kommt sie mit ihren Vorräten nach Hause, verteilt diese manchmal aber auch unter den Bedürftigen, die ihr über den Weg laufen.

Vor wem sollte sie Angst haben, wenn sie unterwegs ist? Vor den Blauen schützen sie der Passierschein von Großvater Le Normand und ihr staatsbürgerliches Führungszeugnis und vor den Räubern ihre freundschaftlichen und verwandtschaftlichen Beziehungen.

Da diese wissen, daß sie mit ihnen sympathisiert, kann sie unter ihrem Schutz ungehindert durch den Wald reiten. Die Wege mußten einer offiziellen Anordnung gemäß auf sechshundert Schritt verbreitert werden, und ab einer Höhe von fünfzig Klaftern wurden die Bäume gefällt, um den Räubern ihre Verstecke zu nehmen.

Als sie später in der Heide von Champeaux das Lager der Chouans passiert – es dient den Rebellen als Waffenarsenal, Pulvermagazin und Lebensmittelspeicher –, hat sie die Losungsworte, die ihr erlauben, den Platz zu überqueren.

Spielt sie ein doppeltes Spiel, diese Republikanerin und Räuberin, die im Hospital von Châteaubriant die verletzten Soldaten der Blauen pflegt und den rebellischen Priestern zur Flucht vor ihren Verfolgern verhilft? Ja, gewiß. Denn sie verabscheut Gewalt, Blutvergießen und Leid. Und sie ist eine Frau und zudem unter dem Sternzeichen des Zwillings geboren, dieses doppelgesichtigen Wesens, das sich in seinen Widersprüchen so richtig gefällt.

So ist sie nun mal, die Bürgerin Trébuchet: Zwar ist sie Republikanerin aus Überzeugung, *lehnt es jedoch ab, sich vor den Wagen der Vernunftgöttin spannen zu lassen,* wie sich der alte Monsieur de La Pilorgerie verschämt und im Stil der Zeit auszudrücken beliebt.

Nicht zum erstenmal stellt Sophie fest, daß ihr Pferd ganz offensichtlich lieber von Châteaubriant zur Renaudière als in die umgekehrte Richtung läuft. Es hat wohl gemerkt, daß die Haferration in Le Petit-Auverné üppiger und schmackhafter ausfällt als in der Stadt. Deshalb läßt es sich auch nicht lange bitten und strebt an lockerem Zügel auf kürzestem Wege seinem heimatlichen Stall entgegen. Auf dem Rückweg aber bummelt es, schlabbert an den Tümpeln, knabbert an den jungen Trieben der Hecken und tut so, als könne es sich nicht zwischen zwei Wegen entscheiden, dabei will es offensichtlich bloß nicht.

So reitet Sophie am späten Nachmittag in Richtung Renaudière; sie vertraut sich ihrem Pferd an und läßt ihm und ihren Gedanken freien Lauf, innerlich ist sie schon ganz bei ihrem Garten, der von der Februarsonne wohl rechtzeitig aufgeweicht, mit seiner frisch umgegrabenen Erde auf sie wartet. Morgen wird sie die weißen Knoblauchzwiebeln und die kleinen Schalotten setzen, die im

Frühsommer geerntet werden können. In ihrer Satteltasche aus Leinen hat sie allerlei Samen: für Kohl, Hirschmöhren, Kopfsalat und dicke Bohnen; sie will ihn im Freien oder im Frühbeet hinten im Garten aussäen.

Der Gärtner hat es ihr erlaubt, allerdings erst, nachdem sie ihn – wie jedesmal – in aller Form darum gebeten hat. Der alte Blaise wacht nämlich eifersüchtig über sein Stück Gartenland und hat es nicht gern, wenn man sich in seine Arbeit einmischt. Und außerdem versteht er nicht, warum das Fräulein Trébuchet Trauerränder unter den Fingernägeln schön findet. Jeder an seinem Platz. Sie sollte lieber Blumen und Obst für ihre Marmelade pflücken, oder wenn es denn sein muß, die Himbeersträucher beschneiden, die in einer Reihe entlang der großen Mauer stehen, dort, wo die vom Wind ausgesäten Levkojen zwischen den Steinen Wurzeln schlagen. Doch Blaise weiß nur zu gut, daß er bei dem Fräulein immer den kürzeren zieht. Hat sie sich etwas in den Kopf gesetzt, ist sie störrischer als ein Esel. Schon als kleines Mädchen ließ sie sich von ihrer Tante Robin nichts sagen.

Im Garten, das muß Blaise zugeben, stellt sie sich nicht allzu ungeschickt an. Wie dem auch sei. Kommt er hinzu, wenn sie in ihren Beeten buddelt, pflanzt er sich jedesmal zehn Fuß von ihr entfernt auf, stützt sich, einen Holzschuh über dem anderen, auf seinen Spaten und grinst in seinen Bart. Er weiß, daß sie das ärgert. Sie hält es nicht lange aus, wenn er ihr voll Spottlust, aber schweigend zusieht. Tatsächlich fragt sie ihn immer um Rat und versucht, ihn auf diese Weise für sich einzunehmen. Etwa so: »Sagen Sie, Blaise, sollen wir die Erbsen da beim Bürzelkraut aussäen? Ich glaube, die Stelle wäre geschützter. Was meinen Sie?«

Ganz gleich, was Sophie fragt, die Antwort ist immer übellaunig.

»Sind zu Hause, hier, Fräulein. Machen Se doch, was Se wollen.«

Sophie – ihre Wangen sind von der Abendfrische gerötet – ist so sehr mit ihren Plänen für den Gemüsegarten beschäftigt, daß sie nicht einmal merkt, daß die Viehweide wie ausgestorben ist. Nichts regt sich. Kein Bettler, kein Hirte, kein Schaf. Selbst die Vögel scheinen aus den Ginsterbüschen verschwunden zu sein.

Es sieht so aus, als sei das Lager in der Heide von Champeaux aufgegeben worden.

Kein Wachposten da, der das Losungswort, heute der Refrain eines Bauernliedes, hören will: »Das Veilchen verdoppelt, verdoppelt sich ...« Sollte der Krieg zu Ende sein?

Der Ritt und auch die Gedanken an ihr künftiges Gemüse haben Sophie ganz hungrig gemacht. Wenn bloß jemand da ist! Sie treibt das Pferd zur Eile an, um vor Einbruch der Dunkelheit da zu sein.

In welchem Zustand sie die Renaudière vorfinden wird, ist ihr nicht ganz klar. Tante Trébuchet, Cousin und Cousine sind seit Mitte Januar fort. Aus Angst vor den Truppenbewegungen und den Gewalttätigkeiten, zu denen es dabei kam, hatte Tante Louise in Châteaubriant ausrichten lassen, sie werde für einige Zeit zu Verwandten nach Saint-Julien-de-Vouvantes gehen.

Sie hatte den richtigen Riecher gehabt, denn am 29. Januar griffen Scépeaux und Châtillon das republikanische Korps, das die Nachschubwege der Königstreuen behinderte, in Le Petit-Auverné an. Nach kurzer Schlacht, so hörte man später, habe Scépeaux den Weiler eingenommen, und die Republikaner seien gezwungen gewesen, sich nach Le Grand-Auverné zurückzuziehen, nur zweihundert Soldaten seien an Ort und Stelle geblieben.

Als Madame Robin erfuhr, daß Sophie für zwei Tage

zur Renaudière reiten wollte, schrie sie laut auf: »Was, du willst allein dahin? Du bist wohl nicht ganz bei Trost!«

»Aber nein«, antwortete Sophie. »Ich bin in Auverné nie allein. Sicher ist die alte Marguerite im Haus und Blaise auch. Beruhigen Sie sich, Tante. Ich bin kein kleines Mädchen mehr. Ich bin immerhin vierundzwanzig.«

»Glaubst du nicht, daß deine Bohnen noch ein bißchen warten können?«

»Der Boden wartet doch nicht, Tante. Es ist schon Februar.«

Während Sophie sich dem Dorf nähert, sieht sie bereits die Küche der Renaudière vor sich, wo Marguerite jetzt sicher gerade einen Deckel lüftet, unter dem ein Kohleintopf köchelt. Beim Gedanken an die im dampfenden Gemüse wabernde rosafarbene Speckscheibe läuft der Reiterin das Wasser im Mund zusammen. Der Mond ist aufgegangen, und schon tauchen zwischen den Bäumen die Lichter der ersten Häuser auf.

Doch was ist das für ein dumpfer Lärm? Plötzlich kommt ein mit einer Plane abgedeckter Karren mit solcher Geschwindigkeit um die Kurve geschossen, daß er ins Schleudern gerät und fast umkippt. Sophie hat ihm gerade noch rechtzeitig ausweichen können, indem sie ihr Pferd in den Graben stieß.

Jetzt hört sie Schreie und mehrere Schüsse hintereinander. Vom Dorf her schwillt der Lärm an. Sophie reitet Schritt. Sie stellt sich in die Steigbügel und versucht zu sehen, was weiter vorn passiert. Bauern fliehen die Straße entlang. Auf einmal schlagen Flammen über dem Dorf empor und erhellen die Abenddämmerung. Der Wind trägt Schreie, das Prasseln des Feuers, wütendes Hundegebell und entsetzliche Klagerufe herüber, und Sophie beginnt sich zu fragen, ob Tante Robin nicht recht gehabt hat: Vielleicht hätte sie noch ein wenig warten sollen.

Vom Land her nähern sich Fluchtgeräusche, werden immer deutlicher. Pferde scheuen und jagen ohne Reiter wie wild vorbei, andere schleifen zerbrochene Deichselgabeln hinter sich her, nachdem ihre Gespanne an den Bäumen zerborsten sind. Ein kleiner Trupp Dörfler stiebt, über Erdklumpen stolpernd, durch die Felder, und die Harzfackeln verstreuen brennende Dochte. In Umschlagtücher gewickelte Babys auf dem Arm und schreiende Kleinkinder an der Hand hinter sich herziehend, so fliehen die Frauen. Greise brechen zusammen und bleiben hilflos liegen.

Sophie ist abgestiegen. Sie hält ihr Pferd am Zügel, macht einige Schritte, ist unentschlossen, sucht Schutz im Schatten einer Hecke. Sie zuckt zusammen: Ein Zweig knackt dicht neben ihr. Ein Schatten kommt aus dem Dunkel, kriecht über die Böschung und erhebt sich auf dem mondhellen Weg. Sophie, starr vor Schreck, spürt, wie ihr Herz unter der Lammfelljacke rast. Sie hört ihren Namen.

»Sie brauchen keine Angst zu haben, mein Fräulein«, sagt eine erschöpfte männliche Stimme, »ich bin's, Martin Bonvalet.«

Nur mit Mühe erkennt Sophie den Bauernjungen wieder, den sie oft in Heurtebise bei den Le Maignans gesehen hat. Der Junge sieht mitgenommen aus, sein Gesicht ist schwarz von Ruß. Unter seiner zerrissenen Jacke erkennt sie in Schulterhöhe einen Klumpen aus blutigen Stoffetzen. Er taumelt, versucht, sich am Zaumzeug von Sophies Pferd festzuhalten, greift ins Leere und bricht, sich einmal um sich selbst drehend, auf der Böschung zusammen. Mit Mühe hebt er den Kopf zu dem jungen Mädchen.

»Gehen Sie nicht dahin«, sagt er, »die Blauen bringen uns um ... In Ihrem Haus und ... auf dem Friedhof ...

überall sind sie ... es ist die Hölle! Sie haben ... nichts ist mehr übrig ... gehen Sie nicht dahin ... Sie werden geschnappt ...«

»Was für Blaue denn?« fragt Sophie.

»Die Soldaten von Humbert ... Es sind über hundert ... Ah, diese verdammten Hunde!«

»Und kein Mensch verjagt sie?« fragt Sophie, »kein Mensch?«

»Gott sei's geklagt«, sagt Bonvalet, »ich glaube, sie sind alle tot.«

»Und die Renaudière?« fragt Sophie. »Was ist damit?«

Aber Bonvalet ist unter Stöhnen auf die Böschung zurückgesunken. Er krümmt sich wegen seines verletzten Armes. Sophie kniet bei dem jungen Mann nieder. »Wenn ich Ihnen doch nur helfen könnte.«

Sie hat nichts bei sich, was sie als Verband benutzen könnte, und den Mann auf ihr Pferd zu hieven, dazu hat sie nie im Leben die Kraft. Und sie will den Freund der Le Maignans nicht hier am Wegesrand verrecken lassen.

»Können Sie aufstehen?«

Er schüttelt den Kopf. Seine ausgetrockneten Lippen bewegen sich, können jetzt aber nur mit Mühe Worte artikulieren. Sophie beugt sich über ihn.

»... sie haben ... meine Mutter ... getötet«, flüstert Bonvalet, »... und die Kinder ... man darf nicht ... die Mädchen und auch ... die Jungen ... wie die Bestien ... auf dem ... Friedhof ... an die Kreuze gefesselt ... sie sind betrunken ... Jeannette ... ah, das tut so weh!«

»Ich binde Ihnen den Arm ab, damit das Bluten aufhört«, sagt Sophie.

Sie löst ein Haarband.

»Nein«, sagt Bonvalet ... »Lassen Sie ... Wir müssen weg, sofort.«

Der junge Mann scheint wieder zu sich zu kommen. Er

richtet sich langsam auf, stützt sich auf seinen gesunden Arm. Man sieht, daß er große Anstrengungen macht, seine Gedanken zu ordnen.

»Wir müssen Monsieur de Scépeaux benachrichtigen«, sagt er. »Schnell!«

»Wissen Sie, wo er ist?« fragt Sophie.

»Bourmont«, flüstert Bonvalet mit ersterbender Stimme. »Mit Löwenherz und Palierne ... Reiten Sie schnell, wenn Sie können ... Passen Sie auf! ... Meiden Sie ... Land ...«

»Verstanden«, sagt Sophie. »Ich reite hin ...«

Sie schwingt sich in den Sattel, reitet querfeldein, gibt dem Pferd, das verdutzt über diesen ungewohnten Weg ist, die Sporen und verschwindet Richtung Saint-Mars-la-Jaille in der Nacht.

*10. Februar 1796*

Bei Tagesanbruch sind sie in Scharen gekommen, ungeachtet der Wolkenbrüche, die über das Land peitschen und die Wege unter den Hufen ihrer Pferde auswaschen. Allen voran Löwenherz und seine Leute; sie werden von Palierne, Scépeaux' bestem Oberleutnant, flankiert, der seine Division durch die leichte Kavallerie der Jäger von Bourmont verstärkt hat. Scépeaux selbst bleibt mit seinen Truppen aus Anjou in Reserve.

Sie sind wie die Teufel über Le Petit-Auverné hergefallen, haben die Renaudière umzingelt, wo Humberts Soldaten völlig betrunken, von den Strapazen der nächtlichen Orgie übermannt, wie nasse Säcke in allen Räumen des Hauses, in den Wirtschaftsgebäuden und sogar auf den Stufen der Freitreppe schnarchend herumliegen. Diejenigen, die vom Lärm der Bäurischen aufwachen, haben nicht einmal mehr die Zeit, Alarm zu schlagen. Alle hundertsechzig Bestien werden vom Leben zum Tode befördert, ohne auch nur die Zeit für ein letztes *Confiteor* zu haben.

Dann haben Scépeaux' Soldaten die Gekreuzigten auf den Friedhöfen, die noch am Leben waren, befreit und die Leichen der Frauen zusammengetragen. Alle, sogar die kleinen Mädchen, hatte man vergewaltigt oder ihnen die Bäuche aufgeschlitzt. Selbst in der Scheune der Renaudière, wo Jean-François einst Billard spielte, hat man Tote gefunden.

Der Jammer im Dorf ist groß. Die Türen des Rathauses sind eingetreten und schlagen im Wind, und der Regen wäscht die Papierfetzen auf der Straße aus, die einmal die Seiten des Standesregisters waren. Zwischen den Häusern mit ihren herausgerissenen Fensterläden liegen kaputte Möbel herum, und man stolpert über Stapel zerfetzter Wäsche, aufgeschlitzte Getreidesäcke, geborstene Fässer und geköpfte Hühner. In der Nähe der Kirche liegt eine Kuh im Todeskampf. Ein Huf schlägt mechanisch in die Luft, die Pupillen sind weit aufgerissen.

Sophie Trébuchet ist in einem Zimmer von Heurtebise, wohin sie sich geflüchtet hat, todmüde und noch in ihren Kleidern eingenickt.

Sie schläft bis in den Abend hinein. Sie weiß noch nicht, daß sie den Schnurrbart des spottlustigen alten Blaise nicht wiedersehen wird. Gerade birgt man seine Leiche im Garten der Renaudière. Nie wird sie erfahren, daß er genau in dem Augenblick zu Tode kam, als sie auf dem Weg zur Renaudière an ihn dachte. An der Stelle, wo sie Hirschmöhren säen wollte, schlug ein betrunkener Soldat ihn mit seinem Säbel nieder.

*Juni 1796*

Du bist gestern abend sehr spät nach Hause gekommen, ich habe dich nicht einmal gehört ...«

»Es war so schön, Tante. Ich habe viele Sternschnuppen gesehen. Zehn und mehr.«

»War es nicht recht dunstig am Fluß?«

»Woher wissen Sie, daß ich am Fluß war?«

»Ach, Sophie, du kennst doch das Sprichwort: ›Nantes geht im Wasser unter und Rennes in Flammen auf, Châteaubriant aber zugrunde, weil es den Mund nicht halten kann.‹ Madame Robillard hat dich mit Hauptmann Hugo zusammen gesehen. Das hat sie mir heute morgen brühwarm erzählt.«

»Wir haben nichts Unrechtes getan. Wir haben uns unterhalten ...«

»Du gingst an seinem Arm ...«

»Schon möglich. Wie ich sehe, hat die Spionin gute Augen. Und was hat Ihnen die alte Schlampe noch alles erzählt?«

»Daß dieser Hugo ein sehr galanter Mann sein soll ... Aber sag mal, was ist er wirklich, dieser junge Soldat, dieser Brutus Hugo, so heißt er doch, nicht wahr?«

»Brutus, so nennt er sich selbst. Eigentlich heißt er Léopold. Er ist Adjutant von Muscar.«

»Das weiß ich, aber woher kommt er? Aus was für einer Familie?«

»Er kommt aus Nancy«, sagt Sophie. »Sein Vater ist Tischler. Tischlermeister ... Seine Mutter, glaube ich, verwahrt Kinder. Er hat viele Geschwister. Aber er ist früh von zu Hause fortgegangen. Mit fünfzehn Jahren, oder sogar noch etwas früher, hat er sich bei der Armee verpflichtet. Ich glaube, er hat ein falsches Geburtsdatum angegeben. Erst nach fünf Monaten haben sie gemerkt, daß er noch nicht das vorgeschriebene Alter hatte. Sie haben ihn weggeschickt. Er ist ins Königliche Regiment gewechselt. Seitdem steht er ununterbrochen im Feld. General Beauharnais schätzt ihn sehr.« Und um ihrem Ritter in den Augen Madame Robins ein wenig Glanz zu verleihen, fügt sie hinzu: »Er kennt auch Kléber und den Fürsten von Broglie.«

»Ah, ich verstehe«, sagt die Tante, »ihr hattet euch viel zu erzählen ...«

»Machen Sie sich nicht lustig über mich ... Er ist ein tapferer Soldat, wissen Sie ... In Vihiers ist er siebzehnmal von Kartätschenkugeln getroffen worden, und eine hat ihm den rechten Fuß zertrümmert. Er hat nicht lange pausiert: In Montaigu sind zwei seiner Pferde unter ihm weggeschossen worden. An ein und demselben Tag. Ein Wunder, daß er mit heiler Haut davongekommen ist.«

»Und wie alt ist dieser Held?«

»Dreiundzwanzig, Tante.«

»Ein Jahr jünger als du. Noch reichlich jung.«

»Reichlich jung wofür, Tante?«

»Für einen Ehemann«, sagt Madame Robin.

»Aber ich habe doch nicht vor, ihn zu heiraten«, ereifert sich Sophie. »Wir sind Freunde, wir unterhalten uns, das ist alles. Er ist recht geistreich, ist gebildet, und was das Wichtigste ist: Er ist eine Frohnatur. Na ja, wir gehen halt spazieren ...«

»Am Fluß entlang unterm Sternenhimmel«, ergänzt Madame Robin ... »Glaubst du, daß dein Großvater erfreut wäre, wenn er erführe ...?«

»Lassen Sie meinem Großvater aus dem Spiel«, erwidert Sophie. »Ein Witz: der und sich um mich kümmern. Das wäre ja was ganz Neues.«

»Sag mal, Sophie, ich dachte, deine Sympathien gehören den Blauen nun nicht gerade ...«

»Ach«, sagt Sophie und wird rot, »er ist nicht wie die anderen Blauen. Er mag diesen Krieg nicht, in dem Frauen und Kinder getötet werden. Lieber kämpft er gegen die Preußen. Er ist Soldat und kein Bluthund. Klar, er jagt unsere Bäurischen, Befehl ist Befehl, aber er ist keine Bestie, korrupt und verkommen wie dieser gräßliche General Humbert. Wissen Sie, daß er ein kleines Waisenkind aus der Vendee gerettet hat und es von seinem Sold versorgen läßt? Er ist sehr kinderlieb!«

»Wo denn, um alles in der Welt, hast du ihn kennengelernt?«

»Bei meiner Cousine Ernoult. Er ist mir vorgestellt worden. Er kennt meinen Großvater. Er hat ihn in Nantes mit Carrier zusammen gesehen ... und meine Tante Louise ...«

»Die hat gut daran getan zu verschwinden!« unterbricht Madame Robin.

»... dann habe ich ihn im Mai wiedergesehen«, sagt Sophie, »ich kam von der Renaudière zurück. Ein Bursche von Heurtebise hat mich unterwegs angehalten. Er sah aus, als sei etwas Schreckliches passiert. ›Die Blauen kommen‹, hat er zu mir gesagt. ›In Le Cotillon-Rouge ist Messe. Unsere Leute sind da. Ich will schnell hin, um sie zu warnen. Ach, mein Fräulein, helfen Sie uns! Ich flehe Sie an. Halten Sie die Tolpatschigen eine Zeitlang auf. Beschäftigen Sie sie irgendwie. Unterhalten Sie sie ein wenig, damit unsere Leute Zeit haben, auseinanderzugehen. Kommen Sie, Sie können ein paar Menschenleben retten! Gott wird es Ihnen vergelten!‹ Und schon war er im Wald verschwunden.«

»O je«, sagt Tante Robin, »du machst mir angst.«

»Ich konnte nicht zulassen, daß diese Leute niedergemetzelt werden«, sagt Sophie. »Ich habe meinen Passierschein, mein staatsbürgerliches Führungszeugnis. Wovor sollte ich Angst haben? Ich bin mitten auf der Straße abgestiegen und habe mein Pferd am Fuß untersucht, so als sei es verletzt. Wenig später ist die Kolonne der Blauen gekommen, und ich habe Brutus Hugo an der Spitze der Reiter wiedererkannt. Ich hatte den Eindruck, daß er mich nicht ungern sah. Er lachte, als er mich fragte, was ich denn da mache und ob ich mich als Hufschmied versuche. Mein Pferd hinke, habe ich gesagt. ›Lassen Sie mich nur machen‹, meinte er, ›das ist keine Arbeit für junge Mädchen.‹ Und dann hat er den kleinen Kieselstein, den ich noch rechtzeitig unter das Hufeisen hatte stecken können, ganz schnell entfernt. Sie können sich vorstellen, wie überschwenglich ich mich bei ihm bedankt habe. Ich war übertrieben freundlich zu ihm. Ich habe ihm vorgeschlagen, mit seinen Männern in der Renaudière Rast zu machen.

Er war ganz begeistert von meinem Angebot, und so ritt ich denn an der Spitze der Kolonne meiner Blauen in Le Petit-Auverné ein. Im Dorf fing ich ein paar empörte Blicke auf. Man wird Sie sicher darauf ansprechen, wundern Sie sich also nicht. Ich habe ihnen so viel zu trinken gegeben, daß sie schließlich ganz schön angeheitert waren. Ich bereue es nicht. Der Ritter Le Maignan hat sich später bei mir bedankt. Er hielt sich mit Pacory, Terrien, Le Maître und Guibourg in Le Cotillon-Rouge auf. Priester waren bei ihnen. Abbé Defermon las verbotenerweise eine Messe. Sie hatten Zeit, sich in Sicherheit zu bringen, während meine Blauen unserem Wein aus Saint-Fiacre tüchtig zusprachen.«

»Ich möchte wetten«, sagt Madame Robin, »daß du dem Hauptmann Hugo nie die Wahrheit gestanden hast.«

»Muß man denn den Männern immer alles sagen, Tante? Ist es denn schlecht, wenn man manchmal einfach schweigt?«

»Du kleine Heuchlerin!« sagt Madame Robin lachend. »Du ziehst mich nicht auf deine Seite.«

»Glauben Sie nicht, ich hätte keine Gewissensbisse«, sagt Sophie ernst. »Ich gestehe, daß ich mich gerne mit diesem jungen Mann unterhalte. Er strahlt eine solche Kraft und Energie aus, daß ich nicht gleichgültig bleiben kann. Aber es mißfällt mir, daß er einer von diesen Soldaten ist, die Leid und Tod über uns bringen, selbst wenn er im Grunde seines Herzens das alles nicht billigt. Es kommt vor, daß wir uns streiten.«

»Das ist egal«, sagt Madame Robin, »ich sehe es nicht gern, daß du ständig unterwegs bist. Es gefällt mir nicht, daß ich von einem dieser Klatschweiber erfahren muß, daß man dich abends in Herrenbegleitung antrifft – unterbrich mich bitte nicht! –, selbst wenn ich davon überzeugt bin, daß dieser Spaziergang harmlos war. Der gute Ruf eines jungen Mädchens, einer Frau ist schnell ruiniert. Die Frau muß immer auf ihre Ehre, wie man in meiner Jugendzeit sagte, bedacht sein, denn die Bösartigkeit der Leute ist grenzenlos. Gib dir keine Blöße.«

»Sie möchten sicher, daß ich keinen Blick von meinem Stickzeug wende«, sagt Sophie verstimmt, »daß ich mit Hauptmann Hugo keine Wort mehr wechsle und ihm die kalte Schulter zeige, wenn ich ihn treffe.«

»Das habe ich nicht gesagt«, erwidert Madame Robin. »Erinnere dich an den Rat von Monsieur de Beaumarchais ... ›Sei schön, wenn du kannst, sei sittsam, wenn du magst, aber sei ehrbar, das muß sein.‹«

»Sie raten mir also zur Heuchelei ...«

»Nein. Zur Vorsicht. Und zur Verschwiegenheit ... Es wird dein Schaden nicht sein, selbst in den Augen von Hauptmann Hugo nicht. Er ist ein Soldat auf dem Durchzug. Wie er gekommen ist, so wird er wieder gehen. Was zählt eine Frau in seinem Leben, in seinem Beruf? Frauen, die gibt es in allen Garnisonen. Wenn er deine Gesellschaft schätzt, so lade ihn zu uns ein. Niemand kann daran Anstoß nehmen, und du wirst dich in seinen Augen von all jenen Mädchen unterscheiden, welche die durchziehenden Regimenter wie Fliegen anziehen.«

»Sie würden ihn empfangen?«

»Aber herzlich gerne«, sagt Madame Robin. »Wie sollte ich mich für einen jungen Mann, dem du Beachtung schenkst, nicht interessieren?«

Ein Teufelskerl: Das ist nicht übertrieben. Léopold Sigisbert Hugo, genannt Brutus, ist ein Teufelskerl. Ein voluminöser Mensch – wenn er in schallendes Gelächter ausbricht, klirren die Fensterscheiben. Er kann nicht fünf Minuten stillsitzen. Man könnte meinen, ihm brennt der Holzboden unter den Füßen, er sitzt auf dem Stuhl wie auf Kohlen, und zwischen vier Wänden fühlt er sich wie eingemauert. Aus jeder Erzählung macht er eine Pantomime. Er läuft mit Riesenschritten umher, geht in die Hocke, reckt sich in die Höhe, schwenkt seine Arme wie Windmühlenflügel und würzt seine Reden mit allerlei lautmalenden Worten.

Tante Robin, die schon lange keine Theaterfreuden mehr erlebt hat, ist entzückt von den Besuchen des jungen Mannes, der vom Krieg erzählt, als ob er ganz alleine zwei Armeen auf einer Bühne vorführte mitsamt ihren Kanonen, dem Vormarsch der Infanterie, den Pferden, die sich aufbäumen, und den Kavallerieattacken. Mit aufgeblasenen Backen imitiert Brutus im Salon der Rue du Couëré den Trompeter, bläst in die geballte Faust wie in ein Horn, läßt das Signal zum Aufsitzen ertönen, trommelt auf dem Tisch zum Essen, zur Kapitulation, zum Generalmarsch. Er läßt die Kugeln pfeifen, die Granaten explodieren und stürmt mit dem Schlachtruf: »Auf die Pferde, meine Herren!« einem imaginären Feind entgegen, wobei er die gerade mit dem Braten hereingekommene Julie beinahe mit seinem Schwert durchbohrt hätte.

Léopold ist ein Teufelskerl, und Sophie ist ganz betäubt von so viel Vitalität. Betäubt und zugleich belustigt. Und geradezu entzückt ist sie, wenn Brutus wieder zu Léopold wird, den Charmeur spielt, und, um sich bei Tante Robin beliebt zu machen, die alten Griechen und Römer zitiert. Er kann sogar Gedichte von Voltaire und von Chevalier de Parny auswendig.

Mit einem Bein vor der alten Dame auf dem Boden kniend, eine Hand auf dem Herzen, die andere ausgestreckt, beginnt der junge Mann, »Le lendemain« zu deklamieren:

*Am Tag danach*

*Du hast sie erfahren, meine liebe Eléonore,*
*Diese süße Lust, diese bezaubernde Sünde,*
*Die mit Angst dich und zugleich mit Sehnsucht*
*erfüllte ...*

Doch Léopold rezitiert nicht nur die Gedichte anderer. Er schmiedet selbst Verse und schreibt mit Muscar Epigramme und gereimte Stückchen um die Wette. Die beiden Unzertrennlichen verstehen sich so gut, daß sie manchmal Nummern zum Besten geben, die zwar improvisiert, aber sehr gelungen sind. Eines Tages erscheint Léopold und schwenkt sein eigenes, von Muscar verfaßtes Epitaph in der Hand:

*Hier ruht der Major unseres Bataillons,*
*Ein Spaßvogel, der lachte und lachte, bis zuletzt*
*er daran starb;*
*Doch fröhlich bis in den Styx, brachte zum*
*Lachen er Pluto sogar.*
*Die Toten in ihrem Reich, o ja, sie werden*
*diesmal zufrieden sein!*

Es kommt nicht häufig vor, daß die Soldaten der Republik in Châteaubriants guten Häusern empfangen werden. Die Angst vor ihren Plünderungen geht um. Man hält sich von ihnen fern. Um so mehr wissen unsere beiden Soldaten es zu schätzen, daß sie bei Sophie und ihrer Tante so freundlich aufgenommen werden. Sie fühlen sich in der Rue du Couëré schon fast wie zu Hause und kommen nie ohne ein Geschenk: einen Klafter Holz, Likör, Kerzen oder ein Stück Wild.

Hört die alte Robine ihre Schritte, erhellen sich ihre Züge. Schon so lange sind unter ihrem Dach keine Männerstimmen mehr zu hören gewesen. Das verjüngt sie, sie holt ihre Spitzen wieder heraus und gurrt wie ein Täubchen. Eines Tages ist Léopold so keck und küßt sie auf beide Wangen und nennt sie »Tante«.

Major Arnould Muscar, der auf die Vierzig zugeht, ist im Gegensatz zu seinem jungen Freund ein besonnener Mann; der Versuchung, mit seinem gewaltigen Bariton eine Opernarie zu schmettern, wobei der Akzent seines heimatlichen Béarn nicht zu überhören ist, kann aber auch er nicht widerstehen.

Wie paßt so viel Fröhlichkeit mit der allseits bekannten Grausamkeit dieser Soldaten der Republik zusammen, fragt sich Sophie. Auf ihren Spaziergängen an der Chère diskutiert sie mit Léopold immer wieder dieses Thema.

Sie haben ihre Streifzüge in der Abenddämmerung

nämlich wieder aufgenommen, jetzt aber mit der stillschweigenden Billigung von Tante Robin. Sollen sich die Leute doch das Maul zerreißen; Sophie will davon nichts hören. Jedenfalls würden die Klatschweiber, die da auf der Lauer liegen, sich über das, was die beiden miteinander reden, sehr wundern. Kein verliebtes Getuschel – noch nicht. Die Diskussionen zwischen Sophie und Léopold, zwischen der hitzigen Bretonin und dem aufbrausenden Lothringer, arten häufig fast in Streit aus. Sophie verteidigt ihre Chouans und Léopold die Republik, als deren treuer Diener er sich begreift.

»*Deine* Republik«, sagt Sophie verächtlich. »Wie schön sie ist, *deine* Republik! Wie gerecht sie ist, *deine* Republik! Sie hat Tod und Kummer über dieses Land gebracht; in ihrem Namen werden unsere Häuser niedergebrannt, unsere Ernten angezündet, unsere Männer getötet und Frauen und Kinder auf grausige Weise gefoltert! Ach, sag bloß, daß dich das glücklich macht, daß dieser entsetzliche Krieg, den ihr gegen uns führt, ein gerechter Krieg ist.«

»Glaubst du denn, daß deine Chouans zartfühlender sind als die Unseren? Weißt du, wie sie unsere Leute quälen, wenn sie sie zu fassen kriegen?«

»Die sind hier zu Hause«, sagt Sophie, »sie verteidigen ihren Grund und Boden, ihren Glauben. Sie sind keine richtigen Soldaten. Sie haben nur einen Bruchteil der Waffen, über die ihr verfügt ...«

»Der Kampf für die Freiheit, die Vernichtung der Tyrannei verlangen eben Opfer«, sagt Léopold. »Wir kämpfen für den Fortschritt, gegen Obskurantismus und Barbarei ...«

»Gegen Barbarei? Aber eure Barbarei ist doch schlimmer als alles, was es je gegeben hat. Zu Hunderten habt ihr die armen Leute niedergemetzelt, du und dein Muscar, in Bouguenais, in der Hibeaudière, in Nozay, in Le Petit-Auverné. In Nantes habe ich gesehen, wie Mädchen in meinem Alter auf das Schafott steigen mußten ... Wir haben zusammen gespielt, als wir klein waren ... Sie waren unschuldig ... Ich träume nachts von ihnen ...«

»Dein Großvater ...«

»Mein Großvater ist keinen Deut besser als ihr! Kinder umzubringen, ist das etwa keine Barbarei?«

Sophie stellt sich auf die Zehenspitzen, um Léopold besser trotzen zu können, und schnaubt vor Wut, während Léopold nun ebenfalls ärgerlich wird. Er packt das junge Mädchen mit hartem Griff an den Handgelenken und schüttelt sie.

»Sprich nicht von den Kindern«, sagt er. »Ich liebe sie viel zu sehr, als daß ich ihnen ein Leid zufügen könnte. Das weißt du doch auch, nicht wahr? Ich heiße Hugo, nicht Humbert.«

Seine Stimme wird sanfter: »Ich bin nicht das Monstrum, für das du mich hältst. Sei nicht ungerecht, Sophie, ich bitte dich. Sieh mich an. Sehe ich wie ein Bösewicht aus?«

In der Stimme des jungen Mannes liegt so viel Aufrichtigkeit, in seinen Augen so viel Güte, in seinem Lächeln so viel Sanftheit, daß Sophies Zorn verraucht. Er hat den Griff um die Handgelenke des jungen Mädchens gelockert, legt sie aneinander und umschließt sie mit beiden Händen. Das ist kein Festhalten mehr, das ist eine Liebkosung.

»Eines Tages«, sagt Léopold, »wird dieser Krieg zu Ende sein, und wir werden wieder zivilisierte Menschen.«

Der Himmel in dieser kurzen Julinacht ist so fahl, als ob Morgengrauen und Abenddämmerung einander berührten. Es herrscht Frieden in dieser Nacht. Nur ein Heer von Fröschen und Grillen stört den Marktflecken in seinem ruhigen Schlaf. Eine vollkommene, eine samtweiche Nacht. Die trägen Gerüche des Flusses vermischen sich mit dem betäubenden Duft der Rosen, die man in der Dunkelheit, entlang der Gärten, nur ahnen kann. Und auf das wache Gesicht des jungen Mannes, den Sophie gestern noch für ihren Feind hielt, fällt das Licht des Mondes, der gerade aus einer Wolke gerutscht ist. Seine Augen sind geschlossen, und er bedeckt seine Augenlider mit Sophies kleinen Händen, die sich ihm jetzt willig überlassen. Und er sagt sanft ins Dunkle hinein: »Ach, Bürgerin, ich muß dir etwas gestehen ...«

Die Hände auf seinen Augen geraten in Bewegung. Was will er sagen, mein Gott, was will er nur sagen?

Ganz unvermittelt nimmt er Sophies Hände von den Augen, und sie sieht ihn über das ganze Gesicht lachen.

»... ich mache dich gern wütend«, sagt er. »Du bist so schön, wenn du vor Wut kochst.«

Auch dieser junge Hugo ist ein Doppelwesen. Wenigstens kommt es Sophie, kaum daß sie seine Bekanntschaft gemacht hat, so vor. Der eine Hugo entspricht dem Spitznamen Brutus, den er sich selbst gegeben hat. Ein überschwenglicher, redseliger Mensch, der stets einen lockeren Spruch auf den Lippen hat. Ein unsteter Gaukler, der nicht viele Zuschauer braucht, um in Fahrt zu kommen. Ihm würde Sophie nicht den Vorzug geben. Der andere, Léopold, ist ein Gefühlsmensch von mächtiger Statur, jedoch empfindlich und ohne rechtes Selbstvertrauen. Der kommt zum Vorschein, wenn sie allein sind.

Eigentlich wirkt dieses Mädchen, das gleichzeitig zurückhaltend und gebieterisch, redselig und verschwiegen ist, einschüchternd auf ihn. Zwar findet er ihre Jugendfrische, ihr hübsches Gesicht und ihre anmutigen Bewegungen berückend, aber ihre Intelligenz, ihre geistige Lebendigkeit und ihr Raffinement machen ihn irgendwie unsicher. Diese Frau, so klein, daß sie ihm kaum bis zu den Schulterstücken reicht, ist ihm oft auf eine ganz unvorhersehbare Weise überlegen.

Menschen wie sie gehören nicht zu seinem Umgang. Soldat seit frühester Jugend, kennt er nur die Soldatenmädchen, die ihm in den Garnisonen zufällig über den Weg laufen. Einige erliegen dem Charme des Spaßvogels, der im übrigen für seinen Mut im 8. Bataillon Niederrhein bekannt ist, und bleiben vorübergehend bei ihm hängen. So etwa das Mädchen Bouin, das ihm seit einigen Monaten hinterherläuft. Ein braves Ding, die Louise Bouin. Kein bißchen zimperlich. Die Einfachheit und Gefälligkeit in Person. Immer ein Lächeln auf den Lippen. Immer liebevoll.

Wenn Hugo ihre Gunst auch bereitwillig mit seinen Kameraden aus dem 8. Bataillon teilt, so sieht er es doch nicht ungern, daß sie ihm in besonderer Weise zugetan ist, was sich etwa daran zeigt, daß sie ihm wie eine treue Hündin folgt. Wenn die Bouin auch das ganze Regiment glücklich macht, so ist doch klar, daß sie in erster Linie Brutus Hugo gehört. Sie flickt seine Kleider, pflegt ihn, wenn er krank ist, hebt zur Essenszeit für ihn die guten Stücke auf und beruhigt ihn, wenn der Junge, leicht verletzbar wie er ist, wieder einmal glaubt, daß keiner ihn liebe, bloß weil er mit diesem oder jenem in Streit geraten ist. Louise Bouin, älter als er, ist ihm zugleich Mätresse und Mutter. Unterschreibt sie einen Brief, so setzt sie voller Stolz hinter ihren Namen: Frau von Hugo.

Niemand anderes als eben diese Louise Bouin nun wird Sophie helfen, sich über ihre verworrenen Gefühle für

Léopold klarzuwerden. Dieser hat seine Liaison in der Rue du Couëré natürlich mit keinem Wort erwähnt. Sophie ahnt nichts bis zu jenem Tag im August, an dem im Schloß ein Ball stattfindet. Muscar, der sich bei der Bevölkerung beliebt machen will, hat damit ein Mittel gefunden, die Jugend der Stadt anzulocken.

Aus lauter Koketterie hat Sophie beschlossen, zu spät zu kommen. Sie will ihren Auftritt haben, wenn das Fest auf seinem Höhepunkt ist, und alle sollen sie sehen. Vor allem Léopold Hugo, der, wie sie sich nicht ohne ein gewisses Vergnügen einbildet, ihrem Kommen ungeduldig entgegensieht.

In ihrer naiven Eitelkeit geht Sophie davon aus, daß Léopold Hugo unsterblich in sie verliebt ist. Wie anders ist es zu erklären, daß dieser Junge, dessen Vorliebe für das weibliche Geschlecht stadtbekannt ist, ihr gegenüber eine solche Zurückhaltung an den Tag legt? Sie, die durchaus imstande wäre, seine Annäherungsversuche hochmütig zurückzuweisen, ärgert sich geradezu schwarz darüber, daß es gar nichts zurückzuweisen gibt. X-mal hat sie Léopold die Gelegenheit gegeben, sich ihr zu erklären, x-mal ist er ausgewichen. Findet er mich etwa häßlich? Diese Vorstellung ist Sophie so unangenehm, daß sie Léopolds Zurückhaltung lieber auf seine Schüchternheit schiebt. Brutus Hugo schüchtern? Das sieht ihm nicht ähnlich. Dieser große Tölpel ist verliebt, soviel ist sicher. Und bestimmt hat er Muscar auf die Idee gebracht, diesen Ball zu veranstalten, um Sophie bei dieser Gelegenheit etwas näherzukommen. Das Tanzen, welch ein hervorragender Vorwand. Ja, das ist sicher. Und der Beweis: Er hat sie nicht selbst eingeladen, aus Angst, sie könne ihn durchschauen.

Und so kommt es, daß Sophie, die gern und oft widerspricht, beschlossen hat, zu diesem Ball zu gehen.

Damit setzt sie sich über die Vorbehalte ihrer Tante hinweg, die wie alle vorsichtigen Bürger in Châteaubriant der Meinung ist, man sollte diesem Volksfest fernbleiben, das von den Besatzern, die so viel Unheil gestiftet haben, organisiert worden ist.

»Da sind nur unsolide Mädchen«, warnt Madame Robin.

Für diesen einen Abend ist das nächtliche Trinkverbot für die Truppen aufgehoben. Da besteht die Gefahr, daß es zu Schlägereien kommt.

»Hauptmann Hugo wird mich schon beschützen«, entgegnet Sophie selbstsicher.

Als sie schließlich auf den Platz kommt, auf dem eine Tanzbühne aufgebaut ist, und aus der Dunkelheit ins Licht tritt, um auf das Zelt zuzugehen, in dem den Tanzenden Erfrischungen gereicht werden, bleibt Sophie wie angewurzelt stehen.

Inmitten einer Gruppe, die sich vor Lachen über seine Reden ausschüttet, sitzt Léopold Hugo. Die lebhafte Gesichtsfarbe des jungen Mannes, sein Überschwang deuten auf ein Zechgelage hin. Und auf seinen Knien dieses Ding, diese Person mit praller Bluse, dieses Geschöpf, das ihm unter lautem Gelächter auf widerliche Weise den Hals abküßt.

Mit einem Blick hat Sophie alles erfaßt: Léopold, der seinen Arm besitzergreifend um die Taille des Mädchens legt, seine Hand, die den Stoff ihres Kleides über dem Schenkel zerknüllt, der Busen dieser Person, der sich aus einem weiten Dekolleté den Blicken darbietet und bei jedem Lachen bebt, die Haarsträhnen, die sich aus einem zerrauften Knoten lösen und vor allem – o Gott – der freudetrunkene Léopold!

Sophie bleibt in einiger Entfernung wie gelähmt stehen. Ihre Ohren dröhnen, es schnürt ihr den Hals zu, sie friert mitten im August. Drei Wörter kreisen in ihrem Kopf herum: *diese Leute da …*

Noch nie hat Sophie Trébuchet sich so allein, so fehl am Platze gefühlt. In ihrer Hilflosigkeit und Unbeholfenheit scheuert sie nach Art der Fliegen mit der Sohle ihres rechten Schuhs an der linken Wade. Wie kindisch. Wie gerne sie weglaufen würde. Sie kann es aber nicht. *Diese Leute da …* Unter der weißen Gipüre ihres Kleides krampft sich ihr das Herz zusammen; mit soviel Liebe hat sie genäht und gebügelt, sie wollte die Schönste für Léopold Hugo sein. Sie schwankt zwischen Zorn und den dummen Tränen, die noch demütigender wären als ihr Anlaß. Schließlich überwiegt die Wut, aber eine neue, ihr unbekannte Wut, die dem brennenden Feuer der Eifersucht entspringt. Ihre Gefühle für Léopold sind überhaupt nicht mehr verworren. Sie haßt ihn. Oh, und wie sie ihn haßt! Wenn er doch nur auf der Stelle tot umfiele, sich vor ihren Füßen in einem Schmerz winden würde, der dem ihren gleicht. Da aber wird Léopold ihrer plötzlich gewahr, wird rot, schiebt das Mädchen mit dem bebenden Busen von seinen Knien, stürzt, die um ihn herumstehenden Leute anrempelnd, auf das Mädchen im weißen Kleid zu.

Sophie wartet nicht, bis er bei ihr ist. Ihre Lebensgeister sind wieder erwacht. Sie macht kehrt und rennt in die Nacht hinein. Sie hört Galopp hinter sich, und bald wird Léopold sie eingeholt haben. Die Straße ist dunkel und menschenleer, denn was nicht tanzt, ist zu dieser nächtlichen Stunde im Bett. Sie hört ihren Namen und den Galopp, der immer näherkommt. Eine Hand packt sie am Kleid; der Stoff zerreißt. Sie wird hochgehoben; mit allen Kräften schlägt sie um sich, um sich aus Léopolds Umarmung, in der sie zu ersticken droht, zu befreien.

Sophie tritt mit den Füßen, stemmt sich mit den Ellenbogen gegen die Brust des jungen Mannes, um ihn fernzuhalten. Noch glaubt er, alles sei Spiel und Sophies Widerstand lustig.

»Ha, endlich hab' ich dich!« ruft er.

»Lassen Sie mich los! Ich verabscheue Sie, ich verabscheue Sie!«

»Ich liebe dich aber.«

»Ich will Sie nie mehr sehen!«

»Du wirst mich immer sehen, kleines Dummerchen!«

Und er wagt das Unglaubliche: Er preßt seine Lippen auf Sophies Lippen und beginnt, sie langsam und geduldig zu verschlingen, öffnet nach und nach den widerspenstigen, kleinen Mund, die vor Stolz zusammengebissenen Zähne, bis seine Hartnäckigkeit schließlich siegt.

Dann läßt er Sophie wieder auf die Erde hinunter und gibt ihr, die ganz benommen und wütend ist, die Freiheit zurück.

Léopold lächelt.

»Ich liebe dich«, sagt er noch einmal. »Vergiß das nicht.«

»Sie stinken nach Wein und Hurenfleisch«, faucht Sophie. »Ekelhaft!«

*März 1798*

Die Bürgerin Hugo schaut durch das schmutzige Fenster des Gemeindehauses auf die Place de Grève. Der Regen fällt auf die dicken, schlammbedeckten Pflastersteine. Weiter unten sieht sie die Seine, über der tief und schwer der dunkle Himmel hängt. Flache Boote, Segelschiffe, Fähren und Kähne für den Personenverkehr gleiten aneinander vorbei wie auf einem chinesischen Fluß. Am sandigen Ufer ziehen sich schäbige, mit zerfetzten, alten Wandteppichen behängte Verkaufsstände hin, die einer

Menge geschäftiger Leute Schutz vor dem Regen bieten. Einer sieht zwielichtiger aus als der andere: betrunkene Soldaten, alle möglichen Händler, allerlei Gauner, die darauf aus sind, ein krummes Ding zu drehen, Lastträger und Fährleute, die sich zwischen dem Port au Blé und dem Port Saint-Paul hin und her bewegen.

Um die Buden herum irren magere Ziegen und Schweine, in der Hoffnung, etwas Eßbares zu finden. Weiter entfernt huschen Fußgänger auf der Suche nach einem Regendach dicht an den Häuserwänden entlang. Dort drüben bleiben die Karren im Verkehrsgewühl stecken, wobei es zu einem Auflauf von Pferdehändlern kommt, die jedesmal, wenn ein elegantes Gespann sie im Vorbeifahren mit Dreck bespritzt, ein lautes Gebrüll anheben. Kinder prügeln und wälzen sich im Dreck. Schreiend verfolgt ein Mann einen Übeltäter, der ihm offensichtlich gerade seine Geldbörse gestohlen hat.

Man könnte meinen, der Abschaum von Paris gibt sich ein Stelldichein auf diesem Platz. Vom ersten Augenblick an mochte Sophie ihn nicht, längst bevor sie die Schauergeschichten der Bürgerin Ménandier gehört hatte. Die Alte, die unten am Wasser einen Handel mit Äpfeln und Birnen betreibt und seit sechzig Jahren durch das Viertel geistert, hat manches gesehen. Haarsträubende Geschichten. Es wimmele auf diesem Richtplatz nur so von schmerzgepeinigten Gespenstern, sagt sie. Sie hat gesehen, wie die Brinvilliers und die Voisin geköpft wurden und sich in Rauch auflösten, wie Spitzbuben gehängt, Edelleute in Stücke gehackt, Verbrecher gevierteilt wurden. Sie hat Sophie die Stelle gezeigt, wo der Scheiterhaufen war, auf dem rückfällige Ketzer, Hexenmeister und Juden unter den Schmährufen der herbeigelaufenen Menge geröstet wurden.

»Du glaubst nicht, meine Liebe, wer da alles kam, die

Dächer waren schwarz von Menschen!« Manchmal wurden dem Verurteilten die Füße mit Speck eingerieben, damit sie schneller Feuer fingen. Oder er wurde mit Schwefel bestrichen. Ein anderes Mal wurde einem ein Säckchen mit Kanonenpulver um den Hals gebunden, so daß er in den Flammen explodierte. Bei der Erinnerung an die gute alte Zeit lächelt die zahnlose Alte. War das ein fröhliches Treiben, und wie gut die Geschäfte liefen. Aber ab 93 ging's dann bergab. Im November dieses Jahres hatte man den Reliquienschrein der Heiligen Genoveva aufgebrochen, Gebeine und Kleiderreste herausgerissen und ihre Asche in die Seine gestreut, da, meine Liebe, da ... Man wird ihr, der Frau Ménandier, nicht ausreden, daß das dem Platz Unglück gebracht hat. Das hätte nicht geschehen dürfen. Die Heilige hat Rache genommen, das steht fest, und das Elend ist zurückgekommen und ist größer denn je.

Obwohl Sophie dafür sorgt, daß den ganzen Tag über das Kaminfeuer brennt, wird ihr nicht warm. Die Feuchtigkeit, die vom Fluß heraufzieht und vom Himmel sinkt, dringt in das Mauerwerk, sickert an den Paneelen entlang, macht die Laken klamm, kriecht in die Knochen.

Doch wenn die junge Frau fröstelt, wenn sie ein Gesicht wie sieben Tage Regenwetter macht, so liegt das nicht wirklich an den Geistern der Gefolterten von der Place de Grève, auch nicht am Schlamm auf der Straße oder der Baufälligkeit des alten Palastes. Wenn sie zehnmal am Tag in Tränen ausbricht, so geschieht das aus dem Gefühl heraus, in eine Falle geraten zu sein, die über ihr zugeschnappt ist und aus der zu entrinnen es keine Hoffnung gibt.

Alles ist so schnell gegangen seit jenem Sommer 1795, seit jener Ballnacht, in der Léopold sie zum erstenmal küßte. An ihr wochenlanges Schmollen nach dem ersten

Kuß erinnert sie sich kaum noch. Sophie hatte sich darüber geärgert, daß Léopold, seit sie seine Liaison mit der Dirne Bouin entdeckt hatte, in ihren Gedanken einen solchen Raum einnahm: Sie zeigte ihm also die kalte Schulter, Léopold aber antwortete mit heiterer Gelassenheit. Keine Anspielung auf das, was sich bei jenem Tanzvergnügen ereignet hatte.

Er behandelte sie wie eine Schwester, so daß Sophie sich sogar gefragt hatte, ob der Kuß und Léopolds glühende Worte nicht vielleicht nur ein Traum gewesen waren.

Das Gemetzel in Le Petit-Auverné hatte in Châteaubriant für Aufsehen gesorgt. Der Ton zwischen Humbert und Muscar wurde schärfer, denn letzterer beabsichtigte, sich von den Plünderungen und Dienstvergehen des schändlichen Generals zu distanzieren. Obwohl Muscar sein Untergebener war, hatte er sich rundheraus geweigert, ihm Truppen zur Verfügung zu stellen und damit weitere Unterschlagungen zu unterstützen. Er hatte General Noël gegenüber, von dem er abhängig war, und sogar gegenüber Hoche, dem Oberkommandierenden, die Gründe für seine Weigerung in allen Einzelheiten darlegen müssen. Letzterer, der Humberts Machtmißbrauch mißbilligte, hatte dennoch keine Handhabe, ihn aus dem Dienst zu entfernen.

Die Beziehungen zwischen dem 8. Bataillon und seinem General waren so gespannt, daß Muscar und Hugo es sogar ablehnten, an dem von Hoche für Dezember geplanten Irlandfeldzug teilzunehmen, um sich nicht mehr unter Humberts Befehlsgewalt begeben zu müssen.

Da hatte das Direktorium auf Anraten von Hoche den Abzug des 8. Bataillons aus Châteaubriant befohlen. Es sollte seine Garnison im Lager von Grenelle in der Nähe von Paris einrichten, wo es für den Dienst in der Hauptstadt bereitzustehen hätte.

Als Sophie von Léopolds Abzug erfuhr, schwand der Groll, den sie gegen ihn hegte. Man sagte adieu und versprach, einander zu schreiben.

Kaum war Léopold fort, fehlte er ihr auch schon. Das stille Leben mit Tante Robin und Julie Péan, die beide alt wurden, hatte für die Fünfundzwanzigjährige etwas Bedrückendes.

Es gibt nichts Unsicheres und Unglücklicheres als ein hübsches Mädchen von fünfundzwanzig, das keinen Verehrer hat. Sophie bildete keine Ausnahme. Sie fand sich alt und kam sich vor wie die Salatköpfe, die ausschießen, hart werden und ausbleichen, wenn sich niemand um sie kümmert. Was nützt es, hübsch zu sein und eine gute Figur zu haben, wenn niemand davon profitieren will? Und schon fand Sophie sich häßlich. Und Léopold schrieb nicht. Er hatte sie sicher vergessen. Sie war für ihn nichts als ein Wetterleuchten in einer Ballnacht gewesen.

Im Herbst fuhr sie zur Weinlese auf das Gut ihres Großvaters Le Normand in Saint-Fiacre. Als sie zurückkam, waren die Blumen im Garten der Renaudière verblüht. Dann legten sich eisige Winternebel übers Moor, und alles Leben erlosch.

Eines Abends versammelten sich die Burschen der Gegend unter ihrem Fenster und brachten ihr ein Ständchen mit Katzenmusik. Am nächsten Morgen entdeckte sie über der Tür den traditionellen Weidenzweig, den böse Hände den Schönen, die sich nach einem Verehrer sehnen, ans Haus stecken. Wütend riß Sophie den mit Lampions, Zwiebeln, Porreestangen und Putzlappen bestückten Zweig herunter und brach in Tränen aus. Nun war sie also eine alte Jungfer. Und um sich in eine Eule zu verwandeln, brauchte sie nur noch zu sterben.

Tante Robin war Sophies Traurigkeit nicht entgangen, und sie hatte auch den Grund erraten. Sie hatte gesehen, wie blaß Sophie geworden war, als Jean-François Normand, ihr Spielgefährte von einst, eines Tages auf der Durchreise vorbeigekommen war und ihr Nachricht von Hauptmann Hugo gebracht hatte, mit dem er erst vor kurzem in Paris zusammengetroffen war.

Das 8. Niederrhein-Bataillon war mit den Resten anderer Regimenter zusammengelegt worden und bildete nun das 2. Bataillon des 20. Regiments. Muscar war nicht, wie erhofft, zum Oberst der neuen Einheit ernannt, sondern nach Ostende versetzt worden, wo er im Kampf gegen die Engländer zu Berühmtheit gelangte. Nun stand Hugo plötzlich alleine da, ohne seinen besten Freund und dessen mäßigende Ratschläge.

Jean-François Normand zufolge hatte der arme Hugo, als er nun sich selbst und seiner krankhaften Empfindlichkeit überlassen war, sofort die Dummheit begangen, sich mit einem elsässischen Bataillonsoffizier anzulegen. Und Jean-François machte Léopold nach, wie er darüber jammerte, jemanden ertragen zu müssen, den er als »einen Schurken beschrieb, einen, der nicht nur das Gefängnis, sondern den Tod verdient hat. Ein aschgraues Gesicht, von giftig galliger Farbe, eine besudelte Seele, ein Mann, der unglücklichen Freiwilligen die Kleider gestohlen hat, kurz, ein Monstrum, das ein heimlich dem Rhein entkrochenes Krokodil ausgespien haben muß, um dem ganzen Elsaß Schande zu machen.«

»Gottlob«, hatte Jean-François hinzugefügt, »lebt er mit einem anständigen Mädchen zusammen, das zwar das Schießpulver nicht erfunden hat, ihm aber treu ergeben ist und ihn, so gut es kann, davon abhält, Dummheiten zu machen.«

Man sah Sophie an, wie sehr sie getroffen war. Also

hatte Léopold diese üppige Kreatur, die er in jener Ballnacht vorgeführt hatte, in seinem Gepäck weiter mitgeschleppt. Das erklärte sein Schweigen.

»Der Hauptmann hat mich beauftragt, dich recht herzlich zu grüßen«, sagte Jean-François. »Du hast einen tiefen Eindruck auf ihn gemacht ...«

»Das ist mir herzlich egal«, unterbrach Sophie ihn schroff. »Ich habe mit diesem Dickwanst von einem Soldaten nichts zu schaffen, und ich habe nicht die Vorzüge einer Madame Bouin, um seine Leidenschaft zu stillen.«

Sprach's, stand auf und verließ, die Tür hinter sich zuknallend, das Zimmer.

»Wie launisch und seltsam sie ist«, sagte Jean-François verdutzt. »Da ist sie nun verärgert ...«

»Nein«, antwortete Madame Robin. »Eifersüchtig ist sie.«

Léopolds lautstarker Streit mit dem elsässischen Offizier war seinen Vorgesetzten derart auf die Nerven gegangen, daß sie ihn nach Paris abgeschoben hatten, um ihn ruhigzustellen, aber auch loszuwerden. So fand er sich dort im Range eines Hauptmanns als Berichterstatter an einem Kriegsgericht wieder. Im Mai 1797 war Hugo also ins Rathaus gezogen, das damals noch Gemeindehaus hieß. Man hatte ihm dort in den Nebengebäuden des Kriegsgerichts eine Dienstwohnung zugewiesen. Nach den Wahlen in jenem Jahr war Jean-François Normand, der zum Abgeordneten gewählt worden war, nach Paris gekommen, um das Departement Loire-Inférieure im Rat der Fünfhundert zu vertreten. Vor dem Fünfundzwanzigjährigen lag eine verheißungsvolle Karriere. Seine politische

Überzeugung war jedoch weniger eindeutig als sein Ehrgeiz, der von seiner wahrhaft genialen Befähigung zur Intrige getragen wurde. Jean-François hatte unter anderem eine Nase für alles, was in der Luft lag, sowie die Gabe, sich immer auf die richtige Seite zu schlagen. So war der ehemalige Legionskommandeur von Nantes, der junge glühende Sansculotte, im Jahre 93 Freund von Brutus Hugo und Muscar, im Jahre 97 zum Royalisten geworden, der jetzt einen exzellenten Vertreter der Bourbonen im Rat der Fünfhundert abgab. Sechs Monate später, während des September-Staatsstreiches, hängte er sein Mäntelchen abermals in den Wind, der diesmal aus einer anderen Richtung wehte, wobei Jean-François mit knapper Not den Säuberungen entging, was er wahrscheinlich der Protektion Léopold Hugos zu verdanken hatte. Statt ihn nach Guayana zu deportieren, legte man ihm nahe, nach Nantes zurückzukehren.

Er rechnete sich aus, daß es für ihn von Vorteil wäre, die Freundschaft mit Hugo aufrechtzuerhalten. Auch die mit Sophie Trébuchet, der er einst den Hof gemacht hatte und von der er wußte, daß sie mit gewissen Royalisten befreundet war. Jean-François Normand hatte die undeutliche Vorstellung, daß die Monarchie womöglich wiederhergestellt werden würde, in der er, wahrlich der Diener aller Herren, eine Rolle zu spielen hätte.

Tante Robins Bemerkungen hatten ihm klargemacht, welche Gefühle Sophie Hauptmann Hugo entgegenbrachte. Zum andern hatte er verstanden, daß Sophie Léopold nicht gleichgültig war, und er zerbrach sich nun den Kopf darüber, wie er die beiden, von denen er sich so manchen Nutzen versprach, einander näherbringen könnte. Sie würden ihm, dem Schmied ihres Glückes, zu Dank verpflichtet sein.

Sollte er Hugo berichten, was Sophie in einer Anwandlung von schlechter Laune gesagt hatte, als er in Châteaubriant war? Wenig später trennte sich Léopold von Louise Bouin, deren Benehmen in Anbetracht des Amtes, das er bekleidete, in der Tat allzu frei war. Jean-François hatte nichts Eiligeres zu tun, als in Châteaubriant davon Meldung zu machen.

Verleitete nun Jean-François Léopold dazu, die Verbindung zu Sophie wieder aufzunehmen, oder war es nach dem Bruch mit Louise die schwer erträgliche Einsamkeit, die ihm die junge Bretonin wieder in Erinnerung brachte? Léopold schrieb Sophie lange Briefe, in denen er von seinem neuen Leben erzählte. Am Kriegsgericht nicht ausgelastet, hatte er sich mit dem ihm eigenen Ungestüm auf die Politik geworfen. Er war dem Verfassungszirkel beigetreten, dessen Hohepriesterin Germaine de Staël war.

Endlos lange, immer gefühlvollere Briefe. Die räumliche Trennung tat beiden gut. Aus der Ferne nahm Sophie für Léopold die Gestalt einer Göttin an. Fern von ihm, vergaß Sophie, daß Léopold, dieser Ausbund an Vitalität, sie manchmal rasend gemacht hatte.

Die zärtlichen Worte, mit Tinte zu Papier gebracht, haben einen noch zärtlicheren Klang: »... meine Sophie von Châteaubriant ... deine Augen ... deine Hände ... deine niedlichen kleinen Füße ... geliebtes Wesen ...«

Sophie war weniger weitschweifig. Zum einen schrieb sie nicht gern. Und zum anderen über das, was sie im Innersten bewegte, schon gar nicht. Was die Regungen ihrer Seele und ihres Körpers betraf, war sie wenig mitteilsam. Léopolds Briefe erschreckten sie zwar ein wenig, mißfielen ihr aber nicht. So gut sie konnte, schrieb sie zurück, und ihre Antworten waren von einer rührenden Zurückhaltung. So redete sie sich langsam ein, daß sie in den jungen Hauptmann verliebt wäre. Sie konnte es ihm nicht so richtig sagen, aber häufig – in der Renaudière war es wieder Frühling geworden – träumte sie davon. Sie stellte sich vor, welches Leben sie haben könnte, wenn sie nur wollte. Sie hätte gerne Kinder, die sie auf natürliche Weise und nach den Prinzipien ihres geliebten Rousseau erziehen würde.

Und während sie auf Post wartete, las, stickte und arbeitete sie im Garten. Eines Tages schrieb sie mit ihrer kleinen bemühten Schrift die Übersetzung eines bretonischen Liedes ab, das sie in jenem Frühling sehr beschäftigte:

*Hör zu, Jungfrau, tu, was du tun sollst, und tu es gut:*
*Ich habe auf einer Weide eine junge, fröhliche Stute gesehen.*
*Sie hatte nur drei Dinge im Sinn: herumzutollen,*
*Zu grasen auf grüner Weide und ihren Durst am Bach zu stillen.*
*Tu, was du tun sollst, Jungfrau, und tu es gut!*
*Aber da kam ein junger Reiter des Wegs,*
*So schön von Gestalt, so lebhaft, seine Kleider glänzten von Gold und Silber.*
*Bei seinem Anblick blieb die Stute vor Staunen stehen,*
*Sie ist näher gekommen, sie hat ihren Hals durchs Gatter gestreckt,*
*Der Reiter hat sie gestreichelt, und ihre Köpfe neigten sich zueinander,*
*Und danach hat er sie geküßt, und dann hat er ihr Zügel angelegt und dann einen Gurt.*
*O weh, Jungfrau, tu, was du tun sollst, tu nur, was du sollst, und tu es gut.*

War sie sich sicher, daß Léopold derjenige war, von dem sie sich freudig ein Halfter würde anlegen lassen? Vielleicht.

»Komm nach Paris«, flehte der junge Hauptmann, »ich kann ohne dich nicht mehr leben.«

Und Sophie dachte auch an den Reiher aus der Fabel, der sich – Verachtung hin, Verachtung her – auf eine Schnecke stürzt, um nicht Hungers zu sterben. Die Zeit, die so schnell verging, und das Bild von der Rose, die nur einen Morgen lang blüht, erschreckten sie. Da sie in dem Alter war, in dem das Kind zur Frau wird, kam es ihr so vor, als hätte Ronsard seine Verse eigens für sie geschrieben. Sophie Trébuchet wollte leben, bevor sie »eine Alte wurde, die hinter dem Ofen hockt.«

»Komm nach Paris«, hatte Léopold geschrieben. Ein Zauberwort. Paris, murmelte Sophie, und die beiden Silben beflügelten ihre Phantasie. In der gleichen Weise wie zwei Jahrhunderte später New York eine unwiderstehliche Anziehungskraft auf die jungen Europäer ausüben sollte, war Paris von der Rue de Couëré in Châteaubriant oder sogar von Nantes aus gesehen ein Paradies. Aus den Erzählungen, die sie gehört, und den Beschreibungen, die sie gelesen hatte, setzte sich Sophie das Bild einer Stadt zusammen, in der das Vergnügen und die Annehmlichkeiten des Lebens beispiellos, die Frauen schön und die Männer galant waren; Paris, das war für Sophie Trébuchet ein endloser Ball vor einer Kulisse aus Marmor, Gold und plätschernden Brunnen. »Komm nach Paris ...« Sophie erinnerte sich an die leuchtenden Augen ihrer jungen und verrückten Tante Louise, als ihr Liebhaber Carrier ihr vorgeschlagen hatte, mit ihm in die Hauptstadt zu gehen. »Komm nach Paris ...« Kein Zweifel, das sind die ersten Liebesworte.

Aber warum mußte Tante Robin ihre Freude trüben?

»Komm nach Paris, komm nach Paris, das ist ja gut und

schön«, sagte die alte Dame, »aber dein Léopold hat nicht gesagt: Komm, heirate mich! Muß ich ihn denn daran erinnern, daß du Sophie Trébuchet heißt?«

»Ich kann ihn aber doch wirklich nicht bitten, mich zu heiraten!« ereiferte sich Sophie. »Im übrigen bin ich mir nicht so sicher, ob ich für die Ehe geschaffen bin«, hatte sie hinzugefügt und war rot geworden.

»Recht hast du«, sagte Tante Robin. »Laß mich nur machen.«

Sie bat Jean-François Normand zu sich und schloß sich lange mit ihm ein. Dann machte sie sich nach Nantes auf, um sich mit Sophies Großvater, der von der Aussicht auf eine solche Verbindung nicht entzückt war, zu beratschlagen. Gewiß, er war Hauptmann Hugo, von dessen Tapferkeit er gehört hatte, gelegentlich begegnet. Aber ein Soldat, der notgedrungen immer unterwegs war, seine Frau allein lassen oder sie von Garnison zu Garnison schleppen mußte, war das der Ehemann, den man sich für ein junges Mädchen, besonders für ein geistig so unabhängiges wie Sophie wünschte? Außerdem, wenn dieser junge Mann vermögend war, würde er mit einer Gattin ohne Mitgift zufrieden sein? Daß Léopold noch gar keinen Heiratsantrag gemacht hatte, erwähnte Tante Robin mit keinem Wort.

Schließlich setzte sie sich an ihren Schreibtisch, und zwei Wochen später war die Antwort in Châteaubriant. Sie hatte gute Arbeit geleistet: Léopold hielt nicht nur um Sophies Hand an und avisierte sein Kommen, sondern willigte auch in einen Ehevertrag auf der Grundlage der Errungenschaftsgemeinschaft ein, von dem man zumindest sagen mußte, daß er ihm keine Vorteile brachte.

Léopold brachte in der Tat die Hoffnung auf ein väterliches Erbe mit, das aus mindestens vier Häusern in Nancy bestand, die unter den Geschwistern aufzuteilen waren, und dazu die Aussicht auf eine glanzvolle militärische Zukunft, während Sophie praktisch nichts besaß. Ihr Vater hatte ihr nichts hinterlassen, und ihr Großvater Le Normand hatte mehr auf der Soll- als auf der Haben-Seite.

In dem Vertrag wurde festgesetzt, daß jede Seite ganz offiziell »Kleidung, Wäsche, persönliche Habe, Möbel und Bargeld, das aus Verdienst und Ersparnissen besteht, im Werte von sechshundert Livre« einzubringen hätte.

Tante Robin, die nie die Übersicht verlor, hatte zusätzlich gefordert, daß für den Fall eines plötzlichen Todes, mit dem ein Soldat jederzeit rechnen muß, Léopold seiner Frau ein Leibgedinge von vierhundert Livre und einen Vorzugsanteil in doppelter Höhe aussetzen solle. Schließlich machten die zukünftigen Eheleute einander für den Fall ihres Todes eine Schenkung des Vermögens, über das sie dem Gesetz nach verfügen durften.

Manchmal gerät das Leben aus unerfindlichen Gründen ins Stocken und bewegt sich so quälend langsam wie ein Postwagen, der von Schindmähren einen Weg hinaufgeschleppt wird. Und dann gehen plötzlich die Pferde durch, der Wagen rast ohne Halt an allen Poststationen vorbei und legt in Windeseile Meile um Meile zurück. Anderthalb Jahre später staunt Sophie noch immer über die Ereignisse jenes unruhigen Monats Brumaire im Jahre VI. Sie überstürzten sich derart, daß es ihr so vorkommt, als sei sie gar nicht dabeigewesen.

Am 3. November wird in Nantes das Aufgebot bestellt. In dieser Zeit schreiben sich die beiden Verlobten zwei stürmische Briefe, und es kommt zum Bruch. Doch noch einmal vermittelt Jean-François Normand; und am 12. heißt es: Leb wohl, Tante, leb wohl, Renaudière, leb wohl, Bretagne. Mitten in Paris steigt Sophie mit Koffern und dem Bruder Marie-Joseph aus der Postkutsche der Messagerie Longueville. Man mietet sich im Hotel Aux Enfants de Bretagne in der Rue Taranne ein.

Léopold Hugo eilt herbei, läuft vor Freude rot an. Er nimmt Sophie in die Arme, erstickt sie fast mit seinen Küssen, wirft sich ihr zu Füßen und vergräbt seine große Nase in ihrem Taftrock, während Jean-François Normand und Marie-Joseph Trébuchet sich zum Fenster wenden und diskret mit den Fingern gegen die Scheibe trommeln. Léopold ist so glücklich, endlich seine »Sophie de Châteaubriant« zu bekommen, daß er sie wieder und wieder befühlt, knetet, kitzelt, streichelt, liebkost, neckt, zerknautscht, betastet, bis ihr schließlich der Haarknoten vom Kopfe rutscht und ein Ohrgehänge abspringt. Im Überschwang seiner Gefühle fängt er zu stottern an, nennt sie seine kleine Frau, seine Göttin, sein Herz, und damit sie sich von »dem glühenden Feuer, das ihm im Herzen brennt«, überzeugen kann, greift er nach ihrer Hand und legt sie sich auf die Brust. Sophie verbrennt sich nicht die Hand, muß aber unweigerlich an jenen wilden Hund aus ihrer Kinderzeit denken, der in einem Anfall verliebter Raserei kläffend an ihr hochsprang, wenn sie nach Le Petit-Auverné kam, sich auf sie warf, sie beinahe umriß und ihr das Gesicht abschleckte, bis man ihm in strengem Ton befahl, seine Leidenschaft zu mäßigen und sich niederzulegen.

Drei Tage später, am 15. November – es ist Léopolds Geburtstag –, werden sie vom Standesbeamten des IX. Arrondissements im Quartier de La Fidélité getraut. Eine kirchliche Hochzeit findet nicht statt; die Kirchen sind geschlossen und die Priester verschwunden. Gewiß, mit ein wenig Mühe hätte man einen auftreiben können. Doch deswegen bringt sich Sophie nicht um und Léopold erst recht nicht. So fromm sind sie nicht.

Du mußt deinem Großvater schreiben«, hatte Léopold gesagt.

»Ich schreibe nicht gern«, erwidert Sophie. »Und außerdem mag ich meinen Großvater nicht. Ich habe ihm nichts zu sagen.«

»Sprich nicht so«, tadelt Léopold, »ich finde das traurig. Er ist immerhin dein Großvater, und er hat unserer Heirat zugestimmt.«

»Ich wäre auch ohne seine Zustimmung weggegangen. Ich bin volljährig.«

»Wie hart du bist!«

»Ich habe meine Gründe«, sagt Sophie. »Und warum sollte ich ihm schreiben? Du hast ihm doch gerade einen Brief geschickt und Marie-Joseph auch. Was soll ich da noch hinzufügen?«

»Der Anstand gebietet, daß du ihm schreibst. Er ist dein nächster Verwandter. Sagst du nicht ›Papa‹ zu ihm? Tu's mir zuliebe.«

Also hatte Sophie am 19. November 1797 in ihrer kleinen Schulmädchenschrift den Entwurf, für den sie zwei Stunden gebraucht hatte, noch einmal sorgfältig abgeschrieben. Und da sie mit den Regeln vertraut war, wurde es ein vorbildliches Exemplar seiner Gattung.

»Mein lieber Papa,
wie Ihnen mein Bruder und Hugo geschrieben haben, sind wir gut hier angekommen. Sie haben Ihnen ferner von meiner Hochzeit Mitteilung gemacht, und so bleibt mir nur, Ihnen zu versichern, daß das Glück unserer Ehe ein vollkommenes zu werden verspricht, da ich einen Gatten gefunden habe, der alle Eigenschaften eines allseitig gebildeten Mannes in sich vereint. Ich bin davon überzeugt, daß ich unendlich glücklich mit ihm sein werde. Seine Empfindsamkeit, die Zuneigung, die er seinen El-

tern und auch Ihnen schon entgegenbringt, sind mir Gewähr für seine Herzensgüte und die Beständigkeit seiner Gefühle für mich. Ihnen allein, lieber Papa, verdanke ich mein Glück; Ihre Zustimmung zu meiner Ehe mit meinem lieben Hugo hat das Maß Ihrer Wohltaten vollgemacht; dafür bin ich Ihnen zutiefst dankbar.«

Uff! Das wäre geschafft.

O Gott, wie anders hat sie sich Paris vorgestellt. Diese riesige, laute, hektische Stadt mit ihren Menschenmassen, ihrem nicht abreißenden Strom von Droschken, Kippkarren, Kaleschen, Kabrioletts, leichten vier- und zweirädrigen Wagen. Und der auch nachts nicht nachlassende Lärm, das Gebrüll, das Geschrei der Kräuter-, Obst-, Wasser-, Kleider-, Besen- und Sandverkäufer. Das Spektakel, wenn die Gespanne in den engen Straßen zusammenstoßen, aneinander hängenbleiben, sich zu einem unentwirrbaren Knäuel verkeilen, aus dem Flüche und Beschimpfungen zischen, während die Peitschen knallen.

Dieser Dreck, der bei Regen überall herausspritzt und zu tödlicher Glätte auf den gepflasterten Straßen führt. Die in Rinnsalen und Häuserecken vor sich hin faulenden Abfälle, dieser Verwesungs- und Uringestank, der beim ersten Sonnenstrahl ganz unerträglich wird. Und diese Fluten von Schmutzwasser, die aus den Höfen strömen, aus den Fenstern herunterplatschen, die Treppen herunterrinnen und aus den übervollen Straßengräben schwappen. Und dieses Gezänk und Palaver von Fenster zu Fenster. Und diese gehässigen Weiber, die sich um einen Kohlkopf oder einen Mann streiten, wobei sie sich mit kreischenden Stimmen hinreißende Schimpfworte an den Kopf werfen: Tripperflittchen! Kuttelschlappen! Hure! Niete! Scharteke! Pfaffenarschwisch! Klappergestell! Krebsgeschwür! Stinktier!

Und diese Leute, die sich zärtlich um den Hals fallen oder beinahe ungeniert die Kehle durchschneiden. Die ständig in den Straßen lauernden Gefahren, kaum daß es Nacht wird, die vorbeihuschenden teuflischen Schatten der Paletotmarder, Spitzbuben, Mörder und Monstren. Und die dunklen Schlupfwinkel, die schlecht beleuchteten Gassen, wo sich die Gendarmerie kaum hinwagt, und am Flußufer all das Rauben, Schänden, Massakrieren und Erdolchen. Morgens treiben auf der Seine Leichen vorbei. Und die rettungslos verlorenen, einsamen Kinder, die verdreckt, verrotzt, zerlumpt, ausgehungert, mit fiebrigen Augen wie wilde Katzen umherirren und sich bei der leisesten Annäherung aus dem Staub machen.

Sophie scheut sich, alleine aus dem Haus zu gehen. Sie hat Angst, sich in diesem riesigen Labyrinth zu verirren. Auch das Gewühl und der Dreck machen ihr Angst.

Das Gemeindehaus, in dem Léopold sie untergebracht hat, sieht kaum vertrauenerweckender aus. Alles ist kaputt und dreckig, feucht und ungepflegt. Die Revolution hat die Statuen, die die Nischen der Fassade schmückten, zertrümmert. Wandbehänge und Tapeten sind von den Wänden gerissen. Überall auf den Fluren, den Treppen und in den Salons verrotten Haufen mit Bauschutt und Abfällen. Die Türen der Salons sind aus den Angeln gehoben, und das Mobiliar liegt zertrümmert herum und verfault langsam.

Abends macht sich unheimliches Gelichter im Erdgeschoß breit. Man schmiedet Komplotte, diskutiert, spielt und trinkt. Lallende Stimmen dringen durch die Nacht, Geschrei, Gelächter, lärmende Verfolgungsjagden hallen durch die Gewölbe des alten Palastes, um dessen Würde sich niemand schert.

»Geh nie allein aus dem Haus!« hat Léopold dringend empfohlen.

In der Abenddämmerung, die nichts Gutes verheißt, begibt sich Sophie nicht in Gefahr. Selbst am hellichten Tag hat sie lange gebraucht, bis sie sich auf die Straßen in ihrer unmittelbaren Umgebung getraut und das Nötigste für die Mahlzeiten eingekauft hat, die sie eigenhändig in einer winzigen Küche auf einem Kohlefeuer zubereitet.

Die junge Frau, die an die geräumige Renaudière gewöhnt ist, erstickt in dieser engen Wohnung. Léopolds Sold reicht gerade zum Leben, und das Leben ist sehr teuer hier. Für den frisch gegründeten Haushalt konnte Sophie nicht kaufen, was sie wollte. Auch reicht es nicht, um ihre Garderobe, an der man die mittellose Provinzlerin von weitem erkennt, aufzufrischen.

Hauptmann Hugo, der als fröhlicher Junggeselle ein unstetes Leben geführt hatte, besaß weder Wäsche noch Geschirr, und daß man so etwas brauchen könnte, wäre ihm vor seiner Eheschließung nicht eingefallen.

Nach ihrer Hochzeit hat Sophie ihren Großvater Le Normand gebeten, ihr Bettwäsche für zwei Personen zu schicken, zwei oder drei Tischdecken und ein paar Servietten aus der Aussteuer ihrer Mutter, natürlich mit der Zusicherung, dies ihren Schwestern gegenüber zu berücksichtigen, wenn es zur Aufteilung des Nachlasses käme.

Léopold ist liebenswürdig, überhäuft sie mit Zärtlichkeiten und Komplimenten, und in seiner Sorglosigkeit gibt der junge Ehemann sich mit einem mehr als bescheidenen Leben zufrieden. »Das Geld«, sagt er, »ist nur die Seele des Krieges! Hab ich genug, um in Frieden zu leben, so will ich wohl ohne Schulden und Sorgen meine Tage verbringen!« Doch was hilft's, Sophies Gemüt verfinstert sich zusehends. Sie mag sich noch so oft sagen, daß sie geliebt wird und glücklich ist: Ein Windstoß, der die Blätter der Bäume bewegt, das Segel eines auf dem Fluß vorübergleitenden Bootes, eine vorbeischlendernde Blumenverkäuferin genügen, um in ihrem Herzen die Erinnerung an die Renaudière zu wecken. Dann weint Sophie über ihren verlorenen Garten und träumt davon, in die Bretagne zu fliehen, ohne die sie glaubt, nicht leben zu können.

An diesem Märztag des Jahres 1798 fühlt sich Sophie hinter den schmutzigen Fensterscheiben des Gemeindehauses so hilflos, daß sie sich fragt, ob die Ursache dafür nicht in ihrem Zustand liegt, ob die düstere Stimmung, in die sie immer mehr versinkt, nicht das Los aller jungen Frauen ist, die im Begriff sind, eine Familie zu gründen. Vielleicht gehören auch die Übelkeit dazu, die ihr den Magen umdreht, dieses unbezähmbare Schlafbedürfnis, das sie mitten am Tag aufs Lager wirft, oder die unüberwindliche Abneigung gegen Bücher, die sie sonst so sehr liebte. Ja, das ist sicher der Grund für ihre Niedergeschlagenheit.

Sie erinnert sich jetzt daran, wie einmal jemand zu Julie Péan gesagt hat, daß schwangere Frauen manchmal so einer Art Wahnsinn verfallen, der nach der Niederkunft wieder verschwindet. Ja, das erklärt, warum sie so empfindlich und nervös ist, warum der Kopf von Mademoiselle de la Biliais wieder so wütend durch ihre Alpträume wirbelt, warum ihr Léopolds Fürsorglichkeit so auf die Nerven geht, was eigentlich ungerecht ist, behandelt er sie doch wie ein rohes Ei und liest ihr jeden Wunsch von den Augen ab, seit er weiß, daß sie schwanger ist. Das erklärt auch, warum der werdende Vater – er liegt ihr ständig in den Ohren mit dem *Sohn,* den sie unter ihrem Herzen trägt – sie mit seiner ganzen Begeisterung kaltläßt.

Denn Léopold ist überzeugt, daß Sophie einen Sohn unter ihrem Herzen trägt. Kann er, der tapfere und mit Manneskraft gesegnete Brutus, etwas anderes als einen Mann nach seinem Ebenbild gezeugt haben?

Und Sophie, der das Geschlecht ihres Kindes gleichgültig ist, hofft insgeheim, daß es ein Mädchen werden möge, und sei's nur, um dem Hauptmann eins auszuwischen.

Dennoch ist sie froh, wenn ihr warmherziger und überschwenglicher Léopold abends nach Hause kommt. Zum Abendessen, das schnell zubereitet ist, sind Pierre Foucher und seine Frau Anne-Victoire zu Gast.

Pierre Foucher ist Léopolds Gerichtsschreiber. Mit seinen sechsundzwanzig Jahren ist er gerade so alt wie Sophie; er ist wie sie in Nantes geboren und wie sie sehr früh verwaist. Ein Onkel, Chorherr in der Kathedrale Saint-Pierre, nimmt sich der Waise an. Zwar hat Pierre Sophie in Nantes nie gesehen, kennt aber ihren Großvater Le Normand sehr gut, dem er zuweilen bei seinem Onkel begegnet ist.

Man kann nicht gerade sagen, daß Pierre Foucher ein Ausbund an Fröhlichkeit ist. Der Zögling von Chorherren und später von Oratorianern ist ein höflicher, adretter, ein wenig ängstlicher junger Mann und ein sehr gewissenhafter Beamter. Dank seiner Erziehung hat er etwas von einem Geistlichen an sich. Sein Freund Jean-François Normand, der ebenfalls aus Nantes kommt und dem Fouchers Gespreiztheit auf die Nerven geht, nennt ihn hinter seinem Rücken »Pfaffe«.

Léopold hält große Stücke auf seinen Untergebenen,

mit dem er leichtes Spiel hat. Nur eines trennt sie: die Politik. Léopold ist Republikaner und Pierre Royalist. Da aber keiner von beiden zum Fanatismus neigt, gehen sie Diskussionen aus dem Wege.

Als Pierre Foucher vor sechs Monaten Anne-Victoire Asseline geehelicht hat, bat er seinen Vorgesetzten, Trauzeuge zu sein. Das Abendessen im Rathaus ging seinem Ende entgegen, als Léopold, schon ein wenig beschwipst, aufstand und einen Toast auf das Glück des jungen Paares ausbrachte.

»Daß es ja ein Mädchen wird«, hat er gesagt, »meins wird ein Junge, und dann verheiraten wir die beiden!«

Daß sie nun in den Stand der Ehe getreten ist, ändert nichts daran, daß die erst neunzehnjährige Anne-Victoire Foucher noch immer wie ein schüchternes kleines Mädchen aussieht. Nett ist sie, ein wenig unbeholfen und schreckhaft, und für Sophie Hugo, die sieben Jahre Ältere, deren Autorität und überraschende Einfälle sie beeindrucken, vergeht sie vor Bewunderung. Sophie, die sie »die kleine Asseline« nennt, drangsaliert sie ein wenig, geht aber häufig auf einen Schwatz zu ihr, bringt ihr Sticken und Kochen bei und erzählt ihr haarsträubende Geschichten, die Anne-Victoire staunend für bare Münze nimmt.

Sie blättern zusammen im *Journal für Damen und Mode*, suchen sich Modelle für Kleider aus, die sie sich selbst nähen, und kommentieren die unzähligen Verrücktheiten der jungen Frauen, die in Paris den Ton angeben. Die Bürgerin Joséphine Bonaparte und ihre Freundin Thérézia Cabarrus, Frau von Tallien und Geliebte des Bürgers Barras, wissen nicht, was sie noch alles erfinden sollen, um auf sich aufmerksam zu machen. Als pompejische Kurtisanen verkleidet, promenieren sie in langen, fließenden, durchsichtigen Gewändern, mit Kothurnen an den Füßen, Reifen an den Fußgelenken, Ringen an den Zehen und ganz unwahrscheinlichen blonden Perücken auf dem Kopf. Besonders Thérézia ist außer Rand und Band. Ihre Schönheit hat ihr von ihren Freunden den Titel »Königin der Merveilleuses« eingebracht, und »Unsere Liebe Frau des Thermidor« nennen sie die, die sie weniger mögen. Was die Dritte im Bunde, die Bürgerin Hamelin, Frau des Bankiers, betrifft, so hat sie die Extravaganz auf die Spitze getrieben, als sie MIT ENTBLÖSSTER BRUST vom Luxembourg-Palast bis zu den Champs-Elysées stolzierte!

Diese Tollheiten bringen Léopolds Blut so in Wallung, daß er seufzend bedauert, bei dem Spektakel nicht dabei gewesen zu sein. Im übrigen mag er die Bürgerin Bonaparte überhaupt nicht. Diese verdammte Kreolin übertreibt. Was für eine Frivolität! Wie schamlos sie mit ihren Liebhabern prahlt! Nein, so benimmt man sich nicht als Frau eines Generals. Im Mai 96 rauschte es nur so von Joséphines Perücken im Pariser Gazettenwald, während ihr bedauernswerter Ehemann auf der Brücke von Lodi dem Tode trotzte.

»Das wird ein böses Ende nehmen«, meint Léopold.

Foucher hat kein Wort über all diese Schändlichkeiten verloren. Der Gerichtsschreiber sieht es nicht gern, wenn in Gegenwart seiner prüden Anne-Victoire derlei Geschichten erzählt werden. Er hat nichts gesagt, sondern nur die Lippen zusammengepreßt, und jeder konnte ihm ansehen, daß er, wäre es nach ihm gegangen, Joséphine und all diese Schamlosen in einem Meer von Weihwasser ertränkt hätte.

Mit Pierre Foucher findet Sophie Nantes wieder, atmet sie wieder heimatliche Luft. Auch wenn sie einander früher nie begegnet sind, haben sie doch eines gemeinsam: die Schauplätze ihrer Kindheit und die Gefühle, die beim Klang eines Straßennamens, in der Erinnerung an ein Ereignis oder an diesen oder jenen Menschen in Nantes auf einmal wieder da sind. Als ahnte sie, daß sie nie wieder in das Land zurückkehren wird, das sie mit allen Fasern ihres Herzens liebt, wird Sophies Sehnsucht aus den Gesprächen mit Foucher genährt. Und gesellt sich noch Jean-François Normand zu ihnen, verzichtet Léopold darauf, sich in dieses Trio einzumischen, das er scherzhaft »Verschwörung der Bretonen« nennt.

In Wirklichkeit findet Sophie Jean-François unterhaltsamer als Pierre Foucher. Und wenn sie manchmal auch so tut, als schockiere sie das zügellose Leben ihres ehemaligen Verehrers, läßt sie sich doch gerne ins Vertrauen ziehen, wenn es um seine ebenso zahlreichen wie kurzlebigen Liebschaften geht. Daß Jean-François, der in Nantes verheiratet und schon Vater zahlreicher Kinder ist, in Paris ein lustiges Leben führt, ist das mindeste, was zu sagen wäre. Der junge Geck hat mehrere Liebschaften gleichzeitig. Nie weiß man, welche gerade die Auserwählte ist. Er eilt von einem Bett zum anderen, von einem Salon zu einer Herberge, von einem Ball zu einer Spazierfahrt und setzt seine Mätressen, ein wenig wie ein Zuhälter, je nach Bedarf für seine gesellschaftlichen oder politischen Ambitionen und Machenschaften ein. Und Sophie wundert sich immer, wie der junge Abgeordnete sich zwischen all den Victorines, Charlottes, Angéliques, Blanches und Rosalies zurechtfindet, mit denen er sein Spiel treibt, ohne dabei jedoch allzu viele Federn zu lassen.

Léopold ist so sehr in seine junge Frau – »meine Gemahlin«, wie er sagt – verliebt, daß seine Leidenschaft ihre ganze Familie mit einschließt, von der er allerdings nur Tante Robin kennt. Er fühlt sich auch als Marie-Joseph Trébuchets großer Bruder und tut sein möglichstes, dem jungen Mann behilflich zu sein, gibt ihm Ratschläge, verhilft ihm in Paris zu einer Beschäftigung.

Im Gegensatz zu Sophie, die ungern Briefe verfaßt, fällt Léopold das Schreiben leicht, und es vergeht keine Woche, in der er nicht Sophies Großvater, ihren Tanten und Cousins liebevolle Briefe nach Nantes schickt. Am liebsten würde er sie alle kennenlernen.

Sie nehmen sich vor, sie zu besuchen, wenn Sophie erst einmal entbunden hat. Weihnachten, zum Beispiel. Aber ist das vernünftig? Im Frühjahr 1798 kommen dem werdenden Vater plötzlich Bedenken, und er schreibt seinem Schwager:

»Es ist mein sehnlichster, mein allersehnlichster Wunsch, Sie zu besuchen, und daran hat sich nichts geändert, nach reiflicher Überlegung frage ich mich jedoch, ob das kleine Wesen eine so lange Reise wird durchstehen können. Ich denke, ja. Um aber beurteilen zu können, ob eine solche Reise vernünftig ist, muß man erst einmal sehen, wie kräftig es ist. Denn Sie werden nicht daran zweifeln, mein lieber Bruder, daß Sophie als Mutter ganz für ihr Kind da sein möchte, daß sie es nicht von einer Fremden stillen lassen will, bevor sie nicht versucht hat, ihm selbst die Brust zu geben. Sie möchte deshalb ihr Baby selbst nähren, weil in seinen Adern nur das Blut der Familie fließen soll, die Quelle aller Gewohnheiten und oftmals der Wegweiser im Leben. Als Kind anständiger Leute soll es ihre Grundsätze übernehmen, und aus der Brust seiner Mutter wird es keines der Laster saugen, die so viele Menschen in unserer Gesellschaft ins Verderben stürzen. Und was Sophie angeht, so gehorcht sie ganz der Natur, indem sie sich zur Aufgabe macht, ihr Kind zu nähren ...«

Der Natur gehorchen ... darin weiß sich Sophie mit Léopold einig und natürlich mit ihrem geliebten Rousseau, dessen *Emile* das einzige Buch ist, das ihr im Augenblick nicht zuwider ist. Sie wird, wenn sie kann, ihrem Baby die Brust geben, es häufig waschen und an das kalte Wasser gewöhnen, nicht bei jedem Mucks schaukeln und nicht zu fest wickeln, ganz so, wie es im ersten Kapitel steht.

»Und ich lasse ihn meinen Säbel anfassen«, sagt Léopold, »und einen Pistolenschuß hören, damit er keine Angst davor hat.«

»Ah, weil du sicher bist, daß es ein Junge wird?«

»Na klar«, sagt Léopold, »was denn sonst?«

Ist Léopold etwa Hellseher?

Das Kind, das Sophie erwartete, war nicht nur ein Junge, sondern es wurde auch am 15. November 1798, dem Geburtstag seines Vaters, geboren. Ein echter Hugo mit einer sehr klangvollen Stimme. Ein stämmiger, praller Säugling mit festem Fleisch. Eines von jenen Babys, nach deren Geburt man weiß, was man getan hat.

Sophie, die sich mit der Absicht getragen hatte, viele Kinder zu bekommen, schwört fürs erste, ihr werde das nicht noch einmal passieren. Das Gelöbnis einer jungen Wöchnerin: Vierzehn Monate später wird sie wieder schwanger sein.

Im Augenblick wieselt Léopold freudetrunken ständig um Mutter und Kind herum. Er weint vor Glück und verkündet lauthals seine Vaterschaft. Als sei er der erste Mann, der je ein Kind gezeugt hat.

Die Vaterfreuden haben ihn jedoch nicht ruhiger gemacht. Immer noch streitet er sich mit jedem um nichts und wieder nichts. Bei Sophie heult er sich zu Hause dann aus. Man hat ihm dies oder das angetan, man ist ihm böse, man sieht ihn scheel an, er fühlt sich als Opfer finsterer Verleumdungen. Der Hauptmann leidet unter Verfolgungswahn. Er erfindet immer neue Verschwörungen, die sich gegen ihn richten, ausgerechnet er, der seinen ganzen Ehrgeiz daransetzt, sich bei seinen Vorgesetzten beliebt zu machen. Mutig auf dem Schlachtfeld, hat dieser Soldat in Friedenszeiten Angst vor seinem eigenen Schatten. Sophie sagt es ihm ins Gesicht. Sie drückt ihm Abel an die Brust, denn sie weiß, daß nur das Baby das dicke, pausbäckige Gesicht ihres Ehemanns wirklich zum Strahlen bringt.

Im Februar 99 tritt die Seine über die Ufer. Die Place de Grève und die angrenzenden Straßen stehen vier Fuß unter Wasser. Zwei Wochen lang kann man sich nur per Boot fortbewegen. Und da man manchmal sehr lange auf ein solches warten muß, wird jeder Einkauf zu einer Expedition. Ein gräßlicher Modergeruch kriecht an den Häuserwänden hoch. Im Erdgeschoß stehen die Gebäude unter Wasser, und sogar im ersten Stock fühlt sich alles feucht an. Sophie, die eine häßliche Erkältung nicht los wird, hustet, daß es ihr fast das Mieder zerreißt.

Diesmal reicht's. Sie kann nicht mehr. Immer muß sie an Châteaubriant denken. Immer wieder fängt sie von der Renaudière an, und ihre Sehnsucht macht ein Schloß daraus, in dem Milch und Honig fließen. Sie ist übelster Laune. Oder sie versinkt in einem Meer von Traurigkeit, aus dem weder Abels vergnügtes Gesicht noch Léopolds Zärtlichkeiten sie herausholen können. Sie hat nur noch eins im Sinn: weg.

Eines Abends kommt Léopold vergnügt nach Hause: »Du willst hier weg? Wir gehen weg«, sagt er, »freu dich.«

Er habe seinen Posten beim Kriegsgericht aufgegeben und werde in den aktiven Dienst zurückkehren. Uff. Schluß mit dem Papierkrieg und dem Büroleben. Ein Soldat taugt nicht zum Beamten, nicht wahr?

Sophie nimmt diese Nachricht mit recht gemischten Gefühlen auf. Sie traut ihrem Léopold nicht über den Weg. Sie kennt ihn. Wie hatte er sich gefreut, als er diesen Posten bekam. Warum jetzt dieser plötzliche Entschluß? Eine Beförderung ist damit nicht verbunden, und die Rückkehr ins aktive Leben wird Hauptmann Hugo die jährliche Zulage von zweitausend Franc kosten. Léopolds Freude ist nicht echt. Sophie findet, daß er wie ein Hund aussieht, der einen Schinken gestohlen hat.

»Ah«, sagt sie, »du hast dich wieder mit jemandem gestritten ...«

»Aber nein, aber nein«, erwidert Léopold. »Wenn alles so klappt, wie ich mir das vorstelle, ziehen wir nach Courbevoie aufs Land. Du bekommst einen Garten. Ich habe dann viel mehr Freizeit, kann wieder zeichnen, Deutsch lernen und musizieren. Ich werde häufiger bei dir sein. Abel tollt auf dem Rasen herum. Ah! meine Sophie, wie schön wird das Leben sein! Des Morgens werfe ich mit leichten Strichen eine Landschaft aufs Papier, den Tag über mache ich meine Deutschaufgaben, abends erfreue ich dich mit einer Flötenmelodie ...«

In Wirklichkeit wird Hauptmann Hugo ab März zur Militärakademie in Paris versetzt. Diesmal ist an der Dienstwohnung nichts auszusetzen.

Und dann liegt die Akademie so gut wie auf dem Lande. Es ist Frühling, und die Hyazinthen und Himmelsschlüssel blühen auf den Abhängen von Grenelle. Auf ihren Spaziergängen mit dem kleinen Abel findet Sophie die Gerüche ihrer Renaudière wieder, und Abel entdeckt in der Nähe des Dorfes Le Gros-Caillou die Kühe und Ziegen auf den Weiden.

Sehr zur Freude seines Vaters ist das Baby für seine fünf Monate schon gut entwickelt. Wenn die Soldaten auf dem Champ-de-Mars exerzieren und er Trommelwirbel und Marschmusik hört, beginnt ihr Sohn auf Sophies Arm zu zappeln, streckt die Ärmchen aus und will zum Fenster getragen werden, von wo aus er die Gespanne der leichten Artillerie sehen kann, die im Galopp die Kanonen hinter sich herziehen. Für Léopold ist das natürlich das untrügliche Zeichen einer Berufung.

Obwohl Sophie nur in ein Viertel auf der anderen Seite der Seine umgezogen ist, ist ihr zumute, als wäre sie in einer anderen Stadt, als hätte sie ein neues Leben begonnen. Auf der Straße hat sie jetzt keine Angst mehr. Manchmal schlendert sie unter dem Vorwand, eine Flasche Eau de Ninon oder eine Unze Rosenöl zu kaufen, ganz allein bis zum Faubourg Saint-Honoré. Sophie schwärmt für diese Prachtstraße, in der Schneiderinnen, Juweliere, Hutmacherinnen und Parfümhersteller versammelt sind. Viel kann sie dort nicht kaufen, denn Léopolds Sold reicht gerade für den Lebensunterhalt seiner Familie, außerdem neigt sie nicht zur Verschwendung, doch der Anblick schöner Dinge macht ihr Freude. Auf dem Rückweg zur Militärakademie träumt sie von einem Mieder aus blauer Pekingseide über einem Rock aus feinem weißen Leinen oder von einem Pierrotkostüm aus rosafarbenem Taft mit Ärmeln aus weißer Gaze. Sie wird mit Anne-Victoire zusammen schon Mittel und Wege finden, sich an einem der nächsten Vormittage so etwas zurechtzuschneidern.

Léopold hat im Augenblick weniger zu tun als am Kriegsgericht und genießt die Freuden, die ein Mann seines Alter so hat. Fast jeden Abend geben sie Abel bei einer Wärterin in Verwahrung und gehen in die Stadt, um die pausenlose Vorstellung mit anzusehen, die Paris in diesem Frühjahr des Jahres 1799 auf seinen Straßen gibt. Sophie geht dicht an Léopold gedrängt durch die fröhliche, ausgelassene, oft auch bedrohlich wirkende Menge im Palais-Royal, einem Ort, wo jeder auf seine Kosten kommt, wo vor aller Augen und im verborgenen höchst seltsame Geschäfte abgeschlossen werden. Wenn das Lied recht hat, in dem es heißt, daß »alle jungen Mädchen dort im heiratsfähigen Alter sind«, so wandeln die meisten, denen man hier begegnet, nicht auf dem Pfad der Tugend.

Léopold und Sophie essen auf gut Glück in einem der zahllosen Restaurants, die in letzter Zeit wie Pilze aus dem Boden geschossen sind. Das Spiel besteht darin, für möglichst wenig Geld möglichst gut zu essen. Hier sechsundzwanzig Sou für eine Mahlzeit zu festem Preis und zehn Sou für den Wein. Dort ein Menü, das so recht nach dem Geschmack eines Pantagruel gewesen wäre, für ein paar Francs.

Die Hauptsache ist, man sitzt in einem Straßencafé und schaut, solange man zum Beispiel bei Garchy ein Vanilleeis schleckt oder im Cadran Bleu an einem Kirschwasser nippt, dem närrischen Treiben der Pariser zu, die einander, so scheint es, mit verblüffenden Einfällen überbieten wollen. Da sind »Nacktheiten in Gaze« zu sehen, die es darauf ankommen lassen, sich in der kühlen Abendluft eine schwere Bronchitis zu holen; Diana, Flora, Minerva, Ceres defilieren vorbei, gar nicht zu reden von denen, die sich kurz entschlossen als pompejische Prostituierte zurechtmachen, mit kurzgeschnittenem und gelocktem Naturhaar.

Da sind die jungen Stutzer des Boulevard de Coblence, die Jeunesse dorée der royalistischen Opposition, mit ihrem gepuderten, offen getragenen oder zu einem Seitenzopf geflochtenen Haar und ihren riesigen Krawatten, in denen ihr Kinn ganz verschwindet. Diese Jungen finden es schick, ungepflegt, mit zerknitterten Kleidern, einem Buckel, krummen Beinen und einer Brille auf der Nase herumzulaufen. Im Bestreben aufzufallen, kommen sie mit einer seltsamen Affektiertheit und Geziertheit daher, lispeln und verschlucken absichtlich das R. »Wir sind die *Inc'oyables.*« Sie schreien: »K-ieg den Te-o-isten!« und erschlagen so eben mal im Vorübergehen mit bleibewehrten Knüppeln, die sie in der Hand halten und »mein ausführendes Organ« nennen, irgendwelche versprengten Jakobiner.

In diesem Paris, das keinen Schlaf kennt, ist immer etwas los. Hier bilden sich Trauben um einen Schwertschlucker oder Bärenführer. Dort ist eine Prügelei im Gange. Ein wenig weiter hinten wird mit sehr hohem Einsatz gespielt. Überall wird getanzt. Man schwingt wie wild das Tanzbein in Salons, kleinen Waldstücken, ehemaligen Klöstern und sogar auf Friedhöfen. Mehr als sechshundert Tanzveranstaltungen gibt es in Paris, für jeden Geschmack und jede Geldbörse. Billiges Vergnügen in mit Lampions geschmückten Ausflugslokalen entlang der Seine, Tanz in Montparnasse, Clichy, Montmartre, piekfeiner Ball im Hotel Richelieu, Totentanz im Faubourg Saint-Germain, wo die blassen jungen Mädchen der dezimierten Aristokratie zum Ball der Opfer gehen; sie haben ausrasierte Nacken, so als habe der Henker sie gerade geschoren, und um den Hals, den sie vorstrecken, als wollten sie ihn gleich unter das Fallbeil legen, tragen sie ein schmales, rotes Band.

Ein neuer Tanz läuft Kontertanz, Quadrille, Gavotte den Rang ab: Es ist der aus Deutschland kommende Walzer, den man schon »la valse« zu nennen beginnt, bei dem sich Musselinkleider und Köpfe im Kreis drehen, ein graziöser und perfider Tanz, der die Körper paarweise zusammenführt, ein Alibitanz, der erlaubt, den Gegenstand seiner Zuneigung fest an sich zu drücken.

*Klagend spielt endlich das Orchester eine matte Kadenz.*
*Man wartete auf den Walzer, und der Walzer setzt ein.*

Sophie stützt sich auf den Arm ihres Ehemanns und übt eifrig die neuen Schritte. Doch Léopold gibt sehr schnell auf. Ihm wird vom Walzertanzen schwindlig. Da wirft sie sich lachend in die Arme von Jean-François Normand, der im Gegensatz zu Léopold Walzer tanzt, als hätte er in seinem Leben nie etwas anderes getan. Mit einer unglaublichen Leichtigkeit, dieser »dicke Hansdampf in allen Gassen«. Er schlingt seinen Arm um Sophies schlanke Taille und wirbelt mit ihr davon.

»Sei locker«, sagt er, »laß dich führen, ja so ... Eins, zwei, drei ... eins, zwei, drei ... Sehr gut.«

Um Sophie drehen sich die Lichter, die Farben, Léopolds Gesicht, der sie lachen sieht und auch lacht.

In dieser vergnügungssüchtigen Stadt, die zu jeder Tageszeit und an jeder Ecke eine Überraschung bereithält, lernt sie auch, aus sich herauszugehen und sich führen zu lassen. Normand ist dem Paar Hugo ein unschätzbarer Begleiter. Er weiß alles, sieht alles, kennt jeden, geht bei allen ein und aus. Und da ihn seine schönen Freundinnen, deren Zahl ins Unermeßliche steigt, auf dem laufenden halten, setzt er wiederum Sophie und Léopold über das galante Paris ins Bild. Paris ist in dieser aus den Fugen geratenen Gesellschaft der Nachrevolutionszeit weiß Gott galant. Überall, auf der obersten wie auf der untersten Stufe der Gesellschaft, regiert die allergrößte

Zügellosigkeit, herrscht ein hoffnungsloses Durcheinander.

Neureiche, Frauen zweifelhafter Herkunft und in Not und Elend geratene Träger großer Namen, ehemalige Priester, die in der Politik einen neuen Anfang suchen, Börsenspekulanten, Verschwörer aller Schattierungen, Sklaven, die zu Anhängern der Sklaverei geworden sind, oder Lakaien, die es zum Marquis gebracht haben. Jetzt, da diese Schreckensherrschaft, dieser Alptraum zu Ende geht, ist man in dieser kleinen Welt ruhelos unterwegs, will in Saus und Braus leben, giert nach Vergnügen und Genuß jeglicher Art.

Bevor Sophie nach Paris kam, hatte Léopold mit der Politik geliebäugelt und Beziehungen geknüpft, indem er dem von Germaine de Staël geführten Verfassungszirkel beigetreten war.

Im Frühjahr 99 führt unser Hauptmann seine hübsche Frau voll Stolz in die Gesellschaft ein. In der Stadt finden zahlreiche Diners statt. Léopold und Sophie werden sogar nach Chaillot eingeladen, in die luxuriöse, rustikale Behausung, die der Bürgerin Tallien, der Geliebten von Barras, als Landhaus dient.

Thérézia ist nicht mehr so populär, wie sie es einmal war. Man mißbilligt ihren Luxus und ihre Überspanntheiten. Da sie in der Mode tonangebend ist, machen einige Leute sie für die Schamlosigkeit des schönen Geschlechts verantwortlich. Die Frauen ihrerseits neiden Thérézia ihre strahlende Erscheinung. Viele, die sich eilfertig zu den Einladungen der Bürgerin Tallien drängen, ergötzen sich am nächsten Morgen an einem Pamphlet, das in Paris die Runde macht und ihr übel mitspielt: »Brief des Teufels an die größte N... von Paris«.

Ein unvergeßlicher Abend für Sophie. Ganz eingeschüchtert war sie von der Schönheit und Eleganz dieser jungen Frauen; sie sind so alt wie sie, diese Thérézia und ihre Freundin Jeanne Récamier. Joséphine Bonaparte ist zwar älter als diese beiden, aber so ausgelassen, als hätte sie den Teufel im Leib.

An jenem Abend sah sie ihn mit eigenen Augen und hörte ihn, den Sänger Garat, den schönen Garat, den Liebhaber der Dugazon, nach dem aber alle Frauen verrückt sind, sobald er den Mund aufmacht und eine Romanze singt. Dieser Geck, sehr in Mode und allzu sehr von sich eingenommen (Bei meine' Eh'e, meine F'eude ist all zu 'ein, als daß ich könnt ein Ste'bliche' sein!) hat eine prächtige Stimme, und lange noch trällert Sophie den Schlager, der in jenem Frühjahr Mode war:

*Am Busen von Rose,*
*Glückliche Knospe, wirst sterben du.*
*Wäre ich eine Rosenknospe,*
*Würde vor Vergnügen ich sterben nur*
*Am Busen von Rose.*

Doch in all diesem Trubel steht die kleine Sophie Hugo mit beiden Beiden fest auf der Erde. Sie hat ihren Spaß an dem Schauspiel, das dieses Paris im Fieberwahn ihr bietet, bleibt aber durch und durch die Sophie aus Châteaubriant. Die Provinzlerin, die sie ist, die Bretonin, die sie immer bleiben wird, hält Abstand, was sie vor Ansteckung bewahrt. Sie lacht mit den Schaulustigen des Palais-Royal, wenn sie Cambacérès vorüberschreiten sieht, diesen Verrückten, von allen guten Geistern verlassen, gepudert, mit Diamanten behängt, in ein Gewand gezwängt (er ißt zu viel und zu gut), das von Goldstickerei nur so strotzt, umgeben von seinen Hofschranzen in ebenso lächerlicher Verkleidung wie er, dieser Cambacérès, über den Normand sagt, daß er »der Gatte aller

Frauen und die Frau aller Gatten ist«. Sophie lacht mit, aber bleibt die distanzierte Beobachterin. Sie hat mit diesen Leuten nichts zu schaffen, und sie wird auch nie etwas mit ihnen zu schaffen haben.

Bei ihren Bretonen fühlt sie sich wohler, bei den Boulay-Paty aus Abbaretz, oder bei Jacques Defermon, dem jungen Abgeordneten und Bruder des Priesters, den sie einst gerettet hat.

Heben Sie mit der linken Hand ab ... Gut. Und jetzt zeigen Sie mir Ihre Hand ... Sie brauchen keine Angst zu haben, mein Kind.«

»Ich habe keine Angst«, sagt Sophie, die sich in ihrer Haut nicht besonders wohl fühlt.

»In welchem Jahr sind Sie geboren? In welchem Monat? An welchem Tag?«

»1772«, antwortet Sophie ...

»Sieh mal einer an«, sagt die Dame, »wie ich!«

Sophie kann es nicht fassen. Diese Person soll so alt sein wie sie? Mit diesem faltigen Gesicht? Und sagt obendrein noch »Mein Kind« zu ihr?

»... am 19. Juni«, sagt Sophie.

»Ah, Zwilling ... das Schlechteste und das Beste ... und manchmal beides zugleich ... Ihre Hand ist interessant ... Was wollen Sie wissen?«

»Alles«, fordert Sophie.

Hat Sophie Hugo bei Thérézia Tallien von der Wahrsagerin Anne-Marie Lenormand gehört, oder hat ihr Jean-François ihre Adresse gegeben? Diese Frau, sagt man, hat die außerordentliche Gabe, die Zukunft vorherzusagen. Thérézia, Barras, Joséphine Bonaparte, die kleine Récamier und noch viele andere tun keinen Schritt, ohne sie vorher um Rat zu fragen. Sie ist große Mode im Paris des Direktoriums, wo an die Stelle der Glaubensübungen der Aberglaube mit all seinen trügerischen Gaukeleien getreten ist.

Aber was quält Sophie Hugo in diesem Monat April des Jahres 1799? Wie kann sie Angst vor der Zukunft haben? Hat sie nicht alles, was sich eine junge Frau von siebenundzwanzig Jahren wünschen kann: einen liebenden Gatten, der eine glänzende Karriere als Soldat vor sich hat, einen schönen, leicht erziehbaren kleinen Jungen, ist sie nicht bei guter Gesundheit und sogar strahlend schön seit ihrer Mutterschaft?

Hat sie nicht, wie Tante Robin sagen würde, alles, um glücklich zu sein? Was also will sie über die Zukunft wissen? Was erwartet sie noch?

Natürlich hat sie Léopold kein Sterbenswörtchen von dem bevorstehenden Besuch bei der Wahrsagerin in der Rue de Tournon gesagt. Die Zukunft ist keine Männersache. Nur mit Anne-Victoire Foucher hat sie darüber gesprochen, die große Augen machte, als Sophie sie obendrein noch gebeten hat, sie zu begleiten. Aber Anne-Victoire ist eine zu ängstliche Person, als daß sie eine solche Art von Neugier haben könnte. Sie hat sogar versucht, Sophie den Besuch bei der Wahrsagerin auszureden. Man solle sich vor diesen Frauen hüten, sie seien gefährlich, hat Pierre, ihr Ehemann, gesagt. Er wäre sicher nicht erbaut, erführe er, daß sie Sophie zu der Bürgerin Lenormand begleitet hat. Muß sie es Pierre denn unbedingt erzählen? Sie sei außerstande, ihrem Mann irgend etwas zu verheimlichen, war Anne-Victoires Antwort.

Sophie hat sie mitleidig und auch traurig angesehen. Sie ist wirklich ziemlich allein. Diese Anne-Victoire ist ein

Trauerkloß ... Genug damit! Sie wird auch ohne sie auskommen.

An diesem Aprilmorgen hatte sie sich aufgemacht, nachdem sie sich den Weg auf dem Pariser Stadtplan, der in der Militärakademie angeschlagen ist, angesehen hatte. Sie marschierte querfeldein in Richtung Hôtel des Invalides, die Rue de Varenne und die Rue de la Planche entlang und war immerhin ein bißchen aufgeregt, denn zum erstenmal wagte sie sich ohne Begleitung so weit nach Paris hinein.

Sie ging die Rue des Aveugles entlang und an Saint-Sulpice vorbei, und als sie in die Rue de Tournon einbog, geriet sie plötzlich in eine Menge von Schaulustigen, denn da fuhr der Bürger Barras, der in den Luxembourg-Palast zurückkehrte, in seiner flachsgelben, von hellbraunen Pferden gezogenen Staatskarosse vorbei. Dann ging sie die Straße hinunter bis zu dem bescheiden aussehenden Haus, in dem die Wahrsagerin ihr Refugium hat. Klopfenden Herzens durchschritt sie das Gewölbe, und einen Augenblick lang spielte sie mit dem Gedanken, wieder umzukehren, aber zu spät, denn da kam schon eine dicke Pförtnerin mit rotem Gesicht aus ihrer winzigen, versteckten Wohnung geschossen, versperrte ihr den Weg und fragte, wohin sie wolle.

»Zur Bürgerin Lenormand«, hatte Sophie geantwortet.

In diesem Moment sah sie hinten im Hof eine kleine, etwas verwachsene Frau die Außentreppe herunterkommen. Sie hatte sich zum Ausgehen fertig gemacht, trug ein rotes Kleid in türkischem Stil mit einem Taftrock, einem Rundspenzer und hatte einen grünen Turban auf dem Kopf. Das Erscheinen dieser Frau, die sich durch das Gewölbe näherte, hatte der Pförtnerin offenbar noch mehr Sicherheit verliehen, denn sie wurde nun ganz energisch, blies Sophie ihren Knoblauchatem ins Gesicht und trompetete: »Die Bürgerin Lenormand empfängt heute nicht, Bürgerin. Sie hat dir doch nicht gesagt, daß du kommen sollst, oder?«

»Doch«, hatte Sophie gelogen und war rot geworden. »Sie erwartet mich.«

Die Frau mit dem Turban war noch nähergekommen. Als sie Sophies Worte hörte, huschte ein Lächeln über ihr Gesicht, und zur Pförtnerin gewandt, sagte sie: »Laß sie durch. Ich hatte vergessen, daß wir für heute verabredet sind.«

Sie hatte Sophie ein Zeichen gemacht, ihr zu folgen, und war zur Außentreppe zurückgegangen.

»Aber warum«, fragte Sophie, kaum daß sich die Tür hinter ihnen geschlossen hatte, »warum haben Sie gesagt, daß Sie mich erwarten? Sie kennen mich doch gar nicht.«

»Weil ich mutige Leute wie Sie mag«, sagte die Hellseherin.

Sophie war hinter ihr durch ein Vorzimmer, dann durch einen Salon gegangen, dessen Wände voller Bilder hingen. Es befand sich auch ein Porträt der Hausherrin darunter; sie war in ganzer Figur gemalt, trug ein prächtiges, grünes Samtkleid, und der Maler hatte ihr einigermaßen geschmeichelt. Ihr zu Füßen lag ein Hund, der wie ein Hase aussah.

Dann hatte die Hellseherin sie in ihren Privatsalon geführt, den sie auch als Sprechzimmer benutzte, und hatte sie gebeten, Platz zu nehmen.

Und jetzt kann Sophie sich vor lauter Ungeduld und Neugier nicht mehr beherrschen. O ja, alles wissen, was sich im trügerischen Nebel zukünftiger Tage vorbereitet! Der Überraschung zuvorkommen, und wenn möglich, die unzähligen Streiche des Schicksals vereiteln. Plötzlich bekommt sie es mit der Angst zu tun.

»Bürgerin«, sagt sie, »bitte sagen Sie mir nicht den Tod

voraus, weder meinen noch den der anderen, vor allem ...«

»Das tue ich nie. Seien Sie unbesorgt.«

Die kleine verwachsene Frau prüft aufmerksam Sophies Hand, hält sie ans Licht, dreht sie um, befühlt sie, biegt sie, um die Handlinien zu markieren, untersucht sie mit der Lupe. Sie schüttelt den Kopf, ohne ein Wort zu sagen, und dann, völlig unerwartet: »Welches Tier mögen Sie am liebsten, und welches finden Sie abscheulich?«

Sophie, die auf eine solche Frage nicht gefaßt war, zögert. Eine Arche Noah zieht an ihrem inneren Auge vorbei.

»Das Schaf«, sagt sie. »Ich finde Schafe abscheulich, ihre blöden Augen, ihr unangenehmes Geblöke, und sie sind so lammfromm, widerlich ... Mein Lieblingstier ist, glaube ich, die kleine Feldmaus; sie ist so lebhaft, leicht und hat nur ein kurzes Leben.«

Da. Ein Hauch von Renaudière. Warmer Strohgeruch im Sommer im Geräteschuppen und das Kreischen der Dienerin, die gerade entdeckt hat, daß *sie* noch einen weiteren Gerstensack angenagt haben. Ein handtellergroßes Loch, durch welches das Korn rieselt. Und wie dann die Wildgewordene mit einem Stock auf die Säcke eindrischt und die Spitzmäuse nur so davonstieben. Und wie die zwölfjährige Sophie, im Stroh sitzend, plötzlich zwischen ihren Füßen eine kleine, graue Maus mit rosafarbener Schnauze entdeckt, ganz winzig, die frech nach Luft schnappt. Die Leichtsinnige ist da, um Atem zu schöpfen. Und Sophie öffnet vorsichtig hinter dem Rücken der wütenden Dienerin das Scheunentor, und sowie ein sonnenbeschienener Fächer auf dem Lehmboden sich öffnet, flitzt die Feldmaus hinaus ohne ein Wort des Dankes.

Allein um dieser glückseligen Erinnerung willen wird es der sparsamen Bürgerin Hugo nie ernstlich um die zehn Franc leid tun, die sie soeben auf den Tisch der Wahrsagerin gelegt hat.

Jetzt drehen beringte Finger geheimnisvolle Bilder um, verweilen bei einigen, wählen andere aus, nehmen sie aus der Reihe heraus, legen sie zu gleich großen Stapeln zusammen, decken andere Karten wieder zu. Und es beginnt ein Monolog, dem Sophie mit gespannter Aufmerksamkeit zuhört, ohne jedoch alles zu verstehen. Die Stimme der Wahrsagerin wird eintönig, ist manchmal kaum noch zu hören. Es ist, als spräche sie im Traum.

»Ah, da sind Sie, meine Liebe, hier ist Juno und in Ihrer Nähe ein Mann. Er ist brutal, hat aber keinen schlechten Charakter ...«

»Mein Mann«, sagt Sophie.

»Sie sind verheiratet? Merkwürdig ... ich sehe Sie nicht als verheiratete Frau ... Juno ist allein. Sieben, acht, neun ... Und hier erscheint noch jemand.«

»Wer ist das?«

»Der andere Mann. Der, der Ihnen wirklich etwas bedeutet, meine Liebe, und der, ah, mein Gott, was für ein Hin und Her.«

»Ich verstehe das nicht«, sagt Sophie. »Es gibt in meinem Leben keinen anderen Mann.«

»Noch nicht«, sagt die andere unbeteiligt. »Sie kennen ihn noch nicht, aber er kommt näher. Er ist auf dem Weg. Er kommt zu Ihnen. Er wird erscheinen ...«

»Wann? Wo?«

»Das kann ich Ihnen nicht genau sagen. Aber bald ... acht, neun, zehn, eine Erbschaft ... bescheiden ... Ah! Reisen, viele Reisen in Ihrem Leben! Und Häuser, viele Häuser! Sieh mal an, Ihr Ehemann verschwindet ... will sagen, entfernt sich.«

»Und der andere?« fragt Sophie mit zartem Stimmchen.

»Ach! Sie Ärmste, er wird Ihnen viel Kummer bereiten, aber das Band, das Sie miteinander verbindet, zerreißt nicht, trotz ... nun, trotz alledem. Zeigen Sie mir noch einmal Ihre Hand ... Ja, so ist es, Sie werden mehrere Kinder haben ...«

»Ich habe eins«, sagt Sophie.

»Sie werden drei haben. Jungen. Der dritte ... ah, der wird Sie für vieles entschädigen. Ich sehe, daß er schreibt, viel schreibt ... ein hoher Beamter, vielleicht. Passen Sie auf das zweite Kind auf, es ist das anfälligste ...«

»Und das erste?«

»Ich sehe nichts Besonderes ... Sieben, acht, neun, das Gefängnis ...«

»Das Gefängnis?«

»Sie werden nicht ins Gefängnis kommen, aber ich sehe Sie über die Schwelle eines Gefängnisses gehen ... So etwas wie eine Verschwörung liegt in der Luft und ... ja ... hier ist der Turm ... Unannehmlichkeiten. Sie werden all Ihren Mut brauchen ... Ich sehe großen Kummer und auch Geldstrafen ... Ich sehe einen sehr langen Prozeß, aber ... Da, wieder Reisen ... Sie werden eine Seereise machen ... ein Koffer geht verloren ... Nehmen Sie sich vor einem Postillon in acht, an der dritten Poststation ... Ah! Vorsicht! Sie haben eine schwache Brust ... Sie dürfen sich nicht verkühlen. Nehmen Sie sich auch vor einer dunkelhaarigen Frau in acht ... Die Liebe? Ja, aber sie wird Sie viele Tränen kosten.«

Dann schwieg die Bürgerin Lenormand, und mit einer Handbewegung sammelte sie die Karten ein.

»Das wär's«, sagt sie.

»Was raten Sie mir«, fragt Sophie, »was soll ich mit meinem Leben anfangen?«

»Schweigen Sie«, antwortet die Hellseherin, ohne zu zögern. »Vergessen Sie eines nicht: Bewahren Sie Stillschweigen, wie groß Ihre Lust auch sein mag zu reden. Immer. Das ist sehr wichtig.«

»Ich kann schweigen«, sagt Sophie. »Ich bin Bretonin. Und ... mehr sehen Sie nicht?«

»Doch«, sagt die Bürgerin Wahrsagerin. »Mir drängt sich ein merkwürdiges Bild auf, seitdem Sie da sind, aber es gelingt mir nicht zu verstehen, was es bedeutet: Ich sehe einen abgeschlagenen Kopf, der sich dreht und dreht. Ein blondes junges Mädchen. Ihre Augen sind geöffnet, und sie lächelt. Aber ehrlich gesagt, ich weiß nicht, was das bedeuten soll.«

Kaum wieder zu Hause, hat Sophie die Prophezeiungen der Bürgerin Lenormand schon vergessen, oder vielmehr absichtlich aus ihrem Gedächtnis getilgt, denn die Verwirrung, die sie in ihrem Kopf stiften, bereitet ihr Unbehagen. Pierre Foucher hat ganz recht: Diese Frauen nutzen die Leichtgläubigkeit der Leute aus, erzählen ihnen irgendeinen Unsinn, um ihnen das Geld aus der Tasche zu ziehen. Jetzt schämt sich Sophie ein wenig, zehn Franc für dieses alberne Geschwätz verschwendet zu haben. Diese Dame redet dummes Zeug, kein Zweifel, und der Beweis: Sie hat nicht einmal erraten, daß sie verheiratet ist. Und was für eine – selbst bescheidene – Erbschaft, hat sie aus Nantes zu erwarten? Und unter den Männern ihrer Bekanntschaft ist kein einziger, der Leidenschaft in ihr entflammen oder für sie empfinden könnte. So etwas würde man doch merken. Und die Reisen? Sie wüßte nicht, welche sie machen könnte und vor allem mit welchem Geld, wo Léopolds Sold gerade für ein anständiges Leben reicht. Der einzig gescheite Rat, den sie aus dieser Unterredung mit nach Hause genommen hat, ist der zu schweigen. Darauf versteht sie sich freilich.

Als sie die Wohnung betritt, findet sie einen niedergeschlagen im Sessel sitzenden Léopold vor. An seiner dicken Nase fließen Tränen herunter. Noch nie hat Sophie ihn in einem solchen Zustand gesehen.

»Mein Vater ist tot«, sagt er. »Morgen fahren wir nach Nancy.«

Wirklich ein mustergültiges Baby, dieser Abel. Die dreitägige Fahrt mit seinen Eltern in der Postkutsche hat ihn durchgeschüttelt, er aber hat die ganze Zeit über fröhlich vor sich hin geplappert, und sein strahlendes Gesicht hat die Gemüter im Trauerhaus etwas aufgeheitert. Seine prallen Ärmchen, seine Haut, die so weich ist wie die eines Mädchens, haben allgemeine Bewunderung erregt.

Trotz der Umstände schien Léopold froh, im Kreis seiner Lieben zu sein. Und wie stolz war er, ihnen seine Frau und seinen Sohn vorführen zu können. Sophie aber hat sich höchst unwohl und fremd in dieser Schar von Schwägern und Schwägerinnen gefühlt; der alte Tischler, der jetzt im Alter von zweiundsiebzig Jahren gestorben ist, hat aus zwei Ehen zwölf Kinder gehabt.

Sophie fühlte sich verloren. Sie kam mit den fremden Menschen, die sie neugierig anstarrten und zugleich sichtlich eingeschüchtert waren, nicht zurecht. Für diese einfachen Leute war sie die Dame, die Pariserin. Die drei Schwestern, Schneiderinnen alle drei, musterten ihr Kleid und ihre Frisur. Und Sophie verwechselte die Frau des Bäckers mit der Frau des Perückenmachers. Ihre Schwiegermutter hat sie immer nur weinend am Arm ihrer Tochter Marguerite gesehen, die mit François Martin-Chopine, einem Militär, verheiratet ist. Er wird von allen Goton genannt. Diese Schwester versteht sich besonders gut mit Léopold. Hat sie Sophie deshalb so kühl empfangen? Als das Erbe – sieh da, eine Erbschaft – vom Notar aufgeteilt wurde, hat Léopold in Gemeinschaft mit Goton und seiner Mutter das elterliche Haus in der Rue des Maréchaux bekommen.

Kurzum, Sophie war nicht böse, als sie nach dreiwöchigem Aufenthalt in der Familie ihres Mannes dieses große Haus, in dem Traurigkeit und Lärm so dicht beieinander waren, wieder verlassen konnte. Bei ihrer Abfahrt konnte sie nicht ahnen, daß sie bald nach Nancy würde zurückkehren müssen, und diesmal für lange.

Am 19. Mai ist sie freudig wieder in das festliche Paris und sein angenehmes Leben eingetaucht, das sie nach ihrer Rückkehr aus Lothringen, einem für sie fremden Land, jetzt um so mehr zu würdigen weiß.

Was man an Léopold nicht hoch genug schätzen kann, ist seine unverwüstliche Lebensfreude, die immer schnell über seine schlechte Laune oder seinen Kummer siegt. Nachdem er seinen Vater ausgiebig beweint hat, kann er nun wieder lachen, und sein Herz strömt über vor heiteren und zärtlichen Gefühlen für Sophie und Abel.

Paris ist himmlisch im Monat Juni des Jahres 99, die »Lustgärten« überbieten einander mit Attraktionen, um die Pariser anzulocken, und in Scharen strömen sie herbei.

Nachmittags und abends drängen sie sich zwischen

Grotten, Kaskaden, Wildbächen und Hügeln im Tivoli-Garten. Man sieht Automaten, hört Konzerte und läßt sich dabei auf der Terrasse eines ländlichen Cafés eine Portion Eis schmecken. Oder die Bürger und kleinen Ladenbesitzer promenieren mit ihren Familien im Türkischen Garten, nicht weit vom Boulevard du Temple entfernt, stehen gaffend um Seiltänzer, Gaukler und Krötenschlucker herum und schauen den Schaustückchen dressierter Flöhe und Hunde zu, während die Musikkapelle eines Tingeltangels dröhnend zum Tanz aufspielt. Oder man wird Zeuge, wie sich in den exotischen Wäldchen des Mouceaux-Gartens Montgolfieren, mit Bändern geschmückt, in die Lüfte erheben. Die Pariser kommen auf ihren Spaziergängen nach Longchamp, Bagatelle, Bellevue und sogar bis nach Versailles.

»Das alles ist nichts im Vergleich zu Idalie«, sagt Jean-François Normand. »Heute abend führe ich euch dorthin. Wir sehen uns das Feuerwerk der Gebrüder Ruggieri an.«

»Und du ziehst dein neues Kleid an«, sagt Léopold zu Sophie.

»Soll ich damit etwa auf die Straße gehen?«

»Aber ja«, sagt Léopold.

Und Sophie streift lachend das Kleid über, das ihr Mann ihr geschenkt hat.

Das soll ein Kleid sein, diese Wolke aus leichtem, wassergrünem Musselin, die so tief dekolletiert und durchsichtig ist, daß sie, wie Léopold sagt, »ihre verborgensten Reize dem neugierigen Auge zum alleruntertänigsten Geschenk macht«?

Zugegebenermaßen verfehlen Sophies verborgenste Reize in diesem durchsichtigen Nichts ihre Wirkung an diesem Juniabend keineswegs. Die leichten, zum Kleid passenden Schuhe hat sie in einer schwachen Minute nur wegen der komischen Farbbezeichnung gekauft: »verschrecktes Piepmatzgelb«. Mit anderen Worten: das kränkliche, grünstichige Gelb eines Kanarienvogels. Strahlend steht sie da im Lichterglanz von Idalie und schwenkt ihr perlenbesticktes Täschchen. Es ist schon wahr, Sophie ist nicht die einzige, die mehr aus- als angezogen ist, aber die Luft an diesem Abend ist so warm und samtweich, daß sie für die nackten Schönen Hülle genug zu sein scheint.

Auf den Alleen wird die Menschenmenge immer dichter; die Kenner der Szene begrüßen einander mit Zurufen: »... Kommt mit zur Pantomime ... Das Feuerwerk, um wieviel Uhr? Schauen Sie sich das lebende Bild an? ... Ist das für Kinder geeignet?«

Die Schwalben streichen dicht über die Hüte, und die Lausbuben spielen zwischen den Erwachsenen aufgeregt Fangen. Vor allem die Militärs fallen auf: Sie tragen glitzernde Uniformen und lassen die Säbel in Heldenmanier klirrend über den Boden schleifen. Sie sind die Könige. Die Überlebenden von Mondovi, die Helden von Mailand oder der Pyramiden stehen bei der Bevölkerung so hoch in Kurs, daß sie das immer wieder ausnutzen. Nach Monaten des erlaubten Mordens und Plünderns glauben sie, sich alles herausnehmen zu können, reden laut, schubsen die Damen beiseite und fangen wegen Lappalien Streit an.

Normand und Léopold bleiben immer wieder stehen, um einen von ihnen zu begrüßen. Man macht sich überschwengliche Komplimente und haut sich auf die Schulter, als ginge gleich eine Prügelei los. Ha! Brutus! Man umarmt sich mit Haltung, lacht laut, allzu laut, als wäre man noch im Krieg. Und dann wird auch Sophie vorgestellt. Sie macht die Andeutung eines Knickses.

Da taucht hinter einem Wäldchen eine schlanke, elegante Silhouette auf, und Léopold streckt dem Neuankömmling die Arme entgegen. Erstklassig geschneiderter blauer Gehrock, Kniehose ohne Galone, weiche Stiefel. Die Erscheinung dieses Militärs ist von gewollter Schlichtheit. Kaum, daß man seinen Dienstgrad – er ist Oberst im Generalstab – an den kleinen Galonen auf seinem schwarzen Kragen ablesen kann. Seitlich ein schmaler, altmodischer Degen, das Band in den Farben der Trikolore fehlt. Über der auffallenden Krawatte streckt er das Kinn hoch. Mit seinen weiß behandschuhten Händen hat er den schwarzen Zweispitz abgenommen, den die obligatorische Kokarde ziert. Sie ist so klein ausgefallen, daß es der schiere Hohn ist.

Er hat gelacht, als er Jean-François und Léopold sah. Er wird ernst, als er Sophie ansieht, die Léopold ihm in munterem Ton vorstellt, wobei er ihr einen Klaps auf das Hinterteil gibt, als sei er mit seiner Kuh auf dem Jahrmarkt.

»Ist mein kleines Frauchen nicht schön?«

Sophie wird blaß vor Ärger. Sie beißt sich die Lippen fast blutig.

Der Mann sieht sie von oben bis unten an. Sein Blick durchzuckt sie wie ein Stromstoß, sie fühlt ihn auf ihrer Haut, ihren in der Stillzeit himmlisch runden Brüsten, die fast unverhüllt im Dekolleté ihres Kleides liegen. Sie spürt ihn auf den nackten Armen, und plötzlich läuft ein erregendes Prickeln über ihre Haut, an ihren Armen entlang, über ihren ganzen Körper, den das durchsichtige Gewebe nur notdürftig schützt. Und unter den Blicken dieses Mannes ärgert sich die Bürgerin Hugo in diesem Moment schwarz, daß sie so jämmerlich nackt ist. Trüge sie doch einen Panzer aus undurchsichtigem Samt, steifem Tuch und einen Schleier bis zu den Augen wie die Frauen in Afrika, die vor den Fremden ihren Mund und damit das Sinnbild der Wollust verbergen. Und sie nimmt

Léopold übel, daß er ihr dieses lächerliche Kleid geschenkt und sie gezwungen hat, es an diesem Abend zu tragen.

Schwindel und Unwohlsein. Der Festlärm ringsum, das Knallen der Feuerwerkskörper, die ihre Blumen über Chaillot in den Himmel schießen, all das erreicht Sophie wie aus der Tiefe eines undurchdringlichen Nebels.

Da wird Sophie rot, wie sie noch nie in ihrem Leben rot geworden ist. Von den Zehen bis in die Haarspitzen hinein beginnt sie zu glühen, langsam, unerbittlich, unfähig, diesen Blutstrom, der sie siedendheiß durchflutet, unter Kontrolle zu bringen. Sie gleicht dem von einer versteckten Glut zerfressenen Feld, das sie damals in der Vendee gesehen hat, jenem Kornfeld, das die Soldaten der Republik angezündet hatten und das lange, nachdem die Flammen schon erloschen waren, noch schwelte und immer wieder von neuem aufglühte, wenn der Nachtwind über die verbrannte Erde strich.

Sie hört, wie Léopold den Unbekannten vorstellt. »... mein alter Freund La Horie, Oberst im Generalstab, Victor Fanneau de La Horie, ein tapferer Soldat ... Wir haben so manche Schlacht gemeinsam geschlagen.« Léopold kommt in Fahrt. Er fuchtelt mit den Armen, die Schlachten von 93 werden wieder lebendig, als sein »alter Freund« Oberstleutnant im 74. Regiment war. Aber der »alte Freund«, der kaum älter als dreißig ist, zuckt nicht mit der Wimper, als Léopold vor lauter Dankbarkeit explodiert und damit die Aufmerksamkeit der ansonsten blasierten Passanten auf ihre Gruppe lenkt. Hört er überhaupt, was Léopold sagt? Der Oberst im Generalstab La Horie sieht Sophie Trébuchet an und sie ihn. Die rotbraunen Augen im blassen Gesicht des jungen Mannes sprühen vor Fröhlichkeit. Augen wie rotbraune Diamanten. Es sieht so aus, als würden ihn Léopolds Komplimente erfreuen, und diese Freude teilt er mit der jungen Frau in einem fröhlichen Einverständnis, was Sophie nach und nach die Anspannung nimmt.

»Glauben Sie kein Wort, dieser Mann übertreibt, doch welche Freude, Sie zu sehen«, sagen die Diamanten. »Er übertreibt immer«, antworten die Augen der Bretonin. »Er ist nun mal so, ein Maulheld und Aufschneider ...« – »Ich kenne ihn sicher länger als Sie«, fügen die Diamanten hinzu, »er ist kein schlechter Kerl, aber was machen Sie bloß bei ihm? Sie beide passen überhaupt nicht zusammen ...« – »Ach«, sagen Sophies Augen, »ich weiß selbst nicht mehr, woran ich bin!«

Sie gehen ein paar Schritte weiter. Jean-François macht den Vorschlag, in einem Straßencafé einen Likör zu trinken. Léopold hat La Horie untergefaßt. Er behandelt ihn, als sei er ein junger Rekrut, obwohl letzterer immerhin sieben Jahre älter ist als er.

»Man sieht sich gar nicht mehr, Verehrtester. Wo entfaltest du denn jetzt deine Talente und Tugenden?«

»Ich bin zum Faktotum unseres teuren Generals Moreau avanciert, der die Güte hatte, mich in Dienst zu nehmen. Und da unser Hauptquartier in Mailand ist – es steht dort im Augenblick nicht alles zum Besten –, verbringt dein ergebenster Diener sein Leben damit, Nachrichten, die mehr Bestürzung als Freude auslösen, von Paris nach Mailand und von Mailand nach Paris zu bringen. Ich beschwichtige, beruhige, verhandle und bin, wie der Wind, heute hier, morgen dort. Kurz und gut, man hat mir den Spitznamen ›Siebenmeilenstiefel‹ gegeben!«

Sophie, die an Jean-François' Arm hängt, entgeht kein Wort der Unterhaltung. Da La Horie seine Aufmerksamkeit Léopold zugewandt hat, kann sie den Oberst in aller Ruhe betrachten. Eine Schönheit ist er nicht, aber sein

Tituskopf, seine hohe, von braunem Haar eingerahmte Stirn, das schöne Oval seines Gesichtes, sein voller Mund, seine leuchtenden Augen lassen anderes vergessen: seine etwas zu lange Nase, sein etwas zu spitzes Kinn und die Pockennarben, die seine glatt rasierten Wangen verunstalten. Er hat beeindruckend feingliedrige und nervöse Hände. Er hat etwas Aristokratisches, das gewisse Etwas, das man als englischen Charme bezeichnen könnte, jene Mischung aus Höflichkeit und Reserviertheit, die Sophie an die Edelleute in Nantes zur Zeit ihrer Kindheit erinnert.

Doch als Léopold sie als »meine kostbare Kriegsbeute aus Châteaubriant« bezeichnet, wendet sich La Hories Aufmerksamkeit wieder ihr zu.

»Ah«, sagt er, »Sie sind aus Châteaubriant? Als ich im Bataillon der Mayenne war, haben wir die Neue Schmiede bewacht ...«

»Mein Cousin Bellet war dort Schmiedemeister«, sagt Sophie. »Ich habe ganz in der Nähe gewohnt. Wir haben ein Haus in Le Petit Auverné. Ich hätte Ihnen begegnen können.«

»Wir sind Kinder des Westens«, sagt La Horie. »Ich bin Normanne und komme aus Javron in der Mayenne.«

»Leider, Bürger Oberst, trennt uns der Couesnon«, sagt Sophie, »das ist die Grenze zwischen unseren beiden Ländern.«

»Ja«, sagt La Horie lachend, »aber nichts, keine Grenze, kein Fluß, nicht einmal ein Strom kann einen tapferen Soldaten aufhalten, nicht wahr, mein teurer Brutus?«

»Nicht einmal der Styx oder der Acheron!« übertreibt der immer zum Scherzen aufgelegte Léopold.

An dem Morgen, der auf den Abend im Idalie-Garten folgt, sagt Léopold zu Sophie: »Wir müssen La Horie wiedersehen. Wir werden ihn einladen. Ich hatte ihn seit langem aus den Augen verloren, was ein Fehler war. Er ist ein geschickter Mann mit guten Beziehungen zu bestimmten Kreisen. Er ist Moreaus Intimus. Moreau aber ist der Mann der Zukunft, und er hat eine gute Meinung von mir. Käme eine Empfehlung von La Horie dazu, so könnte das meiner Karriere nicht schaden. Sei bitte freundlich zu ihm.«

»Bin ich das nicht gewesen?« murmelt Sophie.

»Das habe ich nicht gesagt«, erwidert Léopold, »aber ich hätte gern, daß wir engere freundschaftliche Beziehungen zu ihm aufnehmen. La Horie ist ein reservierter, vielleicht schüchterner Mensch, ein Einzelgänger, auf den man zugehen muß. Er war gestern so gesprächig. Das hat mich überrascht.«

»Ist er nicht verheiratet?«

»Nein. Von einer Liaison ist nichts bekannt. Eine Zeit lang ging das Gerücht, die Bürgerin Bonaparte habe eine Schwäche für ihn – aber für wen hatte sie das nicht? –, damals, als La Horie Sekretär bei Beauharnais war. Es hieß, sie habe ihn an Barras weiterempfohlen, und seinen Dienstgrad als Oberst beim Generalstab habe er ihr zu verdanken ... Aber, wie du gesehen hast, ist der Bursche kein Frauenheld. Wenn du mich fragst, so hat er sogar etwas von einem Mönch ...«

»Von einem Mönch, wirklich?« sagt Sophie versonnen.

*Nancy, Juli 1799*

Sophie sitzt in der Rue des Maréchaux in einem niedrigen Zimmer und fragt sich, womit sie sich gegen das Höchste Wesen – wenn es denn eines gibt – versündigt haben könnte, daß sie zur Strafe in diese langweilige Stadt verbannt worden ist, in diese düstere Straße, in dieses Haus, das so fröhlich wie eine Kaserne in einer Provinzstadt ist.

Wozu nach dem Tod des Schwiegervaters nach Hause fahren, wenn sie kaum einen Monat später schon wieder nach Nancy zurückkehren?

Das war Léopolds Entscheidung. Im Juni hat er ihr nämlich verkündet – und das auch noch in bester Laune –, er werde dank La Hories guter Dienste zur Rheinarmee zurückkehren, wo er nun endlich wieder dem Vaterland im Geschützfeuer dienen könne. Und Sophie kann sich des Gedankens nicht erwehren, daß dieses Geschützfeuer unterhaltsamer ist als das Los der Frauen, die an Langeweile leiden und denen die Ehre zuteil wird zu warten. Ah, tausendmal lieber den Kugelhagel als diese bleiernen Tage, die einer wie der andere vergehen, in dieser fremden Stadt, fernab von allem, was ihr lieb und wert ist.

Natürlich hat sie Léopold zu überreden versucht, sie mit Abel in Paris zu lassen. Da er aber als Aktiver zur Armee zurückkehrt, mußte er seine Wohnung in der Militärakademie aufgeben, und abgesehen davon, daß sie sich den Luxus einer Mietwohnung kaum leisten können, hatten sie keine Zeit, eine vernünftige zu suchen. Vor allem aber wäre er ruhiger, fügte er hinzu, wenn er seine Frau und seinen Sohn in Nancy im elterlichen Haus bei seiner Mutter und seinen Schwestern wüßte statt allein in Paris.

»Vergiß nicht, daß du dort zu Hause bist; das Haus gehört mir ebensogut wie meiner Mutter und Goton. Du wirst sehen: Du wirst dort sehr gut aufgehoben sein.«

»Aber da wir uns nun schon trennen müssen«, bat Sophie ihn flehentlich, »könnte ich doch nach Châteaubriant gehen? Sie haben Abel dort noch nicht zu Gesicht bekommen ... Du brauchtest dir um uns keine Sorgen zu machen.«

Doch Léopold ist Nancy lieber. Und dies um so mehr, als die 20. Halbbrigade, zu der er gehört und die dem Donaukorps angegliedert werden soll, ihr Hauptquartier in Nancy aufschlagen wird.

»Wir sind nicht weit voneinander entfernt, und bevor der Sommer zu Ende geht, bin ich sicher wieder bei dir.«

Für langes Sträuben blieb keine Zeit mehr. Eh' sie sich's versah, fand sich Sophie mitsamt Koffern und Baby in der Postkutsche wieder, die über Châlon, Vitry, Saint-Dizier und Toul nach Nancy fuhr.

Sie kocht vor Wut – zu spät. Und während der Wagen auf schlechten Straßen durch die Champagne holpert, wünscht Sophie zum erstenmal ihren Ehemann rundheraus zum Teufel. Ja, sie hofft, den Ruhmsüchtigen möge eine Kugel treffen, die ihn aus dem Geschützfeuer, für das er so schwärmt, endgültig ins dunkle und ruhmreiche Jenseits der für Frankreich gefallenen Helden befördert. Schließlich soll der Witwenstand ja nicht ganz ohne Reiz sein.

In dieser Gemütsverfassung ist die junge Bürgerin Hugo in der Rue des Maréchaux eingetroffen. Ihr war nicht zum Lachen zumute. Und daran sollte sich in den nächsten Monaten auch nichts ändern.

Diese enge Ladenstraße am Rande der Altstadt nimmt ihr die Luft zum Atmen. Kaum ein Sonnenstrahl dringt hier hinein, und die Fassaden mit ihren ungeputzten

Fenstern stinken nach Urin. Die Place de Grève in Paris kommt ihr verglichen mit dieser Straße wie das Paradies vor. Sie findet das Viertel vulgär und verdreckt, und das dreistöckige Haus der Hugos mit seinen vier Fenstern pro Stockwerk, seinem engen Flur und dem dunklen und feuchten Innenhof, dessen Geruch den Moder tief unten im Brunnen ahnen läßt, macht da keine Ausnahme. Wo ist meine Renaudière mit ihren Beeten und Baumgruppen? Sie sind dort jetzt wahrscheinlich bei der Heuernte …

Die Frauen der Familie, vor allem ihre Schwiegermutter und ihre Schwägerin Goton findet Sophie schon nach einer Woche ganz unerträglich.

Die alte Bürgerin Hugo hat ihren verstorbenen Ehemann genug beweint, und als hätte sie einen Anspruch darauf, für ihren Enkel zu sorgen, hat sie sich über Abel hergemacht wie die Syphilis über den niederen Klerus. Als Mutter zahlreicher Kinder und ehemalige Kinderfrau – sie läßt keine Gelegenheit aus, daran zu erinnern, daß sie die Sprößlinge des Grafen Rosières d'Euvezin großgezogen hat – hat sie ganz festgefahrene Vorstellungen von Erziehung, und die stimmen leider ganz und gar nicht mit denen ihrer Schwiegertochter überein. So duldet sie zum Beispiel nicht, daß Sophie Abel nährt, anstatt dies von einer Amme besorgen zu lassen, wie das alle hier tun. »In Ihrer Stellung«, sagt sie …

»Ich soll mein Kind an die Brust einer anderen Frau legen?« erwidert Sophie, »ganz sicher nicht! Er bekommt bretonische Milch, bis er ein Jahr alt ist, und damit basta!«

»Bei uns entwöhnt man die Kinder mit neun Monaten, allein schon, um die Amme zu sparen«.

»Schon möglich, bei mir aber nicht«, gibt Sophie trokken zur Antwort.

Die Goton Martin-Chopine, die ihre junge Schwägerin ganz offensichtlich nicht mag, gibt ihren Kommentar ab, unterstützt ihre Mutter gegen Sophie und gießt noch Öl ins Feuer. Was? Abel wird jeden Tag in einer Wanne gebadet, und obendrein wird ihm noch der Kopf eingeseift? Da hat er ja bald keine Farbe mehr. Wie ungesund. Jeder weiß doch, daß man die Fettschicht, die sich ganz natürlich auf der Fontanelle der Kleinen bildet, nicht antasten soll. Die Ecke eines Handtuchs, ein wenig Wasser aus dem Rasierbecken, das würde genügen, um ihm das Gesicht sauberzuwischen. Und diese Art, ihn in seinen Kleidchen strampeln zu lassen, anstatt ihn in Windeln zu wickeln, wie man das immer gemacht hat!

»Sie hätten es wohl am liebsten, wenn ich ihn wie in alten Zeiten an einem Nagel aufhinge?« fragt Sophie scharf.

Und die beiden Xanthippen liegen Sophie abwechselnd in den Ohren, es sei gefährlich, Abel im Parc de la Pépinière auszufahren, denn dort sei die Luft voller Krankheitskeime. Es sei ein Fehler, ihn nicht auf den Arm zu nehmen, wenn er weint, weil er davon Krämpfe bekomme. Und wie kann sie es wagen, ihm das entzündete Zahnfleisch mit einem Stück Zucker einzureiben, so als würde das einem Zahn schneller zum Durchbruch verhelfen? Was für eine Barbarei! Man braucht ja nur den armen, kleinen Engel schreien zu hören.

Daß Abel nicht getauft ist, regt sie am meisten auf. Ein solcher Verstoß gegen die guten Sitten – ungeheuerlich!

»Nehmen wir einmal an«, sagt die Goton giftig, »es stößt dem lieben Kleinen ein Unglück zu; ohne Taufe bekäme er noch nicht einmal ein kirchliches Begräbnis!«

»Aber sehen Sie doch, er ist rosig und gut im Futter« hält ihr Sophie voller Verachtung entgegen. »Glauben Sie, daß ihm die Taufe fehlt? Unsinn.«

Sie fügt noch allerlei hinzu und wird grob.

»Mein Kind ist *mein* Kind«, sagt sie in entschiedenem Ton. »Ich allein bestimme, was gut für Abel ist und was nicht. Verstanden?«

Abel, gerade sieben Monate alt, weiß nicht, daß der Streit sich um ihn dreht und strahlt über das ganze Gesicht. Doch Pech gehabt, das freundliche Kind, das alle Leute anlächelt, auch solche, die es nicht kennt, mag nicht, daß seine Großmutter sich ihm nähert, und fängt zu weinen an, wenn sie ihn herzen und küssen will.

»Das ist ihm doch eingetrichtert worden«, sagt die Alte empört.

»Keineswegs«, erwidert Sophie, »Ihre Schnurrbarthaare pieksen ihn.«

Mit der Zeit zieht sich Sophie immer mehr in sich zurück, und ihre Verbitterung nimmt zu. Sie leidet unter der Einsamkeit in der Rue des Maréchaux. Zu Anne, Julie oder Victoire, ihren anderen Schwägerinnen, hat sie zwar mehr Vertrauen als zur Goton, aber die Plaudereien mit diesen drei Dummerchen gehen kaum über Themen wie Kleiderfarben und Ragoutgewürze hinaus. Und die Unterhaltung mit Abel beschränkt sich im Augenblick noch auf den Austausch von zärtlichen Knurrlauten.

Die Nachrichten von Léopold sind nicht gerade erhebend. Wieder hat er Streit angefangen, diesmal mit einem gewissen Cathol, und wieder fühlt er sich verfolgt. Er ist so entmutigt, daß er sich sogar fragt, ob es nicht besser wäre, den Dienst zu quittieren. Er bemüht sich um eine Versetzung zu La Horie und Moreau nach Mailand. Aus diesem Grund hat er La Horie geschrieben und ein entsprechendes Gesuch an den Minister in Paris gerichtet. Keine Antwort.

Léopolds Briefe an Sophie tragen die Aufschrift: »Bürgerin Hugo, die Jüngere, bei ihrer Mutter, Rue des Marécheaux Nr. 81, Altstadt, Nancy.« Sehr zur Enttäuschung der neugierigen Weibsbilder in ihrer Verwandtschaft studiert Sophie sie aus purem Vergnügen oben in ihrem Zimmer, anstatt sie ihnen laut vorzulesen, was sie sicher gerne gehabt hätten. Fragen sie nach Léopold, beschränkt Sophie sich auf lakonische Antworten.

Obwohl sie sehr ungern schreibt, ringt sie sich von Zeit zu Zeit eine Antwort ab. Kurze Briefe, die an die »Donauarmee, Worms« adressiert sind. Abel sage jetzt deutlich *Papa* und *Mama*. Sie finde das Leben in Nancy verdrießlich und könne seine Rückkehr kaum erwarten. Darin ist sie aufrichtig, denn Léopolds Gesellschaft ist ihr immer noch lieber als die seiner Familie.

Im August trifft Léopold endlich mit seinem Bataillon in Nancy ein. Wieder einmal vom Dienst in seinem Korps dispensiert, zieht Léopold in der Rue des Maréchaux ein. Betrübt muß er feststellen, daß sich seine Angetraute mit den Frauen seiner Familie nicht versteht. Natürlich ruft jede ihn zum Zeugen an und versucht, ihn auf ihre Seite zu ziehen; Léopold aber, der wie viele Männer mehr Mut vor dem Feind als gegenüber einer Schar wütender Frauen beweist, drückt sich, wo er kann: Er gibt jeder recht, ohne irgendeiner unrecht zu geben. Das bringt Sophie zur Verzweiflung. Was für ein Feigling!

Um seine heißgeliebte kleine Frau zu besänftigen, macht er mit ihr Spaziergänge in die ländliche Umgebung von Nancy. Doch wie reizvoll die Landschaft auch sein mag, mit der ihr eigenen Böswilligkeit verzieht Sophie das Gesicht und vergleicht alles, was sie sieht, mit ihrer geliebten Bretagne. Und diese kommt dabei natürlich viel besser weg. Der schönste vogesische Wald ist nichts im Vergleich zu den herrlichen Wäldern von Juigné oder Voireau, und die schnell dahinfließende, kurvenreiche Maas, die sie mit Léopold bewundern soll, findet sie weniger reizvoll als die sumpfige und ruhige Chère, die die Stadtmauern von Châteaubriant umspült. Sie versteigt sich sogar zu der Behauptung, die lothringischen Libellen seien spindeldürre Jungfern, verglichen mit den prächtigen Tierchen im Pays de la Mée.

Obwohl Mutelé, Oberst beim Generalstab und beim 4. Divisionsbezirk beschäftigt, Léopold als seinen Vertreter angefordert hat, wird dieser Ende September erneut zum Berichterstatter bei einem Kriegsgericht ernannt. Diesmal in Nancy.

»Wenn das mit den Prozessen so weitergeht, kann ich daraus wahrscheinlich noch einen Beruf machen«, meint er.

Ein so ungleiches Paar wie Sophie und Léopold tut sich schwer, eine harmonische Ehe zu führen. Dies um so mehr, als die Streitigkeiten der beiden noch dadurch zusätzliche Nahrung erhalten, daß sich Léopolds Familie, mit der sie auf so engem Raum zusammenleben, allzusehr in ihre Angelegenheiten mischt.

Sophie ist im Januar 1800 zusammengebrochen. Die Familie Hugo wird ihr immer unerträglicher, Léopold ist ihr lästig. Aber es ist nicht nur das. Sie ist wieder schwanger. Und sie muß immerzu auf Abel aufpassen, der erst vierzehn Monate alt ist und vor Gesundheit strotzt. Wie sie das anstrengt! Er ist ein Ausbund an Vitalität. Alles faßt er an, klettert überall herum, nimmt alles in den Mund, und hundertmal am Tag entgeht er gerade noch einer Verletzung oder einem tödlichen Unfall. Einmal muß Sophie ihn von einer Fensterbank herunterziehen, ein andermal ihm alle möglichen Gegenstände aus dem

Mund nehmen, und zur Ruhe kommt sie erst ein wenig, wenn er vor Erschöpfung eingeschlafen ist. Denn sie will ihn natürlich niemandem anvertrauen, da er angeblich flinker sei als seine Großmutter und alle seine Tanten zusammen.

Als sich ein weiteres Kind ankündigt, ist sie nicht gerade erfreut. Das wird sie für lange Zeit in Nancy festnageln, und die Aussicht, ein Frühjahr und einen Sommer lang bis zur Geburt im September hier ausharren zu müssen, deprimiert sie vollends.

Welch ein Lichtblick in diesem Monat Januar, als eines Tages der temperamentvolle La Horie hereinschneit. Es ist Nachmittag, als er plötzlich in der Rue des Maréchaux einfach vor der Tür steht. Abel macht gerade seinen Mittagsschlaf, und Sophie sitzt allein und lustlos in einem der unteren Räume beim Kamin und strickt, als Victoire plötzlich die Tür aufreißt: »Ein Reiter will dich sprechen.«

»Ein Reiter?« fragt Sophie, »was für ein Reiter?«

»Der Bürger Victor Fanneau de La Horie«, betet Victoire den Namen her, den sie sich wahrscheinlich auf dem ganzen Weg über den Flur immer wieder vorgesagt hat, um ihn vollständig wiedergeben zu können.

Wie zu neuem Leben erwacht, springt Sophie auf. Plötzlich merkt sie, wie schlecht frisiert sie ist, daß sie seit drei Tagen dasselbe Kleid anhat und ihre Schuhe auch nicht mehr ganz neu sind. Als erwachte beim Klang des Namens La Horie ihre seit Monaten erloschene Eitelkeit. Und überhaupt, jetzt ist es zu spät, sich hübsch zu machen, sei's wie es sei, er soll hereinkommen.

»Er soll hereinkommen«, jubelt sie, »er soll hereinkommen!«

»Ich bin nicht in Besuchskleidung«, sagt der Reiter und zeigt auf seine schmutzigen Stiefel und seinen durchnäßten Mantel, aus dem ihm Victoire auch schon heraushilft, »aber ich wollte nicht nach Nancy kommen, ohne Sie zu sehen.«

»Recht so«, sagt Sophie, »aber Léopold ist im Kriegsgericht ...«

»Nun gut, so warten wir auf ihn ... wenn es Ihnen recht ist«, sagt La Horie. Und er streckt seine eiskalten Hände mit den langen, zarten Fingern zum Feuer.

Und ob es ihr recht ist! Sieben Monate lang hat sie diesen Mann nicht mehr gesehen, und kaum ist er da, ist dieses abscheuliche Haus wie verwandelt. Als seien die Wände nicht mehr so traurig, als knisterte das Kaminfeuer munterer, als flösse das Blut in ihren Adern schneller.

Sie hat ihn seit sieben Monaten nicht gesehen, aber wie oft hat sie an seine Diamantaugen gedacht? Wie oft hat sie sich den Abend im Idalie-Garten und die Gespräche vor ihrer Abreise nach Nancy in Erinnerung gerufen.

Zum erstenmal sind sie ganz allein, was sie aber nicht im entferntesten stört, im Gegenteil, beide scheinen mit Verwunderung und zugleich Freude festzustellen, daß der andere da ist. Wollte La Horie wirklich Léopold sehen? Kein einziges Mal wird sein Name fallen, bevor er schließlich gegen vier Uhr mit Abel auf dem Arm erscheint. Sie sind mit sich selbst beschäftigt: Victor macht sich Sorgen, daß Sophie »so schlecht aussieht«, und Sophie möchte erfahren, was er während all der Wochen erlebt hat und wie lange er in Nancy bleibt.

»Wissen Sie noch, daß ich Ihnen versprochen hatte, Sie zu besuchen?« fragt er.

»Ach«, sagt sie, »so etwas ist schnell gesagt und ebenso schnell wieder vergessen ... Ich bin so glücklich, daß Sie Ihr Versprechen gehalten haben ...«

»Und ich erst«, murmelt er vor sich hin und fügt

diesmal in weltmännischem Ton hinzu ... »Ich habe sehr gute Freunde hier, mit denen ich Sie gerne bekannt machen würde ...«

Noch schweben Sophie und Victor im Gefühl zarter Freundschaft wie auf einer Wolke, da macht Léopolds Freude beim Anblick des Besuchers alle zarten Gefühle zunichte. Léopold, seinen Sohn an den Armen schwenkend, ist ins Zimmer getreten, und von seinem schallenden Gelächter klirren die Fensterscheiben. La Horie in Nancy? Bei ihm? Seine Zukunft, seine Karriere liegen auf einmal klar vor ihm.

»Ach, teuerster Kamerad«, sagt Léopold, »wie hast du uns gefehlt.«

Am folgenden Tag ist La Horie wieder in die Rue des Maréchaux gekommen und auch noch am nächsten Tag. Bei seinem zweiten Besuch hat er zu Sophie gesagt: »Wie schön Sie doch sind!«

Und Sophie ist vor Freude leicht errötet, und diese fünf Worte haben sie dafür belohnt, daß sie sich den ganzen Morgen über abgemüht hat, ihr Haar gefällig zu frisieren und eine dreifache Halskrause aus Musselin, von der sie weiß, daß sie ihr besonders gut zu Gesicht steht, sorgfältig zu bügeln. Und er, der sonst so schweigsam, und sie, die sonst so scheu ist, haben ununterbrochen miteinander geredet. Sie haben sich in ihre Kinderzeit zurückversetzt, sie miteinander verflochten, die Normandie mit der Bretagne vermischt ... »Ich war sechs Jahre alt, als Sie geboren wurden ...«, sagt Victor.

Sie haben erzählt, wie sie es wahrscheinlich noch nie getan haben, er von seiner Schulzeit im Louis-le-Grand-

Gymnasium, seinem Soldatenleben, dem Schmerz über den Tod seines Vaters, der nun schon wieder zwei Jahre zurückliegt. Und Sophie von Nantes und Châteaubriant und dem beschädigten Glück in der Renaudière, ihren Ritten durch die Heide und sogar vom Kopf der Mademoiselle de la Biliais, der auch hier in Nancy immer noch durch ihre Nächte kullert. Sie waren ergriffen, haben gelacht, und unmerklich haben ihre Hände sich ineinander verschlungen.

Bei seinem dritten Besuch – es war seine Abschiedsvisite, denn noch am selben Abend ging es zurück in den Krieg –, war Sophie nicht mehr wiederzuerkennen. Angespannt, nervös, in ihren Schal eingemummt, mit ausweichendem Blick. War sie leidend? Sie hatte eiskalte Hände. Er nahm die kleinen, weißen Hände in seine starken Reiterhände und rieb sie ganz vorsichtig warm.

Und dann ist er aufgestanden und hat sich verabschiedet.

»... aber ich komme wieder, so schnell wie möglich.«

Hat der Bürgerin Hugo ehrerbietig die kleine Hand geküßt – diese war inzwischen warm geworden – und hat die Hacken zusammengeschlagen, wie er es in Österreich gelernt hat.

»Leben Sie wohl, Madame ...« *Ma dame.*

Und sie stumm, plötzlich ganz blaß, mit erstickter Stimme: »Leben Sie wohl ...«

Und was hat sich da plötzlich an der noch geschlossenen Tür ereignet, die die beiden, die so gesittet und zurückhaltend waren, im nächsten Augenblick voneinander trennen würde? Wie hat das so schnell passieren können? Ist er einen Schritt auf sie zugegangen, hat er sie in die Arme genommen und so fest an seine Brust gedrückt, daß sie bis zum Abend den Abdruck eines Knopfes seines Dolmans an der Wange spürte? Ist Sophie auf ihn zugegangen und hat sich an ihn geschmiegt? Hat sich sein Gesicht zu ihr hinab geneigt? Hat sich ihr Gesicht zu ihm emporgereckt? Zwei Küsse haben sich unterwegs getroffen und sind zu einem Kuß geworden. Und zitternd, an der geschlossenen Tür, haben sie begonnen, einander hin und her zu wiegen, als sei der eine das Kind des anderen, und wie Kinder im Fieber zu sprechen: »Ich will nicht, daß du stirbst ... ich sterbe nicht ... ich kann nicht sterben, wenn du auf mich wartest!«

Und dann das plötzliche Erwachen. Sophie hat in ihrer Scham und Hilflosigkeit das Gesicht in den Händen vergraben und wagt nicht, dem Mann, den sie liebt, ins Gesicht zu sehen.

»Schrecklich, was mir passiert. Wäre ich doch tot!«

»Schrecklich?«

Er hat gelächelt. Er hat natürlich nicht verstanden, was sie sagen wollte. Er hält das für weibliche Schamhaftigkeit. Er glaubt, sie habe von dem, was sie eben zu beider Überraschung erlebt haben, sprechen wollen, und das Wort *schrecklich* hat ihn zum Lachen gebracht.

»Wirklich schrecklich?« fragt er mit sanfter Stimme. »So schrecklich, daß du am liebsten sterben würdest?«

»Ich erwarte ein Kind«, sagt Sophie. »Schrecklich.«

Hinter ihren Händen versteckt, hat sie nicht gesehen, daß er blaß geworden ist, sich dann aber schnell gefaßt hat.

Hat er gehört, was sie zu ihm gesagt hat? Hat er es verstanden? Seine Stimme ist ganz ruhig, fast heiter: »Es ist nicht schrecklich, ein Kind zu erwarten. Meine Mutter hat sechzehn bekommen, und sie ist eine charmante Frau ... Ich habe die Ehre, ihr achtes zu sein ... Und wenn es so hübsch wie Abel wird, ist nichts *Schreckliches* dabei, Sophie ... Sie sollten es fröhlich austragen, dieses Kind, das ja schon da ist. Und die Tränen trocknen, die ich in Ihren

Augen sehe, Madame. Denn einem armen Offizier, der so unglücklich ist, Sie verlassen zu müssen, um den Österreichern die Ohren abzuschneiden, sollte man kein Jammerbild mit auf den Weg geben ... Ah, dieses Lächeln steht Ihnen besser. Sie müssen auf sich aufpassen. Und mir verzeihen. Ich bitte Sie darum. Mir fehlen die Worte, Ihnen zu sagen, was ich gerne sagen würde, aber ich habe eine Entschuldigung: Ich bin Soldat und habe für die Liebe bisher keine Zeit gehabt. Ich weiß nur, wie man mit Männern und Pferden spricht. Aber wenn Sie mir freundlicherweise Ihre Geduld und Ihr Vertrauen schenken wollen, so werde ich schnell lernen und die verlorene Zeit aufholen ... Und jetzt wollen wir uns dem armen Léopold zuwenden, der sich in der friedlichen Stille seines Kriegsgerichts so entsetzlich langweilt.«

Léopold ist in Hochstimmung. Alles gelingt ihm. Dieses Jahr VIII steht wirklich unter einem guten Stern. Sophie erwartet ihr zweites Kind, ausgezeichnet: Es war immer Léopolds Wunsch, Oberhaupt einer kinderreichen Familie zu werden. Und außerdem, gibt es für eine Frau, deren Mann häufig fort ist, eine bessere Gesellschaft als ihre Kinder? Gerade jetzt hat Léopold seine Einberufung zum aktiven Dienst in Österreich erhalten. Er wußte doch, daß La Hories Freundschaft sich auszahlen würde. Dessen Fürsprache bei Moreau hat er seine Nominierung in den Generalstab zu verdanken. Jetzt ist es soweit: Er ist einer der sechs Stellvertreter des Generals. Sobald er seinen Marschbefehl hat – leb wohl, Sophie; leb wohl, Abel; leb wohl, Nancy –, wird er sich der Armee in Basel anschließen.

Freilich muß er sich eingestehen, daß der Abschiedskummer reichlich durch die Freude aufgewogen wird, all das wiederzufinden, wofür er vor allem geschaffen ist: die Kavallerieangriffe, die Attacken im Morgengrauen, das Überbringen von Befehlen im Kugelhagel, der Geschützdonner, die Meile für Meile dem Feind abgerungenen Bodengewinne, das Herausreißen der Fahnen, das Krachen und der Geruch der Kartätschen, die Lieder, die Trompetensignale, der triumphale Einzug in die eroberten Städte, die Biwaks, ha, Himmeldonnerwetter!

Im Mai bekommt Sophie von ihrem teuren Gatten einen langen Brief: ein wirklicher Heeresbericht, in dem Léopold ihr die Schlacht von Moeskirch in allen Einzelheiten erklärt. Keine strategisch wichtige Bewegung, keine Kanonenkugel hat er ausgelassen.

»Aus Klosterwald in Schwaben. Am 17. Floréal im Jahr VIII,

vorgestern, liebe Freundin, haben wir den Österreichern eine Schlacht geliefert, die General Moreau mit der Schlacht von Novi, in der wir den tapferen Joubert verloren haben, verglichen hat ...«

Sophie überfliegt ungeduldig die Zeilen. Daß Lecourbe von rechts angegriffen hat, während die Divisionen von Leclerc und Delmas im Zentrum vorrückten, interessiert sie nicht. Nicht diese Namen sucht sie in dem endlosen Bericht ... Ah, ich hab's:

»... während der ganzen Aktion war ich keinen Augenblick mit General La Horie zusammen, sondern bei allen Angriffen mal mit Moreau, mal mit anderen. Das Pferd des Obersten im Generalstab La Horie ist verletzt worden. Mir ist glücklicherweise nichts passiert; obwohl mir die Kanonenkugeln, die Kartätschen und die Gewehrkugeln nur so um die Ohren pfiffen ...«

Im Frühsommer wächst Sophies Ungeduld. Sie will nicht länger in Nancy bleiben. Seit Léopolds Abreise ist das Weibergezänk in der Rue des Maréchaux immer heftiger geworden. Ihre Schwiegermutter und die Martin-Chopine – Sophie nennt sie nur noch »die Chopine« – überbieten einander in gallebitteren Gemeinheiten und verletzenden Äußerungen, und die Atmosphäre in der Rue des Maréchaux ist verpestet.

An allem ist Léopold schuld, der sich einen Dreck um sie kümmert. Er hat sie in Nancy zur Aufbewahrung gegeben, wie man ein Möbelstück in einem Speicher abstellt. Aber genau das ist sie nicht, sie ist kein Schrank, und sie wird sich nicht genieren, ihm das ins Gesicht zu sagen. Es ist einfach so: Sie wird krank, wenn sie noch länger in Nancy bleibt. Das hat sie im Gefühl. Anders als während ihrer ersten Schwangerschaft ist sie bei ihrer zweiten immer müde und schlapp. Zu nichts hat sie Lust, der Rücken tut ihr weh, und auch der Kopf, die Speisen greifen ihren Magen an, sie nimmt immer mehr ab.

Nun gut. Da sie sich alleine verteidigen muß, da dieser säbelrasselnde Dummkopf nicht merkt, welcher Gefahr er sie aussetzt, wird sie die notwendigen Schritte selbst tun, um sich, Abel und das andere Kind, das sich schon in ihrem Bauch regt, zu retten.

In Wirklichkeit liebt sie ihn nicht mehr. Es war eine Dummheit, wie sie jetzt merkt, ihn zu heiraten. Sie sind in ihrer Wesensart ganz gegensätzlich, haben keine gemeinsamen Neigungen. Seine Abwesenheit setzt ihn vollends ins Unrecht, und der Vergleich mit einem so hinreißenden und betörenden Mann wie La Horie macht es nicht besser. Sie überschüttet Léopold mit Vorwürfen: Vulgär ist er, großspurig, anmaßend, im Kugelhagel vielleicht mutig, aber im Leben so feige, in seinem Bemühen, seinen Vorgesetzten immer zu gefallen, so unterwürfig. Ein Kriecher.

Und dieser Wortschwall, dieses aufgeblasene Getue, dieses Geltungsbedürfnis. Ach, Brutus! Führt immer hochtrabende Worte im Mund: Ehre, Vaterland, Republik. Verweilen wir doch ein bißchen bei diesem Republikaner! Für sein Leben gern wäre er einer dieser Aristokraten, die er angeblich bekämpft hat. Dieses alberne Wappen, das er sich ausgedacht hat, ist der Beweis: im Jahre 93 diese groteske Patronenhülse mit seinen Initialen, darüber die phrygische Mütze und die beiden Efeuranken, darunter der liegende Windhund und dieser Kleinmädchenspruch »Treu bis in den Tod«. Und das in einer Zeit, als die echten Wappen überall beseitigt wurden! Und dieser Ruf eines gütigen und milden Mannes, den er sich ergaunert hat, während er und Muscar im Vendee-Krieg in Wirklichkeit alles abschlachteten, was ihnen über den Weg lief.

Ach, sie können ein Lied von seiner Menschlichkeit singen, die armen Teufel, die in Bouguenais erschossen worden sind, und die Räuberinnen, die dasselbe Schicksal erlitten, egal, ob sie schwanger waren oder nicht, und die jungen Mädchen und Frauen, die vor das Kriegsgericht gestellt und hingerichtet wurden, weil sie das Gewehr eines Räubers getragen oder ihm ein Stück Brot gegeben hatten, die Unglücklichen, die auf Befehl Muscars oder seines Schreibers Hugo ermordet wurden. Wie konnte ich nur, ich, Sophie Trébuchet, *so etwas* heiraten? Wie konnte ich meinen Kindern einen solchen Vater geben? In diesem Augenblick ist er Sophie nicht den Strick wert, an dem er hängen sollte.

Sie will nach Nantes zurück und dort ihr Kind bekommen. Vielleicht in der Renaudière. Da ist Doktor Labbé, ein Freund der Familie, er wird ihr seine Hilfe nicht verweigern, wird sich um sie kümmern. Tante Robin ist da und ihre Schwestern. In ihrer großherzigen Bretagne wird sie Beistand und Wärme finden. Und selbst wenn sie dort allein wäre, wäre das immer noch besser, als hier zu bleiben.

Und sie schreibt Léopold. Sie will zu ihm nach Österreich, um ihn davon zu überzeugen, sie fortzulassen, außerdem braucht sie seine Hilfe, denn sie hat kein Geld für die Reise.

Und Léopold wiegelt ab. Er ist strikt dagegen, daß sie nach Österreich kommt, für eine junge Frau in ihrem Zustand ist diese Gegend im Augenblick zu gefährlich. Er rät ihr, vernünftig zu sein, sich ins Unvermeidliche zu schicken und sich nicht in ihrer Melancholie zu gefallen.

Sophie verfaßt einen wütenden Antwortbrief. Léopold versteht nichts. Er ist ein Riesenrindvieh, sonst nichts. Und liebt sie nicht. Hat sie nie geliebt. Ist nicht mehr wert als seine widerliche Familie, die alles daransetzt, sie zur Verzweiflung zu bringen. Ah, wie sie sich auf den Tag freut, an dem sie Nancy für immer verlassen wird!

Nun gut, es ist beschlossene Sache. Sie geht auf alle Fälle fort, ob Léopold ihr nun hilft oder nicht. Geld wird sie schon auftreiben, notfalls die zwei oder drei Schmuckstücke, die sie besitzt, veräußern. Schlimmstenfalls wird sie sich zu Fuß auf den Weg über die Landstraßen machen und sich mit Abel an der Hand das nötige Brot zusammenbetteln. Sie erinnert sich an die Prophezeiung von Mademoiselle Lenormand: die Reisen ...

Sie schreibt Léopold:

»Die Reise, die mir bevorsteht, dauert sehr lange, aber ihr Ziel wird Ruhe und vielleicht Glück sein; übrigens habe ich soeben einen Brief von Doktor Labbé bekommen. Ich antworte ihm gleich und informiere ihn über meine Abreise, ich denke, ich kann eine Zeitlang bei ihm bleiben, um mich auszuruhen; Abel nehme ich mit; es wäre mir zu arg, ihn in einem Land zurückzulassen, von dem ich mich für immer verabschiede.«

Sophies Brief erreicht Léopold in Memmingen. Er ist sehr betroffen. In der Zwischenzeit hatte er ihr einen weiteren Brief geschrieben, in dem er ihrer Reise zustimmte und ihr hundertfünfzig Franc schickte.

Am 9. Juni antwortet er ihr wie folgt:

»Nein, Sophie, nein, du hast nie gewußt, welche Zuneigung Dir Dein Ehemann, der Dich immer abgöttisch lieben wird, entgegenbringt, wenn Du in Deinem Brief Deine Worte so wenig mäßigst; Du kennst seine Gefühle nicht, und die Deinen sind nicht die, die Du vorgabst zu haben. (...) Womit habe ich es verdient, sag mir, womit habe ich es verdient, so grausam behandelt zu werden, ich, der ich nie einen anderen Wunsch hatte, als Dir zu gefallen? (...)

Wenn Du Ruhe und Glück finden willst, sag Nancy meinetwegen Lebewohl; alle meine Wünsche galten immer nur Deinem Glück. Wenn es unvollkommen war, so stand es nicht in meiner Macht, das zu ändern; ich habe Deine Liebe mit größter Zärtlichkeit und Aufrichtigkeit erwidert; aber es war nicht mein Wunsch, Dich zu verlassen (Lügner!), und ohne es mir zu sagen, rechnest Du mir das als Verbrechen an. Das ist ungerecht; eines Tages, Sophie, wirst Du die Konsequenzen zu spüren bekommen ...«

Und dann, zu Sophies heller Empörung, der wahre Grund, warum Léopold sie in Nancy haben will:

»Du sagst Nancy für immer Lebewohl! Leider! So sollst Du wissen – würde ich es Dir sonst sagen? –, warum es mein Wunsch war, Dich dort wiederzusehen. Es kann sein, daß ich verletzt werde und mich nach Nancy bringen lassen muß; dort hätte Deine Pflege meine Schmerzen gelindert, vielleicht mein Leben gerettet. Dreihundert

Meilen von Dir entfernt kann mir das auch zustoßen, ich werde dann in ein Krankenhaus gehen, wo ich mit Kummer im Herzen und in tiefer und ewiger Liebe zu Dir einer Karriere, die mir unerträglich werden wird, ein Ende machen werde.«

In Wirklichkeit mag auch Léopold Nancy nicht besonders. Er möchte aber gern eine Stadt in der Nähe wissen, in der er sich pflegen lassen könnte. Wenn er auch einwilligt, daß Sophie ihr Kind in Nantes zur Welt bringt, so hofft er doch, daß sie danach nach Lothringen zurückkehrt. Sie raubt ihm aber schnell alle Illusionen:

»Ich staune, daß Du mir Nancy als Wohnort zuweist, obwohl Du weißt, wie wenig es mir dort gefällt und wie sehr Du selbst die Stadt verabscheust; wahrscheinlich für die Dauer Deiner Abwesenheit, aber Du täuschst Dich, wenn Du glaubst, daß ich dorthin zurückkehre. Bin ich erst einmal zu Hause, so rühre ich mich nicht mehr vom Fleck; es bleibt Dir unbenommen, zu mir und Deinen Kindern zu kommen, wenn Du mit uns zusammenleben willst. Leb wohl; laß es Dir gut gehen; ich umarme Dich, wie immer in Liebe . . .«

Weggetreten!

Léopold kann es nicht fassen. Sein nächster Brief ist ein langes Klagelied. Er sei »sterbenskrank«, wie er sagt, er habe eine »grausame Nacht« hinter sich, ein »glühendes Fieber« habe ihn nicht schlafen lassen.

»Sophie, bist Du es wirklich, die diese zutiefst verletzenden Zeilen verfaßt hat? Stammen sie wirklich aus der Feder derjenigen, die noch vor wenigen Tagen schrieb, daß sie das Leben ohne mich nicht ertragen könne, die mir empfahl, das meine um ihret- und unserer Kinder willen zu schonen? Wozu sollte ich es jetzt noch schonen?«

Er zögert nicht, sie mit einer Selbstmorddrohung zu erpressen.

»... mir ist das Leben heute eine Last, und heute nacht sah ich in der Glut des Fiebers mein Ende vor mir und war glücklich, und ich starrte auf die Todesmaschinen, die nicht für mich bestimmt waren, und es war mir eine Lust. Ich wollte ... blieb dann aber stehen, nicht aus Angst, ich hatte keine, sondern weil ich mir einbildete, Du liebtest mich noch und hättest diesen Brief nur aus Unüberlegtheit geschrieben, und ich habe gesagt: Ich muß warten, es hat noch Zeit, bis ich erkannt habe, ob ich ihr Herz verloren habe.«

Dieser Ton ist nun nicht gerade geeignet, Sophie zurückzuerobern. Doch als sie sich anschickt, Nancy zu verlassen, hält sie ein weiterer Brief von Léopold zurück.

»Fahre vorläufig nicht. Wenn Du noch in Nancy bist, triff keine Reisevorbereitungen. Dein Ehemann will Dich persönlich Deiner Familie als seine Frau vorstellen, wenn erst einmal Frieden ist. Wir rechnen mit einer Waffenruhe; käme es nicht dazu, wäre das das Ende der österreichischen Italienarmee, sie würde völlig aufgerieben. Fahr also nicht, in Kürze siehst Du mich wieder.«

Da sie nun jeden Tag mit Léopold rechnen muß, verschiebt Sophie ihre Abreise. Sie wartet. Die Wochen vergehen. Es wird Juli. Noch immer kein Léopold in Sicht.

Die Schwangerschaft wird für Sophie immer beschwerlicher, und immer weniger hat sie den Mut, sich mit Abel auf den Weg zu machen. Sie kann sich noch so oft sagen, daß Léopold die Hände gebunden sind, solange er in diesem Krieg kämpft. Daß sie seinetwegen in Nancy festsitzt, verzeiht sie ihm nicht. Auf seine Briefe reagiert sie nicht einmal mehr, obwohl diese immer leidenschaftlicher werden. Sie liest sie nur noch flüchtig, ist genervt von diesen geschwätzig-liebevollen Sätzen, auf die sie ohnehin nicht antworten könnte, denn Léopolds schwülstiger Stil liegt ihr nicht. Nie wird Sophie ihre lebhaften Empfindungen in Worte fassen können. Schüchternheit, Schamhaftigkeit, Stolz, ihr Feuer brennt im Verborgenen, und sie schweigt.

Bestimmte Bemerkungen von Léopold bringen sie allerdings zur Verzweiflung. Wenn er ihr zum Beispiel im Hinblick auf Abel schreibt:

»... was wäre aus Dir geworden, wenn Dich nicht die Liebe zur Mutter dieses geliebten Kindes gemacht hätte? Es nimmt in Deinem Leben einen kostbaren Platz ein, vertreibt Dir die Langeweile, beschert Dir außerdem ein Glück, auf das ich ganz und gar verzichten muß.«

Gewiß liebt sie Abel – welche Mutter liebt ihr Kind nicht? –, gewiß nimmt er in ihrem Leben einen wichtigen Platz ein, aber daraus zu folgern, sie wäre in Léopolds Abwesenheit nichts ohne dieses Kind, was für eine Anmaßung!

Er weiß natürlich nicht, um wen in diesem einsamen Sommer vor allem ihre Gedanken und Gefühle kreisen. Er weiß nicht, daß im Augenblick lediglich La Horie zählt, daß sie nur glücklich ist, wenn sie etwas über ihn erfährt, so zum Beispiel, daß er ein heftiges Gefecht unverletzt überstanden hat, zum Brigadegeneral ernannt worden ist oder Moreau ihn dazu ausersehen hat, die Waffenstillstandsverhandlungen in Pastdorf zu führen.

Léopold weiß nicht, daß sie, wenn sie sich jeden Tag auf die Post stürzt, dies in der Hoffnung tut, eine von La Hories Mitteilungen zu bekommen, die immer kurz sind, so als kritzelte er sie in aller Eile hin, auf der Ecke seines Sattels, ein oder zwei absichtlich belanglose Sätze, die sie gefahrlos unter den Augen ihrer Schwiegermutter herumliegen lassen könnte, deren geheime Bedeutung nur sie versteht: Wie Sie sehen, lebe ich und ich denke an Sie, *ma dame*. Und tausendmal am Tag, wenn sie allein ist, wenn sie aufwacht, wenn sie einschläft, formen ihre Lippen die Silben seines Nachnamens, die auszusprechen süßer und erregender ist als die Silben seines Vornamens: La Horie, Fanneau. Und sie fragt sich, welchem der beiden Namen sie den Vorzug gibt, welcher ihren Mund zärtlicher berührt, wenn er ihr über die Lippen kommt: Fanneau oder La Horie? La Horie oder Fanneau?

Natürlich hat sie weder Zeit noch Lust, Léopold zu antworten. Ab und zu überwindet sie sich und schludert einen Brief hin. Er spürt das und ist verstimmt. Im August beklagt er sich von Augsburg aus darüber:

»Heute morgen ist die Post gekommen: Ich habe alle Briefe für den Generalstab durchgesehen und akzeptieren müssen, daß ich als einziger keinen bekommen habe (...)

Viele Leute hier haben nur Mätressen, die keine Postsendung auslassen, um ihnen zu schreiben. Ich habe eine Frau, die ich über alles liebe, der zuliebe ich Eltern, Freunde und alles vernachlässige, und sie schickt zwei Briefchen in vierzehn Tagen.«

## *Juli 1800*

Sophie, deren Bauch immer runder wird, dämmert regungslos vor sich hin, und aus der ungewohnten Stille, die sie umgibt, taucht eine Erinnerung aus ihrer Kindheit auf, als Jean-François Trébuchet von den fürchterlichen Zyklonen auf den warmen Meeren erzählte, dem Schrekken aller Seeleute. Auf dem Höhepunkt des Zyklons, sagte er, tritt, ehe die Winde drehen, ein Augenblick völliger Stille ein, eine Ruhe und Unbewegtheit, als hole der Sturm Atem, um hernach um so heftiger zu wüten. Diese Stille, das Auge des Zyklons, empfindet Sophie als bedrohlich. Sie ist sehr müde. Alles ist ihr recht, alles gleich, sie schwebt über den Dingen. Ein leichtes Lächeln umspielt ihre Lippen.

Da nutzt die Schwiegermutter die Gunst der Stunde und erdreistet sich, es noch einmal zu versuchen: Abel muß getauft werden.

»Lassen Sie ihn doch taufen, wenn Ihnen das so wichtig ist«, sagt Sophie, »aber erwarten Sie nicht, daß ich mich darum kümmere. Ich bin zu müde.«

Doch Abel ist nicht im Auge des Zyklons. Mit seinen zwanzig Monaten weiß er genau, was er will und was nicht. In der Saint-Epvre-Kirche hat er über dem Taufbecken wie wild um sich geschlagen, und seine beiden Paten, sein Onkel François Hugo und seine Großmutter, hatten alle Mühe, ihn festzuhalten, während der verfassungstreue Priester Pagnant Wasser auf seine Stirn träufelte. Abel, ein freundliches Kind, das eigentlich nie weint, schrie wie am Spieß.

Als er nach Hause kam, hat er sich mit einem wütenden Blick auf seine beiden Peiniger seiner Mutter in die Arme geworfen.

»Sehen Sie«, sagt Sophie, »er ist wie ich, er mag die Priester nicht. Besonders nicht die, die einen Eid auf die Verfassung geleistet haben.«

Das Auge des Zyklons ist zugegebenermaßen nicht die einzige Erklärung für die Gelassenheit der sonst so ungeduldigen jungen Frau.

Denn es gibt da auch La Horie, der aus der Nähe oder Ferne ein Auge auf sie hat. Er weiß, wie sehr Sophie sich in Nancy langweilt, und da er sie aufgrund seiner militärischen und diplomatischen Aufgaben nicht so oft sehen kann, wie er eigentlich möchte, setzt er alles daran, Sophie in seine Nähe zu holen. Er hat einen Plan, dessen Gelingen nur von General Moreaus Hilfe abhängt. Da die beiden Männer eine verläßliche Freundschaft verbindet, zweifelt La Horie nicht daran, daß Moreau sie ihm gewähren wird.

Der Sommer des Jahres 1800 geht zu Ende. Es ist immer noch drückend warm. Léopold hat gewonnen: Sophie fährt zur Entbindung nicht nach Nantes. Am 16. September bringt sie einen zweiten Jungen zu Welt, genauso kräftig und gut geraten wie Abel. Er bekommt den Vornamen Eugène.

Zu diesem Anlaß ist Léopold nach Nancy gekommen. Er strömt vor Zärtlichkeit über: Sophie hat ihm noch einen Sohn geschenkt. Als er zudem noch erfährt, daß Moreau ihn soeben zum Hauptfeldwebel der Garnison von Lunéville ernannt hat, strahlt er vor Freude.

Kaum hat sich Sophie von der Geburt erholt, verläßt sie mit ihren beiden Kindern Nancy und fährt zu Léopolds neuer Garnison.

Lunéville, zehn Meilen von Nancy entfernt, ist eine kleine, aber sehr viel lebendigere Stadt. In der ehemaligen Residenzstadt von Stanislaus Leszczyński haben sich königliche Lebensart und ein gesellschaftliches Leben erhalten, das Sophie an die schöne Zeit in Nantes erinnert, als man noch Gespanne über die Place Graslin fahren sah. Da Lunéville eine wichtige Garnisonsstadt ist, wird das Leben auf den Straßen von den Bewegungen der Kavallerie beherrscht. Außerdem ist der Ort Lunéville für die Unterzeichnung des Friedensvertrags zwischen Österreich und Frankreich ausersehen worden, die im Februar nächsten Jahres stattfinden soll.

Und wen hat Joseph Bonaparte dazu bestimmt, dieses Abkommen im Namen Frankreichs auszuhandeln? Victor Fanneau de La Horie. La Horie auf dem Gipfel seines Ruhms. La Horie, der Held von Hohenlinden, den Moreau, noch im Schlachtgetümmel, zum Divisionsgeneral ernannt hat.

In Lunéville herrscht ein fröhliches Leben. Kein Abend ohne Fest. Die Gesellschaft besteht aus jungen Offizieren, die, oft nur knapp dem Tod entgangen, eine unbändige Lebenslust ausstrahlen. Eine sehr junge Gesellschaft: Die Generäle sind noch keine Vierzig, und Ludwig Cobenzl, der österreichische Botschafter, gilt mit seinen achtundvierzig Jahren schon als Greis.

Sophie und Léopold werden ständig eingeladen, und überall treffen sie auf La Horie, den Hugo in seiner großtuerischen Art nur noch »mein Wohltäter« nennt, was seine junge Frau zur Verzweiflung bringt. Und dies aus gutem Grund.

Unerträglich und entwaffnend zugleich, dieser Léopold, dem jede Finesse fehlt und der in maßloser Verschwendungssucht bedenkenlos den Rest seines väterlichen Erbes ausgibt: Kleider und Schmuck für Sophie und für sich selbst glitzernde Uniformen, mit denen er seiner hübschen Frau Ehre machen will.

Seit dem Brumaire ist ganz Frankreich bestrebt, neue Umgangsformen zu schaffen, die nichts als eine Kopie der Etikette und des Zeremoniells der Aristokratie zuzeiten des Ancien régime sind. Die neue Elite, deren Privilegien nun mit ihren Verdiensten und nicht mehr mit der Geburt begründet werden, ist eifrig bemüht, sich Raffinement und Manieren anzueignen, die sie ebenfalls nicht ererbt hat. Und Sophie, von Tante Robin nach vorrevolutionären Prinzipien erzogen, gilt in dieser Gesellschaft von »bourgeois gentilshommes« als Prinzessin, nicht anders als La Horie, der sich durch seine Erziehung und Bildung von seinesgleichen abhebt.

Sie und ihr Mann werden von Joseph Bonaparte, dem älteren Bruder des Ersten Konsuls, empfangen, der die junge Bürgerin Hugo überaus reizend findet. Der zukünftige König von Neapel und Spanien, er ist dreißig Jahre alt, hat eine häßliche, aber mit guter Mitgift ausgestattete Seifenhändlerstochter aus Marseille geheiratet. Ein Mann mit Bildung und heiterer Wesensart und im Gespräch geistreich und witzig. Er ist Rechtsanwalt und zugleich Autor des Romans *Moïna*, der vor zwei Jahren einen gewissen Erfolg hatte. Joseph, mehr Politiker als Militär, versteht sich nicht besonders mit seinem jüngeren Bruder, der in seinen Augen ein »Haudegen« ist, während Napoleon Joseph als einen »Sardanapal« bezeichnet, ohne es jedoch seinem älteren Bruder gegenüber an Respekt fehlen zu lassen. Das würde er als Korse nicht wagen. Joséphine ist abscheulich, findet Joseph, und ihr Verhalten eine Schande für die Familie. Das hindert ihn aber nicht daran, sich selbst mit seinen Mätressen in aller Öffentlichkeit zu zeigen. Aber bei einem Mann ist das eben etwas anderes.

Sophie erscheint auch auf den Bällen, die der junge General Clarke gibt; mit einer Begeisterung, die ihm als Iren wahrscheinlich im Blut liegt, kann er eine ganze Nacht durchtanzen. Und wenn er mit Sophie auf und davon walzt, sieht ganz Lunéville sie mit Léopolds oder mehr noch mit La Hories Augen.

Und indem man Sophie derart feiert und umwirbt, erwachen ihre Lebensgeister wieder. Vorbei die traurigen Tage von Nancy, als sie sich vor lauter Langeweile alt und häßlich gefühlt hat. Jetzt ist sie wieder die fröhliche junge Frau von neunundzwanzig Jahren, die mit einer gewissen Selbstsicherheit auch an Ausstrahlung gewonnen hat. Die Gegenwart La Hories, die Aufmerksamkeiten, die der junge General ihr immerzu erweist, das geheime und vollkommene Einverständnis zwischen ihnen und der erhabene Augenblick beginnender Liebe, den beide in gleicher Weise mit einem Gefühl von Verwirrung und Glück erleben, all das macht Sophie weich und nachsichtig, auch Léopold gegenüber. Sie geht geduldiger und sogar freundschaftlicher mit ihm um.

Noch aus einem anderen Grund verstehen die beiden sich jetzt besser. Léopold ist von seinen Aufgaben sehr in Anspruch genommen. Er verbessert seine Kenntnisse in der Kriegsführung, und seine neue Verantwortung absorbiert ihn tagelang und sogar ganze Nächte hindurch. Da er weiß, daß Sophie sehr umschwärmt und überdies mit ihren kleinen Kindern beschäftigt ist, hat er keine Bedenken, sie in Lunéville allein zu lassen.

Eines Tages sagt er zu ihr: »Solltest du in meiner Abwesenheit irgendwelche Unannehmlichkeiten haben, scheu dich nicht, La Horie zu Hilfe zu rufen.«

Danke für den Rat!

Sophie braucht La Horie gar nicht zu Hilfe zu rufen, denn er ist bei ihr, wann immer er Zeit hat. Süßer Frühling. Er macht mit ihr Spaziergänge in den Wäldern der Umgebung, in Parroy, Mondon oder Vitrimont, und dieses Mal – da kann man mal sehen, wie Frauen sind – hat Sophie nicht das Bedürfnis, die Landschaft schmollend an ihrer Bretagne zu messen. Hand in Hand mit Victor kommt ihr noch das kleinste lothringische Wäldchen wunderbar vor. Und sieh mal einer an, ist das nicht merkwürdig? Sophie, die bei Léopolds Kriegsgeschichten ungeduldig wird, ist fasziniert, wenn La Horie einen Angriffsplan, den er ihr erklären will, in den Sand einer Lichtung zeichnet. Er gibt Sophie auch andere Bücher zu lesen als die albernen Romane, die sie wahllos verschlingt, nur weil sie gerade in Mode sind. Mit ihm entdeckt sie die dramatischen Gedichte Ossians, von denen er ganze Seiten auswendig kann. Und Sophies bretonische Seele ist empfänglich für den keltischen Zauber von Personen, deren Namen sie an die ihrer Heimat erinnern: Minevane, Fingal, Kuthullin oder Bragela, Tochter von Sorglan.

Als junges Mädchen hatte Sophie sich vorgestellt, daß die Liebe etwas Wunderbares sein müßte. Die Romane, die sie las – einige waren höchst pikant –, verhießen unendliche Wonnen, nach denen sie sich, gesund wie sie war, mit allen Kräften ihres bäuerlichen Temperaments sehnte.

Leider trat, als sie Léopold heiratete, nicht ein, was die Romane versprochen hatten. Das also war die Liebe. War das alles?

Gewiß, der junge Hauptmann war leidenschaftlich. Zu sehr vielleicht, und seine besinnungslose Kraft verscheuchte jede Lust. Anfangs hatte Sophie sich gesagt, daß dieses geheimnisvolle Vergnügen, von dem die Bücher und Romanzen so viel Aufhebens machten, sich mit der Gewohnheit und zunehmender Geschicklichkeit wahrscheinlich langsam einstellen würde. Und sie hatte guten Willen gezeigt und abgewartet, doch vergeblich. Léopold mochte sich noch so auf sie stürzen, so gierig wie der Adler auf das Lamm, was sie erhofft und worauf sie aus tiefster Seele gewartet hatte, empfand sie nie.

Im Gegenteil, eine Art Widerwillen überkam sie. Immer wenn Léopold sich anschickte, »ihrer Schönheit«, wie er sich ausdrückte, »die letzte Ehre zu erweisen«, konnte die junge Frau sich des Gedankens nicht erwehren: Wenn es doch wirklich die letzte wäre! Aber Léopold schien ihre Zurückhaltung nicht einmal zu bemerken. Und mit zusammengebissenen Zähnen wartete Sophie darauf, daß der Tornado, der ihr alle Knochen brach und sie völlig zerschlagen zurückließ, endlich wieder abflaute. Nicht ein einziges Mal hatte sie – wie es in den Büchern so schön heißt – den Kopf verloren.

Sie sehnte den Augenblick herbei, da der Hauptmann aufhörte zu schnaufen und zu keuchen, diese grotesken Knurrlaute von sich zu geben oder wie ein Verdammter

Worte zu brüllen, die der Ton, in dem er sie ausstieß, dementierte: »Ah, du Luder, du! ... Ah, ich sterbe! Ah, ich soll's dir machen, nicht wahr?« Wenn er seine Lust befriedigt hatte und sich von ihr erhob, wie ein Pferd prustet, das seinen Durst gestillt hat und nun seinen Kopf aus der Tränke hebt, wenn er vierschrötig, kurz- und breitbeinig, siegesgewiß mit den Fäusten auf die Brust trommelnd ausrief: »Herr Gott, war das gut!«, dann schaute Sophie ihn an und wußte nicht, ob sie sich wundern oder schallend lachen sollte, und war darauf gefaßt, daß er im nächsten Augenblick ein Kikeriki ausstoßen würde.

Doch wann ereignete sich denn dieses Beben, dieser beseligende Rausch, diese Verzückung, dieser kleine Tod, in dem die Liebenden versinken, ganz eins, Zeit und Raum vergessend?

Mit der Zeit hatte Sophie sich gesagt, daß all diese Dinge nichts als dichterische Eingebungen waren. Literatenlügen, die aller Welt gelegen kamen und die seit Menschengedenken von Jahrhundert zu Jahrhundert weitergereicht wurden, um die Frauen dazu zu überreden, sich Übungen hinzugeben, die nur die Männer wirklich glücklich machten.

Sie hätte gerne andere Frauen zu diesem Thema befragt. Aber wen? Ihre Mutter war tot, Tante Robin konnte man vergessen, und ihre junge Tante Louise war spurlos verschwunden. Anne-Victoire Foucher zum Beispiel wäre in ihrer Prüderie vor Entsetzen sicher in Ohnmacht gefallen, wenn Sophie in ihrer Gegenwart ein solches Thema auch nur angeschnitten hätte.

Ja, die Liebesfreuden waren nichts als ein Köder. Ein universeller Betrug. Vergleichbar mit jenen Fettammern, die sie so lange – man hatte es ihr so eingeredet – für das köstlichste Gericht gehalten hatte, bis sie davon aß und merkte, daß es aus nichts anderem als aus einem Häufchen in Fett schwimmender Knochen bestand. Ja, mit der Liebe war es wie mit den Fettammern. Und so hatte sie sich mit einem schonungslosen Resümee ins Unvermeidliche gefügt: Die Liebe ist nur ein Augenblick, den man auf eine nicht sehr angenehme Weise hinter sich bringt, der es aber erlaubt, Kinder zu kriegen, was die Menschheit vor dem Aussterben bewahrt. Punktum.

Wie überrascht war sie deshalb, als La Horie sie in jenem Park in Paris und später in Nancy auf eine ganz unvorhersehbare Weise verwirrte.

Und hier in Lunéville nun wird dieses seltsame Entzücken nur noch größer und schöner. Victor braucht nur ihre Hand zu berühren oder sie auf eine bestimmte Weise anzusehen, schon fängt »es« wieder an. Ihr Blut gerät in Wallung, ihr wird heiß, sie fürchtet, ohnmächtig zu werden. Und merkwürdig, sie ist sich sicher, ja, sie würde ihre Hand dafür ins Feuer legen, daß sich hinter seiner Unbewegtheit das gleiche beglückende Gefühl verbirgt.

Und es ist, als empfänden beide so etwas wie Angst, die sie zwingt, sich in dem Augenblick, da sie einander am nächsten sind, voneinander zu entfernen. Es ist ein stummes sich Verfolgen, ein wie verabredetes gemeinsames Warten, eine Art Tanz, bei dem der eine einen Schritt vor und der andere einen Schritt zurück macht. Ein Hin und Her zwischen Ungeduld und Zurückhaltung, ein Spiel, das sie, einander verschworen wie nie zuvor, immer weiter treiben, als wollten sie das Verlangen nach dem anderen, wenn möglich, noch steigern und recht lange auskosten.

Der Frühling kommt mit Macht und ist wenig geeignet, sie zu beruhigen.

Eines Morgens im April wacht Sophie ohne besonderen Grund in einem Gefühl unbändiger Freude auf, und ein vollkommener Tag beginnt. Der Himmel ist blau, die Luft mild, die Kinder sind ruhig. Léopold, auf einer Inspektionsreise zu den Landesgrenzen unterwegs, kommt vermutlich erst in zwei Tagen zurück. Sie entdeckt sich in ihrem Spiegel, bereit für einen Tag voller Schönheit. Entspannte Gesichtszüge, volle Formen, glänzende Augen. Am Nachmittag wird ihr ein Kleid mit Weißstickerei gebracht, das sie sich in der Stadt von einer Schneiderin hat machen lassen. Sie will dieses Kleid heute abend zum erstenmal anziehen, wenn sie auf einen Ball geht, zu dem Victor sie begleiten soll.

Der Tag zieht sich hin, will gar kein Ende nehmen. Sophie kann den Abend kaum erwarten. Sie versucht, sich mit Lesen die Zeit zu vertreiben, gibt aber schnell auf, denn ihr Blick schweift wie geistesabwesend über die Zeilen, ohne daß sie deren Sinn versteht. Sie nimmt eine Stickerei zur Hand, legt sie aber bald wieder zur Seite, denn die Fäden verwirren sich unter ihren ungeduldigen Händen. Sie spielt mit den Kindern. Am Abend wäscht sie sie, gibt ihnen zu essen und umarmt sie zärtlicher als sonst. Und hopp, ins Bett. Es ist schon spät. Gebt acht, das Sandmännchen kommt. Schlaf, Kindlein, schlaf.

Endlich wird es Nacht. Sophie macht sich sehr sorgfältig zurecht, parfümiert sich mit Bouquet de la Sultane, einem erlesenen, vor allem nach Zitrone und Rose duftenden Parfüm, ein Tupfer hinter die Ohren, in die Armbeugen und Kniekehlen, ganz wie es Tante Louise machte, die sich so gut darauf verstand zu gefallen, das Luder. Das weiße Kleid ist ein Meisterwerk an Schlichtheit, ganz nach Sophies Geschmack. Sophie steckt sich jetzt zwei feine goldene Ohrringe mit einer Perle in die winzigen Löcher in ihren Ohrläppchen. Sie wird ganz nervös dabei. Warum läßt sich der eine Ohrring immer leicht durchstecken, während der zweite so widerspenstig ist? Mein Gott, wie dumm die Juweliere sind, daß sie nicht begreifen, daß man die Ohrringe besser von vorn durchsticht als von hinten, wo man nichts sieht.

Es wird Zeit, gleich kommt Victor. Sie kann ihn doch wirklich nicht darum bitten, ihr bei ihrem Ohrring zu helfen. Bei dieser Vorstellung gerät sie plötzlich ganz aus dem Häuschen. Victors Hände durchbohren mit dem feinen Goldstäbchen das Fleisch ihres Ohres ... Bin ich verrückt geworden, oder was ist mit mir los?

Und als er in großer Uniform erscheint – mit besticktem Kragen, über dem er das Kinn hochhält, und neuen Schulterstücken –, als seine Augen wie die schönsten Diamanten aufleuchten beim Anblick ihres weißen Kleides, ihrer nackten Schultern, ihres mit (falschen) Perlen durchwirkten Haarknotens, da begreift Sophie, daß sie ihr Ziel erreicht hat: Sie ist so schön wie noch nie. Jetzt versteht sie auch, warum sie seit dem Morgen ohne Grund leise vor sich hin singt und lacht.

Sie tanzen an jenem Abend nicht ein einziges Mal zusammen. Sie gehen sich aus dem Weg. Wenn die Dinge so stehen, wie bei den beiden, tut man nicht so, als umarmte man sich, berühren sich die Hände nicht vor aller Augen. Keiner nähert sich dem anderen, aber ihre Blicke treffen sich oft in der tanzenden Menge.

Schließlich bittet Sophie Victor, sie nach Hause zu begleiten (o süße Heuchelei: Als ob er sie allein gehen ließe!), und gibt damit das Zeichen zum Aufbruch. Ist sie müde vom vielen Tanzen? Nein. Aber ja, er kann den Wagen wegschicken. Sie hat auch Lust, durch die schlafende Stadt zu gehen. Die Straßen sind menschenleer, ab und zu hören sie im Vorübergehen ein Pferd in seinem Stall im Traume wiehern.

Stumm und befangen, aber fest entschlossen, gehen sie nebeneinander her. Sophie tut so, als merke sie nicht, daß er sie auf ihrem nächtlichen Spaziergang nicht zu ihrer, sondern zu seiner Wohnung führt, die sie noch nie betreten hat. Sie schweigen, aber, mein Gott, wie ihre Seelen übersprudeln. Sie gehen in ein finsteres Haus. Alles ist jetzt so einfach, so natürlich. Die Tür, die Victor öffnet, die dunkle Treppe, die er sie hinaufführt, und das Zimmer, das nur der Mond erhellt, und die Kleider, die um ihre fiebrig erregten Körper herum zu Boden fallen, und die zarten Hände des blinden Bildhauers, die vom Modell zum Ton und vom Ton zum Modell gleiten, das Gefühl des Wiedererkennens in den Fingerspitzen und die himmlische Verwirrung und das Delirium, das sie wachhält, bis im Morgengrauen der Weckruf ertönt, der die Reiter aus dem Schlaf reißt.

Ja, an einem Aprilabend in Lunéville entdeckt Sophie, daß alles, was in den Büchern über die Freuden der Liebe steht, bei weitem nicht an die Wirklichkeit heranreicht.

Das angenehme Leben in Lunéville konnte nicht ewig dauern. Das wäre zu schön gewesen. Als die Friedensverhandlungen abgeschlossen waren, hat man Léopold die Kommandantur der Garnison von Kleve angeboten. Aber er hat es vorgezogen, in den aktiven Dienst zurückzukehren, der einzige Weg, schnell befördert zu werden. Und so ist er nun wieder Bataillonschef bei der 20. Brigade, die in Besançon stationiert ist. Am Ende des Sommers wird Sophie zu ihm fahren.

Es ist Mai. Eines Nachmittags bittet Sophie ihren geliebten La Horie, sie an einen Ort außerhalb der Stadt zu bringen, wo sie ihm eine Mitteilung von höchster Wichtigkeit machen werde. Er braucht gar nicht in sie zu dringen, sie sagt ihm nichts, solange sie in der Stadt sind. Das, was sie ihm anvertrauen will, verlangt nach der Verschwiegenheit und Stille des Waldes.

Victor hat an diesem Tag eigentlich keine Zeit für sie, da er ihr aber nichts abschlagen kann und ihr diese Spazierfahrt so wichtig ist, auf denn nach Parroy!

Die geheimnisvolle Mitteilung scheint jedoch nicht unangenehm zu sein, denn die junge Frau strahlt über das ganze Gesicht, und sie kann ihre Freude nur mühsam verbergen.

Sie haben den Wagen am Waldesrand stehen lassen, und während das Pferd an den Zweigen eines Kastanienbaumes knabbert, bahnen sich Victor und Sophie einen Weg ins Unterholz.

Plötzlich bleibt Sophie stehen und baut sich vor ihm auf.

»Du mußt raten«, sagt sie.

»Ich weiß nicht, was du mir sagen willst«, erwidert Victor.

Da wirft Sophie sich ihm in die Arme.

»Wie glücklich ich bin«, sagt sie, »ich erwarte ein Kind!«

Einige Tage später hat Léopold Sophie abgeholt, um sie mit nach Besançon zu nehmen, mit ihr ihre zukünftige Wohnung auszusuchen und den Mietpreis abzusprechen.

Sie haben die Kinder in Lunéville zurückgelassen, und Léopold freut sich darauf, mit seiner Frau mehr als drei Tage »wie ein Liebespaar«, sagt er, allein zu sein. Das hat er lange entbehren müssen.

Sie lassen sich Zeit, streifen durch das Gebirge. Léopold hat einen Ausflug zum Donon vorgeschlagen, der höchsten Erhebung der Vogesen, von wo aus man einen herrlichen Blick haben soll.

Das Pferd quält sich die steilen Wege hinauf, und manchmal müssen sie aussteigen, um es zu entlasten. Die Luft ist mild, das Gebirge blau, man fühlt schon den Sommer kommen. Sophie ist bester Laune und pflückt einen Strauß kleiner malvenfarbener Blumen, die unter dem schattigen Blätterdach wachsen.

Plötzlich umschließen sie Léopolds Arme. Sie ist wie umzingelt, noch bevor sie Zeit hat, eine Bewegung zu machen. Sie hört, wie ihr Rock reißt und sieht über sich das Gesicht von Léopold, den die ihr wohlbekannte Raserei wieder einmal übermannt hat.

»Bitte, bitte, Sophie!«

»Du bist toll! Und wenn jetzt jemand kommt ...«

»Der Wagen ist weit weg«, sagt Léopold. »Wir sind mit den Vögeln allein.«

Und schon ist es zu spät, noch länger zu protestieren.

*Besançon, Januar 1802*

Seit dem Herbst bewohnt Sophie die erste Etage eines alten Hauses aus dem 17. Jahrhundert an der Place Saint-Quentin.

Dieses Mal geht es ihr gar nicht gut. Während die beiden ersten Schwangerschaften ganz normal verlaufen sind, macht diese ihr sehr zu schaffen.

Im November hätte sie das Ungeborene beinahe verloren, und der Arzt hat ihr verordnet, möglichst viel zu liegen, wenn sie das Kind austragen wolle.

Und Sophie hat gehorcht. Sie will das Kind haben. Einen Teil des Tages verbringt sie im Bett oder auf einer Chaiselongue, die Léopold ihr gekauft hat, damit sie sich dort tagsüber ausruhen kann.

Für Abel, jetzt drei Jahre alt, und den robusten kleinen

Eugène, der anfängt, überall herumzulaufen, wird Claudine, die Frau von Léopolds Burschen, in Dienst genommen. Eine andere junge Frau kommt oft vorbei und leistet Sophie Gesellschaft. Es ist Marie-Anne Delelée, die Frau von Jacques Delelée, Moreaus persönlichem Adjutanten.

Léopold wäre nicht traurig, wenn es dieses Mal ein Mädchen würde. Eine kleine Arnaudine zum Beispiel, er hat nämlich vor, seinem alten Freund Arnaud Muscar, mit dem er immer noch in Briefwechsel steht, die Patenschaft für sein drittes Kind anzutragen.

Sophie, die Muscar abscheulich findet, schmollt. Sie hat eine andere Idee: warum nicht La Horie bitten, diese ehrenvolle Aufgabe zu übernehmen? Ist er nicht, wie Léopold immer sagt, sein Wohltäter? Und während Léopold Muscar schreibt, richtet Sophie ein sehr förmliches Schreiben an ihren lieben La Horie.

»Lieber Bürger General,
Sie haben Hugo stets so viel Wohlwollen und meinen Söhnen so viel zärtliche Aufmerksamkeit entgegengebracht, daß ich es sehr bedauert habe, daß Sie nicht Taufpate meines letzten Kindes sein konnten. Da ich nun zum dritten Mal Mutter werde, würde ich mich freuen, wenn Sie Taufpate des Kindes würden, dessen Geburt bevorsteht. Dieser Freundschaftsdienst würde Sie nur wenig Mühe kosten.
Wiewohl es uns ein großes Vergnügen wäre, Sie bei uns zu sehen, wagen wir es nicht, Ihnen so eine lange Reise zuzumuten, zumal ich in einer so schlechten Jahreszeit, Mitte Ventôse, mit meiner Niederkunft rechne. Ich werde Madame Delelée fragen, ob sie uns den nämlichen Dienst erweist, um den wir auch Sie bitten; wir zweifeln nicht daran, daß sie sich sehr geschmeichelt fühlen würde, Ihre

Gevatterin zu sein. Für den Fall, daß uns die Genugtuung, Sie bei uns haben zu dürfen, versagt bliebe, hätte sicher der Bürger Delelée, unser gemeinsamer Freund, die Freundlichkeit, Sie zu vertreten und dem Kind einen Beinamen zu geben, dem Sie nicht widersprochen und den Sie so berühmt gemacht haben: Victor oder Victorine wird der Name des Kindes sein, das wir erwarten.
In Ihrer Zustimmung würden wir ein Zeichen Ihrer Freundschaft für uns sehen.
Nehmen Sie, Bürger General, die Versicherung unserer aufrichtigen Verbundenheit entgegen

Ehefrau von Hugo«

Sophie setzt sich mit ihrem Taufpaten durch. Muscar, der die Garnison von Ostende befehligt und dort eine Flämin geheiratet hat, ist von seinen Amtsgeschäften zu sehr in Anspruch genommen und zu weit von Besançon entfernt, als daß er dem Wunsche Léopolds hätte entsprechen können. La Horie hingegen hat mit Freuden eingewilligt, bei dem Baby »Pate zu stehen«.

*26. Februar 1802*

Halb elf Uhr abends. Gott sei Dank. Jemand sagt: »Es ist ein Junge.« Und Sophie hört einen leisen, schwachen und ganz zarten Schrei. Nein, noch nicht einmal einen Schrei. Das Quieken einer Maus.

Anne-Marie Delelée, die ihr bei der Geburt beigestanden hat und jetzt das Neugeborene wickelt, bricht in Tränen aus. Und Léopold, der gerade hereingekommen ist, sonst immer rot im Gesicht, wird ganz blaß. Warum bloß?

»Gott sei's geklagt, Madame«, sagt der Arzt, »es ist so

schwächlich, daß es nicht am Leben bleiben wird, fürchte ich.«

Da richtet sich Sophie auf ihren Ellenbogen auf, schaut auf das kleine Wesen, das leise quiekend mit seinen durchscheinenden Händchen herumfuchtelt, streckt die Arme nach ihm aus und sagt mit zusammengebissenen Zähnen: »Und ob es leben wird!«

Sie schlägt alle Ratschläge in den Wind. Sie will nicht, daß das Kind in die Wiege seitlich neben ihrem Bett gelegt wird. Sie fühlt, ja sie weiß, daß sie es nicht eine Sekunde aus ihrer unmittelbaren Nähe lassen darf. Sie öffnet ihre Unterjacke und legt sich das Baby auf die Brust. Mein Gott, wie klein es ist! Sie kann es ganz mit ihren beiden Händen umfassen. Und wie leicht es ist!

»Geht jetzt«, sagt sie. »Laßt mich allein mit ihm.«

Alle sollen das Zimmer verlassen. Auch Léopold. Auch die alte Wärterin, die man für sie geholt hat. Um das Notwendige zu tun, muß sie mit ihrem Baby, von dem sie nicht weiß, ob es überleben wird, allein sein. Und das Neugeborene ist eingeschlafen, kaum daß sie es auf ihren warmen Busen gelegt hat.

Trotz ihrer Müdigkeit und bedrohlicher Krämpfe behält Sophie das Kind die ganze Nacht bei sich, und beim Schein der Nachtlampe läßt sie kein Auge von ihm. Immer wieder prüft sie seinen kaum wahrnehmbaren Atem, berührt es zärtlich mit Lippen und Zunge, fleht, es möge am Leben bleiben. Kein Zucken, keine Verkrampfung des Kindes entgeht ihr.

Und als der Morgen kommt, weiß sie, daß sie gewonnen hat. Es atmet noch. Ja, seine Lippen machen sogar ein Geräusch, als wollten sie saugen. Da steckt Sophie ihm ganz vorsichtig ihre Brustwarze in den Mund, die es aus eigener Kraft noch nicht finden kann.

»Victor, mein kleiner Fanneau«, sagt sie.

Später wird das Baby auf einen Sessel gelegt, und seine Brüder dürfen kommen, um es zu besichtigen. Sprachloses Staunen der beiden Älteren, die glaubten, einen kleinen Bruder vorzufinden, oder das, was man gemeinhin so nennt. Der dicke Eugène, achtzehn Monate alt, findet als erster die Sprache wieder, zeigt mit dem Finger in Richtung Sessel und sagt: »Da, da, Baby, ba, ba!«

## Léopold Hugo an Victor Fanneau de la Horie

»Besançon, den 14. Ventôse im Jahr X

Mein lieber General,
wir, meine Frau und ich, haben den Brief erhalten, den Sie eigens an uns gerichtet haben, um uns mitzuteilen, daß Sie das Amt, das wir Ihnen angetragen haben, übernehmen wollen. Wir waren sehr empfänglich für die freundlichen Worte, die Sie gefunden haben, und sind für diesen Freundschaftsbeweis sehr dankbar.

Am 6. hat Brigadekommandeur Delelée Ihren Brief erhalten. Und am 7. haben uns die beiden Botschaften erreicht, die Sie an uns gerichtet haben. Am selben Tag hat meine Frau einen Sohn zur Welt gebracht. Die Entbindung ist glücklicher verlaufen, als meine Frau es nach einer besonders beschwerlichen Schwangerschaft erwarten durfte. Ich hätte Ihnen, mein lieber General, schon früher geschrieben, wenn ich Ihnen nicht von dem Befinden der Wöchnerin und des Neugeborenen hätte Nachricht geben wollen. Heute ist der achte Tag, und beiden geht es den Umständen entsprechend gut.

Wir haben das Kind nach Ihnen und Madame Delelée Victor-Marie benannt. Das ist in Ihrem und unserem Sin-

ne. Meine Frau wird Ihnen für all die Freundlichkeiten, die Sie ihr schreiben, noch selbst danken. Sie ist sicher, und ich schließe mich ihr an, daß Sie meinen Kindern das gleiche Interesse entgegenbringen, das Sie mir gegenüber bei jeder Gelegenheit bekunden.
Das, was Sie gerade getan haben, gibt Ihnen erneut Anrecht auf meine Dankbarkeit und soll die Freundschaft, die uns verbindet, noch festigen. Ich werde nichts unversucht lassen, mich Ihrer auch in Zukunft würdig zu erweisen, und ich hoffe, die Gefühle unversehrt zu bewahren, die Sie mir entgegengebracht haben.
Ich umarme Sie im Namen meiner Familie von ganzem Herzen

Hugo«

Unglücklicherweise untersteht Léopold in Besançon wieder einem Kommandeur, der ihm verhaßt ist und mit dem er vor zwei Jahren schon einmal so heftig aneinandergeraten war, daß er sich zu einer anderen Brigade hatte versetzen lassen wollen.

Oberst Guestard, dieser Lump, hat einen Weg gefunden, seinen Sold auf bequeme Weise aufzubessern: Während er per Regierungsdekret verpflichtet ist, alle Männer, die für eine Ausmusterung in Frage kommen, zu verabschieden, läßt sich der Oberst, von Skrupeln kaum geplagt, die Entlassung, die er kostenlos gewähren müßte, bezahlen. Das ist allgemein bekannt, und das schöne Beispiel macht sogar bei einigen seiner Untergebenen Schule.

Léopold, der die Gelegenheit gekommen sieht, sich seines alten Feindes zu entledigen, erhebt das Geschrei der beleidigten Unschuld. Er hetzt die Männer der Brigade gegen ihren Oberst auf und ermuntert sie, passiven Widerstand zu leisten, bis dieser Skandal aus der Welt geschafft ist. Es gelingt ihm sogar, Hauptmann Coppé von seiner Pflicht zu überzeugen, diesen Kommandeur, der ihrer Brigade Unehre macht, höheren Ortes anzuzeigen. Ein Bericht wird geschrieben, es kommt zu einem Skandal, und bald hallt ganz Besançon von der Affäre wider.

In Paris gelangt die Akte schließlich auf den Tisch des Kriegsministers, Monsieur Carnot, der bemüht ist, wieder Ordnung in die aufgeregte Brigade zu bringen. Wie er weiß, verabscheut der Erste Konsul derlei Geschichten. Carnot hat keine Lust, den Kopf dafür hinzuhalten. Er gibt also General Cervoni, dem Kommandeur der Garnison von Besançon, den Befehl, nicht nur den Denunzierten, sondern auch den Denunzianten sofort in Haft zu nehmen und beide vors Kriegsgericht zu stellen.

Was die 20. Halbbrigade betrifft, so wird man ihr ein wenig frische Luft verordnen und sie nach Marseille verlegen, um die Gemüter zu beruhigen.

Sechs Wochen nach ihrer Entbindung muß Sophie wieder die Koffer packen und sich auf den Weg machen. Léopold, der bei seinem Korps bleiben muß, ist vorgefahren und läßt sie mit den drei Kindern allein in einem Mietwagen zurück. Glücklicherweise ist die treue Claudine dabei. Sie paßt auf, daß Abel und Eugène keine Dummheiten machen, womöglich die Wagentüren öffnen oder was Kindern sonst in diesem Alter einfällt.

Sophie kümmert sich ausschließlich um den kleinen Victor, der sich nach den schweren Anfängen jetzt, wie es scheint, ans Leben klammert. Die ganze Reise über hält Sophie ihn im Arm. Zum Schutz vor Luftzug und Staub ist er sorgfältig eingepackt. Um die Stöße des Wagens aufzufangen, stützt sie sich mit einem Fuß auf einer Reisetasche ab und gibt ihm jedesmal, wenn er weint, die Brust.

Daß seine Mutter so ausschließlich das Baby umsorgt, scheint Abel, der ganz gefangen ist von den Bewegungen der drei Pferde, den hinzugestiegenen Gendarmen und der Landschaft, wenig zu kümmern. Um so mehr aber verübelt es ihr Eugène, der erst achtzehn Monate alt ist. Unentwegt quengelt er und zieht an Sophies Rock, um ihre Aufmerksamkeit auf sich zu lenken. Er weigert sich zu essen, jammert über Bauchschmerzen, und von Claudine, die sich seiner annehmen will, mag er nichts wissen. Er will nur eines: zu seiner Mutter, sich auf ihren Schoß setzen und an ihrer Brust trinken, wie das Baby.

Vergeblich erklärt sie ihm leise, daß Victor noch zu klein sei, um etwas anderes zu essen. Eugène läßt sich nicht überzeugen. Und daß er ein Großer ist, wie ihm Sophie und Claudine einreden wollen, im Glauben, das schmeichle ihm, schert ihn einen Dreck. Das Gegenteil will er: ein Kleiner sein, und Sophie soll ihn auf den Arm nehmen, wie sie es vor gar nicht allzu langer Zeit noch getan hat. Schließlich verliert Sophie vor lauter Müdigkeit die Geduld und explodiert; sie gibt Eugène einen Klaps. Der fängt an zu brüllen und mit den Füßen zu stampfen. Und aus Mund und Nase triefend, nimmt der Tiefgekränkte, den saugenden Eindringling vor Augen, den Daumen in den Mund. Wenn sie ihn doch bloß aus dem Wagen werfen könnte! Und zum Trost beschäftigt sich Eugène damit, die schmutzigen Borten von den Sitzen zu reißen und sie sich mitsamt Nägeln und Staub in den Mund zu stopfen.

Der schlechte Zustand der Straßen macht die Reise beschwerlich. Die Kinder sind auf die Poststationen versessen, wo sie herumtollen dürfen. Manchmal allerdings, wenn die frischen Pferde erst von der Weide geholt werden, müssen sie lange Wartezeiten in Kauf nehmen. Bei Einbruch der Nacht nehmen sie meist in wenig komfortablen Herbergen Quartier.

Doch am traurigsten macht Sophie der Gedanke, daß der Wagen sie mit jeder Umdrehung seiner Räder weiter von La Horie wegführt. Seit Wochen hat sie ihn schon nicht mehr gesehen. Manchmal schreibt er, aber seine Briefe sind an ihren Mann und an sie adressiert, und sie kommt nicht auf ihre Kosten. In Nancy oder Besançon konnte sie sich darauf freuen, ihn von Zeit zu Zeit zu sehen. Doch jede Hoffnung, ihn in nächster Zukunft zu treffen, schwindet angesichts der Entfernung zwischen diesem Exil in Marseille und Paris, seinem augenblicklichen Wohnort. Und während die Stöße des Wagens ihr fast das Rückgrat brechen, malt Sophie sich das Schlimmste aus: Fanneau stirbt, und sie ist nicht bei ihm, oder schlimmer noch, er heiratet eine dieser dummen Gänse mit ansehnlicher Mitgift, die um die jungen, vielversprechenden Soldaten herum ihre Intrigen spinnen. Das größte aller Übel ist die Abwesenheit. Vielleicht hat Fanneau sie schon vergessen. Vielleicht war er nur ein lichter Augenblick in ihrem Leben. Vielleicht sieht sie ihn nie wieder. Es würde ihr so gut tun, wenn sie weinen könnte, aber sie ist keine Frau, die weinen kann.

So fröhlich hat Sophie sich die Stadt Marseille nicht vorgestellt.

Vor allem hat sie das Meer mit seinem weiten Horizont wiedergesehen, der zu ihrem Leben gehörte, als sie noch ein Kind war, und wenn sie, um Léopold zu ärgern, auch sagt, dieses Meer ohne Gezeiten sei, verglichen mit ihrem Ozean, nichts als ein trüber Tümpel, geht sie doch gern mit Abel und Eugène auf der Kaimauer am Hafen entlang spazieren. Dort sind Menschen aus aller Herren Länder in oft seltsamer Aufmachung zu sehen, und im Wald der Masten entdeckt man Flaggen, die über alle Meere wehen.

Oft geht sie mit den Kindern bis zur Börse. Auf der Promenade, die dort hinführt, herrscht reges Leben, bis gegen halb fünf Trommelwirbel und Glockengeläut den Börsenschluß ankündigen. Jetzt ist es Zeit, nach Hause zurückzukehren, will man nicht riskieren, Unrat aller Art auf den Kopf zu bekommen, den die Hausfrauen aus dem Fenster werfen, ohne sich auch nur die Mühe zu machen, *passares!* zu schreien.

Ein Ort grenzenlosen Entzückens ist für Sophie der Blumen- und Obstmarkt, wo sich lärmend Gärtner, Gemüsehändler, Blumenmädchen und Obstverkäuferinnen tummeln, die jeden Morgen vom Land kommen. Und all die Farben und Gerüche der Früchte und Blumen, von denen sie viele nicht kennt und die sie in Le Petit-Auverné noch nie gesehen hat, versetzen sie in helle Begeisterung. Léopold, der nie etwas in schlichten Worten sagen kann, behauptet, hier seien sie im Reich Pomonas, und dort breite Flora, die Schwester an ihrer Seite, frisch und frühlingshaft herausgeputzt, ihren Flitter vor aller Augen aus.

Abends, wenn die Kinder im Bett sind, geht er mit Sophie zum Eis essen in den chinesischen Pavillon, das Ziel aller eleganten Spaziergänger.

An einem Sonntag im Sommer haben Léopold, Sophie und die beiden älteren Kinder eine Bootsfahrt zu der kleinen Insel gemacht, auf der Schloß If steht. Victor ist in Claudines Obhut zu Hause geblieben. In der Kapelle dort ist der einbalsamierte Leichnam von General Kléber beigesetzt, der in Ägypten ermordet wurde. Léopold wollte des bedauernswerten Mannes einmal still gedenken.

Ansonsten vertrödelt Léopold seine Tage nicht mit solch reizenden Spazierfahrten. Die meiste Zeit ist er für seine Brigade im Einsatz und legt einen besonderen Diensteifer an den Tag, denn als Soldat steht es um ihn zur Zeit nicht zum besten.

Die Affäre Guestard sorgt befremdlicherweise noch immer für einigen Wirbel. Aus seinem Gefängnis heraus hat sich der inkriminierte Oberst mit Zähnen und Klauen verteidigt. »Rufmord!« hat er geschrien, und da er kein Dummkopf ist, gewittert, aus welcher Ecke dieser Ärger kommt. Er hat seinerseits einen vernichtenden Bericht über Hugo verfaßt. Darin beschreibt er Léopold als brutal und streitsüchtig, wobei er alle möglichen perfiden Anspielungen macht, die gegen »diesen dicken Kommandeur, der den blauen Rock der Spartiaten in der Rheinarmee trägt«, gerichtet sind. Zudem zieht er seine soldatischen Fähigkeiten in Zweifel und beschuldigt ihn seinerseits, er habe sich ganz einfach an seine Stelle setzen wollen.

Als Léopold vom Inhalt dieses Berichtes erfährt, trifft ihn beinahe der Schlag. Ihm, nach all den Anstrengungen, die er auf sich genommen hat, um dem Vaterland in Gefahr zu dienen, nun so etwas! Oh, hätte er geahnt, daß mit seiner Berufung nach Besançon nur eine neue Flut an Kummer und Abscheu über ihn kommen würde, mit welcher Begeisterung hätte er die Kommandantur in Kleve angenommen!

Am meisten aber beunruhigt Léopold, daß Guestard seine Darlegungen mit der Forderung beendet, man möge Hugo in die Amtsstuben zurückschicken, aus denen man ihn nie hätte herauslassen dürfen, anstatt ihn in einer kämpfenden Einheit Unfrieden stiften zu lassen.

Das alles riecht meilenweit nach Entlassung.

Außerdem hat Oberst Guestard, um seinem Machwerk Nachdruck zu verleihen, eine Zeugenaussage von General Lecourbe beigefügt, die ebenso schmeichelhaft für ihn, Guestard, wie niederschmetternd für den Kommandanten Hugo ist, von dem er sagt, »er setze alles in Bewegung, um sich Geltung zu verschaffen«, und den er rundheraus als Intriganten bezeichnet.

In diesem Oktober des Jahres 1802 sieht Léopold sich selbst als einen vom Schicksal geschlagenen Mann. Mehr denn je von Wahnvorstellungen verfolgt, glaubt er sich von Feinden umstellt und weiß nicht mehr, was er tun soll, um die Geister, die er selbst gerufen hat, wieder loszuwerden. Er kann noch nicht einmal sein Korps verlassen, um den Versuch zu unternehmen, sich in Paris zu rechtfertigen.

Aber plötzlich hat er einen verblüffenden Einfall. Einen von jenen Einfällen, die nur ein leichtfertiger Ehemann haben kann.

Sophie traut ihren Ohren nicht.

»Du willst, daß ich zu La Horie nach Paris fahre?« fragt sie. »Du bittest mich darum?«

»Ich bitte dich nicht nur darum«, erwidert Léopold, »ich flehe dich sogar an. Nur du kannst mich retten. Du weißt, daß La Horie uns in Freundschaft verbunden ist ... Er wird dir nichts abschlagen ... Er hat maßgeblichen Einfluß auf Moreau ... Und außerdem ist er Victors Patenonkel; er kann den Vater seines Patenkindes in einer solch verzweifelten Lage nicht allein lassen ... Notfalls verschaff dir Zutritt bei Joseph ... Er hat mir in Lunéville immer wieder gesagt, wie reizend er dich findet. Defermon müßtest du aufsuchen und vielleicht Clarke ... Was soll ich sagen, tu, was du kannst. Wenn ich hier wegkönnte, um mich selbst zu kümmern ... Doch das ist jetzt kaum der rechte Moment. Man beobachtet mich, spioniert mir nach. Die Leute, die mich nicht mögen, könnten sich meine Abwesenheit zunutze machen.«

»Wann soll ich fahren?«

»Sobald wie möglich, morgen, mit der ersten Postkutsche, wenn es eine gibt; nur keine Minute verlieren.«

»Aber die Kinder, Léopold? Hast du auch an die Kinder gedacht?«

»Mach dir keine Sorgen«, sagt er, »Claudine ist da, und ich ja auch. Ich werde mit aller erdenklichen Liebe und Fürsorge auf sie achtgeben.«

Das ist doch nicht möglich, das muß eine Falle sein. Sollte er etwas gemerkt haben? Andererseits ist es nicht Léopolds Art, so etwas zu tun. Wenn er auch nur den geringsten Verdacht hätte, würde er explodieren – dazu kennt sie ihn gut genug. Er würde ein großes Gebrüll und Geheul veranstalten. Ein hinterlistiger Mensch ist er eigentlich nicht.

Es sei denn, er weiß alles und will einen Vorteil für sich herausschlagen? Aber nein. Solch eine schwarze Seele hat er nicht, das kann sie nicht glauben. Ihn macht nur sein Egoismus blind. Schickt er sie nach Paris, so tut er das in dem qualvollen Gedanken an seine Entlassung, die wie ein Damoklesschwert über seinem Kopfe hängt, und die Angst trübt ihm derartig den Verstand, daß er seine Frau in die Arme ihres Liebhabers treibt.

»Warum siehst du mich so an?« fragt Léopold.

»Nichts«, versichert Sophie, »es ist nichts.«

Am 28. November 1802 ist sie bei Tagesanbruch in die

Postkutsche nach Paris gestiegen. Léopold hat ihr geholfen, einen kleinen Koffer, der für vierzehn Tage reichen soll, zu sich hinaufzuziehen.

Ihre schlafenden Kindern und besonders Victor, der gerade neun Monate alt geworden ist, hat sie zum Abschied noch einmal fest umarmt. Sie hat ihnen nicht gesagt, daß sie verreisen würde. Sie wollte sie nicht beunruhigen und hätte es auch nicht ertragen, einen von ihnen weinen zu sehen.

Diesmal spürt sie keine Müdigkeit, während sie in der Postkutsche Richtung Paris rollt. Nie hätte sie geglaubt, daß sie noch einmal dorthin zurückkehren würde; nie hätte sie geglaubt, daß sie diesen Mann je wiedersehen würde.

Auf die Tage folgen die Nächte, und während sie durch Frankreich über Aix, Avignon, Valence gen Norden fährt, ist es, als ob sie bei jedem Posten, jedem Schlagbaum ein Stückchen von dieser Sophie Hugo aufgäbe und wieder zu einer Trébuchet würde. In Lyon hat sie das Magnetfeld, das sie zu ihren Kindern hinzieht, verlassen und gelangt in eine andere Zone, in der die Liebe ihre unwiderstehliche Anziehungskraft ausübt. Die Mutter ist der Frau, die Gattin der Liebenden gewichen. Die Mission, mit der Léopold sie betraut hat, ist nur noch ein Vorwand. Gewiß, unsere Betrügerin ist loyal und wird ihr möglichstes tun, um Léopold zu helfen, das Wichtigste aber scheint ihr zu sein, von dem unverhofften Geschenk, das ihr das Schicksal gemacht hat, nichts zu verlieren: die Möglichkeit, mit dem geliebten Mann zusammenzuleben, und sei es auch nur für wenige Stunden.

Und Léopold, der in dieser Geschichte unwissentlich zum Werkzeug des Schicksals wurde, kommt ihr plötzlich liebenswerter vor, verdankt sie doch ihm dieses Glück. An die Stelle des verächtlichen Mitleids, das sie so oft für diesen plumpen, lauten und so selbstherrlichen Ehemann empfunden hat, tritt eine gewisse Zärtlichkeit.

Entgegen allem Anschein kann Sophie mit der Lüge nicht gut leben. Noch unwohler aber ist ihr, wenn sie sich selbst verleugnen muß. Hätte sie ihn besser gekannt, hätte sie mit ihm – und sei es auch nur für drei Monate – zusammengelebt, bevor sie ihm ihr Jawort gab, hätte sie ihn dann geheiratet? Sicherlich nicht. Da sie diese Dummheit aber nun mal begangen hat, da sie La Horie zu spät begegnet ist, bleibt ihr nichts anderes übrig, als zu lügen, wenn sie der Stimme ihres Herzens folgen und gleichzeitig vermeiden will, Léopold zu verletzen, dessen Fehler vor allem darin besteht, nicht zu ihr zu passen.

Wie oft war sie schon kurz davor, ihm die Wahrheit zu sagen. Aber Léopold ist nicht intelligent genug und außerdem zu eitel. Er hätte sie nicht ertragen, und Sophies Offenheit hätte eine Konsequenz gehabt, die sie am allermeisten fürchtet: die Trennung von den Kindern. Léopold hätte sich mit Sicherheit auf diese Weise gerächt.

Der Stimme ihres Herzens folgen, einfach leben. Sophie ist voller Lebensfreude oder gar Lebenshunger, und unter dem Eindruck der grauenhaften Szenen, die sie als junges Mädchen miterlebt hat, ist dieses Gefühl noch stärker geworden. Seit ihrem ersten Lebenstag ist sie mit dem Tod konfrontiert. Die Menschen, die sie liebte, sind tot oder verschollen: Ihre Mutter starb, als sie noch ein Kind war, dann ihr Vater. Die junge Tante Louise, die wie eine auserwählte Schwester für sie war, hat sich in Luft aufgelöst. Und ihre Freunde und Cousins, all die, die in Nantes guillotiniert oder in den Wäldern der Vendee erschlagen wurden. Nicht von ungefähr wirbelt der Kopf von Mademoiselle de la Biliais durch ihre Alpträume. Diese düstere Jugend hat sie gezeichnet: Man wird ihr eine gewisse Härte vorwerfen. Auch ist sie zutiefst davon durchdrungen, daß man das Leben, brüchig und kurz wie es ist, hochhalten sollte, solange noch Zeit dazu ist. Daß man keine Minute dieses bedrohten, so kurzen Glücks verlieren darf. Die Zukunft wird ihr recht geben.

Sie hat also den unbequemen und beklemmenden Weg der Lüge, Verstellung und Doppelzüngigkeit gewählt – wozu ihr Sternzeichen »Zwilling« sie prädestiniert. Und darin wird sie überdies bestärkt durch den wunderbaren Satz von Sallust – aus seinen Werken holt La Horie, der Intellektuelle, sich seine lebenswichtige Nahrung –, den La Horie Sophie eines Tages wie eine kostbare Zauberformel gegeben hat, als sie sich ihm mit einer Schüchternheit, die sie kaum überwinden konnte, öffnete: »›Semper, in praelio, his maximum est periculum qui maxime timent. Audacia pro muro habetur‹, was bedeutet, mein Herz: ›Immer droht im Kampfe denen die größte Gefahr, die sich am meisten fürchten. Die Kühnheit ist wie ein Schutzschild.‹«

Und die junge dreißigjährige Frau aus der Provinz, die kaum größer ist als ein Kind, wird sich an diesem Satz festhalten, als sie völlig mittellos in ein Paris geworfen wird, das sie kaum kennt, zu einer Zeit, wo alleinstehende Frauen gut daran tun, sich einen festen Halt zu suchen. In ihrer Einsamkeit und Verwirrung wird ihr die Kühnheit oft wie ein Schutzschild sein.

Sie hat sich ihm so heftig und schnell in die Arme geworfen, daß sie zunächst nicht bemerkt hat, wie schlecht er aussieht. Er hat abgenommen. Er ist nervös. Seine Diamantaugen haben ihren früheren Glanz verloren. Victor Fanneau de La Horie hat sehr großen Ärger. Er will sein möglichstes tun, um Léopold aus dem Schlamassel herauszuholen, gewiß, doch steht das überhaupt noch in seiner Macht?

»Ich bin in den Tuilerien nicht mehr Persona grata, im Gegenteil«, berichtet er Sophie. »Bonaparte mißtraut Moreau, dessen volles Vertrauen ich genieße, wie du weißt. Die beiden waren Rivalen, und Moreau war schließlich der Verlierer. Mit einem Wort: Bonaparte weiß, daß er ihm feindlich gesonnen ist und will ihn ausschalten. Damit bin auch ich in Ungnade gefallen. Man hält uns für Jakobiner, und die haßt der *Gestutzte.* Er ist überzeugt – und das kommt ihm sehr gelegen – daß die Drahtzieher des Attentats in der Rue Saint-Nicaise unter den Jakobinern zu suchen sind.«

»Ich dachte, daß Bonaparte dich persönlich schätzt«, sagt Sophie.

»Das dachte ich damals auch, als ich für die Verbindung zwischen Moreau und der Rheinarmee sowie Bonaparte und Carnot in Paris zuständig war. Aber dann kam es zu diesem bedauerlichen Zwischenfall in Freisingen ...«

»Du hast mir nie davon erzählt.«

»Ich hatte der Sache keine Bedeutung beigemessen und weiß erst seit kurzem, daß ich mich getäuscht habe. Kurz zusammengefaßt, ging es um folgendes: An alle Divisionen war der Befehl ergangen, an einem festgesetzten Tag an den Ufern der Eiser in Stellung zu gehen. Alle befolgten den Befehl, nur Leclerc nicht, Bonapartes Schwager, wie du weißt. Leclerc schickte seinen stellvertretenden Divisionsgeneral mit der Mitteilung zu uns, er weigere sich, Freisingen zu stürmen, wie ihm von uns befohlen worden war, da Freisingen seiner Meinung nach eine uneinnehmbare Festung sei. Ich saß mit Moreau gerade bei der Arbeit, als der Stellvertreter kam. Meine Reaktion war sehr heftig, und ich ließ Leclerc bestellen, er habe die Befehle des Generalstabs nicht zu diskutieren und es liege in seinem eigenen Interesse, Freisingen so schnell wie möglich einzunehmen. Dies war auch Moreaus Meinung.

Leclerc mußte gehorchen, aber er war wütend darüber, daß ich ihn durch seinen Stellvertreter hatte zurechtweisen lassen. Am folgenden Tage ist er zu Moreau gekommen, um ihn um Sonderurlaub zu bitten, den dieser ihm aber ausgeschlagen hat. Der blöde Kerl ist daraufhin jammernd zu seinem Schwager gelaufen, der ihm seinen Urlaub gewährt hat.

Du kannst dir denken, daß Leclerc mir beim *Gestutzten* in Paris geschadet hat, wo er nur konnte. Vor kurzem habe ich erfahren, daß das auch der Grund war, warum Bonaparte sich geweigert hat, meine Ernennung zum Divisionsgeneral zu unterzeichnen, die Moreau in Hohenlinden ausgesprochen hatte. Er hat Leclerc offenbar in die Hand hinein versprochen, daß er dies auch in Zukunft nicht tun werde.«

»Und nur aus familiärem Groll?«

»Das frage ich mich auch. Vielleicht war ich ihm auch nicht botmäßig genug, oder vielleicht stört ihn ... mein Stammbaum. Dieser Emporkömmling kuscht vor den großen Namen. Wenn ich ein Rohan gewesen wäre, hätte er mich mit Samthandschuhen angefaßt. Er weiß, daß ich der Sohn eines Jakobiners bin, und verachtet mich, weil mein Adelsprädikat jüngeren Datums ist. Daraus leitet er das Recht ab, mich wie einen Domestiken zu behandeln, der ich aber nicht bin und auch nie sein werde!

Außerdem ist er von Hofschranzen umgeben, die es

sich zunutze machen, daß ich in Ungnade gefallen bin. Man hat ihn wohl geschickt daran erinnert, daß ich früher Beauharnais' Sekretär war, daß Joséphine mir die Ehre ihrer Freundschaft zuteil werden ließ, und alles, was auch nur entfernt mit Joséphines Vergangenheit zu tun hat, verstimmt ihn, übrigens nicht ohne Grund.

Zur Zeit bin ich gesellschaftlich isoliert. Dieser Mann tut unrecht daran, mich so zu behandeln. Ich war bereit, ihm nach bestem Vermögen zu dienen, aber *als Freund* zu dienen.«

In der Zwischenzeit hat La Horie in einer Straße ganz in der Nähe eine Unterkunft für Sophie gefunden. Ein möbliertes Hotel in der Rue Neuve-des-Petits-Champs Nr. 76, das zufälligerweise Hotel Nantes heißt. So war es nicht weit von ihrer Wohnung zu La Hories Pied-à-Terre in der Rue Gaillon Nr. 28. Anstand und Schicklichkeit wurden also nicht mißachtet.

Wenige Tage nach ihrer Ankunft in Paris hat Sophie ihrem Mann einen sehr lieben Brief geschrieben, um ihn zu beruhigen. Ja, es war sogar ein zärtlicher Brief, denn zuweilen haben die Abwesenden recht, abwesend zu sein. Und da sie ein etwas schlechtes Gewissen hat und, nun ja, zu den Frauen gehört, die vom anderen Treue verlangen, ohne es damit selbst allzu genau zu nehmen, bittet sie ihn inständig, brav zu sein. Es ist auch nicht verkehrt, gewisse Befürchtungen durchblicken zu lassen, um die Verdächtigungen eines Eifersüchtigen von sich selbst abzulenken.

Es wurde auch Zeit, ein Lebenszeichen zu geben, denn Léopold wird allmählich ungeduldig. Am 10. Dezember beklagt er sich in einer gefühlvollen Epistel im Stil der *Neuen Heloise*, daß er seit zwölf Tagen keinen Brief von ihr erhalten hat. Er versichert ihr, daß er sie liebe und an Tränen nicht spare, seit sie fort ist. Die Kinder sprächen jeden Tag von ihrer Mutter, vor allem Victor, der nach »meiner Mama« verlange. Schließlich erzählt er noch, daß er die Kleinen, um sie über die Abwesenheit ihrer Mutter hinwegzutrösten, mit Bonbons und Makronen vollstopfe, was seine beunruhigende Wirkung auf Sophie nicht verfehlt. Aber schließlich sind sie nicht in Lebensgefahr, das weiß sie, und erleichtert wendet sie sich wieder ihrem Geliebten zu.

Offensichtlich hat Léopold immer noch keinen Verdacht geschöpft, und was sein eigenes Verhalten betrifft, beruhigt er sie mit einem Satz, dessen doppelter Sinn nicht ohne Pikanterie ist, wenn man Sophies Lage kennt:

»... hinsichtlich meines jugendlichen Alters und der Verlockungen, die von dieser Stadt ausgehen, hast Du nichts zu befürchten; ich weiß nur allzusehr zu schätzen, was du tust, und werde Dir den Beweis dafür liefern. Wenn Du Deinen Gatten, Deinen Geliebten, der Dich anbetet, zum erstenmal wiedersehen wirst, werden seine Liebkosungen so rein, so offen, so ungestüm und so liebevoll wie die Deinen sein.«

Léopolds Briefe kommen in rascher Folge, aber die Antwort, auf die er so erpicht ist, bleibt aus. Am 16. Dezember und dann wieder am 29. klagt er darüber.

Am 1. Januar 1803 teilt er Sophie mit, daß er den Befehl bekommen habe, sich beim 1. Bataillon in Bastia einzufinden. Von Toulon aus braucht man vierundzwanzig oder sechsunddreißig Stunden bis nach Korsika.

»... Meine arme Freundin! Wie ich dieses Monstrum, das zum Teil der Grund für deine Reise ist, hasse! Und du sicher auch. Wenn du unverrichteter Dinge zurückkommen solltest, wirst du noch so eine weite Reise allein machen müssen. Mir wird ganz schwer ums Herz, wenn ich daran denke.«

Die »arme Freundin« kommt nicht rechtzeitig zurück, und Léopold schifft sich mit seinen drei Kindern, die er in Marseille nicht allein lassen kann, nach Korsika ein.

Mitte Februar erhält Sophie einen Brief aus Bastia. Zwar ist Léopold – dank La Hories Intervention? – nicht entlassen worden, aber er ist sehr enttäuscht, daß Guestard noch immer nicht in eine andere Brigade versetzt worden ist. Am 18. März fordert er Sophie zum erstenmal auf, zu ihm zu kommen, und gelobt ihr noch einmal die Treue:

»Es ist hier sehr riskant, Frauen den Hof zu machen, nicht nur weil wir eine Gefährdung durch Krankheiten, sondern auch Dolchstöße befürchten müssen. Doch abgesehen davon bist Du mir allzu lebhaft in Erinnerung, Dein Bild ist mir allzu teuer, als daß ich Dir Kummer machen könnte, und würdest Du dafür Vergeltung üben, müßte ich vor Schmerz vergehen.«

Sophie ist von diesem Brief nur in einem Punkte wirklich berührt: Eugène und Victor bekommen Zähne, und Victor sucht überall nach ihr.

Sollte La Horie Sophie, die liebende Mutter, so in seinen Bann geschlagen haben, daß sie dem Bild eines überall nach ihr suchenden Babys widerstehen kann?

Ja, so ist es. Und dies um so mehr, als es La Horie sehr schlecht geht, da er die Gunst des Ersten Konsuls zusehends verliert. Hatte es anfänglich so ausgesehen, als würde er eine glänzende Karriere machen, so läßt man ihn jetzt in peinigender Untätigkeit dahinvegetieren. Vergeblich hat er sich um eine Stelle im Außenministerium oder um die Übertragung eines Botschafterpostens bemüht. Der Konsul stellt sich taub.

Verachtet und in seinem Stolz gekränkt, wird der Siebenunddreißigjährige bitter. Um sein Gesicht zu wahren, verkündet er lautstark, ein wenig zu lautstark, ihm sei ein Fortkommen in seiner Karriere gleichgültig, er träume nur noch davon, sich auf seine Ländereien zurückzuziehen, um dort fernab der Tuilerien und ihrer Schändlichkeiten mit seinen Büchern ein Leben als Eremit zu führen. Für die Ehrungen, nach denen es die neuen Höflinge so gelüstet, hat er nur Verachtung. Trotzige Töne, nichts als trotzige Töne, die ihn teuer zu stehen kommen werden.

Mit dieser Haltung, die hochmütiger und »spartiatenhafter« ist denn je, reizt La Horie den Ersten Konsul bis aufs Blut. Der nämlich gedenkt, über seinen Hof zu herrschen, indem er ihn sich bei Bedarf mittels Titeln, Ehrungen und natürlich Auszeichnungen gefügig macht. Für die brandneue, ach so berühmte Ehrenlegion haben Moreau und seine Clique, die Bernadotte, Lecourbe, Oudinot und andere, nur Verachtung übrig, weil sie in ihren Augen eine Beleidigung des Gleichheitsprinzips darstellt.

Diese Generäle, diese »Spartiaten« vom Rhein – sie halten sich für rein und hart im Vergleich zu den Generälen der Italien- und Ägyptenfeldzüge, diesen Aristokraten des neuen Hofes, die sie als »Mamelucken« belächeln –, diese Generäle, allen voran Moreau, bringen den Konsul allmählich in Harnisch.

Die Einwände, die sie seinen Entscheidungen entgegenschleudern, sind ihm bekannt. So gehören sie zum Beispiel fast alle Freimaurerlogen an, und sie stehen der Wiedereinführung des Gottesdienstes ablehnend gegenüber. Sie scheuen sich nicht, in aller Öffentlichkeit zu sagen, daß sie das Konsulat auf Lebenszeit für einen neuen Despotismus halten. Er weiß, daß jede Maßnahme, die in den Tuilerien ergriffen wird, auf ihre Kritik stößt. Munkelt man nicht, daß Bernadotte sich nichts sehnlicher wünsche, als Moreau mit Hilfe eines Staatsstreichs an seine Stelle zu setzen?

In Sachen Staatsstreich weiß der *Gestutzte* Bescheid. Er kennt dessen Regeln und Entstehungsbedingungen. Plötzlich schnappt er ein feindseliges Gerücht auf und ist beunruhigt, denn dieses Mal könnte er es sein, der die Zeche bezahlen muß. Das mißglückte Attentat in der Rue Saint-Nicaise ist ihm eine Warnung gewesen; er muß auf der Hut sein. Voller Unruhe wittert er die Verschwörung, die sich da zusammenbraut, und er ist fest entschlossen, sie im Keim zu ersticken. Und als man ihm die anmaßenden Reden La Hories hinterbringt, reicht ihm das. Fortan begegnet er ihm mit dem gleichen Gemisch aus Mißtrauen und wachsender Wut, das er gegenüber Moreau an den Tag legt. La Horie bekommt das zu spüren, und sein Gemüt verfinstert sich zusehends.

Sophie aber tut alles, um ihn aufzuheitern, ihn aus seiner Depression herauszuholen. Sie ist untröstlich, den Mann, den sie als Helden von Hohenlinden kennengelernt hat und der vor Unternehmungslust sprühte, so niedergeschlagen zu sehen. Sie hat jedenfalls das Gefühl, ihn jetzt nicht allein lassen zu dürfen, und so beschließt sie, noch bei Fanneau zu bleiben, so traurig es sie auch macht, von ihren Kindern getrennt zu sein.

Zwar fehlt sie ihren Kleinen, auch muß sie befürchten, daß sie irgendwie an Verstopfung leiden werden, wenn sie sie wiedersieht, wozu der übermäßige Genuß von Süßigkeiten führt, mit denen ihr lieber Vater sie vollstopft, sie weiß aber, daß sie in der Obhut von Léopold und Claudine nicht in Gefahr sind. La Horie braucht sie in diesem Augenblick am dringendsten.

Sie beschließt, ihre Abreise zu verschieben. Und um

Léopold keine Erklärungen geben zu müssen, schreibt sie ihm gar nicht erst oder doch nur sehr selten.

La Horie sorgt für ihren Lebensunterhalt. Noch hat er die nötigen Mittel. Er ist kein armer Mann, im Gegenteil, denn zu seinem Sold kommen noch Prämien hinzu, die er wie die anderen Generäle nach Hohenlinden von Moreau bekommen hat. Er hat sich in Paris ein Haus in der Rue des Saussaies gekauft, das so viel abwirft, daß er bequem davon leben und sogar seine verwitwete Mutter noch unterstützen kann. Vor zwei Jahren hat er im Departement Eure in Saint-Just, nicht weit von Vernon, ein Schloß mit Ländereien erworben. Er will sich eines Tages dorthin zurückziehen. Denn wie Sophie hat er Sinn fürs Gärtnern.

»Saint-Just ist meine Renaudière«, sagt er.

Und wirklich, in Saint-Just ist er wie ausgewechselt. Er bekommt Farbe, entspannt sich und wird wieder der normannische Bauer, der er in seiner Kindheit war. Von seinem Vater, der Gestütwärter war, hat er die Liebe zu den Pferden geerbt; von seiner Mutter hat er den Sinn für Pflanzen; und mit seinen Zeitgenossen teilt er die Begeisterung für die Natur, die Bestellung des Bodens und die Einführung neuer Arten. Aus England hat er sich Bücher über das Säen, moderne Bewässerungsmethoden und das Beschneiden von Bäumen kommen lassen. Sein Traum ist eine Orangerie.

Bis jetzt hatte er kaum Zeit, sich um sein Landgut zu kümmern, und Jaillon, sein Verwalter, der während seiner Abwesenheit auf Saint-Just aufpaßt, kann nur die dringendsten Arbeiten ausführen: hier ein Dach reparieren, dort eine verstopfte Dachrinne saubermachen oder eine eingestürzte Umfriedungsmauer wieder aufbauen.

Das Schloß, eigentlich nur ein langgestrecktes einstöckiges, allerdings sehr weitläufiges Gebäude mit einem Schieferdach, war zeitweise unbewohnt und macht im Innern deshalb einen verwahrlosten Eindruck: überall von der Feuchtigkeit aufgequollene Holzverkleidungen und ausgeblichene Tapeten, die aus der Zeit des Herzogs von Penthièvre, des ersten Eigentümers, stammen.

Im Frühsommer ist Sophie zum erstenmal bei La Horie in Saint-Just zu Gast. Vor allem der Park hat es der jungen Frau angetan. Sie entdeckt ihn in seiner ganzen frühsommerlichen Pracht mit seinen Rasenflächen, die wieder zu Wiesen geworden sind und auf denen die Gräser bunte Farbtupfer bilden; mit seinen herrlichen Bäumen, seinem Unterholz, das über ein Netz von künstlichen Bächlein bewässert wird, die sich aus einer Quelle speisen und in ein Wasserbecken münden, auf dem zwei Schwäne friedlich dahintreiben.

In Saint-Just, wo Sophie nur Bilder, die nach ihrem Herzen sind, Gerüche von einst und unvergessene Empfindungen wiederentdeckt, wird ihre ganze Kindheit noch einmal lebendig: die warmen Dämpfe in den Stallungen; die mit den Vorderhufen ungeduldig scharrenden Pferde; das betäubende Aroma der Lilien in der Sonne und der noch zartere und betörendere Duft, den Pfeifenstrauch, Schafgarbe, Holunder und blühende Linden in den Abendstunden verströmen. Und der Gemüsegarten; die kleine Molkerei, in der Butter gemacht wird; die Frösche, die sich abends im feuchten Gras am Rande des Wasserbeckens tummeln; die Nachtigall, die sich die hundertjährige Rotbuche als Wohnsitz ausgesucht hat, deren stolzer Wipfel hinter dem Hauptgebäude in den Himmel ragt; die vorwitzigen Feldmäuse, die sich in der leerstehenden Küche tummeln; der Wiedehopf, der sich zum Herrn der Nacht macht, wenn die Nachtigall in ihren roten Blättern erschöpft zur Ruhe gekommen ist. Von all dem ist Sophie entzückt.

Ein Freudenruf beim Anblick der strahlend weißen, nach Vanille duftenden Rosenbüsche, die der Herzog, ein Rosennarr, dort vor dreißig Jahren gepflanzt hat; seitdem haben sie sich wild vermehrt, wo immer Wind und Vögel ihren Samen hingetragen haben.

»Die Rosen überleben uns«, sagt Fanneau. »Einen Rosenstock pflanzen. Vielleicht ist das die wichtigste menschliche Tat. Wir werden uns darum bemühen, wenn es dir recht ist. Überall Rosen, zu Tausenden. Ein Rosenfeld. Dann können wir ruhig sterben.«

Mittlerweile kann man in Saint-Just, fernab der Welt, ein autarkes Leben führen. Es gibt alles. Bücher in der Bibliothek, ein Cembalo für die Musik, Hasen im Park, Gemüse, Obst und am Ende einer Allee auf der westlichen Seite des Landgutes sogar zwei wohlwollende Gespenster: die romantischen Gräber der Guervilles, denen Saint-Just einmal gehörte und die es so sehr liebten, daß sie an diesem Ort, von dem aus man einen so schönen Blick über das Tal hat, begraben sein wollten.

Sophie und Victor haben eine besondere Vorliebe für diesen Spazierweg, vor allem für den kleinen Pavillon mit quadratischem Grundriß, an dem sie auf halber Strecke vorbeikommen. Aus welcher Laune heraus wurde er gerade hier in dieser Abgeschiedenheit errichtet? Wer zog sich hier in seinen Schmollwinkel zurück, gab sich ein Stelldichein oder überließ sich seinen Meditationen? Er ist zum Tal hin offen, hat eine in doppelter Drehung graziös geschwungene Treppe, und in seinen Mauern klingen noch frivole Geständnisse nach. Sophie schwört – was Victor aber nicht glauben will –, sie habe eines Tages sogar das Echo eines leisen Lachens gehört, obwohl niemand im Pavillon war.

Sie haben sich dort auf die noch warmen Steinstufen gesetzt und der heraufziehenden Dämmerung und dem

Zickzackflug der Schwalben zugeschaut. Sophie hat ihren Kopf auf Fanneaus Knie gelegt, und wie alles so ruhig und schön ist, zieht sich ihr plötzlich das Herz zusammen. Sie muß an ihre Kinder denken, die dort wohl gerade ins Bett gebracht werden. Dort, wo ist das? Wie schön wäre es, wenn sie jetzt hier bei ihr im Gras herumtollten. Abel, Eugène und du, Victor, mein Baby, wo seid ihr? Eine Träne rollt ihr über die Wange, und Victor beugt sich über sie und trocknet sie ihr mit einem Kuß. Er braucht nicht zu fragen: Er weiß den Grund.

Um sie auf andere Gedanken zu bringen, führt er sie herum und zeigt ihr, was er später aus Saint-Just machen will, wenn seine Situation sich geklärt hat. Er verwendet das Futur, um die bedrückende Gegenwart zu verscheuchen. Er sagt: »Sieh mal. Diese Bäume sind zu alt. Wir werden diese Allee mit Roteichen bepflanzen. Du wirst sehen, in zehn Jahren werden sie im Herbst über und über leuchten.«

Sophie ist nicht entgangen, daß Fanneau *wir* gesagt hat und *in zehn Jahren* …

Seit einiger Zeit ist Léopolds Briefen eine gewisse Verärgerung anzumerken. Zwar weiß er, daß Sophie nicht gerne schreibt, aber er findet doch, daß sie übertreibt. Es ist April. Seit zweiundfünfzig Tagen hat er keinen Brief mehr von ihr bekommen. Was sie bloß in Paris macht? La Horie hat zwar seine Entlassung abwenden, nicht aber seine Versetzung aus dieser verfluchten 20. Halbbrigade durchsetzen können, in der er sich so unwohl fühlt. Im Gegenteil, die angekündigte Bestrafung nimmt ihren Lauf. Erst das Exil auf Korsika, dann hat man ihm seine besten Mitarbeiter genommen und nach Santo Domingo geschickt, und jetzt schiebt man das, was von seinem Bataillon noch übriggeblieben ist, nach Elba ab. Er ist wirklich vom Schicksal geschlagen. Sophie hat jetzt Zeit genug gehabt, sich für ihn zu verwenden. Warum bleibt sie so lange fort? Sie könnte ihm doch wenigstens schreiben, Herrgott noch mal.

Man erwartet jetzt täglich den Befehl zum Aufbruch. Muß er die Kinder nach Elba mitnehmen, ohne die Rückkehr der Mutter abwarten zu können? Und wie kommt er mit ihnen dort zurecht, wenn die Insel, worauf man sich gefaßt machen muß, von den Engländern belagert wird?

Er bittet sie noch einmal inständig zurückzukommen. Und da er spürt, daß er sich an die Gattin vergebens wenden würde, gibt er sich alle Mühe, die Mutter in Unruhe zu versetzen. Dazu benutzt er vor allem Victor. Er schreibt, das Kind habe Zahnschmerzen, sei traurig und könne die korsische Frau, die mit ihm spazierengeht, nicht ausstehen. Er bittet Sophie, wenigstens Impfstoff mitzubringen. Mit dem bevorstehenden Aufbruch zur Insel setzt er sie unter Druck:

»Ich erinnere Dich daran, daß auf Elba ein stellvertretender Inspekteur gebraucht wird. Du mußt abreisen; solltest Du zu spät kommen, wirst Du Deine Kinder und Deinen Mann vielleicht lange nicht mehr wiedersehen. Und was würde dann aus Dir werden, meine unglückliche Freundin?

Sollten die Kampfhandlungen schon in vollem Gange sein, wenn Du diesen Brief bekommst, versuche, Dir einen neapolitanischen Paß zu besorgen. Der Marquis de Gallo kann Dir dabei behilflich sein. Oder einen österreichischen über den Grafen Cobenzl. In diesem Falle würdest Du über Livorno kommen.

Ich will meine Kinder nicht in der Obhut fremder Leute lassen; es mag ihnen in einer belagerten Stadt schlecht ergehen, wenigstens aber bin ich da und kann für sie sorgen.

Wie Du siehst, bin ich in einer schrecklichen Lage, doch wäre die Deine besser, wenn Dein Gatte und Deine Kinder ohne Dich auf dieser Insel festsäßen?«

Trotz dieses dringlichen Appells kommt Sophie nicht rechtzeitig zurück, und Léopold muß die Überfahrt mit den Kindern zur Insel Elba allein machen.

Am 18. Juli 1803 schreibt er ihr von Porto-Ferrajo einen langen Brief. Den Kindern gehe es gut, vor allem den beiden älteren, die eine so robuste Gesundheit haben, daß sie überall zurechtkommen.

»Victor ist wohlauf, aber schwach: Er bekommt Zähne, eine schwere Prozedur bei ihm. Und außerdem, fürchte ich, hat er Würmer. Ich habe Griechisches Kraut bestellt. Die Korsen schwören darauf. Es muß in diesen Tagen aus Bastia eintreffen. Er hat auf dem Kopf an einigen Stellen Schorf, doch das ist nicht weiter schlimm. Im übrigen kann er schon die Namen seiner Brüder, viele andere einfache Wörter und unter anderem auch seinen eigenen Namen sagen. Er kann schon ein paar Schritte alleine gehen, doch so hopplahopp, daß er nicht weit kommt. Er ist immer zufrieden, ich höre ihn selten schreien; man kann sich kein artigeres Kind vorstellen. Seine Brüder haben ihn sehr lieb.«

Der Ton ist abweisender, und Sophie hat das Gefühl, daß es an der Zeit ist, nach neunmonatiger Abwesenheit zurückzufahren. Für Léopold ist die Grenze des Erträglichen erreicht.

»Alle schimpfen mit mir, daß ich mich so selten sehen lasse; alle wundern sich darüber, daß Du nicht kommst und daß die Kinder bei mir sind. Es gibt Gerede, allerlei sickert zu mir durch, und ich sage kein Wort ...«

Gut. Es heißt nach Hause fahren. Und so nimmt Sophie – todunglücklich – die Postkutsche nach Marseille. Sie hat La Horie zärtlich geküßt und ihm versprochen, so bald wie möglich wiederzukommen. Er hat nichts gesagt. Als sie sich in der Cour des Messageries getrennt haben, bemühte er sich zu lächeln, doch Sophie hat das leichte Zittern in seinem Mundwinkel bemerkt, das bei ihm immer eine innere Bewegung verrät.

In Marseille nimmt sie das Postschiff nach Livorno, wo sie sich mit Léopold verabredet hat; er ist ihr mit den Kindern bis dorthin entgegengekommen.

Da stehen sie am Hafen, und das Schiff hat noch nicht angelegt, da sind Sophies Müdigkeit und Traurigkeit plötzlich verflogen. Sie hat sie von weitem erkannt. Artig aufgereiht stehen sie nebeneinander: Léopold hält Eugène und Abel an der Hand, und Claudine hat einen kleinen Blondschopf auf dem Arm, den sie nur mit Mühe wiedererkennt, so groß ist er geworden.

Kaum hat sie den Fuß an Land gesetzt, stürzen ihr der Vater und die drei Kinder entgegen und prügeln sich darum, wer sie als Erster umarmen darf, während Claudine, gefühlsselig und von diesem Wiedersehen ganz aufgewühlt, in ihre Schürze schluchzt.

Da verkündet Léopold seiner Familie nicht ohne Stolz, daß er eine Überraschung für sie habe: General Olivier hat ihn beauftragt, ein Kanonenboot, das die Königin von Etrurien dem Ersten Konsul unlängst zum Geschenk gemacht hat, nach Porto-Ferrajo zu bringen.

Sie werden also an Bord dieses Bootes gehen und bei ihrer Ankunft auf Elba für einiges Aufsehen sorgen, denn das Schiff wird von einer Abteilung des 85. Bataillons und nicht weniger als drei kriegstüchtigen Balancelles eskortiert. Und wer führt dieses Geschwader?

»Euer Papa, Kinder! Dein Gatte, meine liebe Sophie!«

Am folgenden Tag hat man bei Tagesanbruch die Segel gesetzt. Sie fahren an der toskanischen Küste entlang und erreichen den Piombino-Kanal. Alles läuft gut, es weht eine frische Brise.

Von ihrer tagelangen Reise und der kurzen Nacht erschöpft, hat sich Sophie mit dem kleinen Victor in der Kapitänskajüte schlafen gelegt. Da wird sie von zwei gewaltigen Detonationen und starken Stößen, die das ganze Schiff erschüttern, jählings aus dem Schlaf gerissen. Im ersten Augenblick glaubt sie, es sei ein Alptraum, doch von der Brücke dringt ein beängstigend lautes Geschrei herüber. Victor erschrickt und fängt zu weinen an.

Das Schiff geht unter, durchzuckt es Sophie. Sie springt auf, fährt hastig in ihre Kleider, nimmt Victor auf den Arm und eilt zur Brücke. In diesem Augenblick erscheint Léopold in heller Aufregung: »Wir sind noch einmal davongekommen. Wir werden nicht als Sklaven verkauft«, verkündet er.

Und mit gewichtiger Miene fügt er hinzu: »Ich habe gerade ein großes maghrebinisches Schiff in die Flucht geschlagen. Der Wind hatte nachgelassen, und wir sind nach Westen abgetrieben. Da sehen wir auf einmal, daß das algerische Schiff Kurs auf uns nimmt. Ich muß zugeben, ganz wohl war uns nicht in unserer Haut, denn wir haben nur ein Zweiunddreißiger-Geschütz, während der Kerl mindestens achtzehn Kanonen an Bord hatte. Doch du kennst mich ja, ich hätte nicht klein beigegeben, selbst wenn er dreißig gehabt hätte. Ich gebe den Befehl zu feuern und schüchtere ihn tatsächlich ein: Der Algerier hat eine Wende gemacht und die Flucht in Richtung Capraja ergriffen. Eine unserer Balancelles ist jetzt sicher schon in Porto-Ferrajo angekommen, und vor Anbruch der Nacht sind wir bestimmt auch dort. Du kannst dich ruhig wieder schlafen legen, ich bin bei dir.«

Und Léopold steigt wieder auf die Brücke, wo er mit seinen Männern die wilde Flucht des Maghrebiners feiert und sich darüber freut, daß ihm sein Geniestreich, wie er glaubt, bei Sophie nicht geschadet hat.

So gut sie sich in Marseille eingelebt hat, so sehr verabscheut sie die Insel Elba. Alles ist ihr hier zuwider.

Angefangen mit dieser Wohnung, Léopolds Residenz, und all ihren schlecht geschnittenen Zimmern, von denen der Hauseigentümer sogar eines noch zugeschlossen hat, um dort seine Sachen aufzubewahren. Und nicht das kleinste Stückchen Garten. Für die Kinder nur ein finsterer Hof zum Spielen.

Die Trennung von La Horie erfüllt Sophie mit Trauer. Doch das ist es nicht allein. Wenn sie mit solch mürrischem Gesicht herumläuft, so auch deshalb, weil ihr in Porto-Ferrajo alles unangenehm ist. Die Hitze, die sie so schlecht verträgt, der Schmutz auf den Straßen, der bestialische Gestank der Exkremente, die in der Sonne dampfen. Und diese Fliegen! Und die schwere Küche. Alles schmeckt nach Tomaten und Knoblauch. Und über alle Gerichte wird dieses schreckliche Olivenöl gekippt! Und die Leute hier machen einen solchen Lärm, daß man nachts nicht schlafen kann. Und die Männer, die sie unverschämt anstarren und sich dabei ungeniert zwischen den Beinen kratzen. Das Obst schmeckt fade, die Blumen duften nicht, und Léopolds Freunde sind alles andere als geistreich. Und vor allen Dingen die Frauen, so etwas Aufgetakeltes und Affektiertes!

Jeden Morgen gegen neun Uhr begleitet Claudine Abel und Eugène in eine Schule, die von einem Kapuziner geleitet wird, der ihnen das Lesen beibringen soll. Ein Kapuziner, das hat gerade noch gefehlt! Sophie, an deren Einstellung zur Kirche sich seit Nantes nichts geändert hat, kann diesen Mönch nicht ausstehen. Er sei falsch und habe einen übelriechenden Atem, sagt sie. Sie muß sich jedoch mit ihm abfinden, denn eine andere Schule gibt es nicht.

Victor ist ihr einziger Trost. Noch zu klein, um mit seinen Brüdern zur Schule zu gehen, bleibt er den ganzen Tag über bei ihr und weicht nicht von ihrem Rockzipfel, als fürchtete er, sie könnte wieder verschwinden. Ein liebes, zartes und verträumtes Kind, das nie weint. Er hängt zwar sehr an Claudine, doch seit Sophie wieder da ist, darf nur noch sie ihn füttern. Und wie Kinder nun einmal sind: Seit er seine Mutter wiederhat, bekommt er leicht und ohne Fieber seine Zähne. Seine ersten Worte hat er auf Korsisch gelernt, und in seinem Kauderwelsch kommen oft Sätze vor, die er bei der Frau, die ihn spazierenführt, gehört hat: »Vogliù mi latù ... Bajji me ... damni un fritadù« oder »micca anda dorme«. Und wenn sein Bruder Eugène ihn aus Eifersucht, weil Sophie sich ihm besonders zuwendet, heimlich zwickt, nennt Victor ihn »Cattivù«.

Sophie hat La Horie in einem Brief davon erzählt und hinzugefügt, daß sie die Absicht habe, so bald wie möglich zu kommen. Dann werde sie ihm zeigen, welche Fortschritte sein »Patenkind« gemacht hat.

Der bedauernswerte Fanneau kann Ablenkung gut gebrauchen, denn es steht schlecht um seine Sache. Im Spätsommer hat er vom Kriegsminister einen Brief erhalten, in dem dieser ihm ohne eine weitere Erklärung mitteilt, daß er zwangsweise in den Ruhestand versetzt und sein Sold von zweitausend auf zweitausendfünfhundert Franc heraufgesetzt werde.

Diese Maßnahme des Ersten Konsuls ist Beweis genug, daß mit einer Annäherung nun nicht mehr zu rechnen ist.

Verbittert hat La Horie dem Minister ein sehr herablassendes Antwortschreiben zugesandt, in der Hoffnung, dieses werde an Bonaparte weitergeleitet.

Und dann hat er einen sehr langen Brief an Sophie verfaßt, in dem er ihr in geschickt verschleierten Sätzen zu verstehen gibt, wie sehr sie ihm in Paris fehlt.

Dann hört sie nichts mehr. Jeden Tag wartet sie auf das Postschiff, doch vergeblich, eine Nachricht von ihrem geliebten Fanneau bleibt aus.

In Porto-Ferrajo hat sie um so weniger Lust zu bleiben, als sie dort soeben etwas entdeckt oder vielmehr erraten hat, was vielleicht in ihren Plan, mit den Kindern nach Paris zurückzukehren, passen könnte. Nach dem Abendessen, das sie immer gegen fünf Uhr einnimmt, macht die Familie Hugo ihren abendlichen Spaziergang. Ganz Porto-Ferrajo ist zu dieser Stunde auf den Beinen. Und die »Passegiata« wird immer wieder unterbrochen durch endloses Grüßen, Schwatzen und sich Spreizen.

Eines Abends stürzen die drei Kinder auf zwei Spaziergängerinnen zu, von denen die eine um die Zwanzig ist, während die andere ihre Mutter zu sein scheint. Sie begrüßen das junge Mädchen mit einem fröhlichen: »Guten Abend, Catherine!«

Léopold beläßt es, peinlich berührt, bei einem flüchtigen Gruß in Richtung der beiden Frauen. Dieses Versteckspiel ist Sophie natürlich nicht entgangen, und sofort fällt ihr die ordinäre Frische der Jüngeren auf. Irgendwie erinnert sie Sophie an das Mädchen, das Léopold in Châteaubriant im Schlepptau hatte. Ja, sie hat's: Sie hat etwas von dieser Louise Bouin.

»Wer ist das?« fragt Sophie Léopold.

»Catherine«, antwortet Abel ungefragt, und so ganz nebenbei fängt Sophie auch den vernichtenden Blick auf, den sein Vater ihm unmittelbar darauf zuwirft.

»Die Frauen da? Können einem leid tun«, sagt Léopold ausweichend. »Die Bürgerin Thomas und ihre Tochter. Der Vater war Verwaltungsdirektor des Krankenhauses. Man hat ihn, vielleicht zu Unrecht, beschuldigt, Gelder veruntreut zu haben. Seine Tochter ist zu mir gekommen und hat mich gefragt, ob ich die Sache nicht in Ordnung bringen würde, doch ich habe nicht viel für sie tun können.«

»Die Kinder kennen sie offenbar gut ...«

»Ja«, sagt Léopold noch unbestimmter. »Das geht bei Kindern schnell.«

Sophie dringt nicht weiter in ihn, doch diese Begegnung, diese neugierigen und unverfrorenen Blicke, mit denen das Mädchen sie im Vorübergehen gemustert hat, das ängstliche Gesicht der Mutter und die ungewohnte Wortkargheit Léopolds, all das geht ihr im Kopf herum.

Als sie mit Claudine am nächsten Tag allein ist, erkundigt sie sich unvermittelt: »Wer ist diese Catherine Thomas?«

Diese unerwartete Frage verwirrt Claudine ganz offensichtlich. Sie wird rot. Sie hängt sehr an Sophie und ist die Verschwiegenheit in Person; es quält sie, diese Frage beantworten zu müssen.

»Das Fräulein Thomas? Ach«, sagt sie, »nichts Besonderes.«

»Ist sie oft hier gewesen?«

Claudine antwortet, wie auf glühenden Kohlen: »Sehr oft. Ich bin sehr froh, daß Sie wieder da sind.«

Das genügt. Sophie weiß jetzt, was sie wissen wollte.

Am Abend dieses Tages bleibt Léopold eine Szene nicht erspart. Er hatte also, während sie, eine Trennung von den Kindern in Kauf nehmend, in Paris versuchte, seine Angelegenheiten in Ordnung zu bringen, nichts Eiligeres zu tun, als diesem Mädchen hinterherzulaufen, das sie, Sophie, noch nicht einmal als Zimmermädchen hätte haben wollen. Und das, während er ihr gleichzeitig in jedem Brief die Treue schwor!

Das läßt Léopold natürlich nicht auf sich sitzen. Wie kann sie es wagen, ihn einer solchen Schändlichkeit zu bezichtigen! Ist seine Reinheit nicht unvergleichlich, seine Zuneigung zu ihr nicht unantastbar, hat man je einen treueren Mann gesehen, einen, der seine Frau mehr liebt? Er kann ihr sagen, womit er seine Tage während ihrer Abwesenheit verbracht hat: Morgens hat er von sieben bis neun Uhr gearbeitet; von neun bis elf hat er Aufgaben für den Generalstab erledigt; von elf bis zwölf Italienisch gelernt. Und so ging es weiter bis zum Abend, und den hat er dann mit Lesen verbracht ...

Durch Sophies eifersüchtige Neugier fühlt sich Léopold halbwegs geschmeichelt, trotzdem beunruhigt ihn ihre Wut. Was geht in ihrem Kopf vor? Es stimmt, räumt er ein, daß das Fräulein Thomas ihn mehrmals besucht hat, aber nur aus Sorge um ihren Vater. Es stimmt auch, daß er freundlich zu ihr war. Sollte er das arme Ding, das sich hilfesuchend an ihn wandte, etwa hinauswerfen? Das ist nicht seine Art.

Ist Sophie eifersüchtig? Tief gekränkt vor allem. Dieser Mann, über den sie bedingungslos zu herrschen glaubte, tröstet sich über ihre Abwesenheit mit einer Leichtigkeit hinweg, die sie traurig macht. Das ist es. Und mit wem? Mit einer dahergelaufenen, ordinären Person, die zudem ihren Vorteil sicher genau kennt. Der Dummkopf! Und natürlich hat er sich mit diesem Abschaum aus dem Krankenhaus in aller Öffentlichkeit gezeigt. Da Claudine es weiß, ist in diesem verfluchten Porto-Ferrajo sicher jeder darüber informiert, wo die Leute ihre Tage damit zubringen, ihren Nachbarn hinterherzuspionieren und über sie herzuziehen. Wozu all die leidenschaftlichen Briefe, in denen er sie drängte zurückzukommen? Wenn sie Léopold gegenüber auch kein ganz reines Gewissen hat, so hat sie es doch wenigstens unterlassen, ihm ewige Treue zu schwören.

Und er hat die Stirn weiterzumachen. Er beteuert seine Unschuld, er heult. Er liebe nur sie, wolle nur sie. Verlorene Liebesmüh. Sophie ist verärgert und hat die Absicht, es zu bleiben, weil ihr das in den Kram paßt.

Ist sie in diesem Herbst des Jahres 1804 von der Untreue Léopolds wirklich überzeugt? Nicht unbedingt. Sie hat nur einen Verdacht, an den aber klammert sie sich, um ihre Eifersucht zu schüren und daraus die Kraft zu schöpfen, den gewünschten Bruch herbeizuführen.

Vor allem bietet sich ihr damit ein Vorwand, sich Léopold ein für allemal vom Leib zu halten. Er erlaubt ihr, sich den legitimen Annäherungsversuchen eines sehr temperamentvollen Mannes zu entziehen, der, wie anzunehmen ist, mehr als neun Monate enthaltsam gelebt hat.

Diese Ausrede kommt wie gerufen. Hatte Sophie nach ihrer Rückkehr alles getan, um Léopold abzuwehren, geschah dies, weil sie nicht zu den Frauen gehört, die zwei Männern gleichzeitig gehören können. Diese Unfähigkeit hat nichts mit Moral zu tun; ihr Körper sperrt sich. Sie ist La Horie treu, weil sie nicht anders kann.

Die lange Trennung von Léopold, ihre vollkommene Übereinstimmung mit La Horie haben sie ihrem Ehemann für immer entfremdet. Sie mag ihn gern, aber sie liebt ihn nicht mehr. Schlimmer noch: Seit sie La Horie liebt, ist ihr klargeworden, daß sie Léopold nie wirklich geliebt hat. Sie hat es einen Augenblick lang geglaubt, doch nun weiß sie, daß sie die Liebe mit ihm nur in einer Art Vorstufe, als ein Lehrstück, eine ungeschickte Übung, erfahren hat, woraus sie gewissermaßen ganz unberührt zu dem übergegangen ist, dem sie in einer ernsten und tiefen Liebe für immer verbunden bleiben wird.

Sie würde gerne offen mit Léopold darüber sprechen, ihn sogar um Verzeihung bitten, daß sie ihn in diese mißliche Lage gebracht hat, für die er jetzt bezahlen muß. Aber wie soll sie ihm das sagen, ohne ihn zu demütigen, ihn zu verletzen? Er ist ein einfacher Mann. Sie aber ist keine einfache Frau oder genauer gesagt, sie ist ganz einfach eine Frau, das heißt, ein zwangsläufig kompliziertes Wesen für einen Mann wie ihn, einen beleibten, vierschrötigen Soldaten mit dem Temperament eines Sanguinikers und einer sehr mittelmäßigen Intelligenz, der eher sentimental als sensibel ist. Der Beweis: Er hat noch nicht einmal gemerkt – und am liebsten würde sie ihm das zum Vorwurf machen –, daß ihre Seele, ihr Körper, ihr Herz einem anderen gehören.

Und da sie ihm nichts sagen kann, ihn nicht verletzen will, diesen Fettkloß, der immerhin der Vater zumindest zweier ihrer Kinder ist, nimmt sie ein weiteres Mal Zuflucht zur Lüge.

Seit ihrer Rückkehr geht sie ihm aus dem Wege, denn schon bei der Vorstellung, daß sich seine Hand auf ihren Körper legen könnte, wird ihr übel. Am Anfang hat sie wie alle Frauen, die nicht mehr verliebt sind, alle möglichen Ausreden gehabt: Müdigkeit, Migräne, Angst vor einer neuen Schwangerschaft, die Nerven, Unwohlsein und nicht nachprüfbare Unpäßlichkeiten aller Art. Und eine Zeitlang hat Léopold betrübt, jedoch voller Achtung vor der weiblichen Eigenart, die ihn um so mehr beeindruckt, als er nichts von ihr versteht, stillgehalten. Doch die Tage vergehen, und als Sophie sich immer wieder verweigert, kehrt er den kräftigen Burschen heraus und bedrängt sie. Er ist dazu übergegangen, Sophie als eine österreichische Stadt zu betrachten, die es einzuschließen gilt. Wo die Strategie fehlschlug, die Aufforderungen ohne Wirkung blieben, hat er sich auf die schonungslose Attacke, den Überraschungsangriff verlegt. Der Verehrer räumt dem Soldaten das Feld.

Eines Tages, als sie Mittagsruhe hielt, hat er sich kurz entschlossen auf sie geworfen, um, diesmal hinter verschlossenen Türen, die Umarmung von damals in den vogesischen Wäldern zu wiederholen. In äußerster Bedrängnis hatte Sophie sich dem Angreifer jedoch durch die Flucht zu den Kindern entzogen. Sie, die wegen einer Lappalie noch nie geweint hat, bricht in ein nervöses Schluchzen aus. Léopold hatte bei seinem Angriff eine Bahn ihres Musselinrockes zerrissen. Statt sich zu entschuldigen, hat er geprahlt: »Ha, ha, das ist ein gutes Zeichen! Weißt du, was wir Soldaten im Krieg zu sagen pflegen, wenn die Kanonen donnern? Wir sagen: ›Hörst du, der Musselin reißt!‹«

Léopold hat versucht, sie über die Gefühle, die er für sie hegt, zu beruhigen, hat sie angefleht, sich vor ihr auf dem Boden gewälzt, um sie versöhnlich zu stimmen, doch dann hat er plötzlich genug. Er gibt auf. Er wird alles tun, was sie will. Sie will nicht mehr in Porto-Ferrajo bleiben? Soll sie doch gehen. Sie will mit ihren Kindern in Paris leben? Einverstanden. Er hält sie nicht zurück. Im Gegenteil. Überrascht, einen so leichten Sieg errungen zu haben – sie hatte befürchtet, es würde schwerer sein –, zögert Sophie. Léopold, der das spürt, bestärkt sie in ihrem Vorhaben abzureisen. Es ist sicher besser so, und sie hat recht, die Kinder in Sicherheit zu bringen, denn die Festung von Elba gerät durch die Engländer in eine immer bedrohlichere Lage. Übrigens hat General Rusca, der Kommandeur der Festung, ihm kürzlich gesagt, er werde beim ersten Kanonenschuß Frauen und Kinder evakuieren lassen, damit sie nicht den Engländern in die Hände fielen. Außerdem könne sie sich in Paris um eine Stelle für ihn bemühen, denn er ist im Augenblick sicher, daß er entlassen wird und sein Regiment verlassen muß.

Freilich kommt Léopolds Meinungsumschwung nicht von ungefähr; er ist nicht so unschuldig, wie er tut. Wer könnte ihn deswegen tadeln? Er wäre sicher der treueste Ehemann gewesen, hätte er eine Frau gehabt, die seine Ehefrau gewesen wäre. Doch Sophie war zu lange fort, ihr Schweigen allzu entmutigend, als daß dieser Mann von einunddreißig Jahren den Verlockungen lange hätte widerstehen können.

Catherine Thomas hat in dem Kommandanten Hugo, dessen Frau man nie zu sehen bekam, schnell eine Gelegenheit ausgemacht, die es zu nutzen gilt. Trotz ihrer zwanzig Jahre weiß sie bereits genau, was sie will. Außerdem steht sie unter der Fuchtel einer Mutter, die sie unter die Haube bringen will, damit sie keine Not leiden muß. In Porto-Ferrajo laufen nicht viele interessante Männer im heiratsfähigen Alter herum. Also hat sie sich vorgenommen, ihn zu verführen, und das ging um so leichter, als Brutus, der Eitle, sich geschmeichelt fühlt, einer so jungen Person zu gefallen, die zudem so viel Verständnis für ihn hat.

Sophie gegenüber, die intelligenter und gewandter ist als er, hat Léopold sich immer recht unsicher gefühlt. Neben ihr wirkte er meist wie ein Klotz und fühlte sich von ihr irgendwie beherrscht.

Mit Catherine Thomas dagegen ist das Kräfteverhältnis

umgekehrt. In Léopolds Position und Alter ist es nicht schwer, die Bewunderung dieses Mädchens zu erringen, und Léopold ist weiß Gott einer, der Bewunderung braucht. Sie, die wie er selbst aus einfachen Verhältnissen stammt, spielt sich nicht als große Dame auf, wie Sophie das tut. Sie nimmt ihn ernst. Und wenn er ihr eine Schlacht beschreibt, in der er eine, man darf schon sagen, glänzende Rolle gespielt hat, würde sie nie gähnen. Im Gegenteil, sie ist begeistert und kann nicht genug bekommen, und diese Bewunderung hilft Léopold wieder auf die Beine. Er ist also doch der Held, der er immer hat sein wollen. Sehr vornehm ist das Mädchen zwar nicht, aber, potztausend, ganz schön aufregend! Sie weiß die Qualitäten eines wirklichen Mannes zu schätzen. Und wenn's ums Vergnügen geht, ist sie nicht faul, das kleine Luder. Manchmal muß er sie sogar zurückhalten. Und wie sie über seine Späße lacht! Er wird wieder der fröhliche Kerl, der er einmal war. Sie würde seinem alten Freund Muscar sicher gefallen.

*16. Februar 1804*

Endlich! Sie sind von Paris nicht mehr weit entfernt. Sophie ist außer sich vor Freude. Bei der Vorstellung, in weniger als zwei Stunden bei Fanneau zu sein, vergißt sie die Strapazen der Reise, das Warten an den Poststationen, die Aufenthalte an den Schlagbäumen, die zerbrochenen Räder und zerborstenen Deichseln, die ständige Angst vor Raubüberfällen und die Überreiztheit der Kinder, die genug von der ganzen Fahrerei haben. Zum Glück ist Claudine da. Sie hat sich entschlossen, der Kinder wegen bei Sophie zu bleiben.

Von Marseille aus, wo sie einen längeren Aufenthalt

hatten als vorgesehen, hat Sophie La Horie ihre Rückkehr mitgeteilt. Gleichzeitig hat sie im Hotel Nantes Zimmer reservieren lassen, um die Zeit zu überbrücken, bis sie eine Wohnung mieten kann. Doch darüber macht sie sich keine Gedanken: Fanneau hat sicher schon etwas für sie gefunden. Und bestimmt kommt er sie in der Cour des Messageries abholen.

Sophie fällt eine merkwürdige Ansammlung berittener Polizei auf, die immer größer wird, je näher sie Paris kommen.

An der Barrière d'Italie hält ein ungewöhnlich großes Aufgebot von Soldaten und Polizisten jedermann an und prüft peinlich genau die Passierscheine. Sogar Konsulatswachen sind da, die sich normalerweise nur im Umkreis der Tuilerien aufhalten.

Aber was ist denn das? Da läßt man doch tatsächlich die Reisenden zwecks Paßkontrolle aus der Postkutsche aussteigen. Die Polizisten zwingen die Kutscher sogar, die Gepäckstücke vom Deck des Wagens zu holen, um sie zu durchsuchen. Bei diesem Spielchen verlieren sie mehr als eine Stunde, und Sophies Nerven sind vor Ungeduld bis zum äußersten gespannt.

Der Wagen biegt in den Faubourg Saint-Marceau ein, fährt die Rue Mouffetard entlang, die Montagne Sainte-Geneviève hinauf und die Rue Dauphine wieder hinunter und über den Pont-Neuf. Überall fallen Sophie Menschenansammlungen vor großen, eben erst geklebten Plakaten auf.

In der Cour des Messageries herrscht das übliche Gedränge. Die Luft ist von Geschrei und Gelächter erfüllt, vom Knallen der Peitschen, von Glockengeläut und Rufen. Hühner gackern, Hunde gehen aufeinander los, Kinder weinen, Pferde wiehern. Händler mit ihren Bauchläden bieten Blumen und Kuchen an. Man küßt, umarmt und streitet sich. Aufgepaßt auf die Spitzbuben, die sich das Geschiebe, die Erregung oder die Erschöpfung der Reisenden zunutze machen: Mit unvorstellbarer Geschicklichkeit werden hier Uhren und Geldbörsen entwendet.

Wo ist er bloß? Wo ist Fanneau?

Sophies ängstliches Gesicht erscheint an der Wagentür. Auch hier passen Konsulatswachen und Soldaten auf und mustern die Neuankömmlinge.

Die Gepäckstücke werden abgeladen, die Pferde ausgespannt, und allmählich verläuft sich die Menschenmenge. Sophie läßt die Kinder bei Claudine. Sie sollen auf sie warten. Und sich nicht vom Fleck rühren. Sie ist gleich wieder da. Sie braucht nur ein paar Minuten. »Jetzt langt's mir aber, Victor! Ich sage dir doch, daß ich sofort wiederkomme!«

Sie geht zwischen den Gruppen hindurch, und jede Uniform läßt ihr Herz höher schlagen. Aber nein, es ist ja wahr, er ist jetzt sicher in Zivil ...

Sie muß sich in das Unabänderliche schicken: La Horie ist nicht da, und enttäuscht geht sie wieder zu der Stelle zurück, wo sie die Kinder unter Claudines Aufsicht zurückgelassen hat. Abel und Eugène sitzen auf einer Reisetasche. Victor ist todmüde und hat sich, am Daumen lutschend, in Claudines Röcke verkrochen. Diese wehrt, so gut sie kann, die Aufmerksamkeiten eines Militärs ab.

Plötzlich ist Sophie nur noch erschöpft. Jetzt überfällt sie die Müdigkeit, die von der Hoffnung, La Horie wiederzusehen, zurückgedrängt worden war. Es ist jedoch nicht der Augenblick, um schwach zu werden. Sie muß die Kinder in Sicherheit bringen. Es ist kühl und fängt an zu nieseln.

Sophie ruft eine Droschke heran und läßt das Gepäck aufladen. Zum Hotel Nantes! Und während der Wagen in

Richtung Rue Neuve-des-Petits-Champs fährt, versucht Sophie eine düstere Vorahnung zu verscheuchen. Sie redet sich ein, daß ihre Erschöpfung an allem schuld ist. Natürlich, vor lauter Müdigkeit sieht sie alles schwarz. La Horie ist zu vorsichtig, als daß er sich in eine gefährliche Lage bringen würde. Ihr Vertrauen zu ihm ist so groß, daß sie nicht einen Augenblick daran denkt, Gleichgültigkeit oder Überdruß könnten der Grund für sein Fernbleiben sein. Es wird eine ganz einfache Erklärung geben: Er hat ihren Brief nicht erhalten. Das ist nichts Außergewöhnliches. Die Post geht manchmal verloren, besonders, wenn sie von so weither kommt.

Es beunruhigt sie jedoch, daß der Brief, den sie mit derselben Post an das Hotel Nantes geschickt hat, angekommen ist. Die Angst kehrt wieder, schlimmer als zuvor. Wenn Fanneau ihren Brief bekommen hat, warum ist er dann nicht da? Es wäre vernünftig, sich ein wenig zu erfrischen, zu Abend zu essen und ins Bett zu gehen. Aber Vernunft und Ungeduld waren noch nie ein verträgliches Paar, und Sophie läßt die Kinder in Claudines Obhut zurück. Sie hüllt sich in ihren Schal, um sich vor dem Regen zu schützen, rafft wie die Frauen aus dem Volk ihre Röcke hoch, damit sie nicht durch den Schlamm schleifen, und läuft zur Wohnung ihres Geliebten in der Rue Gaillon. Von weitem schon sieht sie die Bekanntmachungen, die an seiner Toreinfahrt kleben. Zwei Plakate mit schwarzen Lettern auf weißem Grund, die sich im Regen langsam von ihrem Untergrund lösen. Ihr waren schon auf der Fahrt durch Paris diese Anschläge aufgefallen. Diese hier sind wahrscheinlich die gleichen.

Obwohl es jetzt stärker zu regnen beginnt, bleiben Neugierige davor stehen und lesen. Sophie kommt näher, der Schal verhüllt ihr Gesicht. Fanneaus Fensterläden in der zweiten Etage sind geschlossen. Ein Polizist geht vor der Tür auf und ab.

Sophie schlüpft zwischen den Gaffern hindurch, liest und wird weiß im Gesicht, so weiß wie die Plakate.

Das eine ist ein von Murat, dem neuen Gouverneur von Paris, unterzeichneter Tagesbefehl. Es wird bekanntgegeben, daß fünfzig royalistische Räuber, mit Georges Cadoudal und General Pichegru an der Spitze, in Paris eingefallen seien, um den Ersten Konsul zu ermorden. Es heißt ferner, der Anführer der Verschwörung, General Moreau, sei verhaftet worden.

Das andere Plakat, das die Unterschrift der Polizeipräfekten Dubois trägt, fordert alle rechtschaffenen Bürger auf, diese gefährlichen Räuber anzuzeigen, diese Monstren, denen nirgends auf der Erde Asyl gewährt werden dürfte. Dann werden die »Monstren« namentlich aufgeführt. Sophie erkennt darunter ganz ähnliche Spitznamen, wie ihre Chouans sie haben: Victor Delville, Deroc, Tamerlan oder Tata genannt, blauer Rock, haselnußbrauner Soldatenmantel ... Lelan, genannt Brutus, und Ruzillon, bei den Räubern unter dem Namen Major Dickwanst bekannt. Da ist der Bandenführer Grand-Jacques, mit dem Beinamen der Gerechte, und Rohu und Colliton, die Mimose genannt. Und dann der Name, der ihr einen Stich ins Herz gibt: La Horie, General, aus dem Dienst entfernt, Anstifter und Moreaus Ratgeber, flüchtig.

Flüchtig! Gott sei Dank, es ist ihm gelungen zu fliehen. An dieses Wort klammert Sophie sich, um die Hoffnung, Fanneau eines Tages wiederzusehen, nicht ganz zu verlieren. Wenn er also entkommen ist, ist vielleicht nicht alles verloren.

La Horie ist geflohen, aber nicht sehr weit. Zwei Tage später wird Sophie ein verschlossener Brief übergeben, der nicht mit der Post gekommen ist. Nur eine kurze Mitteilung: »Finden Sie sich heute um fünf Uhr bei Monsieur de La Mothe-Bertin ein, Rue de Clichy Nr. 19. Ein Freund erwartet Sie dort.«

Es fehlt der Namenszug, Sophie hat Victors Schrift jedoch erkannt.

Zur festgesetzten Zeit rennt sie los, nein, sie fliegt, wirft sich in eine Droschke und läßt sich zur angegebenen Adresse fahren.

Er befindet sich in einem Zimmer mit geschlossenen Fensterläden. Wie abgezehrt und blaß er aussieht! In wenigen Monaten gealtert. Seine Augen glänzen fiebrig, seine Wangen sind eingefallen, doch wie kraftvoll umarmt er die Frau, die er liebt. Ihre Hände verschränken sich, tief aus seiner Brust steigt ein trockenes Schluchzen auf. Nun ist sie da, und alles andere ist unwichtig, sagt er. Und er fühle, wie seine Kräfte wiederkehrten, wenn sie da ist.

»Erzähle«, sagt Sophie, »ist es schlimm?«

»Unter einem Tyrannen ist alles schlimm«, antwortet La Horie. »Der Kerl träumt nur noch von seiner Krönung. Er will König werden, darunter tut er's nicht. Doch die Royalisten sind auf diesem Ohr taub. Die Emigranten aus England, die sich um den Grafen von Artois scharen, wollen dem Korsen ans Leder, was ihnen in der Rue Saint-Nicaise um ein Haar gelungen wäre. Diesmal war es eine Verschwörung von erheblichem Ausmaß. Cadoudal, der Anführer der Chouans, und der Ex-General Pichegru sind im letzten Sommer, von England kommend, in Frankreich gelandet. In der Bretagne und in der Normandie haben sie an die dreißig Getreue um sich versammelt, Leute, die von der Chouannerie noch übriggeblieben sind. Sie hatten Geld und Waffen und in den Provinzen und in Paris zahlreiche Helfershelfer. Ihr Ziel war, Napoleon zu entführen, ihn auf eine Insel zu deportieren und an seine Stelle einen Bourbonen, Ludwig XVIII., vormals Monsieur, zu setzen.

Doch wenn der Staatsstreich gelingen sollte, brauchten sie Soldaten. Sie haben an Bernadotte, Brune, Augereau gedacht, von denen sie wußten, daß sie dem *Gestutzten* feindlich gesonnen sind. Vor allem aber wollten sie Moreau haben, der bei seinen Soldaten sehr beliebt ist. Sie wissen, daß er in Paris mindestens sechstausend Offiziere hinter sich hat, die unter seiner Führung bereit sind, den Ersten Konsul zu stürzen.

Es hat eine Sammlungsbewegung der Bretonen gegeben«, fährt La Horie fort. »Georges Cadoudal, der dasselbe Gymnasium wie Moreau besucht hat, zweifelte nicht daran, daß Moreau sich anschließen würde. Ende Januar hat ein geheimes Treffen mit Pichegru stattgefunden. Moreau hatte mich gebeten, zum zweiten Gespräch dazuzukommen. Ich war nicht lange dabei: Ich mag Pichegru nicht. Ich hatte ihn seit dem Jahre III übrigens nicht mehr gesehen. Heute jedoch werde ich beschuldigt, die anderen zu dieser Unterredung angestiftet zu haben. Das ist nicht wahr. Ich schwöre dir, daß das nicht wahr ist. Auch Moreau hat mich bei dieser geheimen Zusammenkunft enttäuscht: Er war bereit, bei der Verschwörung mitzumachen, doch nur aus Eigennutz. Er wollte Ludwig XVIII. nicht. Er wollte sich selbst an Bonapartes Stelle setzen. Er hat sich mit den Royalisten nicht vertragen.

Bonaparte kommt um vor Angst; es ist der siebte Versuch, ihn ins Jenseits zu befördern. Anfang des Monats hat er seine Schergen losgelassen. Innerhalb weniger Tage hat eine massive Polizeikontrolle jegliches Leben in Paris erstickt. Man überwacht, durchsucht, öffnet Briefe, überall laufen Spione herum, und die Berichte für die Tuilerien häufen sich. Jagd auf die Royalisten machen wie auf Kaninchen, so lautet der Befehl. Fouché will sich beliebt machen, und Savary ist übereifrig. Um die Verhafteten zum Sprechen zu bringen, kommen dank Bonaparte die guten alten, im Mittelalter so erfolgreichen, in der Zwischenzeit jedoch abgeschafften Foltermethoden wieder zu Ehren: Die Daumen werden mit einem Gewehrhahn zusammengedrückt, bis das Fleisch zerquetscht ist und die Knochen zermalmt sind. Jeder Heroismus hat seine Grenzen. Bei dieser Behandlung lösen sich die Zungen, und die abgepreßten Denunziationen ziehen neue Verhaftungen nach sich.

Zwei Tage vor deiner Ankunft ist Moreau verhaftet worden, als er morgens von seinem Schloß Grosbois zurückkam. Er sitzt im Temple-Gefängnis. Frenière, sein Sekretär, ist geflohen, aber man hat deinen Freund Jean-François Normand festgenommen, dem es gelungen war, sich in Moreaus Generalstab einzuschleichen.

Ich habe so wenig damit gerechnet, in diese Geschichte hineingezogen zu werden, daß ich an dem Tag, als Moreau verhaftet wurde, seelenruhig bei mir zu Hause saß.

Nach meiner Pensionierung, die durch nichts gerechtfertigt war, glaubte ich, daß Bonaparte das Kriegsbeil mir gegenüber begraben hätte, doch die Rachsucht dieses Mannes ist grenzenlos.

Am Abend des 14. Februar haben Freunde mich gewarnt: Ich sei auf der Fahndungsliste. Daraufhin beschloß ich zu fliehen. Das war mein Glück, denn kaum eine halbe Stunde, nachdem ich die Wohnung verlassen hatte, kam die Konsulatspolizei in die Rue Gaillon, beschlagnahmte meine Papiere und stellte das Haus unter Polizeiaufsicht. Ich weiß nicht, was in Saint-Just passiert ist, ob jemand aus meiner Familie von der Polizei behelligt worden ist.

Sophie, deinen Brief habe ich bekommen; ich war untröstlich, daß ich dich nicht abholen konnte; wie du sicher gesehen hast, beobachten Wachen die Ankunft der Wagen. Ich habe dich aber nicht vergessen. Auf deinen Namen habe ich eine Wohnung in dieser Straße genau gegenüber, im Haus Nr. 24, gemietet. Ich hoffe, daß du dich mit deinen Kindern dort wohl fühlst. Und ich weiß, wo du bist, wenn ich, sobald es mir möglich ist, zu dir komme.

Heute nacht noch verlasse ich Paris. Ich möchte die Freunde, die mich verstecken, nicht gefährden. Man wird mir gleich noch falsche Papiere vorbeibringen, die mir dabei helfen sollen, unbehelligt aus Paris herauszukommen.«

»Was kann ich tun?« fragt Sophie. »Zu wem könnte ich gehen? Zu Joseph Bonaparte? Damals in Lunéville mochte er mich gern. Besser wäre vielleicht noch zu Fouché ... Er stammt auch aus Nantes. Mein Großvater kannte ihn gut. Meine Familie kann ihm unmöglich suspekt sein. Ich erkläre ihm, daß du mit dieser Verschwörung nichts zu tun hast.«

»Tu das nicht«, sagt La Horie. »Fouché ist zu gerissen, als daß man ihm trauen könnte. Außerdem darf dein Name nicht mit meinem in Verbindung gebracht werden. Im Augenblick bin ich eine Gefahr für alle, die ich liebe. Denk an deine Kinder. Die Polizei weiß sicher schon, daß wir uns wieder getroffen haben: Man muß das Schlimmste befürchten. Rühr dich nicht vom Fleck, und mach dir vor allem keine Sorgen, selbst wenn du eine Zeitlang nichts von mir hören solltest.

Sollte dir irgend etwas fehlen, werden meine Freunde La Mothe-Bertin alles tun, um dir zu helfen. Du brauchst nur über die Straße zu gehen. Sie wissen, daß ihr, du und meine Mutter, das Liebste seid, was ich auf der Welt habe. Und Victor auch«, fügt er hinzu und lächelt zum erstenmal. »Und natürlich Abel und Eugène ... Sei nicht traurig, meine Sophie. Es wird der Tag kommen, an dem der Tyrann, der uns unterdrückt, besiegt sein wird, das wünsche ich im Augenblick aus tiefstem Herzen. Es wird der Tag kommen, wo wir glücklich sein werden, das verspreche ich dir.«

Sophie zieht mit den Kindern und Claudine in die Wohnung, die La Horie in der Rue de Clichy für sie gemietet hat. Sie besteht aus vier Räumen. Victor schläft bei Claudine im Zimmer, Abel und Eugène teilen sich ein anderes. Sophie hat sich das Zimmer vorbehalten, das an einen kleinen Salon angrenzt. Sie nehmen die Mahlzeiten in der Küche ein und machen notdürftig Toilette in einem winzigen Waschraum, der eigentlich eine fensterlose Rumpelkammer ist. Das Wasser muß natürlich im Hof geholt werden, aus einem sehr hübschen Brunnen mit einem Trog, im Schutz einer Weide. Den Kindern ist verboten, allein Wasser zu schöpfen. Sophie hat zu große Angst, eines von ihnen könnte vornüberkippen und in den Brunnen fallen.

Zum Glück sind sie tagsüber in der Schule. Diese ist ganz in der Nähe in der Rue du Mont-Blanc. Selbst Victor, der dort mit seinen zwei Jahren zwar noch nicht viel anfangen kann, mit seinen Brüdern, die viereinhalb und fünfeinhalb Jahre alt sind, aber unbedingt mitgehen wollte. So bringt ihn Claudine jeden Morgen hin.

Victor freut sich sehr, besonders auf Mademoiselle

Rose, die Tochter des Lehrers, deren Liebling er ist. Diese Rose ist ein hübsche Brünette von achtzehn Jahren und sehr nett. Wenn Victor morgens kommt, liegt sie noch im Bett und spielt mit ihm wie mit einem Kätzchen. Und wenn Victor ein ordentliches Spektakel gemacht hat, sagt er zu ihr: »Zieh deine Strümpfe an.«

Gebannt sieht er zu, wie sie die Strümpfe an ihren Beinen hochzieht. Was für ein drolliger kleiner Kerl. Er kriegt einfach nicht genug davon. Manchmal, wenn sie ihre Röcke schon in Ordnung gebracht hat, fordert er sogar: »Noch mal!«

Victor geht es im Augenblick ausgesprochen gut. So wie man von einem Steckling, der Wurzeln geschlagen hat, sagt: Er gedeiht gut. Ein fröhliches und verträumtes Kind. Schabernack und lustige Streiche sind sein Liebstes. Wenn er etwas lustig findet, schüttet er sich aus vor Lachen, kann gar nicht mehr aufhören und steckt mit seinem Gelächter seine ganze Umgebung an. Er spielt jetzt auch schon mal mit seinen Brüdern, langweilt sich aber auch nicht, wenn er allein ist. Er träumt vor sich hin, führt Selbstgespräche, wobei er manchmal verschiedene Stimmen nachahmt. Er hat eine sehr lebhafte Phantasie, und hin und wieder zeigt er Sophie Formen und Figuren, die er in den feinen Rissen im Gips, in einem Knoten im Holz oder in einer Wolke sieht.

Er verträgt sich gut mit Abel und sogar mit dem dicken Eugène. Der allerdings, empfindlicher und nervöser als die beiden anderen, kann es nicht haben, wenn Victor etwas bekommt und er nichts. Abel hat zum Beispiel beobachtet, daß Eugène Sophies Geschmuse mit Victor nicht leiden kann. Leise wimmernd läuft er dann um die beiden herum, und wenn Sophie Victor nicht absetzt, fängt er zu weinen an. Abel hat den Schalk im Nacken und macht sich einen Spaß daraus.

»Los, zeig mal, wie Eugène weint, na mach schon ...«, sagt er zu Victor.

Und Victor, für den das ein lustiger Streich ist, läuft auf seinen kleinen Beinchen zur Mutter, läßt sich auf den Arm nehmen und beginnt hingebungsvoll ein aufreizendes Gurren: »Mein Mamichen, meine Mama, meine, meine ...«, was seine Wirkung selten verfehlt. Eugène weint.

Sophie ist nicht allzu traurig, daß sie keinen Garten hat. Ganz in der Nähe, in der Rue Saint-Lazare, ist der Tivoli-Garten mit seinen Büschen und Bäumen, und dort spürt man schon, daß es Frühling wird.

Sie hat Léopold ihre Adresse geschrieben, damit er nicht vergißt, ihr Geld zu schicken. Und da sie über sich selbst nicht sprechen möchte, erzählt sie ihm von den Fortschritten der Kinder und den Ereignissen in Paris. La Horie ist verschwunden und wird immer noch gesucht. Vierzigtausend Mann stehen einer Hundertschaft Chouans gegenüber. Nach und nach findet sich die ganze Verschwörerbande hinter Schloß und Riegel wieder.

Aus Nantes hat sie einen Brief von ihrem Bruder Marie-Joseph bekommen. Großvater Le Normand, der auf die zweiundachtzig zugeht, ist schwerkrank. Es ist fraglich, ob er den Sommer noch erleben wird. Marie-Joseph hat Léopold gebeten, Sophie eine Vollmacht zu schicken, damit die Erbschaft, für den Fall, daß der Großvater plötzlich stirbt, zügig abgewickelt werden kann. Man bewahrt bei den Trébuchets eben einen klaren Kopf.

Um das Gesicht nicht zu verlieren, hat Léopold seinem Schwager weisgemacht, daß Sophie auf sein Drängen hin mit den Kindern nach Paris gezogen sei. Wegen der besonderen Ereignisse.

Doch in einem Brief an Sophie hört sich das ganz anders an.

8. März

»Leb wohl, Sophie. Denk daran, daß mich nichts über deine Abwesenheit hinwegtrösten kann; daß ein Kummer an mir frißt: das Verlangen, Dich zu besitzen; daß in meinem Alter die Leidenschaften am heftigsten sind und daß ich, nicht ohne Groll im Herzen, das Bedürfnis habe, dich eben an dieses Herz zu drücken. Prégusse kann sich glücklich schätzen, seine Frau liebt ihn, und er besitzt sie. Und was besitze ich? Nichts als Kummer, Schmerz und Verdruß.

Leb wohl, ganz der Deine.«

Nicht nur Sophie ist schuld an Léopolds »Kummer, Schmerz und Verdruß«. Er hat schwere Enttäuschungen in seiner Soldatenlaufbahn hinnehmen müssen und beklagt sich darüber, daß seine Verdienste ums Vaterland zu wenig Anerkennung finden. Er denkt sogar daran, sagt er, den Dienst bei der Armee zu quittieren. Daß er nicht länger auf La Hories Unterstützung zählen kann, ist ihm klar. Angesichts der Ereignisse in Paris, der Verhaftung von Moreau und so weiter, fürchtet er, in den schmachvollen Untergang seiner ehemaligen Gönner hineingezogen zu werden und gibt Sophie sogar durch die Blume zu verstehen, sie möge sich diesbezüglich nicht weiter bemühen: »Vermeide jeden Kontakt; suche keinen Fürsprecher. Bring deine Angelegenheiten in Ordnung; an Deinem Busen, im Schoß Deiner Familie suche ich das Glück, und bin schon froh, wenn man nicht wieder versucht, es mir zu trüben! ...«

In diesem Frühling des Jahres 1804 besteht Sophies Leben aus nichts als Warten. Wo La Horie sich versteckt hält, ob er über die Grenze gegangen ist oder sich in der Normandie befindet: Sie weiß es nicht.

Manchmal kommt es ihr so vor, als sei er ganz in der Nähe, vielleicht sogar in Paris, als könne er jeden Augenblick vor ihr stehen. Sobald der Abend dämmert, wird sie hellwach, denn falls er die Absicht hat zu kommen, wartet er sicher, bis es dunkel geworden ist. Dann horcht sie gespannt auf die Geräusche auf der Straße, hofft auf ein leises Kratzen an der Tür.

In der Stadt ist die Konsulatspolizei im Großeinsatz. Die Zahl der Spitzel nimmt zu. Wagen, Karren und Boote auf der Seine werden durchsucht. Fässer müssen geöffnet werden. Selbst Leichenwagen sind verdächtig. Bonaparte weiß, daß Cadoudal in Paris ist, und setzt Himmel und Hölle in Bewegung, um sich dieser ständigen Bedrohung zu entledigen. Soldaten bewachen die Akzisemauern mit dem Befehl, ohne Aufforderung auf jedweden zu schießen, der sich untersteht, über die Stadtmauer zu klettern. Bei Anbruch der Nacht werden die Tore geschlossen und erst in der Morgendämmerung wieder geöffnet.

Paris fängt an zu murren. Die Inhaftierung von Moreau, des Helden von Hohenlinden, hat die Öffentlichkeit schockiert, und Sophie liest zu ihrer Freude, wie hier und da Plakate und Graffiti auf den Mauern Protest anmelden. Man muß wissen, daß die unzufriedenen Bürger kaum etwas anderes als die Mauern haben, um ihrer Opposition gegenüber dem Regime Ausdruck zu verleihen; die Zahl der Zeitungen ist beschränkt worden, und die übriggebliebenen werden von der Regierung streng kontrolliert. Die Mauern aber sind nicht so leicht zu zensieren. »Moreau? Nicht schuldig! Der Freund des Volkes und der Soldaten in Ketten. Bonaparte, ein Ausländer, ein Korse, der ein Usurpator und Tyrann geworden ist! Franzosen, urteilt selbst!« so liest man da und dort.

Ein Anagramm, das überall wiederkehrt, freut Sophie besonders: BUONAPARTE = NABOT A PEUR.

Am 27. Februar wird Pichegru gefaßt und in den Temple geworfen, wo man ihn »ausquetscht«, um ihn zum Sprechen zu bringen, aber vergeblich. Georges Cadoudal bleibt unauffindbar, doch von überall kommen Hinweise, überall wurde er angeblich gesehen.

Am 29. warnt das Konsulat die rechtschaffenen Bürger per Anschlag, daß, wer einen gewissen Georges oder einen der sechzig in Paris untergetauchten Räuber verstecke, wie ein Kapitalverbrecher abgeurteilt und bestraft werde. Und jede Anzeige wird als ein Akt öffentlicher Tugend hingestellt.

Sosehr Sophie sich auch um La Horie sorgt, wundern kann sie sich über diese Maßnahmen nicht. In Nantes hat sie seinerzeit Schlimmeres erlebt. Und sie freut sich, wenn sie als Antwort auf die Drohungen der Regierung auf den Mauern lesen kann: »Bürger, wenn Ihr so feige seid zuzulassen, daß Moreau und Pichegru zugrunde gehen, so werden wir Paris an allen Ecken anzünden. Das schwören wir Euch.«

Denn Paris mag zwar die Chouans nicht, die es mit Räubern und Unruhestiftern gleichsetzt, doch daß man seine Soldaten mißhandelt, vor allem die, die es im Kampf zu Ruhm gebracht haben, mag es ebensowenig.

Daß in Paris das Feuer gegen Bonaparte, den sie verabscheut, an allen Ecken angezündet wird, dagegen hat Sophie nichts. Sie wünscht sich mit aller Kraft und aus tiefster Seele, Cadoudal möge sein Ziel erreichen und Frankreich von dem verfluchten Korsen befreien.

Unterdessen kommt es zu einer Verhaftungswelle. Am

4. März sind die Brüder Polignac an der Reihe. Am 9. dann fällt Georges Cadoudal seinen Verfolgern in die Hände.

Bonaparte kann aufatmen. Er wird sich jedoch erst dann wirklich zufriedengeben, wenn er einen von diesen verhaßten Bourbonen umgebracht hat. Wer ist nur dieser geheimnisvolle »Prinz«, von dem einige Verschwörer gesprochen haben?

Am 15. März läßt Bonaparte den jungen Herzog von Enghien, einen Enkel des Prinzen von Condé, entführen und in Straßburg internieren. Er ist kaum älter als Sophie. Diesmal hat er ihn, seinen Bourbonen. Und trotz der Berichte, die beweisen, daß der junge Mann mit der Verschwörung nichts zu tun hat, läßt er ihn nach Vincennes überführen, wo er in der Nacht vom 20. auf den 21. März verurteilt und in einer Abfallgrube hingerichtet wird. In Bonapartes Umgebung löst dieser sinnlose Mord Betroffenheit aus.

Und die Schrecken nehmen kein Ende. Am 6. April wird Pichegru tot in seiner Zelle aufgefunden. Selbstmord, heißt es. Wie hat er sich selbst erwürgen können? Das bleibt ein Geheimnis. Bonapartes Nachruf auf den Sieger von Holland ist zumindest merkwürdig: »Wir haben das beste Beweisstück gegen Moreau verloren.«

Sophie, völlig davon in Anspruch genommen, auf La Horie zu warten, für den sie das Schlimmste befürchten muß, steht nicht der Sinn danach, Léopold zu schreiben. Dennoch zwingt sie sich dazu und sendet ihm am 8. April einen Brief, sowie einen weiteren am 27.

Es sieht ganz danach aus, als würde Léopold sich allmählich damit abfinden:

»Nun ja, meine liebe Freundin, ich hatte auf das Vergnügen, Dir zu schreiben, verzichtet; da keiner Deiner Briefe bei mir angekommen ist, sagte ich mir, bekommt sie wahrscheinlich auch keinen meiner Briefe, es ist also sinnlos zu korrespondieren ...«

In Wirklichkeit hat sich Léopold mit Catherine Thomas getröstet, und in seinen Gefühlen für Sophie ist er ruhiger geworden. Er schreibt ihr:

»... sie sind nicht mehr so überwältigend wie am Anfang und während Deiner ersten Abwesenheit, obwohl sie doch noch sehr leidenschaftlich sind. Es hat mir so weh getan, als Du das letzte Mal abgereist bist, es ging mir so gegen den Strich, daß ich mich heute noch darüber wundere, und ich dich oft, ja sogar sehr oft, in meinem Herzen entschuldigen muß ...«

Er fängt sogar an, sich gegen eine mögliche Rückkehr zu wappnen und Bedingungen zu stellen:

»Wenn Du darin einwilligst, wieder mit mir zusammenzuleben, mußt du mich entweder ganz für Dich behalten oder mit ansehen, wie Dir Kummer bereitet wird. Ja, ich will Dir ganz allein gehören, aber um Dir ganz allein zu gehören, darf es nie dazu kommen, daß ich Kälte und Zurückweisung erfahre. Anderenfalls wäre es besser, wir lebten getrennt ...«

Im Juni wohnt Sophie dem Prozeß der Verschwörer bei. Sie hat es geschafft, eine Eintrittskarte für den Gerichtssaal zu ergattern. Das Schicksal der Angeklagten, das mit dem ihres Geliebten verbunden ist, läßt sie nicht gleichgültig.

Sie ist nicht die einzige. In und um das Gericht herum drängen sich die Menschen. Man wartet, schwatzt, stellt Vermutungen an. Moreau steht im Mittelpunkt des Interesses. Seine alten Soldaten seien, wie es heißt, entschlossen, ihn mit Gewalt zu entführen, sollte er verurteilt werden. Den zahlreichen Polizisten in Zivil, die sich unter die Menge gemischt haben, entgeht nicht ein Jota.

Moreaus Popularität ist seine Rettung. Er wird nur in die Verbannung geschickt. Acht der zwanzig zum Tode Verurteilten werden begnadigt. Darunter sind sieben Adlige, zu deren Gunsten man bei Bonaparte interveniert hat. Und am 25. Juni wird Cadoudal zusammen mit zehn bürgerlichen Chouans auf der Place de Grève guillotiniert. Für sie hatte niemand um Gnade gebeten.

*September 1804*

Bei Tagesanbruch hört Sophie wirre Geräusche auf der Rue de Clichy. Durch einen Spalt im Fensterladen sieht sie, wie die Polizei das Haus der La Mothe-Bertins umstellt. Fensterläden schlagen zu. Es klopft an der Tür. Hausdurchsuchung. Der Bürger Fanneau de La Horie wird gesucht. Ihm wird zur Last gelegt, mit Moreau, Pichegru und Cadoudal gemeinsame Sache gemacht zu haben. Einem Bericht zufolge soll er hier gewesen sein, und zwar verletzt.

Monsieur de La Mothe-Bertin erscheint auf der Türschwelle. Er lächelt und sagt gelassen: »Es ist sehr lange her, seit ich ihn zum letztenmal gesehen habe. Aber ich bitte Sie, Messieurs, tun Sie Ihre Pflicht. Suchen Sie ...«

Eine halbe Stunde später, während die Polizisten, enttäuscht über die ergebnislose Hausdurchsuchung in der Rue de Clichy Nr. 19, mit ihren Pferden und Wagen wieder abziehen, dreht Sophie sich um und sagt zu La Horie, der in ihrem Bett liegt: »Beinahe hätten sie dich erwischt.«

Heute nacht kam er plötzlich hereingehumpelt. Bei einem Sturz vom Pferd hatte er sich den Fuß verstaucht. Zu dieser späten Stunde schliefen die Kinder zum Glück.

Sophie hat Claudine, die ihr ganz ergeben ist, eingeweiht. Die Kinder dürfen morgen früh nicht in ihr Schlafzimmer kommen. Nur das nicht. Sie braucht ihnen nur zu sagen, daß ihre Mutter sich nicht wohl fühlt. Sie dürfen nicht wissen, daß Monsieur de La Horie da ist.

»Niemand darf es wissen, hast du verstanden, Claudine? Sein Leben steht auf dem Spiel. Stell dir vor, eines der Kinder plaudert in der Schule etwas aus!«

Claudine hat verstanden. Die Kinder bleiben draußen.

Mit Hilfe von Julie Péans Handgriffen, die ihr wieder eingefallen sind, hat Sophie Fanneau behandelt. Mit einer Drehung hat sie das Gelenk eingerenkt und dann einen sehr straffen Verband angelegt, während Fanneau ihr mit müder Hand übers Haar streichelte. Er hat eine Bouillon getrunken und ist dann erschöpft eingeschlafen.

Den ganzen nächsten Tag und auch noch die darauffolgende Nacht hat er geschlafen. Er ist noch drei Tage bei geschlossenen Fensterläden in Sophies Schlafzimmer geblieben. Dann hat er gesagt, er wolle wieder aufbrechen. In diesem Stadtviertel ist es wirklich zu gefährlich für ihn. Er möchte Sophie nicht in Schwierigkeiten bringen.

Wohin geht er jetzt? Er weiß es noch nicht. Es ist unverständlich, aber offenbar mißt man seiner Festnahme eine große Bedeutung bei. Seit Moreaus Verhaftung scheint man nicht weniger als sechs Polizisten auf ihn angesetzt zu haben. Die Polizei hat das Haus seines Bankiers in Paris und sogar dessen Schloß L'Orne durchsucht. Man hat sich die Häuser seiner Freunde in Clamart, in Meudon vorgenommen. Er weiß, daß auch seine Familie nicht verschont geblieben ist. Sie sind zu seinem Bruder Fanneau-Reynier gekommen, der Friedensrichter in Couptrain in der Mayenne ist, und sogar zu seinem Bruder Ismaël, der in Lüttich lebt. Sie haben seine Cousins in Nantes und in Rennes aufgesucht. Man hat die

Präfekten der Departements Mayenne, Ourthe, Ille-et-Vilaine, Loire-Inférieure darauf hingewiesen, daß es in ihrem Interesse sei, bei der Festnahme dieses Mannes, der wegen Hochverrats verfolgt werde, Amtshilfe zu leisten. Überall ist sein Steckbrief verteilt worden: fünf Fuß, zwei Zoll, braune Haare, Titusfrisur, schwarze Augen, hohe Stirn, lange Nase, ovales, pockennarbiges Gesicht. Auch sein hämisches Grinsen und seine krummen Reiterbeine werden erwähnt.

»In Saint-Just haben sie meinen Verwalter in Gewahrsam genommen. Ich kann dort nicht einmal mehr ein Pferd holen. Aber mach dir keine Sorgen«, fügt er hinzu, »ich bin ihnen entkommen, und ich werde ihnen auch in Zukunft entkommen.«

Er wird recht behalten. Im Laufe des Jahres 1805 läßt man ihn sogar weitgehend in Ruhe. Bonaparte, der jetzt Napoleon I. heißt, möchte am liebsten, daß er wie Moreau auf einen anderen Kontinent verschwindet und läßt ihm wie diesem Zeit, sich das nötige Reisegeld zu beschaffen.

Außerdem ist die Polizei ziemlich schlecht organisiert. Es gibt nicht nur eine Polizei, sondern drei: die des Kaisers, die von Talleyrand und die von Fouché, die oft miteinander rivalisieren und Direktiven folgen, die einander widersprechen. Später wird Savary Fouché, den er haßt, beschuldigen, er habe La Horie absichtlich entkommen lassen.

Die Informationsmöglichkeiten der damaligen Zeit sind begrenzt. Das Gesicht eines Mannes, der von der Polizei gesucht wird, ist in der Öffentlichkeit nicht bekannt, es sei denn, es handelt sich um eine Berühmtheit. Die Steckbriefe sind ungenau, so daß die Gefahr, denunziert zu werden, nicht allzu groß ist. Es ist des Kaisers Wunsch, daß La Horie nach Amerika geht. Der weiß es, hat aber Sophies wegen keine Lust, Frankreich zu verlassen, und so hält er sich immer wieder längere Zeit in Paris auf, freilich nicht ohne Vorsichtsmaßnahmen zu treffen.

Als erstes schlägt Sophie ihm vor, seinen Namen zu ändern. Es ist wegen Abel, Eugène und Victor. Sie kann ihn nicht ewig in ihrem Schlafzimmer einsperren und jedes Mal so tun, als sei sie krank, wenn er sich in der Rue de Clichy aufhält. Sie stellt ihn also den Kindern als »Monsieur de Courlandais« vor, ein Deckname, den sich La Horie nach einem Familiengut gleichen Namens in der Normandie ausgesucht hat. So ist alles ganz einfach: »Monsieur de Courlandais ist ein Freund von Papa, Kinder. Er ist Victors Patenonkel und ist viel unterwegs.«

Sie teilt sogar Léopold diese List mit, um eine mögliche Verwirrung zu vermeiden, falls die Kinder zufällig von ihm erzählen sollten. Léopold kann keinen Anstoß daran nehmen, daß seine Frau einem Mann hilft, der sich in einer verzweifelten Lage befindet, zumal dieser ein Freund ist, und als dies noch in seiner Macht stand, ihm so manchen Gefallen getan hat.

Die Kinder haben nicht mit der Wimper gezuckt; als sie La Horie zum erstenmal gesehen haben, waren sie noch zu klein, als daß sie sich jetzt noch an ihn erinnern könnten.

Nachdem dies geregelt ist, ergreifen sie weitere Vorsichtsmaßnahmen. Wenn La Horie in Paris ist, geht er nie aus, ohne nicht zumindest einen Hut aufzusetzen, der einen Schatten auf sein Gesicht wirft, oder irgendeine geeignete Verkleidung zu tragen, die ihn unkenntlich macht.

Als er eines Tages in die Nähe der Tuilerien zu tun hat, einer wegen des konzentrierten Polizeiaufgebots besonders gefährlichen Zone, kommt Sophie auf die Idee, ihn als Frau zu verkleiden. Der Held von Hohenlinden hat eine heftige Abneigung gegen diese Vermummung, doch Sophie hat ihren Spaß daran. Sie steckt ihn in einen dunklen Rock, der lang genug ist, seine Füße zu bedecken, legt ihm eine Mantille um, wickelt ihm einen Schal um den Kopf und hängt ihm einen Korb an den Arm. Das Ergebnis ist verblüffend: Selbst dem geübtesten Polizisten ist es ganz unmöglich, in dieser leicht gebeugten Frau reiferen Alters den ehemaligen Stabschef der Rheinarmee zu erkennen. Sophie und Victor brechen in schallendes Gelächter aus und fallen sich japsend in die Arme.

Daß Sophie nicht viel Grund zum Lachen hat, ist das mindeste, was man sagen muß. Die Kinder werden größer, das Leben ist teuer, und Léopold vergißt oft, Geld zu schicken. Kostet Catherine Thomas so viel, oder rächt er sich auf diese Weise an einer Gattin, die in puncto Schreiben immer nachlässiger wird?

Sophie beklagt sich darüber. Bei allem Einfallsreichtum hat sie Mühe, mit ihrem Geld auszukommen. Wenn La Horie in Paris ist, hilft er ihr, so gut er kann, aber seine Mittel sind langsam erschöpft. In einem Anfall von Stolz hat er es abgelehnt, den Sold von zweitausendfünfhundert Franc anzunehmen, den ihm das Ministerium bewilligt hat, als er zwangsweise in den Ruhestand versetzt wurde. Nach Moreaus Verhaftung hat er Saint-Just und sein Haus in der Rue des Saussaies mit einer Hypothek von sechsundfünfzigtausend Franc belastet, um an Geld zu kommen. Ein Verbannter führt jedoch ein kostspieliges Leben. Und er denkt über einen Verfahrenstrick nach, der ihm erlauben würde, seinen Besitz zu verkaufen, obwohl dieser beschlagnahmt ist.

Als Sophie sich hilfesuchend an Léopold wendet, zeigt sich dieser wenig hilfsbereit:

»Täglich habe ich hier neue Ausgaben für Kleidung und Repräsentation, dazu kommen die unregelmäßigen Auszahlungen, so daß es mir allzu lange nicht möglich war, meiner Familie etwas zu schicken. Glaubst Du, daß mein Gewissen mir daraus nicht insgeheim einen Vorwurf macht?«

Die monatlichen hundertfünfzig Franc, die er ihr versprochen hatte, als sie aus Porto-Ferrajo wegging, bleiben oft aus. Léopold schiebt die Engländer vor, die die Post abfangen, oder seine eigenen Ausgaben, die er Sophie haarklein vorrechnet. Von Ende 1803 bis Ende 1805 schickt er ihr seinen eigenen Angaben zufolge nur eintausendzweihundertfünf Franc, womit sie, Claudine und die drei Kinder in Paris auskommen müssen, die Miete für die möblierte Wohnung inbegriffen. Sie kocht, flickt, schneidert ihre Kleider selbst, dreht jeden Pfennig zweimal um. Sie ist am Ende.

Die Briefe, die hin und her gehen, werden immer bitterer. Sophie hat erraten, daß das Fräulein Thomas nicht unbeteiligt daran war, daß Léopold seine Familie im Stich gelassen hat. Er selbst macht kaum noch ein Geheimnis daraus.

»Ich finde es nicht sehr schön, keine Frau zu haben. Allein zu sein, ist hier sogar sehr gefährlich. In meinem Alter, und das gilt sicher auch für dich, wäre es besser, zusammen zu sein, denn hin und wieder kann es vorkommen, daß man Dummheiten macht, die man später bereut, und was dann dabei herauskommt, ist nicht erfreulich.«

Um Sophie, die allmählich böse wird, zu besänftigen, schickt er ihr ein Porträt von sich und eine Korallenkette.

Als ob sie sich davon etwas kaufen könnte. Im Juni bekommt sie von Léopold einen Brief, der fast einem Geständnis gleichkommt:

»In meinem Alter und bei meinem – leider zu leidenschaftlichen – Temperament kann man sich schon mal vergessen. Schuld daran warst jedoch immer nur Du; hättest Du mich nicht so gedankenlos zurückgewiesen, wärest du nicht ein zweites Mal fortgegangen, vielleicht hättest Du nie etwas zu befürchten gehabt. Solche Sachen, Du weißt schon, was ich meine, haben keine nennenswerten Konsequenzen, wenn ein Ehemann sich in seinem Herzen seine zärtliche Zuneigung bewahrt und wenn er vor allem nicht gezwungen ist, derlei häufig und über einen langen Zeitraum zu wiederholen. Du, die Du mich besser kennst als irgend sonst jemand, warum hast Du mir das Heilmittel entzogen? Und schließlich bist du doch klug genug zu erkennen, daß mein Temperament offensichtlich stärker ist als meine Vernunft; warum hast du nicht den Mut zu einer letzten Reise, ich sage, einer letzten Reise, denn ich habe von Launen und Hoffnungen genug. Du hattest vielleicht recht, aber offen gesagt, ich habe es nie geglaubt, ich habe in Deiner Abreise nur das Zeichen Deiner Entschlossenheit gesehen, vor mir zu fliehen, Dich meinen Zärtlichkeiten, die Dir lästig waren, und diesen Eheszenen zu entziehen, die viel zu lange dauerten, weil Du solch ein bretonischer Dickkopf bist.

Ich bin zu jung, um allein zu leben, zu gesund, als daß es mich nicht zu den Frauen hinzöge; ich liebe meine Frau, ich würde sogar sagen, daß ich sie noch anbete, wenn sie denn bereit ist einzusehen, daß ich ihre Liebe und ihr Entgegenkommen brauche. Ein guter Ehemann kann ich jedoch nur sein, wenn meine Frau bei mir ist; so glaube ich, meine liebe Sophie, daß es besser wäre, Dir noch ein Kind zu machen, als Dich um einer anderen willen zu verlassen und mit ansehen zu müssen, wie die Kinder fern der väterlichen Güte und Aufsicht aufwachsen.

Ich glaube, daß ich genug innere Werte habe, um die Frau glücklich zu machen, die mich unvoreingenommen beurteilt. Was das Körperliche betrifft, und das sage ich nur Dir, ging es mir noch nie besser als im Augenblick; und was die Bildung angeht, habe ich, seit Du fort bist, viel dazugelernt. (...)

Meine Sparpläne waren allerdings zu schön, um wahr zu sein; meine Wohnung wäre groß genug für meine ganze Familie; sie muß groß sein, damit ich die Offiziere meines Bataillons einladen kann. Da niemand für mich sorgt, verbrauche ich mehr Kostgeld für mich allein, als ich für die ganze Familie ausgeben würde. Es ist wirklich zu dumm, zwei Haushalte zu führen; die Erfahrung hat mich gelehrt, daß dieser Mißstand dem guten Einvernehmen und Glück zweier Eheleute unendlich schadet. (...)

Sieh also, Sophie, in diesem freimütigen Brief weniger das Eingeständnis von Fehlern als vielmehr die Einsicht in die Notwendigkeit, diese in Zukunft durch Deine Anwesenheit zu vermeiden. Du kannst sicher sein, daß ich unfähig wäre, Dinge zu tun, die mich vor mir selbst erniedrigen würden, daß ich mir nur aus der Not heraus Frauen suche, daß aber mein Herz ganz Dir gehört und meine Zärtlichkeit für meine lieben Kinder unantastbar ist.«

Soviel ist klar: Léopold tröstet sich über Sophies Abwesenheit zumindest körperlich hinweg, und wenn sie die Erziehung ihrer Kinder materiell absichern will, gibt es für sie nur eine Lösung: zurückkehren und ihre »eheliche Pflicht« erfüllen.

Weggetreten!

Dieses Ultimatum hat auf Sophie nicht die Wirkung, die sich Léopold davon versprochen hat. Im Gegenteil. Es ruft einen jener typisch bretonischen Wutanfälle bei ihr hervor, die Léopold so sehr fürchtet. In der ersten Zeit ist sie fest entschlossen, nie mehr ein Wort mit ihm zu wechseln. Dann ändert sie ihre Meinung. Sie schreibt ihm einen Brief, in dem sie ihm alles sagt, was ihr auf der Seele liegt.

Léopolds Antwort kommt postwendend. Sie ist sehr schroff.

»Nachdem Sie sehr lange geschwiegen haben, bekomme ich nun Ihren vorwurfsvollen Brief vom 20. Messidor. Sophie, ich habe für Sie getan, was ich konnte, und mehr zu tun, war mir wirklich nicht möglich. Über das, was ich für Sie und meine Kinder fühle, können Sie denken, was Sie wollen; meine Zuneigung für Sie und die Kinder ist nicht geringer geworden. Wenn ich bislang ziemlich unglücklich war, weil ich seit Ihrer Abreise nur eine Summe von zwölfhundertfünf Franc abzweigen konnte, (denn ich rechne alles mit, und Sie begreifen, daß das Porto ebenso wie die fünfzig Franc für Claudine aufgeführt werden müssen, wenn Sie alles berücksichtigen), so schätze ich mich sehr glücklich, daß ich mir erlauben kann, jetzt, da meine Schulden bezahlt sind, mehr zu tun, als ich bisher getan habe, freilich unter der Bedingung, daß man mich den Winter über in Ajaccio läßt.

Denken Sie, was Sie wollen, klagen Sie mich an, werfen Sie mir Dummheiten an den Kopf, wenn Sie wollen, das ändert nichts an der Tatsache, daß ich monatlich hundert Franc für mein Kostgeld und ein Gastmahl bezahlen muß, ein paar Francs für die unbedingt notwendigen Extras, fünfzehn Franc an Lohn und Trinkgeld für den Diener, viel Geld für eine Wohnung, meine Wäsche, den Unterhalt in einem Land, wo das entsetzlich teuer ist und wo man dennoch jeden Tag mehr für die Haushaltsführung verlangt.

(...)

Ihre Überlegungen sind begründeter als Ihre Vorwürfe. In zwanzig meiner Briefe habe ich Ihnen vor Augen geführt, daß uns eine doppelte Haushaltsführung ruiniert. Sie haben mir Gründe angegeben, die Sie für gut halten, und ich werde kein Wort mehr über Ihre Rückkehr verlieren, denn ich will, daß Sie die Freiheit haben zu bleiben, wo Sie sind, oder zurückzukommen, wenn es Ihnen gefällt.

(...)

Was all die Worte der Verzweiflung angeht, die Sie mit Blick auf die Zukunft in Ihren Brief einstreuen, so können Sie doch nicht alles mir anlasten. Erinnern Sie sich daran, daß Sie mir, als ich Sie heiratete, Hoffnungen machten, Sie würden etwas von Ihrem Vater erben. Daraus wurde dann aber nichts. Und wenn es keineswegs Ihre Schuld war, so können die Vorwürfe auch mich nicht treffen. Ich hatte verschiedentlich die Möglichkeit, kleinere Summen in Grund und Boden anzulegen, Sie wollten das aber nicht, bald, weil Sie meine Heimat nicht mochten, bald, weil Sie auf das Ihre hofften. Und so ist alles ausgegeben worden.

Ich sage es Ihnen noch einmal, ich bin keineswegs der Mann, der seine Familie im Stich läßt, doch über das hinaus, was ich Ihnen zusage, kann ich nichts tun.

Ich umarme Sie.«

Er umarmt sie, drückt sie aber nicht mehr fest an sich. Das Siezen deutet auf seinen Zorn hin, die Rechnerei auf das Ende einer Liebe.

In der Schule in der Rue du Mont-Blanc weiß man nicht so recht, was man mit Victor anfangen soll. Er ist noch zu klein, um dem Unterricht der anderen Kinder folgen zu können. So setzt man ihn manchmal im Klassenzimmer ans Fenster, wo er auch artig sitzen bleibt, denn er sieht dem Treiben auf der Straße gern zu, während seine Brüder lesen und rechnen lernen.

Gerade jetzt gibt es für einen dreijährigen Jungen da draußen aufregende Dinge zu sehen. Der Schule genau gegenüber steht das prächtige Stadthaus des Präsidenten Hocquart de Montfermeil, das Ledoux vor der Revolution erbaut hat. Es wurde beschlagnahmt, als sein Eigentümer in die Emigration ging. Ein reicher Prälat, Kardinal Fesch, Erzbischof von Lyon und ein Onkel des Kaisers mütterlicherseits, hat das Stadthaus vor nicht allzu langer Zeit zurückgekauft. Renovierungs- und Verschönerungsarbeiten sind im Gange; es herrscht ein Kommen und Gehen von Handwerkern aller Zünfte. Vor allem die großen Quadersteine haben es Victor angetan. Sie werden über Seile, die daran befestigt sind, mittels einer Winde in die Höhe gehievt. Oft reitet ein Arbeiter auf einem Stein.

Plötzlich hört man einen lauten, dumpfen Schlag und Schreie. Die ganze Klasse stürzt ans Fenster und umringt Victor, der angefangen hat zu weinen. Das Seil ist gerissen, und der Stein, auf dem der Arbeiter rittlings saß, hat ihn mitgerissen und zerquetscht. Er wälzt sich in seinem Blut auf dem Boden.

Eugène und Abel haben das entsetzliche Ereignis einigermaßen verdaut, nicht aber Victor. Es hat einen solchen Eindruck auf ihn gemacht, daß Victor noch Wochen und Monate später schreiend aus seinem Alptraum aufwacht, wenn er wieder den Mann gesehen hat, der zerquetscht unter dem Stein liegt. Und mit der Geduld und dem

Verständnis einer nervösen Frau, die in ihren eigenen Träumen einen abgetrennten Kopf umherwirbeln sieht, streichelt und beruhigt Sophie ihren kleinen Jungen jedesmal mindestens eine Stunde lang, bis er wieder einschläft.

Hat dieser Schock Victors Empfindsamkeit verstärkt, oder hat er die lange Abwesenheit seiner Mutter, als er ein Baby war, nicht vergessen? Immer hat er Angst, allein gelassen zu werden.

Im Herbst geht eines Tages ein heftiges Gewitter mit wolkenbruchartigen Regengüssen über Paris nieder. Aus der abschüssigen Rue de Clichy ergießt sich ein Sturzbach und schwillt in der Rue Saint-Lazare zu einem Fluß an. Die Straße ist nur noch mit einem Boot passierbar. Sophie und Claudine müssen bis neun Uhr abends warten, bevor sie die Kinder aus der Schule abholen können. Sie finden Victor in Tränen aufgelöst, obwohl alle, seine Brüder, die anderen Kinder, der Lehrer und Rose beruhigend auf ihn eingeredet haben. Er ist fest davon überzeugt, daß seine Mutter in der Straße, die sich in einen Fluß verwandelt hat, ertrunken ist und er sie nie mehr wiedersehen wird.

Manchmal hat er jedoch auch komische Einfälle. Zum Geburtstag des Lehrers haben die Schüler ein Stück aufgeführt: *Genoveva von Brabant*. Rose, die Tochter des Lehrers, spielt die Rolle der armen Genoveva, die in einem Wald ausgesetzt wird. Sie hat ihr Kind bei sich, das sie von der Milch einer Hirschkuh ernährt. Victor, der Kleinste in der Schule, spielt das Kind. Seine Verkleidung besteht aus einem Trikot und einem Schaffell, aus dem eine Eisenkralle heraushängt.

Sein Auftritt hat unter den Zuschauern für Aufsehen gesorgt. Mit seinen blonden Haaren und seinen großen Augen sieht er allerliebst aus. Sophie, die im Publikum sitzt, ist sehr stolz.

Das Stück geht seinen Gang, und im Augenblick größter Rührung sieht man plötzlich, wie Genoveva, die gerade ihr hartes Los beklagt, wie eine Ziege in die Höhe springt und ihren »Sohn« anschreit: »Willst du wohl aufhören, du Bösewicht?«

Victor, der neben ihr saß, war es langweilig geworden. Von dem Drama verstand er nichts, und die Zeit wurde ihm lang. Fasziniert von Roses nacktem Bein, das aus ihren Theaterlumpen hervorsah, fiel ihm nichts Besseres ein, als zum Zeitvertreib seine Eisenkralle in dieses schöne Bein zu schlagen.

Der Sommer des Jahres 1805 geht zu Ende. Eines Sonntags hat Sophie mit ihren Kindern einen Besuch bei den Fouchers gemacht. Diese wohnen im Hotel Toulouse, wo gegenwärtig das Kriegsgericht untergebracht ist.

Die Familie ist in Trauer. Im letzten Winter hatte Prosper, der älteste Sohn der Fouchers, einen schrecklichen Unfall. Die Kleider des Vierjährigen fingen an der Ofentür Feuer, und das Kind erlitt solche Verbrennungen, daß es innerhalb von vierundzwanzig Stunden gestorben ist.

Doch die Fouchers haben noch zwei weitere Kinder: Victor, der so alt wie Sophies Jüngster ist, und ein kleines Mädchen: Adèle, zwei Jahre alt. Eine Kleine mit schwarzen Augen, die ihrer Mutter so ähnlich ist wie ein Ei dem anderen.

Anne-Victoire, inzwischen sechsundzwanzig Jahre alt, ist nicht wiederzuerkennen. Nichts ist übrig geblieben von dem jungen Mädchen, das Sophie gekannt hat, als sie an der Place de Grève wohnte. In nur wenigen Jahren ist eine hausbackene Matrone aus ihr geworden, nett, wenn man so will, aber engstirnig und mit wenig Verstand, wie früher schon. Und was Pierre betrifft, so wird er wahrscheinlich sein ganzes Leben lang ein friedlicher und einfallsloser Beamter bleiben.

Während Sophies Kinder zu den kleinen Fouchers in den Garten gehen, berichtet Sophie Pierre und Anne-Victoire, was sie in den letzten sechs Jahren erlebt hat. Einiges läßt sie natürlich aus. Sophie ist zu vorsichtig, als daß sie etwas über ihre Differenzen mit Léopold erzählen würde.

Wie könnte sie diesen Leuten auch alles sagen? Die bloße Vorstellung, daß Sophie fern von ihrem Ehemann allein mit ihren Kindern in Paris lebt, verschreckt ein so prüdes, ängstliches und frommes Geschöpf wie Anne-Victoire. Ganz entsetzt sieht sie Sophie an, als diese kein Blatt vor den Mund nimmt und den Kaiser, in ihren Augen ein Tyrann, zum Teufel wünscht. Wie kann eine Frau nur so etwas sagen! Madame Foucher weiß sehr wohl, daß die Karriere Léopold Hugos keine sichere Sache ist, aber ist es nicht die Pflicht jeder Gattin, die dieses Namens würdig ist, ihrem Mann durch dick und dünn zu folgen?

Sophie spürt Anne-Victoires stumme Mißbilligung, doch die ängstlichen Ansichten ihres Ehemanns ärgern sie noch mehr. Sie hatte Zuspruch gesucht und war deshalb zu ihnen gekommen. Auch wenn sie auf Einzelheiten ihrer persönlichen Beziehung zu La Horie selbstverständlich nicht eingeht, hat sie doch von der Verbannung und den ungerechten Verfolgungen erzählt, denen Victors Patenonkel ausgesetzt ist.

Da sie Pierre Fouchers Einstellung kennt, hatte sie erwartet, er werde wenigstens sein Mitgefühl zum Ausdruck bringen oder im besten Falle sogar mit ihr die

Hoffnung auf eine Änderung dieses unerträglichen Regimes teilen.

Dieser ehemalige Royalist aus Nantes ist ein kaiserlicher Beamter geworden, der seinen Vorgesetzten gehorcht und vor allem darauf bedacht ist, die Staatsgewalt, die recht empfindlich ist, nicht in Frage zu stellen, nicht einmal im Familienkreis. All dieses lärmende Durcheinander, von dem Paris widerhallt, diese Verschwörungen, diese Machenschaften, die die Ordnung stören, lassen ihn nichts Gutes ahnen.

Statt Sophie zu trösten, gibt er ihr zu verstehen, daß wohl niemand grundlos verbannt werde. Diese Herren Cadoudal, Pichegru, Moreau hätten besser daran getan, sich ruhig zu verhalten. Und überhaupt, warum hat man diesen La Horie aus dem Heeresdienst entlassen, wo er doch als Soldat eine schöne Karriere vor sich hatte? Und Pierre versucht Sophie zu erklären, daß sicher etwas dahinterstecke, wovon sie nichts wisse. Und wenn sie bereit sei, einen Rat von ihm anzunehmen, einen freundschaftlichen Rat, so solle sie sich von diesem Mann fernhalten, der künftig allen, die in seine Nähe kommen, nichts als Unannehmlichkeiten bereiten werde.

Und Anne-Victoire mit ihrem schwabbeligen Gesicht schaut wie ein Haushuhn drein und nickt zustimmend zu allem, was ihr Mann sagt. Es hätte nicht viel gefehlt, und Sophie wäre angesichts von so viel Feigheit und Dummheit in die Luft gegangen. Sie beherrscht sich jedoch; die Bretonin in ihr verschließt sich wie eine Auster, wenn sie die Ebbe kommen fühlt. Von diesen Fouchers ist nichts zu erwarten. Sollte sie eines Tages in äußerste Not geraten und Hilfe brauchen, wird sie sich gewiß nicht an sie wenden. Warum legt Léopold nur solchen Wert darauf, daß sie diese Leute besucht? Es sieht nicht danach aus, als würde sie so bald wieder zu ihnen gehen.

Sie ruft ihre Söhne, die mit den Kindern der Fouchers im Garten tollen. Sie kann es kaum erwarten, wieder zu Hause zu sein. Vielleicht taucht La Horie auf, wenn es Nacht geworden ist.

»Kinder! Wir gehen nach Hause! Es ist schon spät!«

Abel, Eugène und Victor aber, die sich im Gras einmal so richtig austoben können, sind anderer Meinung.

»Ihr kommt wieder«, sagt Pierre, »ihr kommt, wann immer ihr wollt. Die Söhne meines alten Kameraden Hugo sind uns immer willkommen.«

Eines Abends im September ist er wieder in der Rue de Clichy aufgetaucht. Es ist ihm endlich gelungen, seine Besitzungen zu verkaufen. Es wurde auch Zeit, denn er hat kein Geld mehr.

»Dem Kaiser liegt so sehr daran, daß ich nach Amerika verschwinde«, sagt er, »daß man mich in Ruhe meine Angelegenheiten hat regeln lassen. Ich hab's geschafft. Ich habe das Haus in der Rue de Saussaies an eine Arztwitwe verkauft ...«

»Hast du auch Saint-Just verkauft?«

La Hories Gesicht verfinstert sich.

»Ja, auch Saint-Just«, sagt er. »Es ging nicht anders. Der glückliche Besitzer dieses Hauses, dieses Parks, den ich so sehr liebte, und wo ich eines Tages mit dir leben wollte, ist jetzt Monsieur Suchet, Bruder des Generals und Direktor der Behörde für indirekte Steuern in Rouen. Er ist nicht verbannt worden, der nicht. Er kann es sich leisten, ein Leben nach seinem Geschmack zu führen ... Sophie, ich würde dich gern um etwas bitten: Komm mit mir nach Saint-Just, ein letztes Mal. Ich möchte meine Bäume, meine Blumen, meine Pferde noch einmal sehen, bevor ich sie für immer verliere, und ich habe nicht den Mut, ganz allein Abschied zu nehmen. Es wäre weniger schmerzhaft, wenn du mitkämst.«

Sie sind nach Vernon gefahren, wo sie einen Tag und eine Nacht geblieben sind. Hand in Hand gehen sie in dem großen Park spazieren, der sich bereits in herbstlichem Rot zu färben beginnt. Ein letztes Mal setzen sie sich auf die Treppe des kleinen Pavillons, den die Stimmen der Vergangenheit erfüllen. Schweigend nehmen sie Abschied von den Steinen, den Pferden, der Roteichenallee, die in ihrer Vorstellung einmal so schön werden sollte. Nichts nehmen sie aus Saint-Just mit, keinen Gegenstand, keine Erinnerung, nicht einmal eine der Rosen des Herzogs von Penthièvre, die noch immer blühen werden, wenn Sophie und Victor schon lange nicht mehr leben.

»Ich denke an eine Stelle bei La Bruyère, die man mir als Kind zu lesen aufgab und die mich so beeindruckte, daß ich sie immer noch auswendig kann. Sie fällt mir heute wieder ein. Hör zu: ›Dieser Palast, diese Möbel, diese Gärten und diese schönen Wasseranlagen entzücken euch und entlocken euch beim ersten Blick einen Freudenruf über so ein köstliches Haus und das außerordentliche Glück dessen, der es besitzt. Er ist nicht mehr; er hat keinen so angenehmen und ungestörten Genuß davon gehabt wie ihr; er hat nicht einen heiteren Tag darin verlebt, nicht eine ruhige Nacht; er hat sich in Schulden gestürzt, um seinem Haus die vollkommene Schönheit zu verleihen, die euch entzückt. Seine Gläubiger haben ihn hinausgetrieben: Er hat sich umgewandt, hat es ein letztes Mal aus der Ferne betrachtet und ist vor Gram gestorben.‹«

Auf der Rückfahrt nach Paris bricht Sophie das Schweigen: »Weißt du, es war wegen dieses Wasserbeckens etwas feucht, und das Haus war nicht sehr behaglich. Irgendwann finden wir bestimmt ein noch schöneres, und du wirst sehen, wir werden glücklich sein!«

*Februar 1806*

Die Polizei, die ihr Fangnetz um La Horie etwas gelockert hatte, zieht es ganz plötzlich zusammen. Napoleon ist von seinen Spezialdiensten darüber informiert worden, daß er Paris immer noch nicht verlassen hat, obwohl man es ihm erleichtert hatte, sich auf sein Exil einzurichten. Daraufhin hat Napoleon Fouché dringend ersucht, die Sache möglichst schnell zu beenden. Und wieder sind Häuser durchsucht und Fallstricke gespannt worden.

Was tun? Fanneau will nicht bei Sophie bleiben, denn er hat Angst, sie in Gefahr zu bringen. Spurlos verschwindet er. Wo ist er? In der Normandie? In Belgien? Sophie weiß es nicht.

Die Wochen vergehen, und mit der Zeit fühlt sie sich immer einsamer. Der Winter, der in jeder Hinsicht hart war, ist vorüber. Die bescheidenen Beträge, die Léopold ihr unregelmäßig, wenn er gerade etwas übrig hat oder daran denkt, zum Lebensunterhalt schickt, reichen gerade, um die Wohnung und das Essen für ihre Familie zu bezahlen, wobei sie sich jedes Vergnügen verkneift, das ihr schmales Budget aus dem Gleichgewicht bringen könnte.

Obwohl Sophie nie viel Geld hatte, fällt es ihr sehr schwer, mit jedem Pfennig rechnen zu müssen. Wie lange ist sie nicht mehr im Theater gewesen? Wann hat sie sich zum letztenmal irgendein billiges Schmuckstück gekauft?

Und nur noch dunkel kann sie sich an die Zeiten erinnern, als Fanneau noch gehen konnte, wohin ihm beliebte, und sie zu Véry oder den Frères Provençaux zum Abendessen ausführte. In diesem Winter konnte sie ihren Kindern nicht einmal eine Vorstellung des Bauchredners Thienet ermöglichen, weil drei Eintrittskarten, dazu noch eine für sie und für Claudine und überdies die Fahrt mit dem Wagen zur Rue de Grenelle-Saint-Honoré und zurück zur Rue de Clichy, weil das alles ihr Budget gesprengt hätte.

Und als es Februar wird und sich ein feuchter Frühling ankündigt, kann Sophie, ganz mutlos geworden, ihr armseliges Leben auf einmal nicht mehr ertragen. Und Paris, wo sie so gerne gelebt hat, weil Fanneau da war, Paris ist ihr ganz verleidet, seit er sich dort nicht mehr blicken lassen kann, ohne Gefahr zu laufen, ins Gefängnis geworfen zu werden. Wenn sie wenigstens wüßte, wann er zurückkommt, sie würde warten und die Tage durchstreichen, doch diese Hoffnung ins Leere hinein raubt ihr jede Kraft.

Und als ob Sophie nicht schon Kummer genug hätte, bekommt Abel auch noch eine Krankheit, die sie beunruhigt: Die Augen des Kindes laufen rot an und tränen unentwegt. Sophie rennt von einem Heilkräuterladen zum anderen, um die Ingredienzen zusammenzusuchen, die Julie Péan immer genommen hat, um ihr Augenwurzwasser zu brauen. Sophie selbst ist auch nicht ganz bei Kräften: Sie hat abgenommen und leidet unter einer verschleppten Erkältung. Sie muß immerzu husten.

Und plötzlich fragt sie sich, ob es nicht eine Dummheit ist, unter diesen Umständen noch länger in Paris zu bleiben. Wenn sie zu Léopold ginge, worum dieser sie ja so oft und inständig gebeten hat, wäre die Trennung von La Horie nicht größer, als sie es ohnehin ist, sie müßte sich aber wenigstens um das tägliche Leben mit den Kindern nicht mehr so viele Sorgen machen.

Was sie noch zögern läßt, ist der Gedanke, daß La Horie überraschend auftauchen könnte. Er läßt nichts von sich hören, doch die Vorstellung, er könnte am Tag nach ihrer Abreise zurückkommen und sie suchen, ist ihr schmerzlich.

Außerdem ist ihr bewußt, daß es diesmal eine Rückkehr für immer wäre. Léopold hat es ihr geschrieben; er würde es nicht ertragen, wenn sie wieder wegführe. Sie könnte sich endgültig nicht mehr vom Fleck bewegen.

Léopold ist zur Zeit in Italien. Ende Oktober 1805 hat er den Befehl bekommen, sich in Genua beim 8. Korps der Großen Armee unter Massénas Oberkommando einzufinden. Es werden Vorbereitungen für die Eroberung des Königreichs Neapel getroffen, und man kämpft gegen die Österreicher.

Immer wenn Léopold im Felde steht, besänftigt das sein Gemüt, und er schlägt einen freundlicheren Ton an, wenn er seiner Frau Briefe schreibt, in denen er von seinen militärischen Heldentaten erzählt, die ihn in einem vorteilhaften Licht zeigen: Verteidigung des Dorfes Caldiero, Gefangennahme des berüchtigten Banditen Fra Diavolo und so weiter ... Und auf Sophies Hilferufe antwortet er damit, daß er von Geld spricht. Im November hat er versprochen, ihr sechshundert Franc zukommen zu lassen. Im Dezember hat er ihr weiteres Geld zugesagt. Von Treviso aus hat er ihr dreihundertundeinen Franc geschickt. In Mailand hat er Pierre Foucher wieder getroffen, der zum Lebensmittelkontrolleur für Italien ernannt worden ist.

Joseph Bonaparte, König von Italien von seines Bruders Gnaden und bald auch König von Neapel, ist Léopold wohlgesonnen. Leider trifft seine Gunst auf den Groll des Kaisers, für den der Name Hugo mit den Namen Moreau und La Horie verbunden bleibt. Außerdem haben Léopolds Großmäuligkeit, der Ärger, den es im Zusammenhang mit ihm immer wieder gegeben hat, und besonders die Affäre Guestard für Minuspunkte in seinen Dienstberichten gesorgt. Trotz seines unbestreitbaren Heldenmuts im Kampf, trotz der wohlwollenden Beurteilung durch Masséna und Josephs Protektion geht es deshalb mit seiner Beförderung nicht voran, schiebt man ihn immer irgendwie aufs Abstellgleis. Das macht Léopold so mutlos, daß er eine Zeitlang daran denkt, seine Soldatenlaufbahn aufzugeben und in den Polizeidienst einzutreten.

Im Leben eines Ehepaares sind die Abwesenden nicht immer im Unrecht. Ein Mensch, der einen zur Raserei bringen kann wie kein zweiter, erscheint aus einiger Entfernung viel erträglicher. Sie mildert seine Schwächen, seine Ticks und Fehler, die die Nähe verstärkte.

Sophie liebt Léopold nicht mehr, so viel steht fest, aber sie haßt ihn auch noch nicht. In diesem Jahre 1806 – Sophie ist jetzt vierunddreißig, ihr Geliebter ist auf der Flucht vor der kaiserlichen Polizei, sie muß sich ganz allein und ohne gesicherte Mittel um die Erziehung ihrer drei Kinder im Alter von acht, sechs und vier Jahren kümmern –, in diesem Jahr 1806 wird der jungen Frau die Einsamkeit und die Verantwortung, die sie ganz allein zu tragen hat, plötzlich zu einer drückenden Last. Zugleich gehört sie nicht zu denen, die ihr Schicksal beklagen, ohne den Versuch zu machen, etwas daran zu ändern.

Sophie macht eine Krise durch, an der sie aber reift. Es gibt im Grunde Schlimmeres auf Erden, sagt sie sich, als diesen dicken, lauten, aber warmherzigen Ehemann, mit dem sie beinahe immer gemacht hat, was sie wollte. Die Zärtlichkeit und Fröhlichkeit dieses Wirrkopfs vermißt sie sogar. Wahrscheinlich hat sie nicht genug Nachsicht und Geduld mit ihm gehabt. Sie bereut das jetzt und spielt mit dem Gedanken, ein neues Leben mit ihm anzufangen.

Sophie ist nicht die Frau, die sich einsperren ließe. Sosehr sie ihre Freiheit braucht, sehnt sie sich manchmal doch – wie alle Frauen – ebensosehr nach einem Stützpunkt, einem Hafen, in den sie sich in stürmischen Zeiten flüchten kann. Und Léopold könnte diese Zuflucht sein, ohne ihre Unabhängigkeit zu gefährden. Die Sorge um seine Karriere, sein Beruf als Soldat, der ihn notwendigerweise immer wieder in die Ferne führt, all das bewahrt sie vor einer Vereinnahmung, die ihr die Luft zum Atmen nehmen würde. Schließlich hat er sie im Jahre 1802 gedrängt, nach Paris zu fahren, und toleriert, daß sie dort monatelang gelebt hat.

La Horie, der Mann, den sie anbetet, wäre nichts für den Alltag. Das weiß, das fühlt sie jetzt. Die Liebe, die sie aneinanderbindet, schöpft ihre Kraft aus jenen Pausen, die ihnen die Umstände aufnötigen. Es gibt keinen Zufall. Sie werden immer wieder zusammenkommen, dessen ist sie sich von nun an sicher. Sie werden sich auch wieder verlieren, das aber wird nicht an Léopold liegen, und selbst wenn sie sich entschließen sollte, zu ihrem Ehemann zurückzukehren, wird dieser nie für sie zum Hindernis werden, mit Fanneau jene außergewöhnlichen Augenblicke zu erleben, weil diese eben etwas Besonderes sind.

Ist Sophie egoistisch, opportunistisch, berechnend?

Diese Worte sind zu ungenau, als daß sie erklären könnten, warum eine Frau solche Überlegungen anstellt, die man im übrigen eher einem Mann zubilligt. Schließlich befinden wir uns noch im 19. Jahrhundert.

Im März ist Léopold in Neapel. Er bekommt einen Brief von Sophie, in dem sie ihm ihre Absicht mitteilt, das gemeinsame Leben wieder aufzunehmen. Er kann zu ihr kommen, oder aber sie kommt zu ihm.

Hätte Sophie vor drei Jahren so viel guten Willen gezeigt, Léopold wäre überglücklich gewesen, jetzt aber ist er beunruhigt, und das aus gutem Grund: Catherine Thomas ist mit ihm nach Italien gegangen, und wenn Léopold seine Kinder auch ganz offensichtlich immer noch liebt und sein Zorn auf Sophie sich gelegt hat, hat er sich doch auf ein Leben ohne seine Ehefrau eingestellt und nicht die geringste Lust, sie wieder bei sich zu sehen.

Anfänglich wagt er nicht, ihr das offen zu sagen und versucht, sie von ihrem Plan eines gemeinsamen Neubeginns abzubringen, indem er seinen Mangel an Begeisterung mit der Angst vor materiellen Schwierigkeiten begründet:

»Meinen Legionärssold verbrauche ich für meinen Lebensunterhalt; ohne ihn wäre ich blank wie kein zweiter Offizier. Die Wahrheit aber ist die: Deine verhängnisvolle Abreise hat unsere Ehe zerstört und mich ins Elend gestürzt. Wenn Du mir vorschlägst, ich solle zu Dir kommen, vergißt Du daher, was eine solche Reise kosten würde, und machst Dir nicht klar, daß ich keine Ahnung habe, wie ich das Geld für sie aufbringen sollte. Und nehmen wir einmal an, ich könnte welches auftreiben, müßte ich nicht befürchten, daß Du wieder diese Unzahl von Fehlern an mir entdeckst, die Dich dazu bewogen hat, mir schleunigst den Rücken zu kehren, und daß Du mich ein zweites Mal verlassen würdest? Es ist also besser, Du kümmerst Dich in Paris um die Erziehung der Kinder, und wenn uns irgendwann glücklichere Tage vergönnt sind, können wir daran denken, uns wieder zu vereinen. Du hast Deine Ruhe, nichts quält Dich; einmal bist Du glücklicher als ich.«

Am 27. März führt er diesen Gedanken genauer aus:

»Ich denke keineswegs daran, Dich kommen zu lassen, und sicher wirst Du den Grund ahnen. Mir ist die Lust an einem gemeinsamen Leben mit Dir vergangen, bevor ich nicht eine feste Beschäftigung habe oder ein allgemeiner und sicherer Frieden mir das erlaubt. Da wir uns beide sehr einschränken müssen, brauchen wir Geduld, wollen wir uns nicht vollends ruinieren. Wenn ich in den Polizeidienst eintrete, schreibe ich Dir, was zu tun ist: Es versteht sich von selbst, daß Du in einer ganz anderen Absicht kommen wirst als in der, nach einem Monat wieder abzureisen, denn dann wäre das Maß voll ...«

Am Ende dieses Jahres und zu Anfang 1807 scheint Bewegung in Léopolds Karriere zu kommen. Dank der Protektion durch König Joseph ist er nun Oberst im Königlich Korsischen Regiment und Gouverneur der Provinz Avellino in Apulien, zu deren Befriedung er beigetragen hat.

Ende des Jahres 1807 trifft Sophie, die von Léopolds neuem Leben nichts weiß, plötzlich eine Entscheidung: Sie wird ihn ohne Vorankündigung mit den drei Kindern in seinem neuen Wohnsitz in Avellino überraschen.

Wenn das keine Überraschung ist! Als Léopold, nachdem er lange nichts von Sophie gehört hat, im Januar 1808 einen Brief aus Rom bekommt, der ihm ihre unmittelbar bevorstehende Ankunft in Neapel ankündigt, muß sich der dicke Oberst erst einmal setzen, um in Ruhe darüber nachzudenken, was da über ihn hereinbricht.

Diese überraschende Anreise macht ihn fuchsteufelswild. Der Soldat, gewohnt, kritische Situationen in kürzester Zeit zu meistern, gewinnt jedoch die Oberhand über den Mann, der in helles Entsetzen gerät bei der Vorstellung, bald zwischen Frau und Mätresse leben und zugleich verhindern zu müssen, daß die beiden einander über den Weg laufen.

Da gilt es keine Minute zu verlieren. Als erstes Catherine bitten, so schnell wie möglich aus dem »palazzo grande« auszuziehen, der Residenz in Avellino, in der sie sich mit Léopold häuslich eingerichtet hat. Das wird sicher nicht einfach sein, denn auch Catherine hat ihren eigenen Kopf. Im übrigen glaubt sie, aufgrund ihres gemeinsamen Lebens mit Léopold inzwischen so etwas wie eheliche Ansprüche an den Gouverneur von Avellino stellen zu können.

Als nächstes: in Neapel ein Haus für Sophie und die Kinder mieten und sie zu überreden versuchen, dort zu bleiben. Notfalls sie davon überzeugen, daß Avellino ein unwirtlicher Ort ist (was stimmt). Und wenn auf diese Weise ein Abstand von fünfzehn Meilen zwischen den beiden Frauen hergestellt ist, kann er vielleicht hoffen, ein Drama zu verhindern. Gottlob ist sein Bruder Louis zur Zeit in Neapel und auch die Familie Foucher, denn Anne-Victoire ist soeben mit ihren Kindern bei ihrem Mann eingetroffen. Sie alle kommen wie gerufen, da sie Sophie Gesellschaft leisten können. Unter der Bedingung freilich, daß Sophie die Fouchers akzeptiert, die sie, wie in einem ihrer Briefe zu lesen war, wohl nicht mehr leiden kann. Warum eigentlich? Er hat den Grund nicht so ganz begriffen. Bretonische Querelen wahrscheinlich. Diese Leute mit ihren Empfindlichkeiten verstehe, wer will.

Er kann noch von Glück sagen, daß sie ihn benachrichtigt hat. Léopold muß seinen Kragen aufhaken, denn siedendheiß wird ihm bei der Vorstellung, was alles hätte passieren können, wenn Sophie ganz unerwartet in Avellino aufgetaucht und Catherine angetroffen hätte. Das wäre ihr zuzutrauen gewesen, diesem teuflischen Weibsstück. Und als er sich ausmalt, welches Drama da abgelaufen wäre, ohne daß er es hätte verhindern können, und daß das Opfer natürlich er gewesen wäre, verspürt Léopold den Drang, allen olympischen Göttern dafür zu danken, daß sie ihm zumindest das erspart haben. Denn es wäre ihm tatsächlich lieber, in einen Hinterhalt brüllender Österreicher, blutrünstiger Engländer oder sogar in eine Horde von Chouans zu geraten, als Zeuge eines plötzlichen Zusammentreffens zwischen Catherine Thomas und Sophie Trébuchet zu werden!

Die drei Kinder sind durch den Oberst in Galauniform, der ihr Vater ist, zunächst eingeschüchtert, haben sie ihn doch seit fast vier Jahren nicht gesehen (für Victor ist er wie neu, denn auf Elba war er noch zu klein, als daß er sich jetzt wirklich an ihn erinnern könnte), dann aber werfen sie sich ihm in die Arme. Léopold hat Tränen in den Augen. Wie groß die Kleinen geworden sind. Abel ist allerliebst. Er ist ungewöhnlich höflich und bedächtig für sein Alter und scheint einen prächtigen Charakter zu besitzen. Eugène ist das hübscheste Kind von der Welt und hat ein aufbrausendes Wesen. Und Victor hat ein sehr sanftes Gesicht. Ruhiger und nachdenklicher als seine Brüder, redet er weniger, denkt sich allerdings erstaunliche Dinge aus.

Sophie im Hintergrund macht nicht den Eindruck, als hätte der Empfang, den man ihr bereitet, alle Unsicherheit von ihr genommen. Glücklicherweise sorgen die Kinder für Ablenkung.

Gerade klettern sie ungeniert auf Léopold herum, bewundern seinen Degen, die Stickereien auf seiner Uniform, und Victor hebt versonnen die vergoldeten Fransen an seinen Schulterstücken hoch. Da kann Sophie nicht umhin, über die Paradeuniform Léopolds zu lächeln, die er zum Empfang seiner Kinder, wohl um Eindruck auf sie zu machen, angelegt hat. Die Kriegserlebnisse werden sicher gleich folgen.

Jetzt aber erzählen erst einmal die drei Kinder, in ihrer Begeisterung aufgeregt durcheinanderschwatzend, von der Reise, ihren Abenteuern und Mißgeschicken. Der Regen, der gegen die Postkutsche peitschte, und der Schnee auf dem Mont-Cenis-Paß, den sie überquert haben, Eugène und Abel auf dem Rücken eines Maulesels und Sophie und Victor in einem Schlitten, der statt Fensterscheiben Hornplatten hatte. Und Eugène, der seine Wollstrümpfe nicht tragen wollte, sie immer wieder abstreifte, wenn man sie ihm gerade angezogen hatte, weil sie ihn kratzten, wie er sagte, und er nicht wie ein Bauer aussehen wollte. Und Victors Angst, weil er auf der ganzen Reise von der fixen Idee verfolgt wurde, der Wagen könnte umkippen. Sein angsterfülltes Gesichtchen, sein Zusammenzucken beim kleinsten Stoß. Um ihn zu beruhigen und selber Ruhe zu finden, hatte Sophie ihm schließlich versichert, daß dies in Italien nie passiert. Welch Pech für sie, daß just in diesem Augenblick ein Wagen, der schon auf ihrer Höhe war, um ein Haar auf sie gestürzt wäre.

»Alles war kaputt«, sagt Abel. »Und ein wütender Kardinal, der wie ein Kasperle an der Wagentür mit den

Armen herumfuchtelte. Victor hat geheult. Wir haben gelacht. Und je mehr wir gelacht haben, Eugène und ich und Mama, desto mehr hat Victor sich darüber geärgert, daß wir gelacht haben ...«

»Und wir haben einen Adler gegessen«, erzählt Victor. »Weil wir Hunger hatten und Mama nichts für uns dabeihatte. Einen Adler aus dem Gebirge. Über einem Feuer gebraten. Stimmt's, Mama?«

»Ich glaube nicht, daß es ein Adler war«, widerspricht Sophie. »Es war irgendein Raubvogel, den ein Hirte erlegt hatte.«

»Und es war doch ein Adler!« behauptet Victor. »Der schmeckt aber nicht sehr gut. Zu zäh.«

»Und wir haben eine Stadt gesehen, die unter Wasser stand«, sagt Eugène, »mit Bauern, die barfuß durchs Wasser liefen, um ihre Schuhe nicht naß zu machen.«

»Die Überschwemmung in Parma«, ergänzt Sophie.

»Und wir haben eine Menge Tote gesehen, die in den Bäumen aufgehängt waren«, sagt Victor. »Tote, die die Vögel ganz aufgefressen hatten. Tote, die ganz schwarz waren ... Die Grimassen schnitten, so ...«

»Banditen, die im Wald zwischen Itri und Fondi gehängt worden waren«, erklärt Sophie. »Ich wollte nicht, daß sie diese Scheußlichkeiten sehen. Aber du weißt ja, wie Kinder sind ...«

»Und denk dir«, sagt Eugène, »die italienischen Bauern bekreuzigen sich jedesmal, wenn sie ein Kreuz sehen. Da haben wir uns welche aus Stroh gemacht, und wenn wir durch ein Dorf kamen, haben wir sie an die Scheiben des Wagens geklebt, damit sie sich bekreuzigen mußten. Sie sind ein bißchen dumm, findest du nicht? Sie haben sicher geglaubt, daß ein Bischof in der Postkutsche sitzt ...«

»Und wenn es in den Herbergen keine Betten gab,

haben wir auf dem Boden auf Strohmatten geschlafen. Das war sehr lustig.«

»Ja, aber Mama hat sich Flöhe gefangen«, verrät Victor. »Das findet sie gar nicht schön. Ich finde Schaben eklig.«

»Und dann haben wir eine Stadt mit einer großen Brücke und einem rosafarbenen Schloß und sehr schönen Statuen gesehen, und wir haben einer Statue, das war ein Mann mit einem großen Hut in einer riesengroßen Kirche, der haben wir die Zehen geküßt, und der Fuß war ganz glänzend von den Küssen.«

»Rom«, sagt Sophie. »Wir mußten natürlich in die Peterskirche.«

»Und wir haben das Meer gesehen. Guck mal, das Meer, wie blau es ist ...«

»Du siehst müde aus«, sagt Léopold.

»Ich bin am Ende«, antwortet Sophie.

Neapel, puh! Welch ein Gewimmel und welch eine Schwüle, kaum daß es Frühling wird. Welch ein Geschimpfe, Gekreische, Gezeter, Geschrei, Gezänk in dieser Stadt, dem auch die Nacht kein Ende macht. Eine stinkende und aasige Stadt vom Hafen bis zur Rue de Tolède, wo Fliegenschwärme auf die Hackbänke der Fleischer niedergehen, wo es in den engen und schmutzigen Straßen immer nach Knoblauch, Gebratenem und angebranntem Fett stinkt und wo alle Balkone fragwürdige Wäschestücke geflaggt haben. Eine bedrohliche Stadt, das Ebenbild des immer rauchenden Vulkans, eine Stadt, die angst macht mit ihren Scharen von aggressiven Bettlern, den *lazzarielli,* Menschen, die sich überall bis hin zu den Schwellen barocker Paläste, ja bis in die Galerien hinein auf der blanken Erde lümmeln oder mit angewinkeltem Bein an den Mauern lehnen, immer unbeschäftigt, allerdings stets auf einen Coup, eine Dieberei aus.

Eine ungesunde Stadt voll ausgehungerter, rotznasiger Kinder, deren Schädel mit eitriger Flechte bedeckt sind, an der die Fliegen sich gütlich tun, viel zu viele Kinder, die von ihren Müttern von den Terrassen herunter mit schrillem Gezeter drangsaliert werden. Eine verrückte Stadt, wo die Todeskarossen mit ihrem ungeheuren Luxus, ihrem Begräbnispomp das Gold des Lebens verschlingen. Eine hysterische Stadt, in der die Gewalt nach Wundern schreit, in der sich unter dem Gebrüll, den Beleidigungen, den flehentlichen Bitten das Blut der Heiligen nach Belieben verflüssigt.

Sophie, die Bretonin, haßt Neapel, wo sie all das, was sie in Porto-Ferrajo erlebt hat, wiederfindet, nur alles noch viel schlimmer, noch größer und verwirrender. Die Hitze, das Ungeziefer, das schwindelerregende Tempo der Stadt setzen ihr so sehr zu, daß sie hoffnungslos unterzugehen droht. Alles, was sie berührt, kommt ihr fettig vor, alles, was sie sieht, ist ihr zuwider: das Elend, das wie etwas Unabänderliches hingenommen wird, das unbewegte, gezeitenlos dahinsiechende Meer, die Männer, die sie im Vorbeigehen mit frechen Blicken mustern, die Promenade de la Chiaïa, auf der die Gespanne in Galopp gesetzt werden, was jeden Versuch, zu Fuß hinüberzukommen, verbietet. Der Gestank von Exkrementen und verdorbenem Fisch, der vom Ufer heraufzieht, erfüllt sie mit Ekel, ebenso der Staub auf den Blumen, die nicht duften, und der trostlose, ewig blaue Himmel.

Den ganzen Tag über hält Sophie sich im Schatten ihres Hauses auf; abends läßt sie dann eine Kalesche kommen und macht mit ihren Kindern eine Spazierfahrt am Meer entlang. Die Kinder finden das herrlich. Victor juchzt vor Freude beim Anblick der kleinen, nervösen Pferde, die wie im Zirkus mit Federbüschen, Blumen und Viehglöckchen geschmückt sind.

Um einmal wieder Französisch sprechen zu hören, hat Sophie sich einverstanden erklärt, die Fouchers zu besuchen, die am Abhang des Saint-Elme ein Haus gemietet haben. Es hat einen Garten mit Kakteen, Aloen und Zitrusfrüchten, in dem die Kinder mit Apfelsinen Boule spielen, während die Eltern im Schatten einer von Weinreben überdachten Terrasse plaudern.

Fühlt Sophie sich schon elend in Neapel, so ist das noch gar nichts im Vergleich zu Anne-Victoires Verzweiflung, die dieses Land dermaßen verabscheut, daß sie, wie man heute sagen würde, einer nervösen Depression nahe ist.

Und Léopold? Man kann nicht sagen, daß er stört. Meistens hält er sich in Avellino auf, wo er seinen Pflichten als Gouverneur nachkommen muß. Das beanspruche seine ganze Zeit, sagt er. Sophie nennt ihn nur noch den »überforderten Mann«.

Kommt er nach Neapel, gibt er sich seiner Frau gegenüber jetzt merkwürdig distanziert. Nach ihrer Ankunft hatte sich Sophie aus Angst, Léopolds Leidenschaft könnte wieder aufflammen, was ihr sehr lästig gewesen wäre, eines jener mysteriösen Frauenleiden ausgedacht, die die Männer so trefflich auf Distanz halten. Léopold hat ihr das geglaubt, zumal Sophie, durch eine verschleppte Bronchitis geschwächt, die sie trotz des Klimas nicht loswerden kann, wirklich nicht gut aussieht. Ist Léopold aus Rücksicht auf Sophies Müdigkeit so zurückhaltend? Er gibt ihr nur einen flüchtigen Kuß auf die Stirn und spart sich die Zärtlichkeiten für seine Kinder auf, die von den Erzählungen ihres ruhmreichen Papas nicht genug kriegen können. Ein Papa, der, um ihnen Spaß zu machen, auf seinem Degen herumtrabt, vor dem alle Welt Respekt hat, der König Josephs Freund ist und so ungeheuer viele Heldentaten vollbracht hat.

Vor einem so aufmerksamen und wohlwollenden Publikum ist Léopold mit Leib und Seele dabei, das muß man wirklich sagen. Immer wieder erzählt er neue Einzelheiten von Fra Diavolos Gefangennahme und wie er die Briganten von Apulien bezwungen hat, zeigt die Narbe der Verletzung, die ihm in Boiano zugefügt worden ist und die zur Folge hatte, daß er einunddreißig Tage lang sich weder hingelegt noch geschlafen hat, sagt er.

Mit offenem Mund hören Abel, Eugène und Victor zu. Und es gelingt Léopold, Victor endgültig für sich zu gewinnen, als er ihn als Soldatenkind in das Namensverzeichnis des Königlich Korsischen Regiments eintragen läßt und ihm eine kleine, maßgeschneiderte Uniform schenkt. Abel und Eugène hat er in der Königlichen Schule von Neapel untergebracht.

Zwar besucht Léopold seine Familie recht häufig in Neapel, hat aber offensichtlich wenig Lust, sie in seine Residenz nach Avellino einzuladen. Doch die Kinder brennen vor Ungeduld, den Palast zu sehen, in dem ihr Vater gewissermaßen König ist. Sophie, durch Léopolds Zurückhaltung neugierig geworden, besteht ihrerseits auf einem Aufenthalt in Avellino. An Unbequemlichkeit, sagt sie, könne Avellino kaum die Herbergen übertreffen, in denen sie auf ihrer Reise übernachtet haben.

Und Léopold fügt sich. Die Familie fährt nach Avellino. Die Kinder sind hingerissen von dem alten Barockpalast, in dem es so viel zu entdecken gibt. Die dicken Marmormauern, die so manches Erdbeben erlebt haben, sind voller Risse und Spalten, in denen man wunderbar Verstecken spielen kann. Gleich bei ihrer Ankunft haben sie von dem riesigen Haus mit seinen Schlupfwinkeln, seinen zahlreichen Treppen und seinem Garten Besitz ergriffen. Mit seinem tiefen, von Haselnußsträuchern beschatteten Graben eignet der Garten sich ausgezeichnet für Rutschpartien und Kriegsspiele.

Sophie ist von diesem Palast nicht so begeistert wie ihre Söhne. Von Anfang an kam er ihr irgendwie unheimlich vor, so als seien seine Mauern ihr feindlich gesonnen. Léopolds Verhalten ist ebenfalls sehr merkwürdig. Er ist unruhig, nervös, in Verteidigungsstellung. Zwar bleibt er Sophie gegenüber ausgesucht höflich, weicht ihrem Blick aber immer mehr aus.

Eines Tages entdeckt Sophie in der Wohnung, in der er sie untergebracht hat, hinten in einer Schublade ein Umschlagtuch, das zu schön ist, als daß es einer der Bediensteten gehören könnte. Es muß von Catherine Thomas sein, die es dort vielleicht absichtlich vergessen hat.

Und jählings wird Sophie Léopolds Zurückhaltung und die Feindseligkeit des Palastes klar. In der Nähe gibt es eine Frau, und diese Frau heißt Catherine Thomas. Es folgt eine heftige Auseinandersetzung, die sich bis weit in die Nacht hineinzieht. Léopold, der zunächst alles abgestritten hat, gesteht schließlich, daß er, nun ja, mit Catherine Thomas, die ihm hierhin gefolgt sei, zusammenlebe. Aber wessen Schuld ist das?

Tief verletzt fährt Sophie am nächsten Tag mit ihren Söhnen nach Neapel zurück. Eine Versöhnung mit Léopold ist von nun an endgültig und grundsätzlich in Frage gestellt. Sie wünscht sie nicht, er auch nicht.

Während es mit Léopolds Ehe bergab geht, geht es mit seiner Karriere diesmal allem Anschein nach bergauf. Im März hat Murat Madrid eingenommen. Im Mai verzichten Karl IV. und Ferdinand VII. zugunsten Napoleons auf den spanischen Thron. Am 23. erheben sich alle Provinzen.

Joseph Bonaparte, zum König von Spanien ernannt, holt Hugo zu sich. Anfang Juli verläßt Léopold Avellino und trifft am 6. August in Burgos ein.

Sophie, in Neapel, fragt sich, ob es nicht verhängnisvoll war, eine Krankheit vorzutäuschen. Ihr ist sehr unwohl. Häufig hat sie Fieber. Der vom Arzt verordnete Chinarindenextrakt hilft ihr nicht gegen die Müdigkeit. Sie hat Angst vor Tuberkulose.

In Wirklichkeit gehört sie zu den Frauen, welche die Traurigkeit physisch krank macht. Im Spätsommer des Jahres 1808 überkommt sie ein Gefühl tiefer Niedergeschlagenheit. Wochenlang hat sie nichts von La Horie gehört; ununterbrochen muß sie an ihn denken. Wo er wohl ist? Und in welcher Verfassung? Was er wohl macht? Da sie nicht weiß, wo sie ihn erreichen kann, hat sie ihm nach Paris an die Adresse seiner Freunde in der Rue de Clichy geschrieben und ihm ihre Anschrift in Neapel mitgeteilt. Sie hat aber keinen einzigen Brief von ihm bekommen, und dieses Schweigen macht ihr sehr zu schaffen. Ob er überhaupt noch lebt?

Aus Angst, er könnte ihr Unglück bringen, will sie diesen Gedanken verscheuchen, doch vergeblich, die Vorahnung wird immer stärker. Fanneau schreibt ihr nicht, weil ihm etwas Schlimmes zugestoßen ist. Etwas wirklich Schlimmes. Da fühlt Sophie, wie ihr die noch verbliebenen Kräfte schwinden. Sie macht sich Vorwürfe, daß sie aus Paris weggegangen ist. Dort hätte sie ihm helfen, ihn retten können. Vielleicht hat er, verletzt oder sogar dem Tode nahe, eines Abends bei ihr angeklopft, wie er es schon einmal getan hat. Diesmal aber öffnet keine hilfreiche Hand die Tür, er ist zu sehr geschwächt, um den

Polizisten zu entkommen, und sie wird ihr ganzes Leben lang Schuldgefühle haben, weil sie ihn im Stich gelassen hat.

In anderen Augenblicken sagt sie sich, daß sie es wüßte, wenn La Horie gefaßt worden wäre. Joseph Bonaparte wäre von Fouché informiert worden und hätte Léopold benachrichtigt. Oder aber La Mothe-Bertin, der ihre Adresse in Neapel hat und von ihrer Beziehung zu La Horie weiß, hätte es ihr geschrieben. Das Schweigen der einen wie der anderen wäre demnach eher ein gutes Zeichen.

Im stickigen Klima dieses neapolitanischen Sommers, in dieser fremden Stadt, in der sie niemanden mehr kennt – die Franzosen sind nach Spanien gegangen und die Fouchers zurück nach Paris –, leidet Sophie mehr denn je unter ihrer Einsamkeit. Gewiß, sie hat ihre Kinder bei sich, aber was können kleine Jungen von zehn, acht und sechs Jahren gegen das Leid einer Frau ausrichten? Vorschnell glaubt man, Kinder seien für alles ein Ersatz, während doch die Verantwortung, die man für sie trägt, einen Kummer, mit dem sie gar nichts zu tun haben, nur noch größer macht.

Mit unverhohlener Erleichterung hat Léopold sich auf und davon gemacht. Joseph Bonapartes Ruf und der Spanienkrieg kommen gerade recht, um ihn vor einer unerfreulichen Situation zu bewahren. Er ist so froh über diesen Ausweg, daß er sich wenigstens einmal einen Ruck gibt und Sophie eine Pension von dreitausend Franc bewilligt. Das beruhigt sein Gewissen. Wenn er ihr jetzt schreibt, begnügt er sich damit, ihr gute Besserung zu wünschen, und er gibt ihr den Rat, ihre gemeinsamen Kinder »zu dem Respekt zu erziehen, den sie uns schulden«.

Diese drei Kinder sind für Léopold nun das einzige,

was ihn mit Sophie noch verbindet, und das bringt er auch unmißverständlich zum Ausdruck: »Laß uns durch sie in Verbindung bleiben, da wir einander bewiesen haben, daß eine Beziehung zwischen uns beiden zu schwierig ist.«

Für Sophie gibt es wirklich keinen Grund mehr, noch länger in Neapel zu bleiben, und da Léopold einverstanden ist – im Augenblick ist er mit allem einverstanden –, wird sie mit ihren Kindern nach Paris zurückkehren. Es wird Zeit, sich ernsthaft um ihre Ausbildung zu kümmern. Und auch darum, was mit La Horie passiert ist.

Am 22. Dezember schließt sie ein Geschäft mit einem Fuhrunternehmer ab: Er verpflichtet sich, sie mit Claudine und den drei Kindern für dreißig Louisdor in achtzehn Tagen von Neapel nach Mailand zu fahren und ihr für die ganze Reise eine angemessene Verpflegung sowie für die Nacht drei saubere Betten zuzusichern.

Am 10. Januar erreichen sie Bologna, am 15. Mailand, und am 7. Februar 1809 setzt die Postkutsche aus Lyon sie endlich in Paris ab.

Die Kinder sind größer geworden und finden, daß in der Rue de Clichy alles kleiner geworden ist. Sophie hat aber gar nicht vor, noch lange in dieser Wohnung zu bleiben. Der Ausbildung ihrer Söhne wegen will sie in die Nähe des Quartier Latin ziehen, wo sich die Schulen befinden, die sie bald besuchen sollen.

Erst einmal aber stürzt sie, kaum daß sie in der Rue de Clichy angekommen ist, zu den La Mothe-Bertins, wo eine sehr gute Nachricht auf sie wartet: Fanneau ist nicht nur nicht tot, er ist sogar in Paris. Als sie sich wiedersehen, erkennt Sophie in La Horie nur mit Mühe den Mann wieder, den sie vor einem Jahr verlassen hat, so mager, krumm und alt ist er geworden. Sie kämpft mit den Tränen, doch welche Freude, ihn unversehrt vorzufinden.

Und auf einmal fühlt sich Sophie wieder ganz gesund. Das Fieber und die Mattigkeit von Neapel sind verflogen. Zu viel hat sie jetzt zu tun: eine annehmbare Wohnung finden, die Kinder in der Schule anmelden und La Horie wiederaufrichten, und diesmal, sagt sie sich, will sie ihn nie mehr verlassen.

Sie beschließen, da La Horie immer noch verfolgt wird, ein Zusammentreffen mit den Kindern erst einmal zu vermeiden. Diese wissen nicht, daß Victors Patenonkel sich in Paris aufhält, und es ist ratsamer, sie nicht aufzuklären. Die Kinder können noch nichts für sich behalten, und Sophie möchte Fanneau nicht der Gefahr aussetzen, gefaßt zu werden. Sie werden schon zusehen, daß sie sich so oft wie möglich treffen können.

Diesmal will Sophie einen richtigen Garten mit Bäumen und Beeten, auf denen sie Blumen ziehen kann, und wo die Kinder spielen können wie in Italien.

Sie findet einen in der Rue Saint-Jacques unweit der Saint-Jacques-du-Haut-Pas-Kirche. Ein hübscher, kleiner, eingezäunter Garten, zu dem ein Haus gehört, das Sophie lediglich flüchtig in Augenschein genommen hat, denn sie hat nur Augen für den Garten.

Sie ziehen ein, merken aber sehr schnell, daß das Haus viel zu klein ist. Es hat nicht genug Zimmer, und alles ist eng und unpraktisch. Selbst wenn Abel die Woche über als Internatsschüler im Gymnasium bleibt, hat Sophie mit Eugène, Victor und Claudine zu wenig Platz, La Horie nicht mitgerechnet. Den könnte sie hier später gar nicht aufnehmen.

Doch das Stadtviertel ist angenehm. Der Faubourg Saint-Jacques ist beinahe Paris, ohne Paris zu sein. In unmittelbarer Nähe beginnen die Felder. Es gibt zahlreiche, seit der Revolution leerstehende Klöster, zu denen noch weitläufige Gärten gehören. Es ist mit seinem allmorgendlichen Hahnenschrei und seinen heubeladenen Ochsenkarren ein ruhiges, ländlich wirkendes Viertel.

Sophie sucht also im Faubourg Saint-Jacques ein anderes Haus. Unermüdlich streift sie durch Straßen und Gassen, fragt Nachbarn und Kaufleute. Daß La Horie noch lebt und in ihrer Nähe ist, hat ihre Energie verzehnfacht.

Gerade macht jemand sie darauf aufmerksam, daß ein gewisser Bürger Lalande, Eigentümer von Nationalgütern, nicht weit von hier Wohnungen vermietet. Sie braucht sich nur nach links zu wenden, in der Nähe des Val-de-Grâce, am Ende der Rue des Feuillantines.

Eines Tages im Mai stößt Sophie ein Gitter auf, überquert einen gepflasterten Hof, geht um diverse Gebäude herum, die verlassen zu sein scheinen, und es entfährt ihr ein Schrei der Bewunderung.

So muß das Paradies aussehen. Ein grünes Gewirr. Das Gezwitscher zahlloser Vögel. Tausende von Blüten, die der Frühling auf dem Erdboden und in den Bäumen hervorzaubert, verströmen ihren zarten Duft. Es ist der Garten des ehemaligen Feuillantinerinnenklosters, der seit bald fünfzehn Jahren brachliegt. Die Beete haben sich in Wiesen zurück verwandelt, und der hintere Teil des Gartens, wo Bäume und Sträucher wild gewachsen sind, ist ein richtiger kleiner Wald geworden, in dem man den Verlauf früherer Alleen noch ahnt.

Es gibt Eichen, Ulmen, Linden, eine Kastanienallee, alte Obstbäume, die unter einem urwaldähnlichen Gewirr ineinander verschlungener Ranken, unter Klematis,

Bittersüßem Nachtschatten, Brombeeren und Geißblatt erstickt sind. Unter dem Blätterdach riecht es nach Pilzen, Farnkraut, wilden Hyazinthen, Schierling und blühendem Holunder.

Wie im Traum geht Sophie durch eine verschwenderische Fülle von Heckenrosen, Winden, Fingerhut und Weißdorn weiter. Durch eine Wolke von Lindenblütenduft. Noch bevor sie sie gesehen hat, errät sie die Fliederbüsche und ein Büschel falscher Hyazinthen. Sie betritt einen Teppich aus Butterblumen, Immergrün, Gänseblümchen. Und ganz hinten im Garten, am Ende der Kastanienallee, entdeckt sie eine kleine, verlassene Kapelle mit zerbrochenen Fensterscheiben, die als Schuppen dient. Hier hält Sophie inne.

Das Geschäft ist schnell abgeschlossen. Sophies neuer Wohnsitz befindet sich in einem der Nebengebäude des Klosters, liegt ebenerdig, und über eine Außentreppe gelangt man in den Garten. Ein Eßzimmer, ein Salon, ein Schlafzimmer. Die Zimmer mit ihren hohen Decken sind geräumig und hell, und die Bäume im Garten erscheinen wie Wandteppiche in allen Fenstern. Mehr noch als die Bäume, die Blumen und das Haus hat jedoch die Kapelle, hinter Bäumen am Ende des Gartens verborgen, ihre Aufmerksamkeit erregt. Gibt es einen sichereren Ort, um einen von der Polizei Gesuchten zu verstecken?

Am nächsten Tag nimmt sie Eugène und Victor sofort zum Feuillantinerinnenkloster mit, um ihnen ihre Entdeckung zu zeigen. Die Kinder sollen ihr neues Haus und ihre neuen Zimmer bewundern, doch schon sind sie verschwunden, um den wunderbaren Garten zu erkunden. Ein Haus ist gut, doch ein Park mit Büschen, Bäumen, Vögeln, Schmetterlingen, einer Klosterruine und einer ausgetrockneten Sickergrube ist noch viel besser. Sofort entdeckt Victor den Kastanienbaum mit dem dicken, waagerecht abstehenden Ast, der eigens zu diesem Zweck so gewachsen zu sein scheint, daß man eine Schaukel – der Traum jedes Siebenjährigen – daran aufhängen kann. Sophie wäre die letzte, die ihm diese vorenthalten würde; zu gut erinnert sie sich, mit welchem Vergnügen sie sich als Kind in die Lüfte geschwungen hat, damals in der Renaudière.

Im Juni ziehen sie in das Feuillantinerinnenkloster ein. Eugène, Abel und Victor lassen sich nicht lange bitten und helfen beim Umzug. Sophie leitet das Unternehmen: Die Kinder bekommen die Aufgabe, sich um *ihre* Sachen zu kümmern; und fröhlich laufen die drei zwei Tage lang mit ihrer Schubkarre voller Spielzeug, Kleidung und Bücher in der Rue Saint-Jacques hin und her. Ein Fuhrunternehmer besorgt den Rest. Lange dauert der Umzug nicht, denn Sophie, die immer möbliert gewohnt hat, besitzt nicht viel. Doch diesmal, so scheint es ihr, wird sie in der neuen Wohnung lange bleiben, und sie nimmt sich deshalb vor, von ihrem Gesparten ein paar Möbel zu kaufen. Zum erstenmal in ihrem Leben hat sie das Gefühl, ein richtiges Haus für sich zu haben.

Sie hat die kleine Kapelle hinten im Garten nicht vergessen. An mehreren Abenden räumt sie mit Claudine dort auf, sobald die Kinder todmüde im Bett liegen. Die Kapelle hat zwei Räume, die durch eine Zwischenwand mit einer kleinen Tür voneinander getrennt sind. Im größeren stehen die Überreste eines Steinaltars. Dieser Teil der Kapelle ist in einem sehr schlechten Zustand. Die Wände haben Risse, und durch die zerbrochenen Fensterscheiben sind Efeuranken nach innen gewachsen und

Vögel hereingeschlüpft, die in den Balken nisten. Von einer Statue über dem Altar, der der Kopf fehlt, blättert die Farbe ab. Ein Haufen kaputter Stühle und ausrangierter, verrosteter Gartengeräte ist hier abgestellt.

Das kleinere der beiden Zimmer ist in einem besseren Zustand. Ein Wandschrank deutet darauf hin, daß hier die Sakristei gewesen sein muß. Durch ein Rundfenster, dessen Scheiben unbeschädigt sind, fällt Licht herein. Nachdem Sophie den Staub beseitigt, den Boden gefegt und gescheuert hat, möbliert sie die ehemalige Sakristei notdürftig mit einem Feldbett, einem Tisch, einem Waschtisch und zwei Stühlen. Dieser behelfsmäßige Unterschlupf ist für La Horie bestimmt.

»Hört mal her, Kinder. Ihr könnt im Garten überall spielen, nur nicht in der Kapelle. Ich verbiete euch, sie zu betreten. Sie ist baufällig, und es ist gefährlich da drin. Es könnte euch ein Stein auf den Kopf fallen. Außerdem wimmelt es da nur so von dicken Spinnen. Ihre Stiche sind sehr giftig. Habt ihr mich verstanden? NICHT IN DIE KAPELLE!«

Das ist für die Kinder kein großer Verlust: Im Garten gibt es so viel zu entdecken, und keine Minute ist zu verlieren, denn Sophie hat Eugène und Victor schon vorgewarnt: Zwei Wochen läßt sie ihnen noch völlige Freiheit, dann geht's an die Arbeit; es wird Zeit, daß sie nach ihrem Vagabundenleben endlich ernsthaft lernen. Eugène kann gerade mal lesen, Victor überhaupt noch nicht, auch wenn er das Gegenteil behauptet.

In der Rue Saint-Jacques gibt es eine kleine Volksschule, die von Monsieur de la Rivière, der um die fünfzig ist, und seiner Frau geleitet wird. Die Kinder nennen sie zutraulich Vater und Mutter Larivière. Man erzählt sich, daß dieser Volksschullehrer ehemals Oratorianer gewesen, 93 aber aus dem Orden ausgetreten sei, um sein Dienstmädchen zu heiraten. Die Ehe sei ihm lieber als die Guillotine gewesen. Auf jeden Fall ist er ein sehr gebildeter Mann und alles andere als ein einfacher Volksschullehrer. In seiner Schule bringt er den Kindern aus der Nachbarschaft Lesen, Schreiben und Rechnen bei. Seine Schüler sind zumeist die Söhne von Arbeitern, die in der Baumwollfabrik arbeiten. Diese befindet sich gegenüber dem ehemaligen Seminar der Oratorianer, in dem jetzt die Taubstummenschule untergebracht ist.

Es ist ein kleine Schule, in der es familiär und ungezwungen zugeht. Mutter Larivière, eine einfache, aber nette Frau, tröstet die Kinder und legt ihnen Verbände an, wenn sie sich beim Spielen verletzt haben. Morgens trägt sie ihrem Ehemann den Milchkaffee ins Klassenzimmer hinterher und hilft ihm bei den Diktaten und der Korrektur der Hausaufgaben.

Ab Juli gehen Eugène und Victor also in diese Schule. Ihre Zeiteinteilung ist recht flexibel, da sie nur zwei Stunden am Vormittag und zwei am Nachmittag Unterricht haben, was ihnen die Möglichkeit gibt, im Garten herumzuhüpfen.

Und wie erstaunt sind alle, als sich herausstellt, daß der kleine Victor, ganz wie er behauptet hat, schon einigermaßen lesen kann. Er hat sich das Lesen ganz allein beigebracht, indem er in der Schule in der Rue du Mont-Blanc das Abc-Lied gehört und später in Italien die Leseübungen seiner Brüder nachgesprochen hat. Von nun an wird er mit seinem zwei Jahre älteren Bruder Eugène um die Wette lernen. Die beiden sind unzertrennlich. Sie schlafen im selben großen Bett und spielen jeden Tag zusammen. Sonntags gesellt sich Abel zu ihnen, doch der elfjährige Internatsschüler wirkt neben seinen kleinen Brüdern schon wie ein Erwachsener.

Am lustigsten geht es im Feuillantinerinnenkloster zu, wenn Madame Foucher ihren Victor und ihre Adèle bei den kleinen Hugos vorbeibringt. Die sechsjährige Adèle macht bei den Spielen der Jungen mit. Wenn feindliche Festungen, sprich Kaninchenställe, überfallen und erobert werden müssen – sie ist dabei. Die Angreifer geben sich diesem Unternehmen mit einem solchen Feuereifer hin, daß die armen, vor Angst zitternden Kaninchen sich in die hinterste Ecke ihres Stalles verkriechen. Sophie kann nicht umhin, die Lanzen, mit denen sie ihren Krieg führen – das heißt, die dem Gärtner zu diesem Zweck entwendeten Stangen –, zu verbieten, damit sie sich nicht gegenseitig die Augen ausstechen.

Sie spielen Ball, spielen mit Murmeln oder Mühle, holen Vögel aus ihren Nestern, fangen Schmetterlinge, veranstalten Schneckenwettrennen oder ärgern die Ameisen. Seitdem *Die Grille und die Ameise* im Unterricht durchgenommen worden ist, haben die Kinder diesen geschäftigen, knausrigen Tierchen, die den sorglosen Grillen so übel mitgespielt haben, den Krieg erklärt. Sie werden erbarmungslos zerdrückt und ertränkt.

Manchmal spielen sie mit Adèle im Garten so etwas wie Blinde Kuh. Adèle wird auf eine alte Schubkarre gesetzt, die Augen werden ihr verbunden, und am Ende der Fahrt muß sie sagen, wo sie ist. Hat sie verloren, werden ihr Aufgaben gestellt, die die Jungen flugs erfinden: eine Schnecke durchbeißen oder dem Gärtner eine lange Nase machen.

Oft turnen sie auch auf der Schaukel herum, die Victor bekommen hat und die in der Kastanie aufgehängt worden ist. Sie stoßen Adèle an, die vor Angst schreit, wenn das Brett zu hoch hinaus fliegt, und sobald Sophie den

Rücken gedreht hat, haben die Jungen, um dem kleinen Mädchen zu imponieren, nichts Eiligeres zu tun, als das mütterliche Verbot zu übertreten: im Stehen zu schaukeln oder sich ins Leere zu werfen, wenn sie auf dem höchsten Punkt angelangt sind.

Am liebsten machen die Jungen jedoch Jagd auf den »Tauben«. Das ist ein geheimnisvolles Ungeheuer, das Victor erfunden hat und dessen Steckbrief alles andere als eindeutig ist. Es ist keine Eidechse, obwohl es Schuppen auf dem Bauch hat; nicht ganz Kröte, trotz der Warzen auf seinem Rücken. Es ist schwarz, behaart und glitschig. Manchmal kriecht es sehr schnell, manchmal mit besorgniserregender Langsamkeit. Es schreit nicht, doch sein gelber Blick ist fürchterlich. Besonders schrecklich ist es auch deshalb, weil es bislang noch keiner gesehen hat. Da man aber weiß, daß es gern in alten Löchern haust, ist man ziemlich sicher, daß es sich im Feuillantinerinnenkloster in der ausgetrockneten Sickergrube versteckt hält.

Dort wird es gejagt. Durch einen plötzlichen Sprung ins Loch hinein und durch Stöbern im Brombeergestrüpp soll es überrascht werden. Victor behauptet, daß es ihm eines Tages durch die Finger geschlüpft sei. Es entkommt einem immer dann, wenn man schon glaubt, es gepackt zu haben. Adèle hat solche Angst vor dem Tauben, daß sie manchmal anfängt zu weinen. Dann spielen sie »Adèle trösten«. Eugène und Victor wetteifern darin, wer sie am gelungensten aufmuntert, was nicht ohne Gezwicke und Gepuffe abgeht. Sie richten es jedoch immer so ein, daß Adèle gerade dann in Tränen ausbricht, wenn die Mütter den Rücken gedreht haben.

Die kleinen Hugos verehren Sophie, haben aber auch Respekt vor ihr: Wenn sie unartig sind, rutscht ihr schon mal die Hand aus. Tatsächlich aber gibt es nur wenige Verbote: Sie dürfen nicht von den giftigen, roten Beeren des Bittersüßen Nachtschatten essen, nicht durch die Blumen trampeln und nicht auf Leitern klettern. Und natürlich *nicht* die Kapelle betreten. Sie läßt auch nicht mit sich spaßen, wenn es um Höflichkeit und Tischmanieren geht. Schlecht erzogene Kinder, die reden, ohne gefragt zu sein, kann sie nicht ausstehen. Sie kann es auch nicht haben, wenn man in ihrer Gegenwart faul herumsteht. Und noch weniger, wenn man behauptet, sich zu langweilen, denn, wie sagt sie doch, »nur Schlafmützen drehen Däumchen«. Im Haus oder Garten gibt es immer etwas zu tun. Sophie legt Wert darauf, daß ihre Söhne mit anpacken. Sie machen ihr Bett, helfen Claudine, bei Tisch zu bedienen, schleppen die Holzscheite herbei, holen Wasser aus dem Brunnen, und es gehört auch zu ihren Pflichten, ihr bei der Gartenarbeit zur Hand zu gehen; wer nur mit Widerwillen Laub karrt, ist selbst schuld. Die Jungen sollen jedem Schreiner und Tapezierer, der ins Haus kommt, bei der Arbeit zusehen, damit sie lernen, wie's gemacht wird und selbst die eine oder andere handwerkliche Arbeit ausführen können.

Die Jungen wissen zudem, daß sie es nicht mag, wenn sie weinen. Victor, der eigentlich nah am Wasser gebaut hat, kann ein Lied davon singen. Als er eines Tages anfing zu schluchzen, weil er sich den Finger in die Tür geklemmt hatte, hat ihn Sophie umsorgt und gehätschelt, als er aber nicht aufhören wollte, Tränen zu vergießen, ist sie ärgerlich geworden und hat ihn aufgefordert, sich dort auszuheulen, wo der Kaiser zu Fuß hingeht. Man leidet, weint aber nicht. Oder man tut's im stillen Kämmerlein.

»Habt ihr mich je weinen sehen, Kinder?«

Wenn ihre Söhne mit verdreckten und zerrissenen Kleidern nach Hause kommen, schimpft Sophie ebenfalls. Und das kommt sehr häufig vor. Kleidung ist teuer. Woher das Geld dafür nehmen? Aber die kleinen Teufel kümmert das wenig; kein Tuch oder Leinen ist so strapazierfähig, daß es ihre Raufereien mit den Kindern der Baumwollarbeiter nach der Schule überstünde. Schließlich wird Sophie ernstlich böse.

»Der nächste, der mit einer zerrissenen Hose ankommt«, droht sie, »dem lasse ich eine Dragonerhose machen.«

Als einige Tage später Eugène und Victor von einem Einkauf mit Claudine nach Hause kommen, sehen sie einen Trupp Kavallerie durch die Rue Saint-Jacques reiten. Die Männer sehen prächtig aus in ihren grünen Röcken mit den narzissengelben Ärmelaufschlägen, den weißen Schulterstücken, den Helmen mit den schwarzen Büschen darauf und dem Helmstutzen aus Kupfer, der in der Sonne glänzt. Victor ist begeistert.

»Oh, was sind das für Reiter?« fragt er.

»Dragoner«, gibt Claudine zur Antwort.

Spitzt Sophie die Ohren, wenn die Jungen Lärm machen, so erst recht, wenn sie sie nicht hört. Diese ungewohnte Stille ist im allgemeinen ein Zeichen dafür, daß sie gerade irgendeine Dummheit aushecken.

Ausgerechnet am heutigen Morgen sind Victor und Eugène merkwürdig still. Sophie beobachtet sie seit einer Weile vom Fenster des Salons aus. Sie hocken hinter einem Gebüsch, und nur ihre Blondköpfe schauen hervor.

Sophies Ruhe ist dahin. Sie nähert sich leise und entdeckt, wie Victor, der seine Hose ausgezogen hat, damit beschäftigt ist, sie zu zerfetzen, indem er einen Riß immer weiter aufreißt, während Eugène das Werk der Zerstörung mit höchstem Interesse verfolgt.

»Was machst du denn da, du Schlingel?«

Victor springt auf, wird rot und hält der wütenden Mutter das zerrissene Kleidungsstück entgegen.

»Ich will doch eine Dragonerhose haben«, sagt er.

La Horie ist wirklich kein anspruchsvoller Kostgänger. Er fühle sich wunderbar in der kleinen Sakristei, sagt er, wo er mit seinen Pistolen unter dem Kopfkissen auf dem Feldbett schläft. Tagsüber, wenn die Kinder in der Schule sind, geht er durch den Garten zu Sophie hinüber. Bevor die Kinder zurückkommen, kehrt er in sein Versteck zurück.

Einige Tage sind vergangen, als Victor und Eugène eines Morgens in den Salon gesaust kommen, wo Sophie bei Näharbeiten sitzt.

»Mama! Mama!« ruft Eugène, »in der Kapelle ist ein Gespenst!«

»Ein Gespenst?« fragt Sophie, »was erzählt ihr da? Ihr seid doch nicht etwa in die Kapelle gegangen? Ich dachte, ich hätte es euch verboten ...?«

»Wir nicht, Mama, aber der Ball ... Wir haben an der Wand Ball gespielt, und auf einmal ist er durch ein zerbrochenes Fenster geflogen. Es blieb mir nichts anderes übrig, als ihn herauszuholen ... Aber ich bin sehr schnell rein- und wieder rausgegangen, wegen der Spinnen und weil die Steine runterkommen. Und wie ich den Ball suche, höre ich ganz hinten, hinter dem Altar, jemanden husten. Victor sagt, daß das ein Gespenst ist, wahrscheinlich irgendein guillotinierter Priester, der dahin zurückkommt ... Ich habe Angst, Mama!«

»Dummerchen seid ihr, sonst nichts«, sagt Sophie. »Gespenster gibt es genausowenig wie die Bestie von Béré. Du hast sicher Monsieur de Courlandais husten hören, der gestern abend zu uns gekommen ist und für einige Zeit hier bleiben wird.«

»Mein Patenonkel?«

»Ja.«

»Wohnt er in der Kapelle?« fragt Eugène.

»Bei den Spinnen?« will Victor wissen.

»Aber nein«, sagt Sophie. »In dem hinteren Zimmer sind keine Spinnen. Wir haben ihm dort ein Schlafzimmer eingerichtet. Monsieur de Courlandais liebt das zurückgezogene Leben. Hinten im Garten hat er mehr Ruhe als hier im Haus, wo ihn euer Lärm stören könnte.«

Eigentlich aber ist Sophie erleichtert. Sie hätte den Kindern La Hories Gegenwart sowieso nicht lange verheimlichen können. Zudem wäre Fanneau des Lebens eines Klausners, der seine Höhle nicht verlassen kann, wann er will, schnell überdrüssig geworden. Um die Form zu wahren, wird er weiterhin in der Kapelle nächtigen, da die Kinder ihn aber aufgespürt haben, kann er ebensogut ins Haus kommen.

»Nun gut, kommt«, sagt sie, »wir besuchen ihn in seiner Einsiedelei. Ihr werdet sehen, Monsieur de Courlandais hat nichts von einem Gespenst an sich.«

Glückliche Tage im Feuillantinerinnenkloster, angenehm und von Lachen erfüllt, doch auch Tage, an denen gelernt wird. Victors Patenonkel, den die Kinder fälschlicherweise für ein Gespenst gehalten haben, ist für sie ein väterlicher Freund, ein Lehrer und ein Spielkamerad.

Manchmal hilft er sogar dem Gärtner. Oder er spaziert, ein Buch in der Hand, auf den Alleen durch den Park. Tagsüber bleibt er oft bei Sophie im Haus. Bei schönem Wetter wird ein Eßtisch auf die Freitreppe gestellt. Man setzt sich auf die Stufen. Victors Patenonkel hilft bei Tisch, schneidet das Fleisch. Die Vögel kommen und picken die Krümel auf. Nach dem Abendessen dürfen die Kinder im Garten spielen, bis es dunkel geworden ist. Doch trotz ihres Bewegungsdrangs bleiben sie oft lieber bei Monsieur de Courlandais, um ihm zuzuhören.

Er kann viele Geschichten erzählen, weiß über Pflanzen und Tiere Bescheid. Er hilft den Jungen bei ihren Hausaufgaben. Oft spielt er mit ihnen. Die Zinnsoldaten werden hervorgeholt, und er erklärt ihnen, wie man die Flügel einer Armee aufstellen muß, um den Feind zu überraschen, wie man eine Stadt, die in diesem Fall aus übereinandergeschichteten Holzscheiten besteht, belagert.

Er mag die kleinen Hugos alle drei, es ist jedoch nicht zu übersehen, daß er den Jüngsten, sein Patenkind Victor, am liebsten hat. Das kann man daran erkennen, wie er ihn manchmal an sich drückt. Victors Lieblingsspiel aber ist es, wenn sein Patenonkel ihn in die Luft wirft und mit ausgestreckten Armen wieder auffängt.

Da die Mutter ihren Gast immer mit »General« anredet, machen die Kinder aus diesem Dienstrang einen Vornamen: »General, erzähl uns vom Krieg ... General, bitte hilf mir beim Klettern ...«

Manchmal benutzen sie ihn auch, um ihren Willen bei Sophie durchzusetzen. Sie haben nämlich gemerkt, daß sie sich von dem, was der General sagt, immer leicht überzeugen läßt. Deshalb machen sie ihn zu ihrem Fürsprecher und Anwalt.

Er hat zum Beispiel entschieden, daß es für Eugène und Victor Zeit wird, mit dem Lateinunterricht zu beginnen.

»Jetzt schon?« fragt Sophie. »Sollte man nicht damit warten, bis sie ein bißchen besser Französisch können?«

»Im Gegenteil«, erwidert der General, »man sollte zuerst die Sprache lernen, aus der das Französische sich ableitet: Latein. Oder wenn Ihnen das lieber ist: Man sollte die Wurzel pflegen, damit die Pflanze schön wird.«

Und wenn die Kinder am späten Nachmittag aus Vater Larivières Schule nach Hause kommen, läßt er sie mit unendlicher Geduld immer wieder *rosa, rosa, rosam* und *urbs* und *hic, haec, hoc* aufsagen. Er schlägt seinen alten Tacitus auf, der ihn nie im Stich läßt, gibt ihnen einen Abschnitt zum Abschreiben auf und erklärt ihnen, daß es eine verborgene Botschaft zu enträtseln gebe und daß das Verb der erste Schlüssel dazu sei.

»Bitte, Kinder, wollt ihr wissen, ob Plautius Silvanus seine Frau Apronia aus dem Fenster geworfen hat? Nun gut, übersetzen wir ...«

Doch Victor hat Vergil und seine singenden Wörter lieber als Tacitus. Er sitzt auf den Knien des Mannes, der als sein Patenonkel gilt, und lauscht den schönen Sätzen der lateinischen Sprache, die er zu übersetzen lernt.

»Noch einmal«, sagt der General. »Rot ward schon von Strahlen das Meer, und hoch aus dem Äther glänzte im rosigen Zweigespann goldfarben Aurora, als die Winde sich legten ...«

Sophie ist jetzt beruhigt: Die Ausbildung ihrer Söhne hat unter dem Nomadenleben, das sie mit ihnen geführt hat, nicht allzusehr gelitten. In der Schule wie auch zu Hause machen Eugène und Victor erstaunliche Fortschritte. Nach einem halben Jahr Unterricht liest Victor fließend und macht in seinen Diktaten fast keine Fehler mehr. Man muß sagen, daß Vater Larivières Methoden ausgezeichnet sind, und ebenso ausgezeichnet ist La Horie als Hauslehrer.

Nur eines verstehen sie nicht am General: Dieser feinsinnige und gebildete Mann, der, wie sie von Sophie wissen, im Krieg so tapfer war, ist erstaunlich schüchtern. Sobald Besuch kommt, verschwindet er unauffällig in seiner Kapelle und schließt sich dort ein. Nur bei den mit ihm befreundeten Generälen Fririon oder Bellavesnes macht er eine Ausnahme.

Selbst wenn die Fouchers kommen, bleibt er nicht. Als hätte er Angst vor den Leuten. Und wenn er im Garten auch häufig spazierengeht, so setzt er doch nie einen Fuß auf den Hof, geschweige denn auf die Straße.

»Warum nicht?« fragt Victor.

»Weil ich die vielen Menschen nicht ausstehen kann«, antwortet der General. »Siehst du, ich mag nur Kinder, Bücher und Gärten.«

Während im Herbst die Trauben im Feuillantinerinnenkloster geerntet und später dann Schneebälle gerollt werden, geht es mit Léopold Hugos Karriere, durch den Krieg befördert, weiter gut voran. Er steigt zu höchsten Ehren auf. Inzwischen ist er Brigadegeneral, Graf von Siguenza, Gouverneur von Avila, stellvertretender Generalinspekteur der Infanterie und Haushofmeister seiner Majestät Joseph.

Fräulein Thomas schleppt er nicht länger als verkleideten Mann mit sich herum, sondern lebt mit ihr zusammen und zeigt sich ostentativ in der Öffentlichkeit mit dieser Frau, die sich jetzt in aller Bescheidenheit Catherine von Hugo, Gräfin von Siguenza, geborene von Salcano nennen läßt.

Die sieben mageren Jahre gehören der Vergangenheit

an. Joseph hat Léopold nicht nur eine bedeutende Geldsumme geschenkt, die es ihm ermöglicht, ein standesgemäßes Gut in Spanien zu erwerben; hinzu kommt auch noch ein beachtliches Einkommen, das sich aus der Summe seiner diversen Gehälter ergibt.

Plötzlich hält Léopold Sophie nicht mehr ganz so kurz, und da diese weiß, daß Léopold jetzt ein wohlhabender Mann ist, zögert sie nicht, sich an ihn zu wenden, wenn sie etwas braucht.

In den Briefen, die zwischen ihnen hin und her gehen, ist kaum mehr von etwas anderem als von Geld die Rede. Léopolds Briefe sind kalt. Er hat, vermutlich von Catherine Thomas aufgehetzt, endgültig damit aufgehört, seine Frau zu duzen. Aus Sophies Briefen ist jede Zärtlichkeit gewichen, und jedem einzelnen merkt man an, unter welch lästigen Mühen er zustande gekommen ist.

Eine offizielle Trennung faßt Léopold jedoch noch nicht ins Auge. Er konnte in Spanien das Gut, auf das er es abgesehen hatte, doch nicht kaufen und hat deshalb einen hohen Betrag bei den Gebrüdern Ternaux, Bankiers in Paris, hinterlegen lassen, und da er sich selbst nicht darum kümmern kann, bittet er Sophie, für dieses Geld ein Gut in Frankreich zu kaufen.

Im Jahre 1810 hat Sophie allerdings anderes zu tun, als Immobiliengeschäfte zu tätigen. Sie macht sich Sorgen um La Horie. In der Abgeschiedenheit des Feuillantinerinnenklosters dreht er ruhelos wie ein gefangenes Tier seine Runden. Nicht, daß ihm das Leben mit Sophie und den Kindern mißfiele, doch von Monat zu Monat wird ihm seine Gefangenschaft unerträglicher. Der feurige General von Hohenlinden, den seine Kameraden einst »Siebenmeilenstiefel« nannten, weil er Frankreich so geschwind durchquerte, La Horie, erst vierundvierzig Jahre alt, geht hinter den Mauern des alten Klosters ein. Seine

Pferde, seine Kavalkaden fehlen ihm. Er will sich nicht mehr verstecken. Zudem, sagt er, habe er es satt, auf Sophies Kosten zu leben.

Anfang des Jahres hat er einen Brief von seiner Mutter erhalten, die sich seit vier Jahren um die Freigabe seines beschlagnahmten Besitzes bemüht. Zu diesem Zweck hat sie eine Petition verfaßt, die sie dem Kaiser durch Defermon, den Staatsrat und Vorsitzenden der Wählerschaft in der Mayenne, hat überreichen lassen. Und Madame de La Horie schreibt ihrem Sohn, Napoleon scheine Defermon zu dessen großer Überraschung geantwortet zu haben: »Aber wo ist La Horie denn? Warum kommt er nicht selbst?«

Das hat Victor Auftrieb gegeben. Vielleicht hat es mit diesem Alptraum endlich ein Ende. Zweifellos liegt Amnestie in der Luft, hat er doch zudem noch erfahren, daß Jean-François Normand – Sophies Verehrer aus Nantes –, der nach allerlei royalistischen Umtrieben kurz nach Moreau verhaftet, verbannt und dann unter Aufsicht nach Nantes abgeschoben worden war, daß Jean-François Normand soeben wieder in die Armee aufgenommen worden sei.

La Horie baut seine Hoffnung nicht gerade auf die Milde des *Gestutzten*; er hat am eigenen Leibe das ganze Ausmaß seiner Rachsucht zu spüren bekommen. Lieber hält er sich an den Opportunismus des Korsen. Dem fehlen im Augenblick die Männer. Die Regimenter haben schwere Verluste erlitten, und der Führungsstab ist dezimiert. Es herrscht Mangel an Offizieren: Das macht ihn geneigt, Nachsicht walten zu lassen. Er weiß, was er an dem Kommandeur La Horie hatte, und die Antwort, die er Defermon gegeben hat, bedeutet, daß er daran denkt, ihn, La Horie, wieder an sich zu binden.

Und Fanneau gerät ins Träumen. Er sieht sich von all

den ungerechten Verdächtigungen, denen er ausgesetzt war, reingewaschen, sieht sich wieder in seine Ämter eingesetzt. Vielleicht findet der Kaiser sich sogar bereit, seine in Hohenlinden wohlverdiente Nominierung zum Divisionsgeneral abzuzeichnen. Und das Leben bekommt wieder Farbe. Er, der zu jung ist, um sich zur Ruhe zu setzen, wird nicht länger nutzlos sein. Und mit aufkeimender Hoffnung hört er seine Pferde wieder wiehern und die glorreichen Kanonen donnern. Und wenn sein beschlagnahmter Besitz freigegeben wird, kann er vielleicht nach Saint-Just zurückkehren. Endlich wird er Sophies würdig, endlich ihr Beschützer sein statt der von ihr Beschützte.

Im Juni gibt ein neues Ereignis seiner Hoffnung Auftrieb: Napoleon hat gerade seinen Minister Fouché im Polizeiministerium durch Savary ersetzt, aus Ärger, daß ersterer sich, wie er meint, zu sehr in Dinge einmischt, die ihn nichts angehen. Savary, der nicht gerade durch besonderen Einfallsreichtum glänzt, wird ihn weniger stören, und seit er ihn zum Herzog von Rovigo gemacht hat, hat er ihn fest im Griff.

La Horie kennt General Savary seit 93. Sie haben in der Rheinarmee zusammen gekämpft, sich später mit Desaix in Paris wiedergesehen, und ihr Verhältnis war immer herzlich. La Horie nimmt also die Ernennung eines ehemaligen Waffenbruders als gutes Zeichen. Wer, wenn nicht er, kann ihm helfen, sich zu rechtfertigen und aus dem Schlamassel herauszukommen, in dem er unterzugehen droht?

Sophie allerdings teilt seine Begeisterung nicht. Das ist das mindeste, was man sagen muß. Vor diesem gefährlichen Fouché müsse man weniger Angst haben – hat der Fuchs aus Nantes das Kommen und Gehen des Verbannten nachsichtig übersehen, weil ihm La Hories Liaison mit Sophie Trébuchet bekannt war? – als vor diesem Savary, diesem faden Höfling, dessen Tölpelhaftigkeit so stadtbekannt wie seine Eitelkeit ist. Und sie erinnert La Horie daran, wie dieser groteske Mensch sich vor lauter Freude so aufblähte, daß er wie ein Luftballon hätte davonfliegen können, und Unbekannte auf der Straße anhielt, um ihnen zu verkünden, daß er soeben zum »Herzog von Rovigo« ernannt worden sei. Kann man zu einem solchen Dummkopf Vertrauen haben, und kann man sich vor allem einem Missetäter übelster Sorte anvertrauen, der die Hinrichtung des jungen Herzogs von Enghien beschleunigt, und nach allem, was man hört, dazu noch dessen Uhr gestohlen hat, sobald die verbrecherische Tat vollbracht war?

Von diesem Wortschwall ist Fanneau überrascht und findet, daß Sophie übertreibt. Ihr bretonisches Temperament ist mit ihr durchgegangen. Savary ist gewiß kein großes Licht und auch kein Muster an Tapferkeit, aber ihm gleich zu unterstellen, er habe eine schwarze Seele ...

»Und außerdem«, sagt er, »weißt du nicht – und das ist normal, weil du eine Frau bist –, wie stark und dauerhaft eine Männerfreundschaft ist. Wenn zwei dieselben Prüfungen überstanden und zusammen im Krieg gekämpft haben, halten sie zusammen wie Pech und Schwefel. So würde ich diesem Savary, den ich gewiß nicht übermäßig schätze, behilflich sein, wenn er in Schwierigkeiten wäre und ich in der Lage, ihm da herauszuhelfen, einzig und allein, weil wir dem Tod irgendwann Seite an Seite ins Auge gesehen haben. Mach bitte nicht solch ein Gesicht.«

Wie maßlos sie doch manchmal ist! Vielleicht kommt es auch daher, daß sie ein dunkles Gefühl der Angst beschleicht, daß dieser von ihr beschützte, aber auch abhängige Geliebte, an den sie sich so gewöhnt hat, auf einmal nicht mehr da sein könnte.

»Alle Frauen träumen davon, ihren Geliebten wie einen Gefangenen ganz für sich zu haben«, sagt er. »Das schmeichelt meiner männlichen Eitelkeit, das will ich nicht abstreiten, doch – versuche bitte, das zu verstehen – der Soldat, der ich bin, der schon so lange zu Unrecht verbannt ist, hält ein Leben hinter Klostermauern nicht mehr aus.«

»Oh«, sagt Sophie, »du hältst mich solch niedriger Gefühle für fähig? Wie kannst du es wagen! Mein Gott, was können die intelligentesten Männer manchmal für Dummköpfe sein! Ach, ich habe das Gefühl, es ist besser, für heute Abend Schluß zu machen. Ich habe das Gefühl, es ist besser für mich und mein armseliges Frauenhirn, mein Bett aufzusuchen!«

Es gibt keine Liebe ohne Streit. An diesem Juni-Abend gehen Sophie und Victor im Ärger auseinander. Aber es wird das einzige Mal bleiben, daß ein Schatten auf ihre kurze Liebe fällt.

Da Victor aber ebenso eigensinnig ist wie Sophie, setzt er sich noch in derselben Nacht, als er in seinem Unterschlupf in der Kapelle allein ist, an den Tisch und beginnt mit der Niederschrift eines langen Briefes an den Polizeiminister:

»Nach einer mehr als sechsjährigen Verbannung und so vielen vergeblichen Versuchen, der Wahrheit über mich zum Durchbruch zu verhelfen, kannst Du Dir vorstellen, mein lieber Savary, daß es mir eine Freude ist, von Deiner Berufung ins Polizeiministerium zu erfahren ...«

Es folgen achtundzwanzig engbeschriebene Seiten, auf denen La Horie sich der Erinnerung seines »lieben Kameraden« empfiehlt, ein Resümee seiner militärischen Laufbahn zieht und mit peinlicher Sorgfalt sich von dem Verdacht, der auf ihn gefallen ist, reinzuwaschen versucht. Es ist ein treuherziger, aufrichtiger Brief, dem er ein Gesuch an den Kaiser beifügt. Und eine Adresse, an die die Antwort geschickt werden soll: an seinen Neffen Charles, Schreiber bei Maître Antheaume, Notar, Rue de la Verrerie in Paris. Vorsicht ist geboten.

Selbstverständlich erwähnt er Sophie gegenüber diesen Brief mit keinem Wort. Auch nicht den zweiten, den er, als er keine Antwort bekommt, Savary im Juli schickt. Der dritte, vom Dezember datierte Brief, hat auch nicht mehr Erfolg. Aber in diesem kündigt La Horie Savary an, daß er ihn am 29. des laufenden Monats um ein Uhr mittags in seinem Stadthaus aufsuchen wolle.

In der Zwischenzeit treibt ihn große Unruhe um.

Einige Tage, nachdem er den Brief abgeschickt hat, besucht General Bellavesnes ihn im Feuillantinerinnenkloster und erzählt, daß sein Name während eines Abendessens bei Savary gefallen sei. Dieser habe ihn beiseite genommen und ihn sogar gefragt, ob er wisse, wo La Horie sich befinde. Und da Bellavesnes vorgegeben hatte, es nicht zu wissen, hatte Savary hinzugefügt: »Er hält sich schon lange versteckt ... Nach der Affäre Cadoudal hat er gut daran getan, aber heute ist ihm seine Majestät nicht mehr böse. Er hat nichts mehr zu befürchten. Er kann herauskommen.«

Vorsichtshalber hatte Bellavesnes behauptet, er glaube, La Horie sei in England.

»Nein, er ist nicht in England«, hatte Savary geantwortet. »Er ist in Paris, das wissen Sie genausogut wie ich. Ich frage Sie nicht, wo. Wenn ich wollte, brauchte ich nur eine Stunde, um das herauszufinden. Ich habe freundschaftliche Gefühle für ihn. Sollten Sie ihm zufällig begegnen, so berichten Sie ihm von unserer Unterhaltung. Natürlich nur, wenn Sie ihn sehen ... Er möge die Konsequenzen daraus ziehen.«

Bei diesen Worten verfinstert sich Sophies Miene, aber diesmal schweigt sie. Fanneau hat sie neulich mit seiner Verdächtigung, sie wolle ihn für sich behalten, so sehr verletzt, daß sie sich der Gefahr, einen solchen Vorwurf noch einmal zu hören, nicht aussetzen will. Aber ihr Gesicht spricht Bände.

Eine Woche später kommt Bellavesnes erneut zu Besuch. Er hat Savary wiedergesehen, der seiner Verwunderung darüber, daß La Horie ihn nicht aufgesucht hat, offen zum Ausdruck gebracht hat.

»Was beabsichtigst du zu tun?« fragt Bellavesnes.

»Ich weiß es nicht«, sagt La Horie. »Ich werde darüber nachdenken.«

In Wirklichkeit ist La Horie hochzufrieden. Das soeben Gehörte ist zweifellos eine diskrete Antwort auf seine Briefe. Und wenn Savary sich Bellavesnes' als Boten bedient hat, ist das ein Beweis dafür, daß er genau weiß, wo sich La Horie versteckt hält. Es ist also an der Zeit, den angekündigten Besuch zu machen.

Ohne daß sie wüßte, was da im Gange ist, ist Sophies Mißtrauen hellwach. Nach Bellavesnes' zweitem Besuch kann sie nicht anders, sie muß La Horie sagen, was sie denkt. Sie traut dem Tyrannen, wie sie ihn nennt, nicht über den Weg und auch seinen Handlangern nicht, vor allem aber nicht diesem Schweinigel von Savary, Herzog von Rovigo hin oder her. Ihr altes Mißtrauen kommt wieder hoch. Wie damals in Nantes. Sie erinnert sich an ihre Vendeer, an ihren geliebten Ritter Le Maignan d'Heurtebise. Was hätte er in dieser Lage getan? Nur diesem blauen Gesindel nicht trauen. Und sie versucht verzweifelt, an La Hories Vorsicht zu appellieren, der er bis zum heutigen Tag sein Leben verdankt. Sie fleht ihn an, sich noch einige Zeit ruhig zu verhalten.

Am Samstag, dem 29. Dezember 1810, kommt La Horie nicht zum Mittagessen. Sophie geht ihn suchen. Er ist weder im Garten noch in der Kapelle. Sophie ist in großer Sorge. Gegen vier Uhr hört sie, wie in der Rue des Feuillantines ein Wagen hält. La Horie steigt aus der Droschke und stürzt ihr entgegen. Er strahlt über das ganze Gesicht.

»Sie können mir gratulieren«, ruft er, »ich bin frei!«

Und er erzählt von dem Besuch, den er seinem alten Kameraden abgestattet hat. Dieser ist ihm um den Hals gefallen, so sehr hat er sich gefreut, den Verbannten wiederzusehen. Er hat ihm Vorhaltungen gemacht, daß er so viel Zeit habe verstreichen lassen, ohne ihn um Hilfe anzurufen. Er hat ihm gesagt, daß die Gefahr vorüber sei und daß er von nun an tun und lassen könne, was er wolle. Sie verabschiedeten sich mit einem warmen Händedruck. Er hat zu ihm gesagt: auf bald.

Sophie ist entsetzt.

»Aber, meine Liebe, ist das alles, was Sie bei meiner Befreiung empfinden?«

Als sie am folgenden Tag, einem Sonntag, aufwachen, ist das Feuillantinerinnenkloster verschneit. Die Kinder haben ganz aufgeregt ihr Frühstück hinuntergeschlungen und sind hinausgelaufen, um einen Schneemann zu bauen. Ihre Mutter bleibt mit dem General allein zurück. Victor und Sophie sehen an diesem Morgen wie ein friedliches Bürgerpaar aus. La Horie ist noch im Morgenrock, und Sophie, einen wattierten Überwurf über den Schultern und eine Morgenhaube auf dem Kopf, streicht ihm seine Butterbrote.

»Ich kenne Napoleon«, sagt La Horie. »Er ist unerbittlich, wenn er Angst hat, doch wenn er sich nicht bedroht fühlt, sich seiner Macht sicher ist, kann er sehr großmütig sein ...«

Sophie bleibt keine Zeit zu antworten. Claudine kommt ins Eßzimmer gestürzt.

»Monsieur, Monsieur«, ruft sie La Horie entgegen, »da sind zwei Männer, die Sie sprechen wollen.«

La Horie erhebt sich und geht zur Tür.

»General La Horie?«

»Der bin ich.«

»Sie sind verhaftet. Ziehen Sie sich bitte warm an. Wir warten.«

Sie haben ihm keine Zeit gelassen, sich zu verabschieden. Schon zerren sie ihn zu einem hinter dem Gartentor wartenden Wagen.

Regungslos haben die drei Kinder der Szene vom Garten aus zugesehen. Dann sind sie zu ihrer Mutter gestürzt, die wie versteinert, sich die Hände vor den Mund haltend, mit verzerrtem Gesicht auf der Freitreppe zurückgeblieben ist. Sie drängen sie, ins Haus zu gehen, während Claudine ihrer Herrin ein Umschlagtuch über die Schultern legt. Claudine ist in Tränen aufgelöst.

»Madame«, sagt sie, »sie haben ihn mitgenommen!«

»Ja«, sagt Sophie mit zusammengebissenen Zähnen. »Und ich habe es geahnt.«

Sophie ist wie von Sinnen. Sie fürchtet um Fanneaus Leben, und das schmerzt sie tausendmal mehr, als wenn es um ihr eigenes ginge. Wie ätzende Säure frißt unsagbare Angst an ihr, die sie weder beten noch weinen kann. Sie mag nichts essen, nichts trinken, hat zu nichts mehr Lust. Wenn sie nachts, von bösen Ahnungen gequält, schließlich erschöpft in einen unruhigen und wenig erquickenden Schlaf sinkt, so sieht sie bald den kreisenden Kopf einer La Biliais, die mal mit den Zähnen knirscht, als wollte sie sie zermahlen, mal in ein lautes, schamloses und anhaltendes Gelächter ausbricht. Schweißgebadet und zugleich starr vor Kälte schreckt Sophie hoch. Sie steht dann auf, schraubt den Lampendocht hoch, wickelt sich in ihr Umschlagtuch, gießt in der Küche einen Kaffee auf und wagt nicht, sich wieder hinzulegen, aus Angst, ihr Traum könnte wiederkehren. Da ihr die düsteren Gedanken im Wachen lieber sind als der Alp, der an ihren Kräften zehrt und sie um den Schlaf bringt, sinkt sie in einen Sessel und wartet auf das erste Licht des Tages.

Mal ist sie wütend auf La Horie, der unvorsichtig, allzu arglos und anmaßend, heute dafür bezahlt, daß er ihre Ratschläge in den Wind geschlagen hat; mal sieht sie Fanneaus Gesicht zum Greifen nahe, sieht es zum letztenmal auf der Türschwelle, bevor er mit seinen Häschern ihren Blicken entschwindet. Sie erkennt sein wachsbleiches Antlitz und den kleinen Fieberpickel, der plötzlich in seinem Mundwinkel zum Vorschein kommt. Und sein letzter Blick zu ihr herüber. Und diese nur angedeutete und wie zurückgenommene Geste, als wollte er sie in die Arme schließen und küssen, dieser aus Schamgefühl verpaßte Abschied und sein leichtes Schulterzucken, bevor Savarys Männer ihn abführen.

Wieder schaut Sophie der dunklen Silhouette im Schnee nach, sieht, wie sie sich entfernt, den Rücken unter einer schweren Last gebeugt, der Schritt schleppend und mit den dünnen und krummen Beinen eines Mannes, der sein Leben lang mehr zu Pferd als zu Fuß unterwegs war. »Was hat man bloß aus dir gemacht?«

Sobald es Tag wird, zieht Sophie sich schnell an und hastet durch Paris. Vielleicht gibt es etwas Neues. Sie fährt zum Hotel Toulouse zu den Fouchers und fleht Pierre an, etwas über La Hories Schicksal herauszufinden. Sie versucht, ihre bretonischen Beziehungen und Freundschaften ins Spiel zu bringen, eilt zu den Leuten, von denen sie sicher ist, daß sie dem Verbannten nahestehen, sucht General Fririon auf, besucht Bellavesnes, der erstaunt und wütend darüber ist, daß er ungewollt zum Werkzeug derer wurde, die La Hories Verhaftung angeordnet haben. Unermüdlich fährt sie mit der Droschke kreuz und quer durch Paris, verbringt Stunden in Vorzimmern, steigt unzählige Treppen hinauf, zieht an etlichen Klingelschnüren.

Schließlich erfährt sie, daß La Horie in strenger Einzelhaft im Donjon von Vincennes sitzt. Besuch darf er nicht empfangen. Der Kaiser rächt sich. Dennoch gelingt es Sophie, dem Gefangenen Kleidung und Bücher zuzuspielen.

Was kann sie noch tun? Nichts, bekommt sie von allen Seiten zu hören. Warten. Sich vor allem ruhig verhalten. Warten.

So verkriecht sie sich im Feuillantinerinnenkloster und stellt sich krank, um niemanden sehen zu müssen, und nur ihren Kindern gelingt es, sie hin und wieder zum Lachen zu bringen.

So unbekümmert sie in ihrem Alter auch noch sind, haben die Jungen doch gemerkt, wie sehr La Hories Verhaftung ihre Mutter mitnimmt. Was wissen unsere Kinder von uns? Erahnen sie, was Sophie für den »Patenonkel« von Victor wirklich empfindet?

Das Jahr 1810 geht langsam zu Ende. In dieser Zeit ist abwechselnd immer eines der Kinder besonders rührend um Sophie bemüht. Sie vermeiden jeden Lärm, wenn sie ruht, und schaffen es tatsächlich, keinen Krach bei ihren Raufereien zu machen. Um sie, so gut es geht, von ihrem Kummer abzulenken, überbieten sie einander an Zärtlichkeit und lustigen Einfällen. Es ist, als wären sie in wenigen Tagen plötzlich groß geworden.

Eines Abends, im Januar des Jahres 1811, kommen sie im Gänsemarsch in Sophies Zimmer und tun ganz geheimnisvoll.

»Mama«, sagt Abel, »wie wär's, wenn wir zu Papa nach Spanien führen?«

»Onkel Louis hat uns gesagt, daß er in einem Palast wohnt«, fügt Eugène hinzu.

»O ja!« überschreit Victor die anderen, »laß uns nach Spanien fahren, bitte, bitte!«

Spanien. Ihre Kinder wollen sie jetzt also nach Spanien schleppen. Und nicht nur sie.

Es war noch vor La Hories Verhaftung, Mitte Dezember etwa, als Onkel Louis Hugo eines Tages im Feuillantinerinnenkloster erschien. Die Kinder waren beeindruckt von der Erscheinung dieses großen, strahlenden Obersten, der ihnen zuliebe mit den Sporen klirrte. Zuerst glaubten sie, ihr Vater sei aus Spanien zurückgekehrt, der Vater, den sie so selten sehen, der aber jetzt, wie Sophie erzählt hat, General ist. Und die drei Jungen, die sonst mit Bleisoldaten Kriegsspiele veranstalten, waren begeistert, plötzlich einem *echten* Oberst gegenüberzustehen, der obendrein mit den letzten Neuigkeiten aus der Schlacht aufwarten konnte.

Sie sind um den Oberst herumgegangen, haben schüchtern die Zinnknöpfe betastet, die gestickten Aufschläge seines Rocks, die Schulterstücke mit den Fransen, den kupfernen Stutz auf dem Helm, den er auf einem Sessel abgelegt hat.

Victors Neugier war kaum zu stillen: Wie öffnet man die Patronentasche aus weißem Büffelleder und wie die Riemen, mit denen der Säbel an dem breiten, mit einer Kupferschnalle versehenen Ledergürtel befestigt ist, und den Bajonetthalter, und wie zieht man den Säbel rechtzeitig aus der Scheide, wenn der Feind auftaucht?

Mit unendlicher Geduld hat Louis Hugo die Fragen seiner Neffen beantwortet. Dieser große Bursche von dreiunddreißig Jahren, der sich in Eylau ausgezeichnet hat, kämpft zur Zeit in Spanien an der Seite seines älteren Bruders Léopold. Er ist Sophies Lieblingsschwager. Louis seinerseits ist Sophie in zärtlicher Freundschaft zugetan und über ihr Zerwürfnis mit Léopold aufrichtig betrübt.

An jenem Tag hat er ausführlich geschildert, welch glänzende Position ihr Ehemann in Spanien habe, und hat sie davon zu überzeugen versucht, daß sie zu ihm gehöre. Ja, sie sei es sich schuldig, den ihr zustehenden Platz an seiner Seite einzunehmen, auch um die Kinder ihrem Vater näherzubringen und sie nicht der Vorteile zu berauben, die sich aus der augenblicklichen Position Léopolds ergäben. Da er um die Meinungsverschiedenheiten der beiden getrennt lebenden Eheleute weiß, hat Louis sich zum Anwalt seines Bruders gemacht: Dieser sei gewiß ungeschickt, doch im Grunde genommen ein guter Kerl, und wenn Sophie es fertigbrächte, über ihren eigenen Schatten zu springen, könnte sie ein Leben mit Léopold führen, das alles andere als unangenehm wäre.

Allem Anschein nach wußte Louis nicht, was Sophie vor allem in Paris zurückhielt.

Sein kurzer Besuch hat tiefe Spuren bei den Bewohnern des Feuillantinerinnenklosters hinterlassen: Abel, Eugène und Victor träumen nur noch von Spanien, Sonne, Ausritten und blanken Säbeln.

Nicht nur ihre Söhne drängen Sophie, nach Spanien zu fahren. Auch König Joseph legt ungemein Wert darauf, daß sie zu ihrem Mann zurückkehrt. Seit Lunéville hegt er freundschaftliche Gefühle für Sophie, hat darüber hinaus jedoch ganz bestimmte Gründe, warum er ihre Anwesenheit in Madrid wünscht.

Wie sein jüngerer Bruder Napoleon besteht auch Joseph darauf, daß die Würdenträger bei Hofe zumindest nach außen hin einen moralischen Lebenswandel führen. Nach dem Direktorium mit seinen Ausschweifungen und seiner Sittenverderbnis ist es im Kaiserreich nunmehr Mode, sich den Anschein der Tugendhaftigkeit zu geben. Wie alle Emporkömmlinge bemüht – freilich ohne rechten Erfolg –, es den Aristokraten des Ancien régime gleichzutun, erfindet die Familie Bonaparte in Ermangelung eines Besseren das, was man später die bürgerliche Doppelmoral nennen wird.

Napoleon hat beschlossen, die Familie wieder zum Dreh- und Angelpunkt der französischen Gesellschaft zu machen. So hat er es im Code civil niedergelegt, und das erklärt auch seine Heiratswut. Nicht nur er selbst heiratet, nein, er will auch alle anderen verheiraten, seine Brüder, seine Schwestern, seine Würdenträger. Und sie sollen gefälligst Kinder zeugen, Himmeldonnerwetter, Frankreich braucht welche. Und sie sollen die Kinder taufen. Was macht es schon, wenn man den Papst ansonsten wie ein Stück Dreck behandelt.

Die Zeit der Kapriolen ist vorbei. Der Kaiser duldet in seiner Umgebung zwar flüchtige Liebschaften – er für seinen Teil versagt sie sich auch nicht –, verurteilt jedoch solche, die sich zum Skandal auswachsen könnten, aufs schärfste. Das liederliche Leben seiner Familienmitglieder bereitet ihm Sorgen genug. Louis ist syphilitisch bis ins Mark; Lucien, wenn nicht gerade in Seeräubereien oder Schiebergeschäfte mit Diamanten verwickelt, schmachtet vergeblich nach Juliette Récamier und tröstet sich mit den Mädchen vom Theater; Jérôme lebt mit einer Amerikanerin und einer weiteren Frau in einer Doppelehe.

Das Lotterleben, das die Schwestern des Kaisers führen, ist besonders dazu angetan, den Zorn eines Bruders zu erregen, der zudem noch Korse ist. Zwar sind alle drei verheiratet, sind aber, mit Verlaub, feurige Mädchen. Elisa, wiewohl nicht sehr hübsch, treibt's wie eine Verrückte, die prächtige Pauline hat es in ihrer Unersättlichkeit zu einer Unzahl von Liebhabern gebracht, und Caroline folgt dem Beispiel ihrer älteren Schwestern.

Auch der dicke Joseph auf seinem spanischen Thron ist nicht gerade ein Muster an Zucht und Ordnung. Zum einen widmet er sein Leben den guten Weinen – die Spanier haben ihm deshalb den Spitznamen »Pepe Botella« gegeben – und zum anderen zahlreichen Geliebten, während seine Frau, Königin Julie, geborene Clary, in Paris lebt. Es sei weniger schockierend, findet er, wenn ein verheirateter Mann einen Schwarm von Mätressen habe als in aller Öffentlichkeit eine einzige Liaison mit einem schamlosen Geschöpf, besonders dann, wenn dieses eine Gattin und Mutter verdränge. Das widerstrebt seiner korsischen Mentalität.

Deshalb ruft er gleich zu Beginn des Jahres 1811 General Hugo zu sich, der ihn der offiziellen Anerkennung seiner falschen Gräfin von Salcano wegen allmählich in Harnisch bringt. Der Wille Seiner Majestät José Primero, König aller spanischen Länder, ist strikt: General Hugo möge Frau und Kinder aus Frankreich kommen lassen. Er wird übrigens den Marquis du Saillant nach Paris entsenden, um Madame Hugo seinen Willen kundzutun. Man wird ihr für die Reise ein ihrem Rang gebührendes Geleit und entsprechenden Schutz zur Verfügung stellen. Ich habe gesprochen. Weggetreten! Und die »Gräfin von Salcano« soll sich zum Teufel scheren. Was nicht heißen muß, fügt Pepe Botella etwas milder gestimmt hinzu, daß der General sich nicht mit ihr treffen kann, wann immer er will. Aber er will sie nicht länger mit Rang und Namen ausgestattet sehen, die einzig und allein der legitimen Gräfin Hugo gebühren. Das ist kein Wunsch mehr, das ist ein Befehl.

Léopold ist fuchsteufelswild, doch wie soll er König Joseph den Gehorsam verweigern, seinem Gönner, dem er alle Ehren zu verdanken hat, derer er sich jetzt erfreut? Er muß sich fügen, doch der Gedanke, Sophie könnte nach Spanien kommen, macht ihn krank, und er setzt seine letzte Hoffnung darauf, daß sie ablehnt. Vermutlich hat sie genausowenig Neigung wie er, das gemeinsame Leben wieder aufzunehmen, und er baut auf ihre Dickköpfigkeit. So bliebe der Wunsch des Königs folgenlos, und er, Léopold, stünde nicht als der Schuldige da. Notfalls wird er es schon so einrichten, daß Sophie jede Lust vergeht, sich endgültig in Madrid niederzulassen.

Doch einmal mehr wird die Frau, die er nun nur noch »Madame Trébuchet« nennt, sich etwas einfallen lassen, um ihn zu verärgern, und das schneller, als er denkt.

Da ist der charmante, vornehme Marquis du Saillant, ein Neffe von Mirabeau, jetzt im Dienste des spanischen Hofes, ins Feuillantinerinnenkloster gekommen. Hat die Gräfin Hugo, Ehefrau des Generals und Gouverneurs von Aquila, Segovia und Guadalaxara mit einer tiefen Verbeugung begrüßt. Und auftragsgemäß begonnen: »Es ist des Königs Wunsch und Wille ...«

Die altmodischen Zeichen von Ehrerbietung, die er Sophie in reichem Maße zuteil werden läßt, verfehlen ihre Wirkung nicht: Sie fühlt sich geschmeichelt. Die erlesenen Umgangsformen des Fünfzigjährigen erinnern sie an die der Edelleute im Nantes des Ancien régime, als ihre Tante Robin – arme Tante Robin, im letzten Sommer ist sie im Alter von sechsundachtzig Jahren gestorben – ihr den großen Hofknicks beibrachte. Sollte aus der kleinen Sophie aus Châteaubriant doch noch eine große Dame werden?

Nach Spanien fahren? Warum eigentlich nicht? In Paris hat Sophie im Augenblick weiter nichts zu tun. Es sieht nach allem, was man ihr gesagt hat, nicht so aus, als könnte sie in nächster Zeit Kontakt zu La Horie aufnehmen, der immer noch in strenger Einzelhaft im Donjon von Vincennes sitzt. Sie kann ihm somit in keiner Weise nützlich sein. Und daran wird sich in den nächsten Monaten auch nichts ändern.

Außerdem ist nicht auszuschließen, daß sie Schwierigkeiten bekommt, weil sie dem Verbannten Gastfreundschaft gewährt hat. Man überwacht sie auf Schritt und Tritt. Wiederholt hat Claudine Männer beobachtet, wahrscheinlich Polizisten in Zivil, die um das Feuillantinerinnenkloster herum schlichen.

Dem Marquis zufolge legt König Joseph großen Wert auf Madame Hugos Gegenwart in Madrid, und es wäre nicht klug, ihn zu verärgern. Léopolds Karriere könnte darunter leiden, indirekt damit auch die Zukunft seiner Söhne.

Aus den diskreten Reden des Boten hat Sophie sehr wohl herausgehört, warum Joseph Bonaparte so viel Wert darauf legt, daß sie zu ihrem Ehemann zurückkehrt: Léopold muß sich mit dem Fräulein Thomas Dummheiten geleistet haben. Das ist sogar sehr wahrscheinlich, da sie keinen Brief von ihm erhalten hat, in dem er sie selbst gebeten hätte, zu ihm zu kommen.

Aus weiteren Gründen neigt sie zum Aufbruch. Da ist die kindliche Lust, als Gräfin Hugo, Gattin des Generalgouverneurs und Mutter seiner Kinder, ihre Rechte geltend zu machen. Vor allen Dingen dem »schamlosen Geschöpf« gegenüber, mit dem Hugo sie aus der Ferne demütigt. Sich von einer solch nichtswürdigen Person verdrängt zu sehen, nimmt man ja nicht einfach gelassen hin, bloß weil man seinen Ehemann nicht mehr liebt oder gar selber einen Liebhaber hat. Mag es einem Mann schwerfallen, diesen Gedankengang nachzuvollziehen, jede x-beliebige Frau kann ihn verstehen.

Ein Quentchen Stolz kommt nebenbei auch noch dazu. In Châteaubriant hat Sophie die nötige Erziehung erhalten, um sich im Rang einer Gräfin behaupten zu können, wozu sie bislang freilich keine Gelegenheit hatte. Seit ihrer Heirat wurde sie wirklich nicht verwöhnt, und wenn sie die Armut der ersten Jahre mit Léopold geteilt hat, so ist es nur recht und billig, wenn sie jetzt auch von seinen fetten Jahren profitiert.

Und in ihr schlummert auch die unwiderstehliche Reiselust der Kapitänstochter. Ihr Vater war nicht von ungefähr Seemann: Sie liebt die Weite, die Bewegung, die Flucht, die tröstet, spürt die unwiderstehliche Anziehungskraft neuer Horizonte.

Im März 1811 fällt Gräfin Hugo also eine Entscheidung. Sie teilt sie ihren Kindern mit und händigt ihnen mit der nachdrücklichen Ermahnung, so schnell wie möglich Spanisch zu lernen, ein Wörterbuch und eine Grammatik aus. Sie will nicht drei Tölpel mitschleppen, die sich in dem Land, in das sie fahren, nicht verständlich machen können. Die Kinder freuen sich so sehr auf die Reise, daß sie versprechen, wie verrückt zu arbeiten. Sie würden, wenn's sein müßte, in acht Tagen sogar Chinesisch oder Hebräisch lernen.

Da die Entscheidung nunmehr gefallen ist, wird Sophie aktiv. Sie eilt zu der Bank der Herren Ternaux und hebt von dem Geld, das sie auf Léopolds Anordnung hin dort eingezahlt hat, für die Reise zwölftausend Franc ab. Auf den Namen »Madame Hugo, geborene Trébuchet de la Renaudière« – man stammt aus Nantes und ist ein Kind seiner Zeit! – läßt sie sich einen Paß ausstellen und für die Strecke von Paris nach Bayonne gleich eine ganze Postkutsche reservieren. Auf Weisung des Marquis du Saillant wird sie in Bayonne dann einen anderen Wagen mieten, der sie bis nach Madrid bringt, und zwar unter dem Schutz einer Wagenkolonne des Schatzamtes, die dem Vernehmen nach zu diesem Zeitpunkt die Grenze passieren soll.

Im Augenblick kann man sich in einem einzelnen Fuhrwerk, ohne mit dem Schlimmsten rechnen zu müssen, unmöglich auf spanische Straßen wagen. Dies gilt besonders für den Norden, wo die Guerilleros die Franzosen mit entsetzlichen Grausamkeiten in Atem halten. Horrorgeschichten sind in Umlauf. Für die Brutalität der französischen Invasoren, die Klöster und Dörfer plündern und brandschatzen und die aufsässigen Einwohner aufhängen und foltern, lassen die Spanier die Reisenden aus Frankreich büßen. Ist man ohne Geleitschutz unterwegs und stößt auf eine jener Banden, so setzt man sich nicht nur der Gefahr aus, umgebracht zu werden, sondern allen möglichen Folterqualen, die dem Tod vorausgehen. Daher sammeln sich die Reisenden an der Grenze und warten auf die Ankunft einer Wagenkolonne, die von ausreichend Militär begleitet wird und ihnen Schutz gewährt.

Im Feuillantinerinnenkloster herrscht Aufbruchsstimmung. Sophie hat Abel im Gymnasium abgemeldet und die Koffer vom Dachboden herunterholen lassen. Diesmal braucht sie ihre Söhne nicht lange um Hilfe zu bitten. Das Reisefieber hat sie gepackt, und sie überbieten sich gegenseitig an gutem Willen, bei den Reisevorbereitungen zu helfen.

Die alte Schubkarre wird weggeräumt, die Schaukel abgehängt, die Möbel bekommen Schonbezüge, und dann geht's ans Packen. Da Sophie nicht vorhat, ihr ganzes Leben in Spanien zuzubringen, und ihren schönen Garten bei den Feuillantinerinnen nicht aufgeben will, hat sie den Mietvertrag nicht gekündigt. Mit Monsieur und Madame Larivière ist sie übereingekommen, daß diese in ihrer Abwesenheit das Haus bewachen und die Blumen gießen.

Daß die Kinder ihre eigenen Reisevorbereitungen treffen, versteht sich von selbst. Als Sophie jedoch am Abend vor ihrer Abreise eine Unmenge von Gepäckstücken sieht, ist sie entsetzt.

»Wie? Drei Koffer und sieben Pakete? Ihr habt wohl den Verstand verloren! Der Wagen ist zwar groß, aber das da paßt nie und nimmer rein. Was wollt ihr denn alles mitnehmen?«

»Nur das Nötigste, Mama«, sagt Abel. »Sachen zum Anziehen, Spielzeug und Bücher.«

»Das werden wir gleich haben«, sagt Sophie. »Macht mal die Koffer auf.«

Und Sophie streicht das »Nötigste« zusammen: sperrige Alben; ein kleines, zerlegbares Marionettentheater; ein Schmetterlingskasten mit einem zerbrechlichen Glasdeckel, ohne den Eugène, wie er beteuert, nicht leben kann; ein Bündel schwerer Holzstücke, laut Abel Säbel und Pistolen für die Sippschaft; eine riesengroße, bebilderte Bibel, die die Kinder auf dem Dachboden des Klosters entdeckt haben; ein Hampelmann; eine Trommel; eine Sammlung mit gepreßten Pflanzen in einem schweren Einband; ein Bild eines alten Turmes unter Glas; ein Schmetterlingsnetz; ein Paar Stelzen; ein großer

Ball; ein kombiniertes Karten- und Brettspiel; mehrere Kreisel; eine große Sammlung Zinnsoldaten und sogar eine kleine Porzellanvase, an der Eugène sehr hängt. All das wird gestrichen.

Die Kinder protestieren, bitten und betteln, doch Sophie läßt sich nicht erweichen.

»Wer eine Reise tut«, sagt sie, »muß sich beschränken können. Sieht man, womit ihr euch beladet, könnte man meinen, daß wir für immer wegfahren. Nur einfallslose Leute schleppen ihr Haus mit. Spielzeug findet ihr bestimmt neues. Und was die Soldaten betrifft, so werdet ihr bald echte zu sehen bekommen.«

Zum Schluß machen sie noch einen Abschiedsbesuch bei den Fouchers in der Rue du Cherche-Midi.

»Arme Sophie, du kannst einem wirklich leid tun. Da mußt du nun wieder deine Koffer packen«, sagt Anne-Victoire, die sich von ihrer Reise nach Italien nie richtig erholt hat. Diese Anne-Victoire kann einem ganz schön auf die Nerven gehen. Alles muß sie einem vermiesen. Noch dicker ist sie geworden, und wie sie da lustlos und doch zufrieden ihren Jüngsten schaukelt. Paul heißt er und ist elf Monate alt. Aus ihrer Apathie taucht sie immer nur auf, um ihre älteren Kinder zurechtzuweisen, und in diesen Augenblicken, findet Sophie, hat sie den knopfrunden, starren Blick eines Haushuhns.

Sophie weiß, was sie von Anne-Victoire und deren Mitleid zu halten hat. Und sie weiß auch, daß diese ihre Beziehung zu La Horie verurteilt. Im Grunde ist sie kein guter Mensch. Ihre gutmütig-naive Freundlichkeit ist geheuchelt, und unter ihre honigsüßen Worte mischt sie Gift, neiderfüllt und kraftlos, wie sie ist. So stopft Sophie ihr mit einer gewissen Genugtuung den Mund, indem sie ihr ganz nebenbei ein bißchen blauen Dunst vormacht.

»Aber nein«, sagt Sophie mit einschmeichelnder Stimme, »ich freue mich, daß es losgeht. Léopold hat jetzt eine so wichtige Position, daß es König Josephs ausdrücklicher Wunsch war, daß ich zu meinem Mann zurückkehre.«

»Ja, aber die Reise ist doch sicher sehr anstrengend«, läßt Anne-Victoire nicht locker, »besonders mit drei Kindern! Mein Gott, ich bewundere deinen Mut.«

»Zumal die Straßen in Spanien zur Zeit sehr gefährlich sind«, fügt Pierre hinzu. »Hast du denn keine Angst?«

»Oh, diesmal haben wir eine ganze Postkutsche für uns allein«, sagt Sophie. »Léopold wollte nicht, daß ich an irgend etwas spare ... In Spanien werden wir beschützt. Der Frau und den Kindern von General Hugo wird es nicht an einer Eskorte fehlen, wie du dir denken kannst. Was die Kinder betrifft, so war ich immer der Meinung, daß das Reisen sehr gut für ihre Bildung ist. Ich will aus ihnen keine kleinen Franzosen machen, die hinter dem Ofen hocken und nicht mehr von der Welt gesehen haben als Muscheln, die auf ihrem Felsen festkleben.«

Anne-Victoire bekommt etwas Verkniffenes, aber mit ihrem beschränkten Hirn fällt ihr immerhin noch eine Frage ein, die es in sich hat: »Hast du übrigens etwas von dem armen Monsieur de La Horie gehört?« Sophie wird bleich.

Am Morgen des 15. März wird ein Teil der Gepäckstücke hinten in der Postkutsche und der Rest im Kabriolett im vorderen Abteil des Wagens verstaut. Im geschlossenen Abteil, das eigentlich für sechs Reisende vorgesehen ist, haben Sophie, Claudine und die drei Kinder bequem Platz. Doch an der ersten Poststation wollen Eugène und Victor sich auf die beiden Plätze im offenen

Kabriolett setzen, von wo aus sie die Landschaft, den Kutscher beim Lenken und die Bewegung der Pferde besser sehen können. Sie betteln so lange, bis Sophie um des lieben Friedens willen schließlich nachgibt. Sie weiß, daß einem Elf- und einem Neunjährigen das lange Eingesperrtsein schwerfällt.

Abel, der mit seinen dreizehn Jahren ruhiger ist und dem es vor allem darauf ankommt, neben seinen Brüdern als Erwachsener zu gelten, bleibt lieber bei den beiden Frauen. In Wirklichkeit will er sich zum Schlafen bequem ausstrecken. Sein Schlafbedürfnis ist erstaunlich. Und die Augen schließen kann er jetzt nach Herzenslust, denn die Reise wird lang werden. Da die Armee die besten Pferde requiriert, sind die für Transportzwecke übrig gebliebenen dämpfig und legen nur kurze Wegstrecken zurück. Das ist auch der Grund, warum die Postkutschen nur tagsüber fahren.

Eugène und Victor in ihrem Kabriolett haben sich ein Spiel einfallen lassen. Sie einigen sich darauf, daß die beiden linken Pferde Eugène und die beiden rechten Victor gehören. Der jeweilige Besitzer bekommt zehn Punkte, wenn eins seiner Pferde den Schwanz hebt und seine Äpfel fallen läßt. An jeder Poststation werden die Punkte zusammengezählt; derjenige, der am Schluß gewonnen hat, bekommt vom Verlierer ein Geschenk.

Sie übernachten in Blois, Poitiers und Angoulême. Eine Woche später, kurz vor Bordeaux, geraten unsere Reisenden in helle Aufregung, als die Pferde und der Wagen mangels Brücke auf eine Fähre verladen werden, die sie über die Dordogne bringen soll. Es ist stockdunkel, Windstöße peitschen den Fluß, und die Wellen schlagen hoch wie auf dem Meer. Die Pferde bekommen Angst und bäumen sich auf. Sie müssen festgebunden werden, damit sie nicht ins Wasser stürzen. Da kehrt Abel den

Mutigen hervor und verhöhnt seine Brüder, die noch mehr Angst haben als die Pferde, besonders Victor.

Als sie in Bayonne ankommen, erwartet sie dort eine Enttäuschung: Das Schatzamt und seine Eskorte, eigentlich für den nächsten Tag angekündigt, sind aufgehalten worden. Sie kommen erst in einem Monat durch Bayonne. Da heißt es wohl oder übel warten. Also mietet Sophie in einem hübschen Haus das Erdgeschoß, während die Eigentümerin, Witwe und Mutter eines kleinen Mädchens, das etwas älter als Victor ist, die erste Etage für sich behält. Die Kinder sind nicht allzu enttäuscht, denn Bayonne ist nicht nur eine sehr unterhaltsame Stadt und der Frühling hier fast schon wie der Sommer, sondern ihre Mutter hat auch auf Drängen eines Theaterdirektors für den ganzen Monat eine Loge reservieren lassen.

Jeden Abend Theater, und das einen ganzen Monat lang, wo sie sonst doch nur ein- oder zweimal im Jahr gehen dürfen. Welch ein Luxus, welch eine Freude! Sie sind ungeheuer aufgeregt, und am ersten Abend treffen sie schon lange, ehe der Kronleuchter angezündet wird, im Theater ein. Es wird *Die Ruinen von Babylon* gegeben, ein düsteres Rührstück in fünf Akten von Monsieur Guilbert de Pixérécourt, einem damals vielgespielten Autor. Das Kinn auf die mit Samt ausgeschlagene Brüstung ihrer Loge gestützt, verschlingen die drei kleinen Hugos das Schauspiel. Eine wirklich tolle Geschichte: Ein als Troubadour verkleideter guter Geist bringt dem Opfer eines gräßlichen Tyrannen heimlich etwas zu essen. Der Unglückliche versteckt sich in einer Bühnenvertiefung, und als der Tyrann sich schleppenden Schritts nähert, um sein Opfer zu packen, springt der gute Geist behende auf den Deckel, so daß dieser zuklappt und der verdutzt dreinblickende Tyrann nicht begreift, wo der andere geblieben ist.

Die Kinder besuchen die Vorstellung auch am nächsten Tag, diesmal mit Claudine. Sie freuen sich, das Melodram noch einmal zu sehen, denn beim erstenmal sind ihnen einige Feinheiten entgangen. Am dritten Abend ist das Vergnügen nicht mehr ganz so groß. Am vierten können sie jedes Wort auswendig. Beim siebten Mal haben sie endgültig genug und flehen Sophie an, da das vermaledeite Theater seinen Spielplan nicht ändert, ihnen einen achten Gang zu den *Ruinen von Babylon* zu ersparen.

Die Zeit vertreiben sie sich mit anderen Dingen. Zunächst einmal lernen sie gewissenhaft Spanisch. Sie lesen außerdem oder gehen mit Sophie auf den Allées-Marines oder auf der hübschen Place de Grammont spazieren. Unter den Arkaden von Bayonne lassen sie sich die köstliche heiße Schokolade schmecken, die in ihrem Geschmack noch zarter wird, wenn man danach ein Glas Eiswasser trinkt. Sie besichtigen das eine Meile von Bayonne entfernt liegende Schloß Marracq oder sehen den Paumespielern zu. Werden Schießübungen abgehalten, schleppen Abel und Eugène ihre Mutter zum Festungswall, wo die Manöver stattfinden.

Victor bleibt lieber zu Hause. Da ist jemand, der für ihn viel interessanter ist als alle Truppenbewegungen der Welt: Lise, die Tochter der Hauseigentümerin und seine Vorleserin. Victor fühlt sich weniger von den Geschichten als von der Vortragenden angezogen. Ganz hingerissen ist das Kind von der Schönheit des kleinen Mädchens mit seinem blassen Teint und seinen langen schwarzen Haaren. Er setzt sich neben Lise auf die Treppe vor dem Haus, und während diese hingebungsvoll aus dem Buch, das auf ihren Knien liegt, vorliest, kann Victor sich nicht satt sehen an ihren Augenlidern mit den langen Wimpern, ihrem rosaroten Mund, dem Tuch, das über dem zart knospenden Busen übereinandergeschlagen ist, und ihren feinen Fußgelenken, die unter dem Volant ihres Rockes hervorschauen. Der solchermaßen in schwärmerischer Betrachtung Versunkene hört wohl, versteht aber die Worte nicht, die sie spricht.

Eugène und Abel haben natürlich schnell gemerkt, daß Victor von seiner »Geliebten«, wie sie diese nur noch nennen, hingerissen ist. Und natürlich verschonen sie ihn nicht mit spöttischen Bemerkungen, weshalb er knallrote Bäckchen und eine wahnsinnige Wut auf seine Brüder bekommt.

Endlich hat das einmonatige Warten ein Ende. Der Konvoi des Schatzamtes kann jeden Augenblick in Irun eintreffen. Man muß dorthin fahren, will man sich ihm anschließen. Für den letzten Teil der Reise hat Sophie bei einem Vermieter eine alte Rokokokarosse mit Verdeck aufgetrieben, die von sechs Maultieren gezogen wird und aus Tante Robins Jungmädchenzeit stammen muß. Dieser altmodische und imposante Wagen, den Sophie lachend »meine alte Rumpelkiste« nennt, ist groß genug, um all die neuen Gepäckstücke der Familie Hugo zu transportieren. Sophie hat nämlich genügend Zeit gehabt, um das ihrer Meinung nach Notwendige zu kaufen, um sich gegen den Dreck und die mangelhafte Ausstattung der spanischen Unterkünfte, die jeglicher Beschreibung spotten sollen, zu wappnen. Sie hat sich mit geräuchertem Schinken, Kuchen, Fleischkonserven und Obst eingedeckt. Sogar eine Art Feldbett mit einer Matratze hat sie erstanden, um nicht in den Herbergsbetten schlafen zu müssen, von denen man nicht weiß, wie sauber sie sind.

Die alte Rumpelkiste faßt spielend all die neuen Anschaffungen, doch bevor sie Bayonne hinter sich lassen, muß Sophie noch einen Strauß mit ihren Söhnen ausfechten, die in dem einen Monat einen Haufen ebenso platzraubender wie unnützer Gegenstände zusammengetragen haben. So lehnt sie es kategorisch ab, die sechs Käfige mit Vögeln, die die Jungen von ihrem Taschengeld gekauft haben, mitzunehmen.

»Laßt sie doch fliegen«, sagt sie. »So werden sie sich in Freundschaft an euch erinnern.«

Sophies Karosse ist nicht die einzige, die sich in die Kolonne des Schatzamtes einreihen will. Mehr als dreihundert Wagen sind in Irun versammelt, von denen aber lediglich hundert eine Erlaubnis haben, sich dem Konvoi anzuschließen; dieser kann wirksamen Schutz nur bieten, wenn nicht zu viele mitfahren.

Wie versprochen ist der Marquis du Saillant aus Madrid gekommen, um Sophies Wagen zu Pferd zu begleiten. Beim Anblick des alten Edelmanns können die Kinder sich das Lachen kaum verkneifen: Auf seinem Weg ist er so eingestaubt, daß er wie ein weißgepuderter Pierrot aussieht. So, als hätte er sich in Mehl gewälzt. Da im Wagen noch Platz ist, bittet Sophie ihn einzusteigen. Das verschafft ihr ein wenig Unterhaltung. Das Pferd kann folgen.

Die Streitigkeiten, die um die Marschordnung entflammen, machen den Kindern einen Heidenspaß. Jeder Wagen will dem des Schatzamtes nämlich am nächsten sein, um in seiner Nähe besser geschützt zu werden. Das ist ein Stoßen, Schimpfen und Peitschenknallen. Die Pferde beißen sich, die Wagen bleiben beim Überholen aneinander hängen.

Da ihr an einer ruhigen Reise gelegen ist, macht Sophie sich zum erstenmal das Privileg zunutze, die Frau des Gouverneurs zu sein: Sie gibt ihrem *mayoral* den Befehl, auf den ersten Platz hinter dem Wagen des Schatzamtes vorzurücken. Auf diesen hat es freilich auch eine andere »grande dame« abgesehen, die Marquise Monte-Hermoso, eine von König Josephs Mätressen, die nicht die Absicht hat, sich von dieser Französin – Gouverneursgattin hin, Gräfin her – überholen zu lassen. Auch sie hat eine Familie zu beschützen. Sie täuscht sich aber, wenn sie glaubt, Sophie werde ihr die Vorfahrt lassen.

Sophie schickt du Saillant zum Herzog von Cotadilla, dem Befehlshaber der Eskorte, und dieser, ganz Kavalier, gibt der Ausländerin, der Frau des Generals Hugo, den Vorzug. Ein Murren geht durch die Menge, als sich Sophies riesiger Wagen an die Spitze des Zuges schiebt, der sich endlich in Bewegung setzt.

Die Eskorte kann sich sehen lassen: fünfzehnhundert Infanteristen, fünfhundert Pferde, zwei Kanonen als Vorhut vor dem Schatzamt und zwei dahinter. Abel, Eugène und Victor hocken im Kabriolett der Karosse und sehen, wie sich die lange Reihe der Wagen auseinanderzieht. Sie sind in den kaiserlichen Farben gehalten: grün mit vergoldeten Rädern. Neben der Wagenkolonne marschieren die Infanteristen her. Unter den Reitern befindet sich der junge Oberst Lefèbvre, Sohn des Marschalls, der ausgesucht elegante Oberst Montfort und an die zwanzig junge Auditoren des Staatsrats, darunter der Herzog von Broglie, die Napoleon an den Hof von Madrid entsendet. Die Pferde tänzeln, und alles scherzt und schwatzt mit den hübschen Damen, die mit aufgestützten Armen in den Wagenfenstern liegen.

In der Karosse der Generalin Hugo hat der Marquis du Saillant eine Dose mit gerösteten Mandeln hervorgeholt und reicht sie herum. Weit hinten am Horizont von Fuenterrabìa ein letztes Glitzern des Meeres im Sonnenschein.

Es ist eine lange und beschwerliche Reise. Selbst Sophie ist völlig erschöpft, obwohl sie erst neununddreißig ist und eine robuste Konstitution hat. Schmerzhaft fahren die Stöße des immerhin gut gefederten Wagens – aber die Straßen sind wirklich entsetzlich – ihr in den Rücken. Immer wenn der Marquis du Saillant aussteigt, um ein wenig am Zug entlangzureiten, nutzt sie die Gelegenheit, um sich einen Augenblick auszustrecken und bei heruntergelassenen Vorhängen ihre Kleider zu öffnen, denn Staub und Hitze nehmen zu, je weiter die Wagenkolonne nach Süden vordringt.

Sehr bald gehen ihr die zahlreichen spanischen Karren auf der Straße mit ihren quietschenden Rädern auf die Nerven. In Frankreich haben die Räder Speichen, das macht sie leichter, hier aber sind sie ganz aus Holz und so schwer, daß sie in den Achsen ächzen. Ein durchdringendes Geräusch. Nicht zum Aushalten. Sobald Sophie es hört, hält sie sich die Ohren zu.

Wenn sie abends Station machen und die Sonne untergegangen ist, wird die Luft erträglicher. Das ist der beste Augenblick des Tages, der nur leider von den notwendigen Vorbereitungen für die Nacht beeinträchtigt wird. Die Spanier, die für die Unterbringung und Verpflegung des französischen Konvois sorgen müssen, kommen ihren Verpflichtungen in eisigem, feindseligem Schweigen nach. Sie haben allen Grund, die Franzosen zu hassen, und erfüllen die ihnen auferlegten Pflichten nur mit größtem Widerwillen.

Mehr als alles andere verabscheut Sophie die Flöhe, Wanzen und Mücken, die sich überall rasch vermehren. Selbst in den Trümmern der Städte, die die Franzosen in Brand gesteckt haben, gibt es noch Flöhe.

»Man könnte meinen«, sagt Sophie, »in Spanien hätte sogar das Feuer Flöhe!«

Unruhig kratzt man sich im Schlaf und wacht morgens völlig zerstochen auf.

Eines Abends kommt Sophie die rettende Idee, um die Wanzen davon abzuhalten, nachts über ihr Bett herzufallen: Sie läßt es mitten im Zimmer in vier mit Wasser gefüllte Eimer stellen. Da sie mit Mauern und Fußboden nun keine Berührung mehr hat, schläft sie ruhig ein, doch nach einer Stunde wacht sie auf, von Wanzen völlig zerstochen. Die verdammten Biester haben sich von der Decke aus herunterfallen lassen. Wütend zieht sie mit ihrem Bettzeug auf den Hof. Doch die Wanzen folgen ihr im Mondschein auch dorthin. Unmöglich, sie loszuwerden.

Auch die Verpflegung ekelt sie an. Nicht daß es daran mangelte, im Gegenteil. Als sie auf der Reise zum erstenmal Station machen, wird ihr eine unglaubliche Menge an Lebensmitteln gebracht: ein Rinderviertel, ein ganzer Hammel, achtzig Pfund Brot und sogar ein kleines Faß mit Schnaps. Es handele sich um die vier Anteile, die ihrem Mann regulär zustehen, erklärt man ihr, jeweils einer dem General, dem Gouverneur, dem Inspekteur und dem königlichen Haushofmeister. Bei jedem Aufenthalt habe sie Anrecht auf dieses Quantum. Doch diese Unmengen an Verpflegung sind nicht nur eine zusätzliche Belastung für den Wagen, sondern ziehen auch Fliegen an und verbreiten alsbald einen schrecklichen Gestank. Daraufhin läßt Sophie die Lebensmittel, die sie nicht verbrauchen kann, an die Soldaten der Eskorte verteilen, die nicht so verwöhnt werden.

Während ihre Söhne einen unbändigen Appetit entwickeln und nicht genug kriegen können, ißt Sophie selbst fast nichts. Schinken, Konserven und Obst aus Bayonne sind schon lange verzehrt. Dafür hat sie Gelüste, an die sie noch lange zurückdenken wird. Von frischem

Gemüse träumt sie, von dem jungen Grünkohl, den zarten weißen Rüben, die im Frühjahr in der Renaudière wuchsen. Von Quark, leichten Suppen und Erdbeeren mit Sahne. Wo ist der heimische Muscadet, den man zum Kühlen in den rauschenden Bach legte? Die spanischen Weine sind ungenießbar.

Eines Abends, wieder ist ein Etappenziel erreicht, hat Claudine einen Salatkopf für sie aufgetrieben. Doch das Olivenöl, das man hierzulande preßt, stinkt derart, daß Sophie auf die Idee gekommen ist, es durch ausgelassene Butter zu ersetzen. Nur einmal auf dieser ganzen Reise bekommt sie eine anständige Mahlzeit, und zwar bei einem französischen Wirt, der sich in Spanien niedergelassen hat. Aber zu welch einem Preis! Achtzig Franc für ein Spinatgericht! Seit einem halben Jahr hatte dieser Mann keinen Gast mehr gesehen.

Bei ihrer Ankunft in Madrid wird Sophie sich alle Kleider enger machen lassen müssen, so mager ist sie geworden. Zum Glück sieht Fanneau mich nicht in diesem Zustand, denkt sie.

Zur körperlichen kommt eine nervöse Erschöpfung hinzu. Nicht nur das Schicksal des geliebten Mannes, den sie in so mißlicher Lage in Paris zurückgelassen hat, läßt ihr keine Ruhe, sie fragt sich auch, wie der Ehemann in Madrid sie wohl empfangen wird.

Und die Aufregungen der Reise machen es auch nicht besser. Ständig muß sie auf ihre Söhne aufpassen, die immer zu irgendeinem Streich aufgelegt sind.

In Saladas, einem weiteren Etappenziel, schlafen sie unter freiem Himmel in den Trümmern der Stadt. Die Nacht ist klar, und die Kinder, noch nicht müde, spielen in den Ruinen Verstecken. Plötzlich Geschrei. Victor wird mit blutüberströmtem Gesicht zu ihr gebracht. Er ist auf einem Stein ausgerutscht und hat sich die Stirn aufgeschlagen. Sophie ist einer Ohnmacht nahe, als sie sieht, wie er sich zugerichtet hat. Sie wäscht ihm, so gut es geht, die Wunde aus, und der Regimentsarzt legt ihm mit einem Portulakblatt einen Verband an. Sie sind noch einmal mit dem Schrecken davongekommen, doch Victor wird sein Leben lang eine Narbe haben.

Und dann diese beklemmende Angst. Sie geht nicht nur in den düsteren Kulissen abgebrannter Städte und Dörfer um, sondern auch überall unterwegs, wo man besonders gegen Abend fürchten muß, überfallen zu werden oder in einen Hinterhalt zu geraten. Unbegründete Angst im Poncorbo-Engpaß, als man einen Haufen friedlicher Maultiertreiber für Banditen hält. Berechtigte Angst in Salinas, als diesmal wirkliche Guerilleros auf die Wagenkolonne schießen. Entsetzliche Angst, als es die Mondragon-Anhöhe hinauf und wieder hinuntergeht. Der Hang ist so steil, daß man, um Sophies schweren Wagen hinaufzuziehen, zusätzlich zu den Maultieren noch vier Ochsen vorspannen muß, und das alles auf einer Straße, die zu einer Seite so steil abfällt, daß man gar nicht sieht, wie weit es nach unten geht. Dieser Abgrund flößt den Kindern solche Angst ein, daß sie zu weinen anfangen und aussteigen wollen. Sophie, müde und gereizt, platzt der Kragen: »Ihr Angsthasen! Steigt aus, wenn ihr Mädchen sein wollt.« Und sie gibt dem *mayoral* den Befehl, seine Ochsen anzutreiben, um so schnell wie möglich da herauszukommen.

Und noch mehr Angst am nächsten Morgen beim Hinunterfahren. Es geht so steil bergab, daß die Maultiere Mühe haben, das Gewicht der Karosse zu halten. Plötzlich bekommen sie mitsamt dem Wagen das Übergewicht und wären in den Abgrund gestürzt, hätte sie nicht ein Grenzstein, an dem eines der Räder wie durch ein Wunder hängenblieb, aufgehalten. Die Familie Hugo schwebt über dem Abgrund. Die Grenadiere der Eskorte brauchen eine geschlagene Stunde, bis sie die Maultiere und das Gespann endlich auf die Straße zurückgehievt haben. Die Wagenkolonne wartet dahinter. Aus ihrem Fenster schaut grinsend die Marquise von Monte-Hermoso.

Die Hitze in der ausgedörrten Wüste Altkastiliens ist unerträglich. Auf den achtzig Meilen, die der Zug unter sengender Sonne im Schrittempo zurücklegt, steht kein Baum, kein Strauch. Erschöpft hält die Reisegesellschaft zur Mittagszeit, um eine unbedingt notwendige Ruhepause einzulegen. Im Schatten der Wagen ziehen die Frauen sich bis aufs Hemd aus, und die Reiter legen sich zwischen die Füße ihrer Pferde.

Manchmal begegnet die Kolonne einem Regiment fußlahmer Soldaten, Heimkehrer aus dem Krieg. Ein schleppender Zug zerlumpter Gerippe. Manchem hockt ein Papagei oder Affe auf der Schulter. Schaurige Scherze gehen zwischen den heilen Soldaten des Konvois und den invaliden Heimkehrern hin und her.

Hinter Valladolid kündigt ein aus Madrid kommender Reitertrupp im Vorbeireiten die Königin Julie an, die anläßlich der Taufe des kleinen Königs von Rom zu ihrem Ehemann nach Paris fährt.

In seinem Übereifer befiehlt der Herzog von Cotadilla der Begleitmannschaft, zu Ehren der Herrscherin ihre Paradeuniformen anzulegen. Doch wo soll man sich in dieser Wüste umziehen? Um ihr Schamgefühl nicht zu verletzen, werden die Damen aufgefordert, ihre Rollvorhänge herunterzulassen. Die Soldaten, heilfroh, ihre staubigen Uniformen, in denen es zum Ersticken heiß ist, einmal ausziehen zu können, springen nackt herum, und Abel, Eugène und Victor, denen als Jungen keine züchtigen Gardinen den Blick verdunkeln, sehen begeistert zu.

Noch mehr Spaß aber haben sie, als plötzlich der

Konvoi der Königin Julie, den man so bald nicht erwartet hatte, hinter einer Kurve auftaucht. Bestürzung: Die zweitausend splitternackten Soldaten haben keine Zeit mehr, sich wieder anzuziehen. Und während die königliche Wagenkolonne vorüberzieht, steht der Herzog von Cotadilla, der sich entehrt glaubt, jammernd auf einem Abhang, ein Büschel Haare in der Hand.

»Ach was«, lacht der Marquis du Saillant, »die Seifenhändlerstochter aus Marseille hat sicher schon Schlimmeres erlebt!«

Und er bietet Sophie eine Prise aus seiner Tabaksdose an.

Während ihres Aufenthalts in Segovia ist Sophie wieder auf die Beine gekommen. Zum einen ist Segovia eine sehr schöne Stadt. Die Häuser sind mit Türmchen und Skulpturen geschmückt und die Paläste aus Jaspis und Porphyr. Sodann ist sie dort von dem Grafen Tilly, dem Provinzgouverneur, der es sich nicht hat nehmen lassen, Frau und Kinder des Generals Hugo zu ehren, mit großem Pomp empfangen worden. Stärkungen und Erfrischungen werden gereicht. Victor schüttet, einen unbewachten Augenblick nutzend, mehrere Gläser Wein hinunter, was ihm mit seinen neun Jahren den ersten Rausch seines Lebens beschert.

Dennoch ist Sophie froh, als es nach Madrid weitergeht, wo sie sich endlich wird ausruhen können. Sie hat von all den Widrigkeiten dieser Reise wirklich genug.

Doch ihr Leidensweg geht noch weiter. Ihre alte Karosse, die auf der Reise schwer strapaziert wurde, ist am Ende. Als sie Segovia verlassen, ist ihr, als bekäme eine der Radnaben Risse, doch der *mayoral* hat dies heruntergespielt.

Sie fahren los. Der Riß in der Radnabe wird größer, der *mayoral* aber tut immer noch so, als wäre nichts. Sophie wird unruhig. Dieser Mann ist schließlich Spanier, also ein Feind der Franzosen. Daß die Frau, die er befördert, nicht irgendwer ist, ist ihm klar. Und wenn er es so einrichtete, daß der Wagen mit einem Schaden liegenbliebe, der Konvoi ohne sie weiterführe und er sie und ihre Kinder den Guerilleros, mit denen er unter eine Decke steckt, auslieferte, um ein Lösegeld zu erpressen? In dieser Dämmerstunde, die so leicht Ängste weckt, gehen ihr all die gräßlichen Geschichten, die sie seit Beginn der Reise gehört hat, im Kopf herum. Und du Saillant ist mit ein paar Reitern vorausgeeilt und nicht da, um sie zu beruhigen.

Plötzlich ein Krachen. Die Radnabe ist geborsten. Da steht nun der Wagen still, und der Konvoi überholt sie. Im Vorbeifahren schickt die Marquise von Monte-Hermoso, mit dem Oberkörper weit aus dem Wagenfenster gelehnt, um sie besser verhöhnen zu können, der Gräfin Hugo noch ein letztes Grinsen herüber.

Der Wagen bleibt allein zurück. Verärgert versucht der *mayoral,* ohne sich allerdings übermäßig anzustrengen, das Rad zu reparieren. In Minutenschnelle wird es dunkel, und Sophie überlegt, die Karosse samt Gepäck einfach stehenzulassen und mit den Kindern und Claudine zu versuchen, den Konvoi zu Fuß zu erreichen. Doch zu spät, der letzte Wagen ist hinter der Wegbiegung verschwunden.

Die Kinder sitzen mit Claudine auf der Böschung und lassen in ihrer Angst die Mutter nicht aus den Augen, während Sophie, der nicht wohl in ihrer Haut ist, sich bemüht, Haltung zu bewahren, um sie zu beruhigen.

Plötzlich weicht alles Blut aus ihrem Gesicht. Dieser Lärm, dieses Pferdegetrappel, das immer näher kommt ... Diesmal sind wir verloren, kein Zweifel, die Guerilleros ...

Der Reitertrupp kommt in Sicht, und erleichtert erkennt Sophie allen voran den Marquis du Saillant und den Oberst Montfort. Der Marquis ist unruhig geworden, als er die Karosse nicht mehr sah. Man hat ihm von dem Unfall erzählt, und da ist er jetzt mit einem Strick, um das Rad zu reparieren.

Jetzt müssen sie den Konvoi so schnell wie möglich einholen. Doch der *mayoral* verzieht das Gesicht und sagt, er wolle nur Schritt fahren, andernfalls werde das kaputte Rad nicht halten. Da bekommt Oberst Montfort einen Wutanfall, richtet seine Pistole auf den störrischen Spanier und schwört, er werde ihm eine Kugel in den Kopf jagen, wenn seine Maultiere sich nicht auf der Stelle in Trab setzen. Ein durchschlagendes Argument: Schnell schließen sie zum Konvoi auf.

Und da liegt Madrid vor ihnen. Endlich.

Noch nie in ihrem Leben hat Sophie eine so herrschaftliche Wohnung gehabt wie die, die ihr der König im ersten Stock des Masserano-Palastes in Madrid hat zuweisen lassen. Sie verfügt dort über ein geräumiges Vorzimmer, ein mit Originalzeichnungen von Raphael und Jules Romain geschmücktes Speisezimmer, einen Salon, dessen Wände mit rotem Seidendamast bespannt sind, ein himmelblaues Boudoir, an das sich eine hübsche Terrasse anschließt, ein Schlafgemach, das in blauem, von Silberfäden durchzogenen Damast gehalten ist, und einen weiteren Raum in gelbem, mit roten Fäden durchwirkten Brokatell. Sie traut ihren Augen nicht.

Sie nimmt das blaue Zimmer und weist ihren Söhnen das gelbe zu. Doch das hübsche Boudoir, ein auf zwei

Straßen hinausgehendes Eckzimmer, mit seiner Terrasse mag sie am liebsten. Von dort hat sie einen schönen Blick auf die in den Modefarben Zartgrün, Rosa und Mauve verputzten Häuser von Madrid. Sehr bald jedoch merkt sie, daß diese prächtige Umgebung mit ihrer Überfülle an böhmischen Gläsern, venezianischem Kristallgeschirr und chinesischen Vasen einige Unliebsamkeiten birgt. Bestimmte Stücke sind hinter Schloß und Siegel, denn wie alle Spanier mißtraut der Fürst Masserano den französischen Besatzern, selbst wenn es Würdenträger des Mannes sind, dem man in Madrid den verächtlichen Spitznamen »Napoladron« gegeben hat.

Freilich wiegt dieser Nachteil nicht allzu schwer im Vergleich zu den Flöhen und Wanzen, von denen der Seidendamast im Palast nur so wimmelt und die es hier ebenso reichlich gibt wie in der ärmsten und baufälligsten spanischen Behausung.

Nach einer ersten unruhigen Nacht unter dem hübschen Baldachin in ihrem Schlafzimmer läßt Sophie ihr Feldbett samt Wassereimern heraufbringen, doch die Insekten springen von den Wandbehängen. Sie schlägt ihr Nachtlager sogar im Stockwerk der Dienstboten auf, wo die Zimmer weder Wandbehänge noch Gardinen an Fenstern und Türen haben, in die sich ihre Feinde so gerne einnisten, doch auch da wimmelt es von Ungeziefer. Also kehrt sie in ihr blaues Zimmer und ihr Himmelbett zurück und verteidigt sich, so gut sie kann, indem sie kleine Häufchen mit Operment auf Teller streut und mit Moskitonetzen, die sie nähen läßt, die Betten einhüllt.

Während Onkel Louis herbeigeeilt ist, um seiner Schwägerin seine Aufwartung zu machen und seine Neffen zu umarmen, ist Léopold abwesend. Er sei in seiner Residenz in Guadalaxara, dreizehn Meilen von Madrid entfernt, nicht abkömmlich, sagt sein Bruder.

Von Sophies Ankunft weiß er nichts. Louis wundert sich: »Aber warum hast du ihn denn nicht benachrichtigt?«

»Wir stehen so schlecht miteinander«, sagt Sophie, »und ich dachte, der König hätte es getan.«

Die Liebenswürdigkeit in Person und von dem Wunsch beseelt, die Ehe seines Bruders zu kitten, stellt Louis sich als Bote zur Verfügung. Sophie solle sich keine Sorgen machen, er werde selbst nach Guadalaxara fahren und Léopold mitteilen, daß ihn seine Familie in Madrid erwartet.

Welch schöner Sommer für die Kinder. Sie spielen im Palast mit Armand und Honorine, zwei der Kinder des Generals Lucotte und Graf von Sopitran, der wie Léopold Adjutant des Königs ist. Ferner ist da Amato, ein Adoptivkind der Lucottes in Abels Alter. Und die kleine Pepita, die Tochter der hochnäsigen Marquise von Monte-Hermoso, Sophies Rivalin in Irun. Es heißt, ihr Mann verdanke die »Grandenwürde« seinen Beziehungen zu Joseph. Doch so unerträglich die Mutter, so anmutig ist ihre Tochter, und ein zweites Mal entbrennt Victor in heißer Liebe.

Fröhlich saust die Bande treppauf, treppab durch den Palast und über die Terrassen, spielt Fangen, Krieg und Blinde Kuh. Der Palasthof mit seiner Fontäne, seinen Kaskaden und Springbrunnen bietet interessante Möglichkeiten zum Herumplanschen. Doch einen Ort lieben sie über alles: die große Galerie mit ihren Türvorhängen, Winkeln, Statuen und ihren beiden riesengroßen Chinavasen, die für ihr Versteckspiel wie geschaffen sind. Eines Tages ist Pepita in eine der beiden Vasen hineingeschlüpft und hat sich darin verborgen.

Besonders Victor hat eine Vorliebe für diese Galerie.

Manchmal setzt er sich ganz allein dort hin und wird nicht müde, die finsteren Porträts der Vorfahren des Fürsten Masserano zu betrachten. Eugène erzählt er, die Männer und Frauen, die tagsüber mit starren Gesichtszügen aus ihren Rahmen schauen, würden nachts lebendig und gingen im Palast spazieren. Und da er das Gefühl hat, daß sein Bruder nicht recht überzeugt ist, läßt er ihn an einer seltsamen Entdeckung teilhaben: Die Augen der Porträtierten leben. Der Beweis: An welcher Stelle der Galerie man sich auch befindet, sie folgen einem mit den Blicken. Eugène muß sich den Tatsachen wohl oder übel beugen, Victor hat recht. Völlig tot sind diese Leute da nicht.

Als Léopold seinen Bruder angehört hat, hätte ihn beinahe, wie schon einmal, ein tödlicher Schlag getroffen.

Was, Sophie in Madrid? Und ohne Vorankündigung! Wird dieses verdammte Weib ihn denn sein Leben lang verfolgen? Auf alles war er gefaßt, nur darauf nicht. Nach den Vorhaltungen des Königs im Januar hatte Léopold sich gesagt, daß er Zeit genug habe, seine Versprechungen in die Tat umzusetzen. Im Mai war Seine Majestät zur Taufe des Königs von Rom nach Paris gefahren und hatte sicher anderes als die Ehe der Hugos im Kopf. Er selbst hatte genug damit zu tun, die Truppen des Empecinado, die in der Provinz Guadalaxara ihr Unwesen trieben, in Schach zu halten. Er konnte nicht auch noch Madame Trébuchet zurückholen. Seit dem Frühjahr hat er außerdem gesundheitliche Beschwerden. Von Zeit zu Zeit öffnet sich eine seiner Verletzungen und sondert Knochensplitter ab, was ihm grausame Schmerzen bereitet. Die Sanitätsoffiziere haben ihm zu einer Kur in

Barèges geraten, er hat jedoch noch keine Zeit dafür gehabt.

Und unversehens schneit nun Madame Trébuchet herein. Hätte sie wenigstens die gute Idee gehabt, ihre Söhne – und nur sie – nach Madrid zu schicken, wie glücklich wäre er gewesen, seine Jungen wieder bei sich zu haben. Aber Sophie selbst, das ist zuviel.

»Ich sage dir, du tust ihr unrecht«, sagt Louis. »Sie hat die besten Absichten, so scheint mir.«

»Ah«, sagt Léopold, »du weißt nicht, wie tückisch dieses Weib ist.«

Er muß Catherine Thomas wohl oder übel von Sophies Ankunft in Kenntnis setzen. Ach Gott! Catherine sieht sich bedroht und wird ganz wild. Abwechselnd weint und wütet sie, verliert die Nerven und verlegt sich aufs Betteln. Sie droht einfach, sie werde sich umbringen, falls Léopold zu seiner Frau zurückkehre.

Um den Skandal, der sich abzeichnet, abzuwenden, weiß Léopold nur eine Lösung: Er eilt zu Don Antonio Pardo y Vara, dem Oberrichter seiner Majestät und Vorsitzenden des Amtsgerichts von Guadalaxara, und überreicht ihm die Scheidungsklage gegen Sophie, die er zuvor vom Staatsanwalt vorschriftsmäßig hat abfassen lassen. Auf elf engbeschriebenen Seiten legt er dar, was sich seit Jahren über seine Gattin an Beschwerden angesammelt hat. Ihr anmaßendes, herrisches Wesen prangert er an, ihre Weigerung, mit ihm zu gehen, ihre Verschwendungssucht, ihre wiederholten Beleidigungen, deren letzte ihre nicht angekündigte Ankunft in Madrid ist. Kurz, er verlangt die Scheidung und das Sorgerecht für seine drei Kinder. Ah, sie soll ihn kennenlernen!

Wie angenehm ist dieser Juli in Madrid. Nach der Siesta, wenn die Hitze nachgelassen hat, läßt Sophie einen großen, offenen Wagen anspannen und macht mit ihren Söhnen eine Spazierfahrt im Prado.

Nach dem Abendessen, wenn es dunkel geworden ist, lassen sie sich auf der Terrasse nieder und betrachten den leuchtenden Kometen, der gerade über den Himmel zieht.

Manchmal gesellen sich General Lucotte und seine Frau zu ihnen. Sophie hat Rosalie Lucotte sehr gern, eine sehr hübsche, junge Frau mit blondem Haar und schwarzen Augen, anmutig und frivol. Mit dieser ausgelassenen Freundin kehrt die alte Fröhlichkeit in ihr Leben zurück, die sie in ihrer Jugend mit ihrer geliebten Marie Le Maignan so genoß und später mit ihrer jungen Tante Louise, die dann auf die schiefe Bahn geriet. Die Jungen sind von dieser hübschen Blondine, die sie heimlich »Venus« getauft haben, ganz hingerissen. Victor behauptet, er rieche ihr Parfüm schon lange, bevor sie erscheine, und mit Eugène und Abel reißt er sich darum, ihr ein Glas von der Mandelmilch, für die sie so schwärmt, auf die Terrasse bringen zu dürfen.

*10. Juli 1811*

Sophie ist wie vom Donner gerührt. Soeben hat man ihr die von Léopold eingereichte Scheidungsklage übergeben. Schweigen. Warten, was geschieht. Kein Wort zu den Kindern.

Am nächsten Morgen bringt ihr ein Reiter der königlichen Garde einen Brief mit dem Wappen Spaniens. Sophie öffnet ihn und liest:

Madrid, den 11. Juli 1811

Madame,

General Hugo wünscht die drei männlichen Kinder, die aus seiner Ehe mit Ihnen hervorgegangen sind, in einem Gymnasium unterzubringen. Monsieur Ricardo Arroyo, Staatsanwalt von Guadalaxara, wird Ihnen in seinem Auftrag die Kinder entziehen und ein Erziehungsheim für sie suchen.

Ich kann Ihnen nicht verschweigen, daß Monsieur de Hugo vorsorglich, falls Schwierigkeiten von Ihrer Seite her entstehen sollten, die Autorität des Gesetzes angerufen hat und sich dessen Vertreter zu seinen Gunsten ausgesprochen haben. Ich bin verpflichtet, seinem Wunsche notfalls nachzuhelfen. Ich richte die dringende Bitte an Sie, Madame, sich dem Willen Ihres Ehemannes nicht zu widersetzen und die Kinder bereitwillig einem Beauftragten zu übergeben. Da ich selbst Gatte und Vater bin, erfülle ich die traurige Pflicht mit Bedauern. Ich kann nur hoffen, daß Sie mir diese nicht durch Ihren Widerstand erschweren, ein Widerstand, der, so wie die Dinge liegen, nutzlos und unerfreulich wäre.

Mit ergebensten Grüßen

Der Generalgouverneur von Madrid

LAFON-BLANIAC

Zunächst kann sie nicht glauben, was sie da liest. Daß Léopold die Scheidung gegen sie einreicht, mag schon sein, und wenn sie ehrlich ist, kümmert sie das nicht weiter. Daß er ihr aber außerdem die Kinder wegnehmen will, das kann nicht sein. Sie ist so durcheinander, daß sie mit sich selbst spricht.

»Nein«, sagt sie, »nein! Das niemals!«

Und aus ihrem tiefsten Inneren kocht die bretonische Wut hoch, die mit keiner anderen vergleichbar ist. Eine brausende Woge, die langsam und unerbittlich anschwillt, höher und höher steigt, brodelt und mit einer Kraft, die Granit sprengen könnte, explodiert.

»NIEMALS!« brüllt Sophie.

Als sie sich nach diesem Ausbruch etwas beruhigt hat, nimmt sie Papier, eine Feder und schreibt diesem – wie heißt er doch? – Lafon-Blaniac, den sie noch nie zu Gesicht bekommen hat, und fleht ihn an, die Ausführung seines Auftrags zu verschieben. Er möge wenigstens bis zur Rückkehr des Königs warten!

Der Generalgouverneur von Madrid lehnt ihr Gesuch jedoch ab, und zwei Tage später begleitet Sophie Abel, Eugène und Victor lieber selbst in das finstere Gymnasium für Adlige in der Rue Ortolezza.

Die Kinder wissen nicht, wie ihnen geschieht.

»Aber warum bringst du uns dorthin?« protestiert Victor.

»Euer Vater will es so«, antwortet Sophie.

Als König Joseph am 18. Juli in Madrid eintrifft, findet er auf seinem Schreibtisch ein Bittgesuch von Madame Hugo vor. Sie schildert ihm ihre Situation, daß ihr Mann eine Scheidungsklage gegen sie erhoben habe und ihr die Kinder weggenommen worden seien. Geschickt erinnert Sophie ihn daran, daß sie auf seine Bitte hin nach Madrid gekommen sei und daß sie nicht damit gerechnet habe, von ihrem Ehemann auf diese Weise begrüßt zu werden. Sie bittet ihn also dringend um seinen Schutz.

Der König empfängt sie, hört sie an, und die Verstörtheit der hübschen Gräfin Hugo rührt ihn. Schon gut, sie möge sich keine Sorgen machen. Er werde die Sache in

Ordnung bringen. Und Sophie zieht sich mit einem Hofknicks zurück, dem großen, den ihr Tante Robin einst beigebracht hat, drei Schritte, Kreisbewegung mit dem Bein und tiefe Verbeugung. Der Knicks für den König.

Und als sie in ihren Wagen steigt, um zum Masserano-Palast zurückzufahren, umspielt ihre Lippen ein zufriedenes Lächeln. Der General hat ihr den Krieg erklärt, und er soll ihn haben, aber das letzte Wort ist noch nicht gesprochen, wer als Sieger daraus hervorgehen wird. Sie ist zum Äußersten bereit, um ihre Kinder zurückzuholen, und da Léopold sich nicht zu schade ist, die schreckliche Macht des Gesetzes zu nutzen, wird sie sich ihrerseits nicht im geringsten scheuen, gegen ihn die zwei schrecklichen Waffen einzusetzen, die die Frauen so gut zu handhaben wissen: die List und die Falschheit.

Ihr Vorstoß ist nicht vergeblich gewesen. Joseph Bonaparte, voller Zorn, daß man ihm nicht gehorcht hat, läßt Hugo zu sich kommen und wäscht ihm gehörig den Kopf. Der Erfolg läßt nicht lange auf sich warten, denn mehr noch als Catherine Thomas' Wutanfälle fürchtet Léopold König Josephs Ungnade.

Er zieht nicht nur seine Scheidungsklage zurück, sondern ordnet zudem an, seine Söhne wieder aus dem Gymnasium für Adlige herauszuholen.

Am 5. August schickt er eine Abteilung westfälischer Soldaten zum Masserano-Palast mit dem Auftrag, seine Waffen, Uniformen und Pferde sowie zwei Kisten mit Apfelsinen für Sophie und die Kinder dort hinzubringen. Zwei Tage später schließlich ein Brief:

»Seit heute morgen bin ich nur unterwegs. Ich hätte Dich besucht, wenn ich mich nicht zu früher Stunde in der Casa del Campo hätte einfinden müssen. Ich habe General Lafon-Blaniac gesehen. Er wird anordnen, daß Dir das Geld unverzüglich zu treuen Händen ausgezahlt wird. Der König ist informiert, daß wir's zufrieden sind; ich habe ihn gesehen und mit ihm gesprochen. Heute abend nach dem Abendessen bei Seiner Majestät komme ich Dich besuchen. Ich schicke dir eine Kiste Kerzen.

In Zuneigung ...«

Schön. Das ist ein neuer Ton. Zwar fällt die Versöhnung zwischen Sophie und Léopold nicht besonders herzlich aus, aber sie hat immerhin stattgefunden, zumindest offiziell. Catherine Thomas wird einstweilen aufs Abstellgleis geschoben.

Um der Versöhnung die nötige Weihe zu verleihen, werden Vorbereitungen für die Einführung der Generalin Hugo, Gräfin von Siguenza, bei Hofe getroffen.

Als die drei kleinen Hugos in den Masserano-Palast zurückkommen, herrscht dort eine Aufregung, die ihnen sehr lustig vorkommt. Jeden Augenblick wird ihr Vater erwartet, und man ist damit beschäftigt, die westfälischen Soldaten seiner Garde und ihre sechzig Pferde unterzubringen. Im Erdgeschoß werden zu diesem Zweck aus mehreren Sälen Pferdeställe gemacht. Die Kinder helfen, Heubündel heranzuschleppen, mit denen die Marmorplatten ausgelegt werden, um Lagerstätten für die Tiere zu schaffen.

Welch ein Spaß auch beim Öffnen der Koffer, die dem General gehören: bestickte Uniformen, Schulterstücke, mit Federn geschmückte Dreispitze, Säbel und Pistolen. Sobald Sophie den Rücken dreht, schlüpfen sie in die herrlichen Kleidungsstücke, die, wie Victor sich ausdrückt, in ihren Falten den Geruch des Ruhmes, will sagen des Pulvers, bewahrt haben.

Und da kommt Léopold. Die Kinder sind in fieberhafter Aufregung. Dieser Vater schüchtert sie so sehr ein – seit sechs Wochen weist sie alles auf seine Bedeutung hin –, daß sie zögern, ehe sie ihm um den Hals fallen. Er ist in ihren Augen eine so große, starke und strahlende Gestalt und zugleich so unbekannt.

Und dann gibt es ein großes Durcheinander, denn die Einführung ihrer Mutter bei Hofe steht bevor. Als erste kommen die Stoffhändler, gefolgt von den Schneiderinnen, die die festliche Robe der Frau Gräfin nähen sollen. Stoffe werden ausgepackt, einer schöner als der andere, Seide in leuchtenden Farben, mit Pailletten bestickter Atlas, dichte und zugleich weiche spanische Spitze. Boudoir und Vorzimmer verwandeln sich in Schneiderateliers. Hier werden die Fischbeinstäbe in ein Oberteil aus Samt eingepaßt; dort wird die Schleppe genäht. Es wird zugeschnitten, gestickt, in Falten gelegt. Sophie steht auf einem Tisch und dreht sich um sich selbst, während die Frauen Fall und Rundung ihrer Röcke überprüfen. Schuhmacher, Juwelier, Perückenmacher lassen sich melden. Rosalie Lucotte ist gekommen, um Sophie mit ihrem Rat beizustehen. Keine überflüssige Falte entgeht ihr, und sie sucht mit Sophie künstliche Blumen und Perlen für deren Haar aus.

Am Morgen der Einführung, kurz bevor Sophie zum Prado aufbricht, werden die Jungen vorgelassen, um die Gräfin von Siguenza im Glanze ihrer festlichen Robe zu bewundern, die sie trägt, als habe sie in ihrem Leben nie etwas anderes getan. Und die Kinder finden ihre Mutter in ihrem prachtvollen Kleid so schön, daß ihnen der Atem stockt. Das ist nicht mehr ihre Mutter, das ist eine Fee, eine Königin, ein Göttin aus dem Märchen.

»Wie schön Sie sind!« ruft Victor aus.

Auch Abel und Eugène wagen nicht mehr, sie zu duzen.

Das Eßzimmer im Masserano-Palast. Man ist beim Dessert. Bei Tisch: Sophie, ihr gegenüber Léopold. Victor, Eugène und Abel zwischen ihnen.

Léopold schafft, indem er die Teller zur Seite schiebt, Platz auf der Tischdecke und bringt eine Obstschale in Stellung.

»Hier ist das Dorf«, sagt er, wobei er die Schüssel hochhebt und wieder hinstellt.

Er schüttet die Zuckerdose auf dem Tisch aus und legt die Zuckerwürfel in eine Reihe längs der Obstschale nebeneinander.

»Auf der rechten Seite die feindliche Kavallerie, zweitausend Infanteristen in einer von Einzelschützen gedeckten Linie.« Er zerbröckelt eine Brotrinde, die Bröckchen stellen die Einzelschützen dar. Fünf Messerbänkchen werden gegenüber in einer Reihe aufgestellt.

»Hier stehen meine Truppen parallel zueinander. Da ich weniger Leute habe, kann ich nicht überall gleichzeitig angreifen. Also stürmen wir über die Mitte ...«

Er läßt sein Messerbänkchen in Richtung Zuckerwürfel vorrücken.

»... im Sturmschritt durchbreche ich die Linie der Spanier, die Royal-Etrangers auf der rechten Flanke, das Irlandbataillon gegen die Kompanien zur Linken.«

Sophie, das Kinn in die Hand gestützt, beobachtet, wie Léopold auf dem Tischtuch Krieg spielt, während die Kinder ganz gebannt die Truppen ihres ruhmreichen Vaters auf das Obstschalen-Dorf vorrücken sehen.

»Bei Anbruch der Nacht«, sagt Léopold, »stieben die Spanier in wilder Flucht auseinander.«

»Hört der Krieg jeden Abend auf?« fragt Victor.

»Wenn es dunkel geworden ist, sind Gefechtsbewegungen nicht mehr möglich«, antwortet Léopold.

»Dann sammelt man die Verletzten ein, nicht wahr?« ergänzt Abel.

»Ja«, sagt Léopold. »Hört Kinder, da fällt mir eine Geschichte ein. Eines Abends, die Schlacht war zu Ende, kehrte ich mit meinem Adjutanten zurück. Die Ebene war mit Toten übersät. Plötzlich höre ich auf der Rückseite eines Abhangs ein Geräusch, eine Art Röcheln; es war schon ziemlich dunkel. Ein Spanier war's, der im Sterben lag. Flehentlich bat er um einen Schluck zu trinken. Wißt ihr, was ich getan habe, Kinder?«

»Du hast ihn getötet«, schlägt Eugène vor.

»Du hast ihn gefangengenommen«, meint Abel.

»Da liegt ihr falsch«, erwidert Léopold. »Ich habe meine Feldflasche – sie war voll Rum – meinem Husaren gegeben, damit er ihn trinken ließe. Doch just, als dieser sich über ihn beugte, um ihm die Flasche zu reichen, hat der Sterbende, der seine Pistole noch in der Hand hielt, auf mich geschossen und ›Caramba!‹ geschrien. Wie durch ein Wunder hat er mir nur den Hut durchlöchert. Mein Rettung war, glaube ich, daß mein Pferd, als es die Detonation hörte, Angst bekam und zurückwich.«

»Ah, diesmal hast du den Spanier aber getötet?« fragt Eugène.

»Ganz und gar nicht«, sagt Léopold und klopft sich auf die Schulterstücke. »Ich habe meinem Husaren befohlen, ihm trotzdem zu trinken zu geben. Ich töte nur lebendige und gesunde Spanier.«

Sophie schlägt den Blick zum Himmel und zieht langsam die Schultern hoch.

Welcher Schweinigel, welche Schlange mag Léopold wohl erzählt haben, daß Sophie und La Horie in Paris ... Europa unter dem Kaiserreich ist ganz klein, und der Klatsch gelangt in gestrecktem Galopp von einer Hauptstadt zur anderen. Sophie hat das Fräulein Thomas stark im Verdacht, die in ihrer Verbannung einstweilen Trübsal bläst und sicher Rache geschworen hat.

Léopold bricht in triumphierendes Wutgeheul aus. Er tobt, verspritzt Speichel, schnauzt herum. Es ist weniger die Eifersucht als die Kränkung, sagt er, von seinem Unglück keine Sekunde lang etwas geahnt zu haben. Während er also sein Leben fürs Vaterland aufs Spiel setzte und ihm die Kugeln um die Ohren pfiffen, gab seine Frau, die Mutter seiner Kinder, Sophie Trébuchet, die Niederträchtige, sich einem schändlichen Leben hin. Und mit wem, bitte schön? Mit einem ruchlosen Verschwörer, einem Feind der Republik! Schlimmer noch: mit einem Mann, den er für seinen Freund hielt. Im Masserano-Palast knallen die Türen, und es hagelt Beschimpfungen.

Léopold empört sich um so mehr und um so lauter, als er selbst kein ruhiges Gewissen hat. Doch durch den roten Schleier seiner Wut sieht er endlich den Schimmer seiner Erlösung. Die erzwungene Versöhnung ist damit hinfällig geworden. Das hindert ihn aber nicht daran, die Erleichterung darüber hinter der Entrüstung eines leidgeprüften und klagenden Ehemanns zu verbergen, der an der Nase herumgeführt worden ist.

Als erstes erzählt er König Joseph von seinem Unglück. Voll Hinterlist weist er ihn darauf hin, daß Sophie ihm mit ihrem Seitensprung nicht nur Unehre gemacht habe, sondern daß sie außerdem ein Verbrechen an der Nation verübt habe, indem sie sich einen Mann als Liebhaber wählte, der der Verschwörung gegen den Kaiser verdächtigt wird. Auf den ersten Blick berührt Joseph das letzte Argument mehr als das erstere, und Léopold glaubt sich diesmal der Sympathie des Königs sicher.

Bleibt die Rache. Léopold kauft in einer der belebtesten Straßen von Madrid ein hübsches Haus und bringt dort ostentativ Catherine Thomas unter, die vor lauter Warten in der Abgeschiedenheit verging. Dann läßt er Eugène und Victor ins Gymnasium zurückbringen, während Abel zu den königlichen Pagen kommt. Schließlich teilt Léopold Sophie mit, daß er ihr keinen müden Real mehr zahlen werde. Klassische, doppelte Vergeltung gehörnter Ehemänner: die Schuldige ihrer Kinder und ihrer Existenzgrundlage berauben.

Trauriger Winter 1811 und traurige Sophie, die in einem eiskalten Masserano-Palast umherirrt. Sie friert so sehr, daß sie sich manchmal am hellichten Tag ins Bett legt, um warm zu werden. Vorbei ist es mit den schönen Kleidern und eleganten Equipagen. Von dem wenigen Geld, das ihr bleibt, kauft sie Konfekt, Obst und Pasteten für Eugène und Victor. Die Kinder freuen sich über diese Zusatzration, denn die dürftigen Mahlzeiten im Gymnasium fallen noch magerer aus, seit eine Hungersnot in Spanien ausgebrochen ist.

Über jeden Besuch ihrer Mutter sind sie glücklich, denn nach dem freien Leben, das sie bislang führen konnten, wird ihnen das Internatsleben ganz besonders sauer.

Man muß schon sagen, dieses riesige, schwärzliche und feuchte Gebäude mit seinen hohen Mauern, das fünfhundert Schüler aufnehmen könnte, jetzt aber nur vierundzwanzig beherbergt, ist alles andere als erfreulich.

Das Saint-Antoine-Gymnasium, auch Gymnasium für Adlige genannt – dort werden die Söhne der spanischen Granden erzogen, die sich mehrheitlich König Joseph angeschlossen haben –, wird von den Patres der *Frommen Schulen* geführt, was Sophie, deren Abneigung gegen Mönche bekannt ist, gar nicht gefällt.

Als die einzigen Franzosen, die zudem die Sprache

ihrer Mitschüler noch nicht gut sprechen, fühlen sich die Kinder dort wie ausgesetzt. Um sechs Uhr in der Früh heißt es aufstehen und zur Messe gehen, bei der die Schüler im Turnus ministrieren müssen. Von Anfang an war Sophie dagegen und hat, um die Auseinandersetzung mit dem Ordensbruder, der das Gymnasium leitet, ein für allemal zu beenden, ganz einfach erklärt, ihre Söhne seien Protestanten und könnten deshalb nicht ministrieren.

Doch auch auf Grund ihrer Kenntnisse sind die Kinder isoliert. Besonders in Latein sind sie den gleichaltrigen spanischen Schülern weit voraus. Dank des Unterrichts bei Vater Larivière und des Repetitoriums bei La Horie übersetzen Eugène, elf Jahre alt, und Victor, fast zehn Jahre alt, schon das *De Viris* vom Blatt und kommen sehr gut mit Vergil und Tacitus zurecht, was den Neid der kleinen Schulkameraden erregt und unter den Mönchen für Staunen sorgt. Nach einer Woche schon muß man sie aus der siebten in die Rhetorikklasse versetzen.

In jeder Beziehung fühlen sie sich hier fremd: die Erziehung, die Gewohnheiten, das Essen. Man hat sie sogar umbenannt: Eugenio statt Eugène, Bittor statt Victor. Sie müssen die Feindseligkeit der spanischen Schüler erdulden, die sie verhöhnen und lauthals die Vertreibung der Franzosen und ihres Königs herbeiwünschen. Oder sie machen sich über die beiden kleinen Franzosen lustig, weil ihre Mutter sie küßt, was hier nicht üblich ist. Eines Tages prügelt sich Eugène mit einem Größeren, der ihn mit der Schere in die Backe sticht. Victor hat einen ganz persönlichen Feind; Elespuru heißt er.

Donnerstags und sonntags macht man mit ihnen Spaziergänge in die Umgebung von Madrid. Kein Franzose traut sich dorthin: wegen der Guerilleros. Oder es geht zu einem Friedhof, der eine Meile von der Stadt entfernt ist. Dort dürfen sie Luft schnappen.

Wenn ihre Mutter sie besuchen kommt, beklagen sich Eugène und Victor bei ihr über den Dreck im Speisesaal und die Kälte in den von vereinzelten Kohlebecken nur notdürftig beheizten Sälen. Eugène hat Frostbeulen. Und Victor leidet an einer Mittelohrentzündung. In dem großen, düsteren Schlafsaal für die Kleinen, in dem nur zehn von hundertfünfzig Betten belegt sind, fangen sie an zu weinen. Über jedem Kopfende hängt ein großer, unheimlicher Christus, und im schwachen Schein qualmender Öllampen irrlichtern alptraumhafte Schatten. Die Kinder verstehen nicht, warum ihr Vater sie in dieses Gefängnis hat werfen lassen. Er hat doch so ein sanftes Lächeln, und sie dachten, er liebte sie so sehr. Eines Tages fragt Victor Sophie: »Mama, wann fahren wir zurück ins Feuillantinerinnenkloster?«

Sophie hat nur diesen einen Gedanken: zurück. Aber woher das Geld für die Reise nehmen und vor allem, wovon in Paris leben?

Noch einmal bittet sie Joseph Bonaparte dringend um seine Protektion. Sie richtet ein langes Bittgesuch an ihn. Um sich von der Anschuldigung des Ehebruchs reinzuwaschen, greift sie natürlich zur Lüge, prangert Léopolds Grausamkeit an. Wie kann er ihr vorwerfen, General La Horie Asyl gewährt zu haben, wo dieser ihm seinerzeit in jeder Weise bei seiner Karriere behilflich war, ihn im Zusammenhang mit der unglücklichen Affäre Guestard vor seiner Entlassung bewahrt hat; zu dem Léopold sie, Sophie, selbst geschickt hat, damit sie sich für ihn einsetzt? La Horie, der Patenonkel seines Sohnes Victor, mit dem ihn, wie er sich brüstete, eine so tiefe Freundschaft verband? Sollte sie sich weigern, dem Mann, dem ihre Familie so viel verdankte, zu Hilfe zu kommen? Nein, auf die böswilligen Gerüchte hat Léopold nur gehört, um einen Vorwand zu haben, mit seiner Dirne zu leben.

Sie teilt dem König auch mit, daß Léopold sie der Mittellosigkeit überantworte; daß ihr das Herz breche, von ihren Kindern getrennt zu sein und zu wissen, daß dieses Pensionat ihre Gesundheit gefährde; daß es ihr sehnlichster Wunsch sei, nach Paris zurückzukehren, wenigstens mit Eugène und Victor, da Abel gegenwärtig die Ehre habe, Page Seiner Majestät zu sein ...

Und Joseph hat noch einmal Verständnis für Sophie, die ihm soviel lieber ist als dieser dicke Schreihals von General. Endlich hat er begriffen, daß die Feinheit und Eleganz der jungen Frau unvereinbar mit Hugos Tölpelhaftigkeit sind und diese Catherine Thomas wirklich besser zu ihm paßt.

Joseph fällt nicht darauf herein, daß Sophie ihre Beziehung zu La Horie als eine rein freundschaftliche darstellt. Fouché, erinnert er sich, hatte ihn über diese Geschichte kurz informiert ... Doch er hat Verständnis dafür, denn er hatte diesen La Horie – in Lunéville – als einen hochgebildeten und höchst geistreichen Mann kennengelernt und zu schätzen gewußt. Ja, sehr gut versteht er, daß Madame Hugo einen Mann wie La Horie anziehend findet.

Zudem verliert Joseph an General Hugo und seinem ewigen Durcheinander allmählich die Lust. Wie oft hat er sich schon einschalten müssen, um wieder einzurenken, was dieser in seinem Ungeschick hier und dort angerichtet hatte? Wirklich der geborene Störenfried. Heute spricht ganz Madrid über seinen Ehekrach. Da posaunt ein betrogener Ehemann sein Unglück heraus. Man stelle sich das mal vor. Als ob er der erste wäre, dem so etwas passiert. Besonders wenn man mit einem so liederlichen

Frauenzimmer wie dieser falschen Gräfin von Salcano herumstolziert.

»Gut«, beschließt Joseph, »wir werden das schnellstens in Ordnung bringen.« Madame Hugo möge also mit ihren Kindern zurück nach Paris ziehen. Schließlich hat Königin Julie höchstselbst in Paris ihren Wohnsitz gewählt. Geht es ihrem Ehemann deswegen schlechter? Keineswegs. Der Abstand ist einer Ehe, soll sie halten, nicht abträglich. Und da Sophie Hugo Lust hat, Apfelsinen in den Donjon von Vincennes zu bringen, wird er ihr vor ihrer Abreise eine Kiste anliefern lassen mit der Bitte, La Horie herzlich von ihm zu grüßen. Diese charmante Dame soll sich bloß nicht einbilden, daß er sich so leicht hinters Licht führen läßt ... Und weil sich Joseph als Beschützer der Frauen und besonders der Mütter fühlt, was in Ajaccio ganz selbstverständlich ist, wird er diesen knickerigen Hugo zwingen, seiner Gattin eine Pension zu bewilligen, die ihr und den Kindern ein anständiges Leben ermöglicht. An den nötigen Mitteln fehlt es ihm im Augenblick ja nicht.

Sophie lacht wieder das Glück. Ende September bekommt sie einen höchst mysteriösen Brief. Der Kommandant der kaiserlichen Gendarmerie läßt sie wissen, daß er den Auftrag habe, ihr eine Summe von neunzehntausend Real, in französische Währung umgerechnet ungefähr viertausendsiebenhundertfünfzig Franc, zu übergeben. Woher kommt dieses Geld? Von ... »jemandem, der es nicht gern hätte, wenn Ihr in Not wäret ...«, heißt es in dem Brief nur. Jemand aus Frankreich. Jemand, der seinen Namen nicht nennen will, der aber so geschickt war, seine Sendung dem Schutz der kaiserlichen Polizei anzuvertrauen ... Sophie ist sehr gerührt. Wer kann sich in Frankreich so um sie kümmern, wenn nicht La Horie? Und sie freut sich sehr. Bedeutet das nicht auch, daß er jetzt frei ist?

Dieses Reisegeld kommt wie gerufen, denn im Januar 1812 hat Léopold ihr für den achtmonatigen Aufenthalt in Madrid nur eine jämmerliche Summe gezahlt, und bis Ende März muß sie noch warten, um die vierteljährliche Pension von dreitausend Franc zu bekommen, die Léopold von nun an gezwungenermaßen zu zahlen hat.

Dank La Hories Unterstützung wird sie mit Eugène und Victor nach Paris zurückkehren können. Es trifft sich gut, daß der Marschall de Bellune am 3. März nach Frankreich reist. Sie wird von seiner Eskorte profitieren.

Sophie fährt im Konvoi des Marschalls langsam gen Paris; zu Tode erschrocken sehen die Kinder im Vorbeifahren, wie Franzosen und Spanier einander entsetzliche Qualen zufügen – greuliche Visionen, die Francisco de Goya y Lucientes gerade in zweiundachtzig unvergeßlichen Radierungen festhält. Zur gleichen Zeit ist Victor Fanneau de La Horie in Paris völlig verzweifelt.

Noch immer ist er in Vincennes eingesperrt. Doch nicht nur das. Er hat kein Fünkchen Hoffnung mehr, eines Tages freigelassen zu werden. Während der fünfzehn Monate seiner Haft – fünf davon in Einzelhaft – hat sich niemand die Mühe gemacht, ihn zu verhören, und La Horie fragt sich allen Ernstes, warum die Bastille mit solchem Getöse gestürmt worden ist, wenn man jetzt Ungerechtigkeiten zuläßt, die schlimmer sind als die des Ancien régime.

Nicht, daß er nicht eindringlich darum gebeten hätte, vernommen zu werden. Seit fünfzehn Monaten schreibt er einen Brief nach dem anderen: Er bittet darum, sich wenigstens rechtfertigen, entlasten zu dürfen. Er verlangt, daß man ihm die Freiheit wiedergibt und die Beschlagnahmung seines Besitzes aufhebt.

Letzten November hat er noch einmal den Staatsräten, die mit der Inspektion der Gefängnisse betraut sind, seine Unschuld entgegengeschrien: Man möge ihm wenigstens genau sagen, was man ihm vorwirft!

Endlich erhielt er die Antwort: Er sei nicht, wie es der Kaiser gewünscht und Moreau es getan habe, ins Exil in die Vereinigten Staaten gegangen. Das sei die einzige Beschwerde, die gegen ihn vorliege. Doch warum hat man ihm nicht ebenso deutlich wie Moreau befohlen, in die Verbannung zu gehen? Gut, er ist jetzt damit einverstanden, da alle ihn hier im Stich lassen.

Daß Sophie nicht da ist, zermürbt ihn. Immer noch sieht er sie vor sich – und dieses letzte Bild läßt ihn nicht los –, wie sie am Tag seiner Verhaftung auf der Schwelle des Feuillantinerinnenklosters stand. Daß sie mit ihren Kindern zu ihrem Mann nach Madrid gefahren ist, weiß er. Was sollte sie auch tun? Er hat zudem erfahren, daß sie dort sehr unglücklich ist und daß General Hugo sie ohne Mittel hat sitzenlassen. Hat sie überhaupt das Geld bekommen, das er ihr vor einigen Wochen hat bringen lassen? Ach, was gäbe er darum, wenn er sie wenigstens einige Augenblicke sehen könnte!

Victor hat das Gefühl, daß er jetzt alles verloren hat: seine Soldatenehre, seine Mutter, die er so sehr liebte und die im vergangenen Sommer gestorben ist, ohne daß er sie noch einmal hätte umarmen können. Verloren auch das Stück Land und das Haus, wo er so glücklich war, und jetzt zerrinnt auch noch die Hoffnung, die Frau, die ihm alles bedeutet, eines Tages wiederzusehen. Wozu noch leben? Leider hat man ihm seine Pistolen weggenommen, und er kann nur langsam dahinsiechen. Er rührt sich nicht mehr von seinem Strohsack, wäscht sich nicht mehr, rasiert sich nicht mehr. Wie ein Vagabund sieht er jetzt aus. Ißt kaum und hat selbst am Lesen keine Freude mehr. Victor Fanneau de La Horie ist im Begriff, in einer – wie man heute sagen würde – tiefen und schweren Depression zu versinken.

Eines Tages, Ende April 1812, hat er eine Halluzination. Sein Wächter zieht ihn von seinem Lager, führt ihn ins Sprechzimmer, wo, wie er ihm sagt, Besuch auf ihn warte. Eine Dame. Hat er überhaupt wahrgenommen, daß es sich um eine Dame handelt? Teilnahmslos hat er sich seinem Führer überlassen, ist nach dreißig Schritten, von einem plötzlichen Schwindel erfaßt, auf einen Stuhl gesunken. Und wie durch einen Nebel sieht er plötzlich ein ihm bekanntes Gesicht in seiner Nähe, einen Hut, dessen Krempe mit einem Band zu beiden Seiten des Gesichts heruntergezogen ist, Spitzen, ein Kleid aus grobem, rotbraunem Seidenstoff, ein rotes Umschlagtuch, Augen, in denen mühsam zurückgehaltene Tränen der Rührung zittern. Ist das Sophie? Bist du's? Er hat die Hand hochgehoben, wie um die Erscheinung wegzuwischen, und hat sie wieder fallen lassen.

Aber auf einmal hört er die Stimme, *ihre* Stimme, und langsam steigt Victor aus der Hölle empor. Sophie ist da: gerettet.

Victor und Eugène sind jetzt sicher: Es gibt keinen schöneren Ort auf Erden als das Feuillantinerinnenkloster. Dank der guten Pflege der Larivières haben sie Haus und Garten so schön wie in ihrer Erinnerung vorgefunden. Ein bißchen kleiner natürlich, aber das liegt daran, daß sie selbst größer geworden sind.

Zu ihrem Empfang hatte Mutter Larivière, die von Sophie benachrichtigt worden war, einen Braten auf den Spieß geschoben und die Betten bezogen. Am nächsten Tag haben sie das Loch des Tauben und die alten Statuen in ihren halbverfallenen Nischen wiedergefunden. Der Frühling kommt: Im Garten sprießt es, die Vögel jubilieren, der Fliederbusch steht in voller Blüte, und die Kirschen hüllen sich in ein weißes Gewand. Welch eine Wonne, die Schaukel wieder an ihrem Zweig im Kastanienbaum aufzuhängen!

Selbst auf ihre Mutter übt das Feuillantinerinnenkloster eine magische Anziehungskraft aus. Seit einem Jahr sieht sie oft so traurig und verschlossen aus, aber an jenem Morgen haben ihre Söhne sie lachen sehen. Und sie haben sie in ihrem Zimmer sogar singen hören. Ein komisches Lied:

*Rosenknospe*

*Du wirst glücklicher sein als ich,*
*Denn Du bist für meine ROSE bestimmt,*
*Und meine Rose ist so wie du,*
*Rosenknospe ...*

Doch wenig später hat Sophie sie zu sich gerufen, um über den Unterricht mit ihnen zu reden. Sie erwartet, daß sie sich so schnell wie möglich wieder an die Arbeit machen. Eugène und Victor nutzen Sophies gute Laune und nehmen ihr das Versprechen ab, sie nie wieder in ein Internat zu schicken.

Versprochen. Noch nicht einmal zur Schule. Für das Gymnasium sind sie noch zu jung, aber für die Schule von Vater Larivière schon zu weit fortgeschritten. Dieser wird ihnen jetzt zu Hause Unterricht erteilen. Spätestens am kommenden Montag soll er beginnen. So haben sie auch etwas von ihrem geliebten Garten.

»Aber Vorsicht«, sagt Sophie ...

Diesmal lacht sie nicht und singt auch nicht mehr. Sie hat wieder ihre ernste Miene aufgesetzt, die ihre Wirkung auf die Söhne nie verfehlt.

»... mit dem Internat will ich euch verschonen, doch nur unter einer Bedingung: daß ihr ernsthaft arbeitet. Ich werde ein Auge darauf haben. Wehe, ihr seid faul, dann bekommt ihr es mit mir zu tun. Außerdem erwarte ich, daß ihr mir gehorcht, ohne Widerworte bitte, und mir helft, im Garten Ordnung zu halten. Groß genug seid ihr jetzt, um euch nützlich zu machen. Den Gärtner ersetzen in Zukunft wir drei. Ihr werdet schon sehen, Umgraben ist manchmal alles andere als ein Vergnügen.«

Als im Haus alles wieder in Gang gekommen und das Unterrichtsprogramm der Kinder festgelegt ist, eilt Sophie zu La Horie. Ihm vor allem gilt ihre Sorge.

An den Sonn- und Feiertagen fährt sie nach Vincennes, wo sie ihn zwei Stunden sehen und sprechen kann. Sie bringt ihm Wäsche, Bücher und mancherlei Leckereien, die sie für ihren teuren Gefangenen eigenhändig und mit viel Liebe zubereitet hat.

La Horie schöpft immer neue Kraft, wenn Sophie bei ihm ist. Diese zarte, kleine Frau hat etwas Mitreißendes, sie strahlt soviel Wärme aus, und ruht ihr Blick auf ihm, keimt Hoffnung in ihm auf: Noch ist alles möglich. Sie hat ihn aus seiner gefährlichen Erstarrung gerissen. Er bleibt nicht länger niedergeschlagen in seiner Ecke sitzen, ißt wieder, und selbst eine gewisse Eitelkeit beginnt sich zu regen. Er redet auch mit den anderen politischen Gefangenen, die er bisher nicht beachtet hatte.

Seit einigen Monaten sitzen an die fünfzehn französische und italienische Kleriker in Vincennes hinter Schloß und Riegel: Bischöfe, Kardinäle oder einfache Abbés, die dafür bezahlen, daß sie den Papst unterstützt haben, als dieser Napoleon exkommunizierte. Diese kleine Gesellschaft schwatzt und führt in der Festung fast so etwas wie einen Salon.

Die Kleriker, erstaunt, in La Horie nicht nur einen republikanischen General, sondern auch einen hochgebildeten Mann vor sich zu haben, bringen ihm – ein Opfer des Korsen wie sie – sehr bald Sympathie entgegen. Und sehr schnell stellt auch La Horie fest, daß die Unterhaltung sich nicht nur um die alten Griechen und Römer dreht. Ihre ganze Hoffnung setzen sie auf Napoleons Sturz und darüber hinaus auf die Rückkehr der Bourbonen, denn mit diesen würde die Tiara endlich wieder zu Ehren kommen. Mit einem Wort, man zettelt zwar noch kein Komplott an, ist aber kurz davor.

Die Geistlichen versuchen, den General von seinem Vorhaben, in die Verbannung zu gehen, abzubringen. Vielleicht gibt es eine andere Lösung für ihn. Nicht weit von hier, im Faubourg Saint-Antoine, tut sich etwas. Ein Umsturzversuch steht bevor. Die Fäden werden von einer unauffälligen Privatklinik aus, unweit der Barrière du Trône, gezogen, die von Doktor Jacquelin Dubuisson, einem »Gesinnungsgenossen«, geleitet wird. Diese Einrichtung, halb Familienpension, halb Krankenhaus, ist eine Art offenes, staatlich zugelassenes Gefängnis, von denen es in Paris eine ganze Reihe gibt. Privilegierte Gefangene, die krank oder erschöpft sind, werden dort in Verwahrung gegeben und unter Hausarrest gestellt. Tagsüber dürfen sie ausgehen, müssen abends aber immer zurückkommen, da die Direktoren den Behörden gegenüber für ihre Pensionäre verantwortlich sind. La Horie solle versuchen, sich in eines dieser Gefängnisse überstellen zu lassen. Man werde ihn Abbé Lafont empfehlen, der im Augenblick dort sehr nützliche Arbeit leiste. Mehr könne man ihm nicht sagen.

La Horie, den diese Aussicht brennend interessiert, wendet sich also an Desmarets, einen ehemaligen Mitschüler im Louis-le-Grand-Gymnasium, der Sicherheitschef geworden ist, und bittet ihn, sein Gesuch zu unterstützen. Er möchte entweder in das Privatkrankenhaus Dubuisson oder in Ermangelung eines Besseren in das Grande-Force-Gefängnis überstellt werden, wo die Wärter, wie man sich erzählt, ein Auge zudrücken, wenn man sie besticht. Er begründet seine Bitte damit, er brauche mehr Bewegungsfreiheit, um für den Tag, an dem er ins Exil gehe, die nötigen Gelder zusammenzutragen.

Die Pension Dubuisson wird abgelehnt, aber man erklärt sich mit seiner Überstellung in das Gefängnis einverstanden, wo er dank Desmarets' Protektion sogar bevorzugt behandelt wird. Zu seinem und zu Sophies Unglück.

Jeden Tag nach dem Mittagessen, während die Kinder in der Stille des Feuillantinerinnenklosters bei Vater Larivière Unterricht haben, macht Sophie sich schön. Was kann sie Fanneau Besseres bieten als den Anblick einer hübschen Frau? Sie zieht ein frisches Kleid aus besticktem Perkal an und parfümiert sich mit Vanilleöl. In der Rue Saint-Jacques findet sie immer eine Droschke, einen kleinen Torwagen oder ein Mietkabriolett, das sie in gemächlichem Trab zur Rue Saint-Antoine bringt. Wenn sie in der kleinen Rue des Ballets durch die niedrige Tür der Grande-Force geht, schaudert sie jedesmal ein wenig. Genau an der Ecke zur Rue du Roi-de-Sicile ist die unglückliche Prinzessin von Lamballe im September 92 erschlagen und geköpft worden. Ihre Henker haben ihr die Eingeweide herausgerissen, das Herz als letztes. Damit sind sie auf und davon, haben es sich braten lassen und in einem Restaurant des Palais Royal verspeist. Und wenn man bedenkt, daß die Rue du Roi-de-Sicile damals »Straße der Menschenrechte« hieß!

Aber das Grande-Force-Gefängnis ist nicht mehr, was es 1792 war. Der Bestechlichkeit der wenigen schlechtbezahlten Wärter sind gewisse Erleichterungen zu verdanken, die den Gefangenen das Leben angenehmer machen. Unter den Privilegierten gibt es einige, die sogar ihre Freunde zum Abendessen laden können.

Bei Baron Pasquier, dem Polizeipräfekten, hat La Horie im Juli um die Erlaubnis nachgesucht, seine Besucher im sogenannten Salon empfangen zu dürfen. Sie wird ihm erteilt. Dort trifft Sophie mit Etienne Bodin, Freund und Sachwalter von La Horie, zusammen, auch mit seinem jüngeren Bruder Fanneau-Reynier, Friedensrichter in Couptrain in der Mayenne, dem man in der Familie etwas boshaft den Spitznamen »Vater der Gerechtigkeit« verliehen hat. Anfang August läßt Fanneau-Reynier sich in Paris nieder und besucht Victor nun fast täglich.

Die Privatklinik des Doktor Dubuisson, friedlich in einem großen Garten gelegen, als stünde sie in der tiefsten Provinz, ist in Wirklichkeit ein Monarchistennest. Sie gewährt gewissen Edelleuten Unterschlupf, die den Fehler begangen haben, ihre Neigung zu den Bourbonen ein wenig zu laut kundzutun, sowie einigen Männern, die im Zusammenhang mit Cadoudals Verschwörung begnadigt wurden. Der Marquis de Puyvert ist dort, Bertier de

Sauvigny, die Brüder Polignac, Alexis de Noailles und viele andere. Und vor allem General Claude Malet, der während des Italienfeldzuges wegen Unterschlagung seines Amtes enthoben worden war. Ein erstes mißlungenes Komplott gegen den Kaiser brachte ihn in die Grande-Force, ein zweites, ebenfalls aufgedecktes, dann ins Sainte-Pélagie-Gefängnis, und schließlich wurde er in die Privatklinik Dubuisson überstellt. Sein Zorn auf Napoleon ist noch immer nicht verraucht.

Er will ihm ans Leder, und mit Unterstützung des Abbé Lafon schmiedet er ein drittes Komplott. Dieser Abbé, der in Wirklichkeit nur die niederen Weihen empfangen hat, ist im Jahre 1809 in Bordeaux verhaftet worden, als er unterwegs war, um die päpstliche Bannbulle in ganz Frankreich zu verbreiten. Lafon, weitaus intelligenter als Malet, ist ein Taktiker, ist geistreich, hat Sinn für Intrigen und fürs Detail. Sein Ziel ist klar umrissen: Er will einen Zusammenschluß zwischen den Royalisten und den Republikanern herbeiführen, um den korsischen Tyrannen zu stürzen. Er behauptet, für diesen Zweck alles, was es im Westen und Süden an Monarchisten gebe, zur Verfügung zu haben.

Er hält mit General Malet lange Geheimsitzungen ab, worüber die Aristokraten im Hause Dubuisson sich ein wenig mokieren. Im Grunde genommen haben sie nichts dagegen, wenn dieser Wicht von Malet »putschen« will – wie man heutzutage sagt. Ihr persönliches Unglück freilich hat sie etwas müde gemacht, und sie betrachten das alles aus der Ferne, ohne sich allzusehr einzumischen.

Doch zu einer erfolgreichen Verschwörung gehören Männer, die fähig sind, sie in Gang zu bringen, und Malet ist dabei, eine feine Mannschaft zusammenzustellen.

Komplizen hat er in Paris genug. Da sind als erstes seine ehemaligen Gefolgsleute, die bei den vorausgegangenen

Verschwörungen dabei waren: der Journalist und Literat Rigomer Bazin; der Grammatiklehrer und Direktor des *Athenäums der Jugend,* Lemare; der Bühnenautor Eve, genannt Demaillot; Philippe Corneille, Großneffe des anderen Corneille, der sich ebenfalls für einen Dichter hält. Da sind Ärzte wie der Doktor Gindre und Saiffert, der Kellermann behandelt hat; der Bühnenbildner Baude, der Theatermasken herstellt; ein Anarchist aus der Rue des Gravilliers, Kaufleute schließlich und Liébaud, Jurist und Mitglied der Wählerschaft von Paris. Außerdem einige höhere Offiziere, die unter der Anklage stehen, übermäßige Gebühren erhoben oder diverse andere Betrügereien begangen zu haben. All diese Männer sind ehemalige Mitglieder des Philadelphischen Geheimbundes – dem auch La Horie angehörte –, dessen Anhänger sich aus der Armee und den Departements rekrutierten.

Die meisten sind noch interniert, in Sainte-Pélagie oder zum Beispiel in der Grande-Force wie Demaillot, der zusammen mit Ducatel, einem ehemaligen Schalterbeamten, Malet als Geheimagenten dient, wobei seine Mätresse Adélaïde Simonet, ihres Zeichens Korsettnäherin, als Mittlerin fungiert.

Auf diese Weise ist Malet, ohne das Haus Dubuisson verlassen zu müssen, über alles, was sich hinter den Mauern der Grande-Force tut, auf dem laufenden. Eines Tages, im August des Jahres 1812, überreicht ihm die junge Adélaïde ein Briefchen von Demaillot. Die Botschaft ist kurz: »Ich habe drei Schätzchen. Es gibt hier perfekte Dispositionen, die ich kultivieren werde, wenn Sie erlauben.«

Die »drei Schätzchen«, die in der Force einsitzen, sind: General Guidal, eine Art Tartarin, durch und durch korrupt, der in Marseille verhaftet wurde, als er sich anschickte, den Engländern das Waffenlager von Toulon auszuliefern; Boccheciampe, ein Korse von mehr als bescheidenem Verstand, als Agent der Bourbonen in der Toskana verhaftet; und Victor Fanneau de La Horie, seit acht Jahren zu Unrecht geächtet, seit anderthalb Jahren im Loch, weil er in den Zeiten seines jungen militärischen Ruhms General Moreaus Freund war.

Über diese neuen Mitglieder, besonders über La Horie, den er als bedeutenden Mann kennt, ist Malet hocherfreut und richtet über Demaillot als Mittler die Aufforderung an sie, sich seinem Unternehmen anzuschließen.

La Horie kann sich nicht recht dafür erwärmen. Die Idee, dieses Regime, das ihm so übel mitspielt, zu stürzen, mißfällt ihm zwar nicht, doch diesem Malet, der in seinen Augen überspannt, weitschweifig und zu unterwürfig ist, um anständig zu sein, traut er nicht über den Weg. Außerdem läßt ihn die Gesellschaft eines Guidal, dessen Gewöhnlichkeit ihn täglich aufs neue anwidert, Schlimmes befürchten.

Er spricht jedoch mit Sophie über die Vorschläge, die ihm unterbreitet worden sind. Diese macht Freudensprünge. Nicht nur, weil sie einen abgrundtiefen Haß auf Bonaparte hat, der schuld an ihrem Unglück ist, sondern auch in dem geplanten Staatsstreich, sollte er gelingen, den einzigen Weg sieht, Victors Verbannung nach Amerika zu verhindern.

Tag für Tag quält sie der Gedanke an diese Abreise. Und Tag für Tag sucht sie nach einer Möglichkeit, wie sie diese verhindern könnte. Sie hat sogar erwogen, Victor zu begleiten und die Kinder mitzunehmen. Doch abgesehen davon, daß sie kein Geld für die Reise hat, möchte sie ihm keine Familie aufhalsen.

Und wenn sie ihm bei seiner Einschiffung in Nantes zur Flucht verhelfen und ihn zum Beispiel in der Renaudière verstecken würde? Ein Leben in der Renaudière mit ihm, welche Glückseligkeit! Doch die Polizei würde sie sehr schnell dort aufspüren. Außerdem weiß sie aus Erfahrung, daß Fanneau nicht der Mensch ist, der sich auf Dauer mit einem Leben im Versteck abfindet.

Kommt Malets Plan da nicht wie gerufen? Außerdem, ein Gewaltstreich, ein Komplott, das ist so richtig nach Sophie Trébuchets Geschmack. La Horie sollte akzeptieren, und zwar schnell. Schon geht der Sommer zu Ende, und La Horie hat die Mitteilung bekommen, daß sein Paß ihm jeden Tag zugehen kann.

»Wenn du auswanderst«, sagt Sophie, »werden wir für immer getrennt sein, das weißt du nur allzugut. Willst du das etwa?«

»Mach mich nicht traurig«, sagt La Horie, »und versteh mich bitte. Einer Gefahr bin ich nie ausgewichen. Außerdem, so wie die Dinge stehen ... Genau wie du wünsche ich Bonapartes Sturz, aber das ist nicht so einfach zu bewerkstelligen; und zu Malet habe ich kein Vertrauen. Einen geschickten Mann brauchten wir, haben aber nur einen Maulhelden. Ich weiß noch nicht einmal, wie sein Plan aussieht ...«

»Wenn du nichts dagegen hast, bringe ich das in Erfahrung«, sagt Sophie. »Ich gehe zu Dubuisson und berichte dir dann, wie es um die Sache steht.«

»Also gut«, lenkt Victor ein. »Aber ich flehe dich an, sieh dich vor. Savarys Männer schleichen überall herum.«

Es ist Herbst geworden, und im Garten des Feuillantinerinnenklosters fallen die Blätter. Kämen Savarys Männer ihrer Pflicht richtig nach, hätten sie gemerkt, daß jeden Tag am frühen Nachmittag eine kleine, einfach angezogene Frau, das Gesicht hinter dem Schleier ihres Hutes verborgen, an der Barrière du Trône aus einer Droschke steigt und zu Fuß zur Privatklinik des Doktor Dubuisson geht.

Sophie trifft sich dort mit Malet, vor allem aber mit dessen bösem Geist, Abbé Lafon, mit dem sie sich gerne unterhält. Sofort fällt ihr an diesem achtunddreißigjährigen Mann aus Bordeaux seine Intelligenz und Genauigkeit auf. Er hat seinerseits sehr schnell begriffen, daß es von dieser energischen, kleinen Frau, die die Liebe ganz verklärt, abhängt, ob sich La Horie dem geplanten Komplott anschließt, was zu wünschen wäre.

Und während er ihr in groben Zügen die Verschwörung erläutert, korrigiert sie ihn manchmal bei einem auf den ersten Blick unwichtigen Detail, das aber bei genauer Überlegung schwerwiegende Folgen haben könnte.

Besitzen die Frauen, weil sie zuweilen Spitzen klöppeln, die Gabe der Genauigkeit? Er bewundert diese kleine Bretonin. Hatte nicht sie die verrückte Idee, die Nachricht vom Tod des Kaisers in die Welt zu setzen, um die sofortige Bildung einer provisorischen Regierung plausibel erscheinen zu lassen?

»Vergessen Sie nicht«, sagt Sophie, »die Umstände kommen uns entgegen, sie werden diesem Gerücht Gewicht verleihen. Im Juni hat der Korse mit mehr als sechshunderttausend Mann, die wahrscheinlich zur Stunde durch die Steppe waten, die Memel überquert. Der Rußlandfeldzug ist hier sehr unpopulär. Die Franzosen sind kriegsmüde. Die Einberufung ist ihnen ein Graus, und die Zahl der Deserteure wächst ständig. Vergessen Sie ferner nicht, daß die letzte Ernte sehr gering ausfiel. Die Geschäfte gehen schlecht. Die Lebensmittel werden immer teurer, das sagt Ihnen die Mutter dreier Kinder. Bei meinen Einkäufen auf dem Markt höre ich, was die kleinen Leute, also die Mehrheit des Volkes, reden. Der Sieg an der Moskwa kümmert sie wenig. Daß es viele, zuviele Tote gegeben hat, *das* berührt die Leute.

Haben Sie bemerkt, daß auf der Straße sehr viele Frauen Trauer tragen? Bangen Herzens warten die meisten Familien auf ein Lebenszeichen der Soldaten. Die Nachrichten brauchen lange, und das kann Ihrem Plan nützen. Die Stafetten benötigen zwei Wochen, manchmal länger, bis sie von der Front zurück sind. Stellen Sie sich vor, Monsieur, man erfährt plötzlich in Paris, daß der Kaiser tot ist ... Ein Unfall oder von einem Fanatiker erstochen ... Ganz, wie Sie wollen. Oder er liegt im Sterben ... Stellen Sie sich vor, die Pariser erhalten diese Nachricht, die frühestens in vierzehn Tagen dementiert werden kann. Vierzehn Tage, um Paris einzunehmen! Was innerhalb von vierzehn Tagen geschehen kann, Monsieur!«

Lafon ist begeistert von dieser Idee. Und noch am selben Abend – schließlich ist man Südländer – erläutert er sie General Malet und tut so, wäre er selbst darauf gekommen.

Während in der Pension Dubuisson unermüdlich der Staatsstreich ausgetüftelt wird, erstattet Sophie täglich in der Grande-Force Bericht und erläutert La Horie Malets Plan.

Er hat schon die Liste der provisorischen Regierung zusammengestellt. General Moreau, den man aus dem Exil zurückholt, wird das Präsidentenamt übertragen. Das des Vizepräsidenten erhält Carnot. Hinzu kommen zwei ehemalige Gesetzgeber: Brigonet und Guyot. Der

General Augereau und die Senatoren Destutt de Tracy, Lambrecht, Volney und Garat. Frochot, der Präfekt des Departements Seine. Jacquemont, ein ehemaliger Tribun. Ferner werden dabeisein: Mathieu de Montmorency, Alexis de Noailles, Vizeadmiral Truguet und natürlich General Malet, der sich den Posten des Gouverneurs von Paris vorbehält. La Horie bietet man das Polizeiministerium an.

»Was für eine Mischung!« sagt La Horie. »Das ist Wahnsinn! Kannst du dir Carnot im Verein mit Noailles und Montmorency vorstellen?«

»Und jetzt der Staatsstreich«, fährt Sophie ganz aufgeregt fort.

»Erstens: Napoleons Tod in Moskau und die provisorische Regierung, die das Kaiserreich ablöst, werden mit Pauken und Trompeten angekündigt. Zweitens: Die Verschwörer übernehmen die Führung der in Paris kasernierten Truppen. Drittens: Du wirst befreit sowie Guidal und Boccheciampe. Viertens: Ihr verhaftet Savary, den Polizeipräfekten, den Sicherheitschef und den Kriegsminister. Diese reizende Gesellschaft kommt hinter schwedische Gardinen. Du wirst Polizeiminister. Von diesem Augenblick an läuft alles wie geschmiert. Malet übernimmt die Befehlsgewalt; die Place Vendôme, der Justizpalast, die Präfektur, das Rathaus fallen, Paris und ganz Frankreich gehören euch!«

La Horie, überwältigt von Sophies Energie und Begeisterung, hält sich mit beiden Händen die Schläfen.

»Das ist Wahnsinn«, sagt er. »Heller Wahnsinn!«

Doch bei der Vorstellung, wie der niederträchtige Savary im Kerker schmachtet und ihn anfleht, ihn wieder freizulassen, kann La Horie sich eines Lächelns nicht erwehren.

»Bevor ich's vergesse«, sagt Sophie. »Es gibt eine Proklamation und einen Senatsbeschluß in neunzehn Artikeln, natürlich gefälscht, aber von Sieyès unterzeichnet. Was darin steht, ist nicht schlecht: Beendigung der Kriege, Generalamnestie für die Gefangenen, die ihrer politischen Gesinnung wegen eingesperrt worden sind, Rückkehr der Emigranten, Wiederherstellung der Pressefreiheit, eine an den Papst gerichtete Bitte um Entschuldigung – das kommt von Noailles und Lafon – und so weiter.«

»Das ist Wahnsinn«, wiederholt La Horie.

»Wirklich?« fragt Sophie. »Das ist Wahnsinn, dieses Geschmeiß von Savary abzusetzen? Ist das Wahnsinn? Aber geh, du wirst so vielen armen Leuten eine Freude machen! ... Wahnsinn, frei sein zu wollen? ... Nun gut, meinetwegen«, sagt sie plötzlich warm, »es ist Wahnsinn, ich gebe es ja zu. Das Unternehmen ist gewagt, das stimmt. Aber bitte, mein lieber Fanneau, wie war doch dieser Satz von Sallust, den du mir vorgesagt hast, damals in Nancy ... Dieser schöne Satz ... ›Die Kühnheit ist wie ein Schutzschild.‹ Das ist sie doch, nicht wahr?«

La Horie ist wieder allein in der Force. Mit großen Schritten durchmißt er sein Zimmer. Er ist nervös. Mal denkt er, daß Sophie recht hat. Die Schlaubergerin. Hat sie ihn doch mit Sallust reingelegt! Im Grunde genommen haben die verrücktesten Pläne oft größere Erfolgschancen als die vernünftigen. Versagt er den Verschwörern seine Unterstützung, kann er sich nur zwischen Gefängnis und Exil entscheiden. Hilft er Malet, hat er ebenfalls die Wahl, allerdings eine andere: Freiheit oder Tod. Das ist keineswegs ohne Stil.

Dann wieder argumentiert er mit der Logik des Diplomaten und Strategen, der er einmal war. Was kann man von der Mannschaft, die Malet zusammengestellt hat, Gutes erwarten? Sie – und das ist das mindeste, was man sagen muß – besteht nicht gerade aus brillanten Köpfen, sondern aus diesem Trunkenbold von Vidal und diesem Boccheciampe, der nicht mal Französisch spricht und dessen ganze Kunst darin besteht, die Kindermädchen und Büglerinnen des Stadtviertels zu verführen. Und die anderen! Dieser junge Rateau – er ist der Neffe von Dubuissons Concierge –, den Malet zu seinem Adjutanten machen will. Und dieser Boutreux, dieser ausgemergelte Student …

Da beschließt Fanneau zu guter Letzt, sich auf das Orakel seiner geliebten lateinischen Klassiker zu verlassen. Soll er mitmachen? Oder soll er nicht? Auf gut Glück schlägt er seinen Sallust auf, und sein Blick fällt auf einen Satz von Catilina: »Wenn ich also umstellt bin und von meinen Gegnern geradezu ins Verderben gejagt werde, so will ich den Brand, der mich verzehren soll, unter Trümmern ersticken … Wir aber, wir wollen keine Macht und keinen Reichtum, woraus ja doch nur alle Kriege und Streitigkeiten unter den Menschen kommen; nein, Freiheit wollen wir, die ein anständiger Mensch nur mit dem letzten Atemzug aufgibt.«

Die Antwort ist klar. Er wird mitmachen.

Die Nacht vom 22. auf den 23. Oktober 1812, drei Uhr morgens. In Paris schüttet es.

Der diensthabende Feldwebel Rabutel in der Kaserne Popincourt, in der die X. Kohorte des Gardekorps einquartiert ist, wird von einem Wachposten unsanft geweckt. Man verlangt nach ihm. Kontrollgang des Stabsoffiziers. Er kommt, die Augen vom Schlaf noch verklebt, und nimmt stramme Haltung an. Der Feldwebel Rabutel ist ein guter Soldat, voller Respekt vor der Rangordnung, selbst um drei Uhr morgens. Deshalb zögert er nicht, den Divisionsgeneral in Galauniform, gefolgt von seinem Adjutanten, hereinzuführen, der dringend Soulier, den Kommandeur der X. Kohorte, zu sehen wünscht.

Doch der Feldwebel Rabutel ist ebenfalls sehr neugierig und läßt sich im Schutz der Dunkelheit kein Wort von dem, was der General dem Kommandeur mitteilt, entgehen: Am 7. Oktober ist der Kaiser vor Moskau getötet worden, das kaiserliche Regime ist gestürzt, der Senat, der in der Nacht zusammengetreten ist, hat ein Dekret erlassen – hier ist es – und die Bildung einer provisorischen Regierung beschlossen. Der Kommandeur Soulier wird zum Brigadegeneral ernannt; unverzüglich hat er seine Kohorte zu entwaffnen und sich zum Rathaus zu begeben, um sich dem Befehl des Präfekten zu unterstellen.

Verdutzt verschwindet der Feldwebel Rabutel in der Dunkelheit, um seinen Kameraden die gute Nachricht zu verkünden.

Los! Los! Die Soldaten werden geweckt, und Malet findet sich mitten in einem Karree wieder und liest den vorgeblichen Beschluß und seine Proklamation vor:

»Bürger und Soldaten, Bonaparte ist nicht mehr! Die Rächer der Menschheit haben den Tyrannen niedergestreckt. Ihnen sei Dank! Sie haben sich um das Vaterland und das Menschengeschlecht verdient gemacht ...«

Und er beeilt sich, seine Lesung zu beenden, denn es regnet auf seine Papiere, und die Tinte ist schon ganz verwischt. Die Truppe klatscht Beifall, zunächst verhalten, dann lebhafter. Die Nachricht, die man soeben vernommen, ist so ungeheuerlich, daß niemand auch nur einen Augenblick auf die Idee kommt, an ihrer Richtigkeit zu zweifeln, und Malet führt fünf Kompanien ab, die ihm wie gebannt in Richtung Grande-Force-Gefängnis folgen.

Er verteilt seine Männer um das Gefängnis herum, und flankiert von Hauptmann Steenhower, dem Befehlshaber der 1. Kompanie, ordnet er an, daß der Hausmeister der Force unverzüglich Guidal, La Horie und Boccheciampe freilassen soll. Die Straße ist voller Truppen; der Mann gehorcht.

Bei Tagesanbruch machen sich La Horie und Guidal, unterstützt von den Streitkräften, auf den Weg, um den Polizeipräfekten Pasquier in der Rue de Jérusalem, dann den Sicherheitschef Desmarets in der Rue de la Planche und schließlich den Minister Savary, den man in seinem Stadthaus am Quai Voltaire in tiefstem Schlaf überrascht, zu verhaften. Wie süß Rache doch sein kann: so süß, daß La Horie sich in Großmut übt.

»Keine Angst«, sagt er zu Savary, »du kannst von Glück sagen, daß du mir in die Hände gefallen bist, dir wird nichts geschehen ...«

Und sich an den Hauptmann in seiner Begleitung wendend, sagt er in barschem Ton: »Sie haften für ihn mit Ihrem Kopf!«

Diese Ermahnung ist keineswegs überflüssig, denn Savary ist den Männern der Truppe so verhaßt, daß nicht mehr viel fehlt, und er erlebt sein blaues Wunder. Eben hat Oberleutnant Régnier, seinen Degen schwingend, dem verstörten Herzog von Rovigo gedroht, er werde ihn »wie einen Frosch aufspießen«. La Horie läßt den Minister deshalb schleunigst in der Force einsperren, wo Pasquier und Desmarets bereits auf ihn warten. Da ist er in Sicherheit und kann keinen Schaden anrichten.

Und La Horie, von Malet zum Polizeiminister ernannt, nimmt sofort in Savarys Büro seine Arbeit auf und beginnt, Briefe an die Präfekten der wichtigsten Departements zu schreiben.

An der Spitze von vier Kompanien ist Guidal unterdessen abgezogen, um den Kriegsminister Clarke zu verhaften und seinen Posten zu übernehmen. Danach wird er sich mit dieser großen Tunte Cambacérès befassen.

Malet macht sich an der Spitze einer Hundertschaft zur Place Vendôme auf, um das Hauptquartier von Paris zu umzingeln und sich an die Stelle von General Hulin zu setzen. Dieser ist Kommandeur der Grenadiere der Konsulatsgarde und stellvertretender Gouverneur. Es ist acht Uhr, und Paris erwacht.

Bis jetzt läuft alles wie am Schnürchen. Langsam verbreitet sich die Nachricht vom Tode des Kaisers in der Stadt und stößt auf unterschiedliche Reaktionen. Einige weinen, einige aber treiben ihre Scherze und verhöhnen bereits das Andenken Napoleons, indem sie widerwärtige Reden führen. Jede neue Nachricht wird sofort kommentiert. Bestürzung, als sich die Verhaftung des Sicherheitschefs, des Polizeipräfekten und der Minister herumspricht. Von Fenstern, Balkonen, Cafés und Kreuzungen aus schaut man den immer stärker werdenden Truppenbewegungen zu. Zu dieser Stunde sind auf Befehl Malets alle strategischen Punkte der Hauptstadt von der Armee besetzt.

Alles läuft planmäßig, sieht man von einigen Schönheitsfehlern ab: Der Korse Boccheciampe, der bei der Vorstellung, im Rathaus den Platz des Präfekten einnehmen zu müssen, in Panik geriet, hat die Flucht ergriffen; und Guidal, der nach Savarys Verhaftung fand, er habe für diesen Tag genug getan, ist auf einen Schluck zu einem

Freund gegangen, statt Clarke und Cambacérès festzunehmen.

Auf der Place Vendôme gerät das schöne Ränkespiel plötzlich ins Stocken. General Hulin, ein Querkopf, der nicht so leichtgläubig wie die anderen Militärs ist, widersetzt sich Malet, der ihm mit einem Schuß aus seiner Pistole den Kiefer zertrümmert. Dann, seelenruhig und im Glauben, ihn *ad patres* befördert zu haben, stößt er auf zwei weitere »Ungläubige«, den Oberst Doucet und seinen Adjutanten Laborde, den Chef der Militärspionage. Diese beiden Unbeugsamen »funktionieren« nicht, und als Malet gerade zum zweitenmal Gebrauch von seiner Pistole machen will, wird er von Laborde umklammert und von den von ihrem Oberst zu Hilfe gerufenen Wachen sofort gefesselt.

Malet hat sein Ziel – zum dritten Mal – um Haaresbreite verfehlt. Das Blatt wendet sich im Nu. Mit der gleichen Langsamkeit, mit der sich zuvor die Lüge verbreitet hatte, kehrt die Wahrheit in die Menge zurück. Da wird der Tod Napoleons nun dementiert, und die Folge ist große Verwirrung. Diejenigen, die sich schon darüber gefreut hatten, haben nichts Eiligeres zu tun, als »Es lebe der Kaiser!« zu schreien. Andere wissen nicht mehr, wem sie glauben sollen und werfen alles durcheinander. In der Rue des Saints-Pères wird Monsieur de Chateaubriand, seit einem Jahr mit der Niederschrift seiner Memoiren beschäftigt, von seiner Wirtin, Madame Lavalette, geweckt: »Monsieur! Monsieur! Bonaparte ist tot! General Malet hat Hulin getötet. Alle führenden Männer sind ausgewechselt. Die Revolution ist erledigt.«

Die gefangenen Minister werden befreit und die Verschwörer verhaftet, darunter auch La Horie, der in Savarys Büro seine Arbeit aufgenommen hatte und gerade dabei ist, einen Brief zu schreiben:

»Mein lieber Malet,
Ich habe den Polizeiminister und den Präfekten festnehmen lassen. Aus Gründen größerer Sicherheit habe ich mich gezwungen gesehen, zu ...«

Man wird nie erfahren, was er noch zu sagen hatte, denn La Horie wird von den hereinstürmenden Gendarmen unterbrochen, die ihn festnehmen und ins Abbaye-Gefängnis werfen, wo Malet sich bereits befindet. Später gesellen sich auch die meisten der anderen Verschwörer zu ihnen, mit Ausnahme des schlauen Abbé Lafon, der auf Nimmerwiedersehen verschwunden ist.

*Freitag, 23. Oktober 1812, elf Uhr vormittags*

Im Feuillantinerinnenkloster. Mürrisch schaut Sophie aus dem Fenster. Es regnet. Langsam fallen die Blätter. Plötzlich hört sie einen Wagen am Tor halten. Wenig später kommt mit großen Schritten ein Mann durch den Garten, in seinen Mantel vergraben, das Gesicht hinter dem hochgeschlagenen Kragen und tief heruntergezogenen Hut verborgen. Victor? In höchster Erregung stürzt Sophie dem Besucher entgegen.

Nein, es ist nicht Victor, sondern sein Bruder Fanneau-Reynier; er sieht bleich und mitgenommen aus. Bevor sie überhaupt eine Frage stellen kann, gibt er schon die Antwort.

»Seien Sie beruhigt, tot ist er nicht ... aber was jetzt los ist, ist auch nicht viel besser«, fügt er mit zusammengebissenen Zähnen hinzu ... »Ach, Sophie! Es passieren Dinge! Schreckliche Dinge!«

»Aber so reden Sie doch endlich!«

Und Fanneau-Reynier berichtet ihr, was sich in der

letzten Nacht und am Morgen ereignet hat. Zur Stunde ist die ganze Bande im Abbaye-Gefängnis eingesperrt und Paris in Aufruhr.

»Schnell, schnell«, sagt er, »ich wollte Sie abholen. Kommen Sie, wir gehen zum Kriegsgericht. Dort haben Sie doch Freunde, nicht wahr? Wir werden dort bestimmt Genaueres erfahren.«

Im Hotel Toulouse hat sich einiges verändert. Pierre Foucher ist zum Chef des Rekrutierungsbüros im Kriegsministerium ernannt worden und hat seinen Posten als Gerichtsschreiber seinem Schwager Asseline überlassen, mit dem er in Zukunft seine Dienstwohnung teilen wird, die für zwei Familien groß genug ist.

Der neue Berichterstatter, Hauptmann Delon, ist für Sophie kein Unbekannter. Nach ihrer Rückkehr aus Spanien hat sie ihn bei den Fouchers kennengelernt. Er, ein höflicher und zurückhaltender Mann, und seine Frau, eine laute Klatschbase aus Marseille, deren schrille Stimme durch die dicken Mauern des Hotels Toulouse dringt, sind ein ungleiches Paar.

Manchmal kommen die Delons ins Feuillantinerinnenkloster. Sie haben einen Sohn, Edouard, der zwar älter als Victor und Eugène ist, den die beiden aber heiß und innig lieben. Denn Edouard ist ein Draufgänger und macht mit seinen Heldentaten im Viertel von sich reden. Bis zur Rue d'Assas hat man ihn auf den Dächern und Dachrinnen entlangspazieren sehen; im Eimer stehend, läßt er sich bis auf den Grund des Brunnens hinabsausen, und er geht niemals eine Treppe auf den Stufen hinunter, sondern rutscht lieber in vollem Tempo rittlings auf dem Geländer nach unten.

Angesichts solcher Unerschrockenheit kriegen Victor, Eugène und die Kinder der Fouchers vor lauter Bewunderung den Mund nicht mehr zu. Sobald Edouard ins Feuillantinerinnenkloster kommt, fliegt die Schaukel höher in die Luft als je zuvor, und der Kaninchenstall erlebt Angriffe, die mit den Attacken aus Onkel Louis' Erzählungen mithalten können. Sophie ist nicht böse, wenn Hauptmann Delon ihr gelegentlich zu Hilfe kommt, um wieder Ruhe in das geräuschvolle Spiel der aufgedrehten Kinder zu bringen.

Hauptmann Delon ist mit dem Bericht über die Affäre Malet beauftragt worden, deshalb möchte Sophie ihn persönlich sprechen. Sie will herausfinden, welchen Anteil ihr Geliebter an der Verschwörung wirklich hatte, und zudem versuchen, Delon für La Horie günstig zu stimmen.

Um den Luxembourg herum herrscht ungewöhnlich reges Leben und Treiben. Überall stehen Gruppen von Schaulustigen, und Thema aller Unterhaltungen ist ganz offenkundig der mißlungene Staatsstreich. Überall Soldaten und Polizisten, und nur mit Mühe kann sich der Kutscher einen Weg bahnen.

Besser spät als nie: Das Hotel Toulouse ist von einem Bataillon der kaiserlichen Garde abgeriegelt, das zum Schutz des Kriegsgerichts abgestellt wurde.

Beim Anblick der Garden bekommt Sophie Angst um Fanneau-Reynier.

»Sie lassen mich besser allein«, sagt sie. »Wenn man unsere Papiere kontrolliert und an Ihrem Namen erkennt, daß Sie mit Victor verwandt sind, droht Ihnen Gefängnis. Verlassen Sie Paris, so schnell es geht!«

Wer die Schreckensherrschaft in Nantes erlebt hat, hat einen guten Riecher fürs Leben entwickelt. Einige Stunden später wird die Polizei in Fanneau-Reyniers Wohnung in der Rue Charlot Nr. 12 auftauchen, um ihn zu verhaften, ihn dort aber nicht vorfinden.

Es findet in der Tat eine Kontrolle statt. Nicht jedem wird Einlaß ins Hotel Toulouse gewährt, aber als Generalin Hugo kann sie sich Zutritt verschaffen. Auf schnellstem Wege begibt sie sich zu den Fouchers.

Anne-Victoire ist gerade dabei, ihrer neugeborenen Tochter Julie die Brust zu geben. Pierre hat sich mit Hauptmann Delon im Kriegsgericht eingeschlossen, um diesem bei der Durchsicht der zahlreichen Protokolle, deren Stapel stündlich wächst, zu helfen. Sie dürfen jetzt nicht gestört werden.

Anne-Victoire weiß nur soviel, daß der zu einer Sondersitzung einberufene Ministerrat angeordnet hat, die Verschwörer durch einen Militärausschuß, mit Delon als Vertreter der Anklage, aburteilen zu lassen. Und daß die Untersuchungen im Eiltempo durchgeführt werden sollen.

Kriegsminister Clarke und Savary, denen beim Gedanken an die unvermeidliche Wut des Kaisers die Haare zu Berge stehen, schieben sich einstweilen die Verantwortung für etwas zu, das am Ende nur eine vorübergehende Störung gewesen sein wird. Clarke versteht nicht, wie Savary so unvorsichtig sein konnte, einen Unruhestifter wie Malet in einem offenen Gefängnis zu lassen, und Savary wirft den Militärs vor, sie hätten sich wie Kinder an der Nase herumführen lassen.

In den folgenden Tagen bleibt Sophie im Hotel Toulouse. Am 25. Oktober, einem Sonntag, gelingt es ihr, mit Hauptmann Delon zu sprechen. Die Unterredung ist kurz, Delon sichtlich verlegen. Bei aller Sympathie für die Generalin Hugo, er ist in erster Linie Beamter, und die Affäre Malet ist zu ernst, als daß er so unvorsichtig wäre, sich da hineinziehen zu lassen. Ihm ist klar, daß Cambacérès, Clarke und Savary ein Interesse an der Bestrafung der Schuldigen haben. Einer überbietet den anderen an Eifer, um dem Kaiser zu beweisen, daß Frankreich sich in seiner Abwesenheit nicht in schlechten Händen befindet. Auch, um sich für die Blamage, die diese Affäre für sie bedeutet, zu rächen. Allen voran Savary, bei der Armee verhaßt wegen der drakonischen Maßnahmen, die er gegen die Deserteure ergriffen hat, verhaßt auch bei den Damen von Welt, weil er sich, was diese empört, allzusehr in ihr Privatleben einmischt. Spottgedichte und Kalauer sind bereits in Umlauf. Die ganze Polizei ist Zielscheibe von Sticheleien. Man begrüßt sich mit den Worten: »Wissen Sie schon das Neueste?« – »Nein.« – »Ah, Sie sind wohl bei der Polizei?«

Nachsicht steht nicht auf der Tagesordnung. Hauptmann Delon bleibt also unerbittlich und antwortet auf Sophies Plädoyer mit den Worten: »Madame, ich habe meine Pflicht zu tun.«

Er tut seine Pflicht, und zwar sehr gut. Er vermerkt in den Protokollen, was er in La Hories Papieren gefunden hatte: einen Brief von Madame Hulot, der Schwiegermutter des Generals Moreau, einer notorischen Antibonapartistin. Und er beschließt seine Anklagerede mit der Forderung der Todesstrafe für die meisten der Verschwörer. Das bringt ihm Ende des Jahres die Ernennung zum Bataillonskommandeur ein. Und Sophies unversöhnlichen Haß, die ihren Kindern verbietet, in Zukunft mit Edouard zu spielen oder auch nur ein Wort mit ihm zu wechseln.

Als Sophie an diesem Abend nach Hause kommt, spricht ihr gramzerfurchtes Gesicht eine deutlichere Sprache als der schmerzlichste Klagelaut, und Eugène und Victor sind tief beeindruckt.

Für sie, die ohne Vater aufwachsen, ist Sophie der Inbegriff von Kraft, Sicherheit und Autorität. So manches Mal haben sie gesehen, wie sich ihre Mutter durch schwierige Situationen gekämpft und diese schließlich immer gemeistert hat. Diese so zerbrechlich wirkende Frau verfügt über eine außerordentliche Energie, und ihre Söhne wissen, daß ihr Wille allen Befehl ist, sogar dem hochdekorierten und ruhmreichen General Hugo. In ihren Augen ist sie immer unbesiegbar gewesen. Und als ihr damals die Kutsche der spanischen Herzogin die Vorfahrt lassen mußte, hat das ihre Söhne noch nicht einmal gewundert. Sophie ist für sie eine Art allmächtiger Gottheit, gegen die alles, was verletzt, bedroht und Kummer bereitet, machtlos ist. Man höre die Kinder nur sagen: »Das sage ich aber meiner Mama«, »Komm, wir rufen Mama« oder »Mama macht das schon!« Sie glauben an ihre unendliche Kraft und schöpfen daraus eine große Sicherheit.

An diesem Abend aber ist ihre Mutter zum erstenmal hilflos. Sie spüren, daß sie diesmal auf ein unüberwindliches Hindernis gestoßen ist, auf etwas, das stärker ist als sie, sie fast zerbricht, ja sie ihnen fast ausliefert, und das macht ihnen angst.

Sie drängen sich aneinander, sehen sie an, wagen nicht, sie anzusprechen. Und dem empfindsamen Victor kullern die Tränen aus den Augen. Das ist mehr, als Sophie ertragen kann. Sie richtet sich auf.

»Es ist nichts«, sagt sie. »Man darf keine Angst haben, nie. Und weinen darf man erst recht nicht. Ein Schwert mag noch so gut sein, Victor, Tränen machen es rostig ... Kommt zu Tisch, Kinder.«

Inzwischen weiß sie nicht mehr, an wen sie sich noch wenden soll, um Fanneau zu retten. Sie kennt weder den

Vorsitzenden des Militärausschusses, Graf Dejean, noch einen der fünf Richter.

Nur die Fouchers stehen ihr in diesen schrecklichen Tagen zur Seite. Falls Pierre erraten haben sollte, welcher Natur ihre Beziehung zu La Horie ist und welchen Anteil sie an dem Komplott hat, so läßt er sich jedenfalls nichts anmerken. Während all der Verhöre, die sich über vier Tage hinziehen, wartet Sophie mit Anne-Victoire im Salon der Fouchers. Der große Saal des Kriegsgerichts ist von der Wohnung der Fouchers nur durch einen Gang und einige Mauern getrennt. Manchmal dringen erregte Stimmen bis zu Sophie herüber, die in einem Zustand tiefer Niedergeschlagenheit in einem Sessel beim Kamin sitzt. In den Verhandlungspausen kommt Pierre und berichtet, was nebenan geschieht. So erfährt sie, daß die vierundzwanzig Angeklagten, denen konspirative Umtriebe und Hochverrat zur Last gelegt werden, nur einen Verteidiger haben werden.

Am 28. wird La Horie zum Tathergang vernommen. Er führt Klage darüber, daß seine Papiere beschlagnahmt worden seien, was ihn daran gehindert habe, eine wenn auch noch so vorläufige Verteidigung vorzubereiten. In der vergangenen Nacht habe man ihn unter dem Vorwand, die Hausordnung schreibe es vor, im Abbaye-Gefängnis ohne Licht gelassen. Er gibt an, er habe unwissentlich die Rolle eines Verschwörers gespielt. Unverfroren behauptet er, er habe von dem ganzen Komplott nichts gewußt, als Malet in die Force kam, um ihn zu befreien. Was dann passiert ist? Er zieht eine Parallele zum 18. Brumaire: Hier wie dort sei man auf kein Hindernis gestoßen, und in Paris habe Ruhe geherrscht.

»Ich bin Malet gefolgt, wie man zuvor Bonaparte gefolgt ist«, sagt er.

In Wirklichkeit hat La Horie sehr schnell begriffen, daß

das Spiel aus und der Versuch, sich zu verteidigen, zwecklos ist. Da er eh verloren hat, kann er genausogut den Unverschämten spielen. Während einer der Angeklagten im Glauben, sich bei Gericht damit beliebt zu machen, unentwegt schreit: »Es lebe der Kaiser!«, ergänzt La Horie gelassen: »... und es lebe seine Justiz!«

Pierre Foucher erzählt Sophie, daß auch Malet eine stolze Antwort parat gehabt habe. Als Dejean ihn fragte, wer seine Komplizen gewesen seien, habe er geantwortet: »Ganz Frankreich, Monsieur, und Sie selbst, wenn ich es geschafft hätte.«

»O ja«, sagt Sophie, »ganz Frankreich!«

Um elf Uhr abends wird die Sitzung, die um acht Uhr unterbrochen worden war, mit Hauptmann Delons Plädoyer fortgesetzt. Um zwei Uhr morgens werden die Angeklagten aus dem Saal geführt. Das Gericht tritt in die Beratungen ein. Um vier Uhr wird das Urteil verkündet: Zehn der Angeklagten werden freigesprochen und vierzehn zum Tode verurteilt; das Urteil ist innerhalb von vierundzwanzig Stunden zu vollstrecken.

Einige Augenblicke später kommt Pierre Foucher, um Sophie zu benachrichtigen. Als sie sein graues Gesicht und seine zitternden Hände sieht, weiß sie alles. Sie richtet sich in ihrem Sessel auf und hüllt sich in ihr Umschlagtuch. Ihr Gesicht hat einen harten Zug bekommen. An den Muskeln ihrer Kinnbacken sieht man, daß sie die Zähne zusammenbeißt. Sie fragt: »Heute?«

»Ja«, sagt Pierre und senkt den Kopf. »Um vier Uhr. In der Ebene von Grenelle.«

*29. Oktober 1812, elf Uhr vormittags*

In Paris sind zweitausend Plakate angeschlagen worden, um das Urteil des Militärausschusses zu verkünden. Demnach sind zum Tode verurteilt die Genannten MALET, LA HORIE, GUIDAL, ehemals Brigadegeneräle; RABBE, Oberst; SOULIER, Bataillonskommandeur; STEENHOUWER, BORDERIEUX und PICQUEREL, Hauptleute; FESSART, LEFÈBVRE, RÉGNIER und BEAUMONT, Oberstleutnants; RATEAU, Gefreiter und BOCCHECIAMPE, Staatsgefangener.

Eins der Plakate wurde auf die Mauer der Saint-Jacques-du-Haut-Pas-Kirche geklebt. Eugène und Victor lesen es, inmitten der in Scharen herbeiströmenden Schaulustigen.

*Zwei Uhr nachmittags*

In seiner Zelle im Abbaye-Gefängnis liest La Horie noch einmal den Brief, den er gerade an Savary geschrieben hat:

»An seine Exzellenz, den Herzog von Rovigo,

Sie werden vielleicht erstaunt sein, zu diesem Zeitpunkt noch einen Brief von mir zu erhalten.

Mit Vergnügen erinnere ich mich meines Verhaltens Ihnen gegenüber bei einer Gelegenheit, in der Sie anderes gewärtigen mußten. An die zurückliegenden Zeiten anknüpfend, verspüre ich so etwas wie ein Bedürfnis, mich Ihnen in Erinnerung zu bringen. Jetzt, da mich kein Interesse mehr leitet und Sie mir Glauben schenken können, gestehe ich Ihnen, daß ich mein Leben nicht als Verschwörer verliere, sondern als einer, der, für einen kurzen Augenblick um den Verstand gebracht, an eine Riesendummheit glaubte.

Mein Verhalten hat es zur Genüge bewiesen, und sicher

ist, daß ich zu dem Zeitpunkt, als ich die Force verließ, über Malets Narrenstreich nicht mehr wußte als Sie. Sieht man, was mir passiert, müßte man fast an das Schicksal glauben. Sie wollten mich aus meinem Vaterland hinauswerfen ... eine Art Instinkt hielt mich zurück; und ich werde diesen unseligen Prozeß am Schluß gewonnen haben ... freilich um den Preis meines Kopfes – daran hatten wir beide nicht gedacht.

Noch einmal richte ich die Bitte an Sie, nach meinem Tod die viertausend und etlichen hundert Franc, die in meinen Taschen oder bei mir zu Hause gefunden worden sind, meiner Familie zu übergeben. Ich schwöre Ihnen bei meiner Ehre und meinem Andenken, daß sie mir diese Gelder geliehen hat, und zwar meine Mutter tausend Franc, mein Bruder Régnier ebensoviel und den Rest mein Schwager Desloges, Major beim 8. Jägerregiment. Für das Ministerium ist diese Summe ganz belanglos, und es liegt mir um so mehr daran, daß sie zurückgegeben wird, als meine Familie sich in die Lage versetzt sehen wird, mein unsägliches Erbe auszuschlagen.

Ich bitte Sie, zumindest in Erinnerung der ersten Worte, die ich an Sie richtete, als ich Sie sah, dem Zweck dieses Briefes zu entsprechen.

Ihnen konnte nicht verborgen bleiben, daß ich zugrunde gehe, weil ich einen Auftrag nur in der Absicht übernommen hatte, Ihnen das Leben zu retten, und vor allem, weil ich Ihre Überstellung in die Force anordnete, die allein Sie schützen konnte. Ich erinnere Sie daran nicht aus Eigennutz, sondern um meiner Familie willen, die meinetwegen schon genug zu leiden hat ... Mein Großmut möge Ihnen ein Beispiel sein.

Leben Sie wohl, Savary,

de La Horie«

Dann nimmt er ein anderes Blatt Papier und schreibt: »Meine liebe Sophie ...« und bricht ab. Dem ist nichts hinzuzufügen. Er zerknüllt den Bogen und wirft ihn weg. Von denen, die man liebt, verabschiedet man sich nicht.

Unter dem Begleitschutz eines großen Trupps Gendarmen und Dragoner – man ist mißtrauisch – werden die Verurteilten um drei Uhr von sieben Droschken im Abbaye-Gefängnis abgeholt. Malet befindet sich mit La Horie im ersten Wagen. Der Zug setzt sich in Bewegung. Doch bald wird er von einer Stafette angehalten, die in letzter Minute für zwei der Verurteilten einen Aufschiebungsbefehl bringt: für Oberst Rabbe, den Protégé von Savary, und für den Gefreiten Rateau, der viele denunziert hat. Die beiden Geretteten werden in die Abbaye zurückgebracht.

Der Zug, immer noch von Gendarmen und Dragonern flankiert, die die Menge auf Distanz halten, erreicht langsam die Rue de Grenelle-Saint-Germain. Ein grauer Herbsthimmel hängt über den blauen Dächern des Hôtel des Invalides. Der Konvoi zieht an der Militärakademie vorbei, über den Champ-de-Mars hin zum Lager von Grenelle, wo die Erschießungen stattfinden. Eine schweigende Menge sieht die Delinquenten vorbeiziehen.

Im Lager warten tausend Soldaten, die aus allen Pariser Garnisonen zusammengekommen sind. Diejenigen Korps, deren Offiziere hingerichtet werden, tragen zum Zeichen ihrer Schande ihre Uniformjacken verkehrt herum.

Trommelwirbel. Das Urteil wird verlesen. Überall sind Neugierige, sogar auf den Bäumen. Die zwölf Verurteilten müssen sich in drei Gruppen längs der Mauer aufstellen. Jeder Gruppe steht ein zwölfköpfiges Erschießungskommando gegenüber. In der ersten steht La Horie rechts und Guidal links neben Malet, Soulier und Boccheciampe jeweils außen. Wieder Trommelwirbel. Drei Salven krachen.

Drei Salven zerreißen die Luft und sind noch an der Barrière des Paillassons, hinter dem Hôtel des Invalides, zu hören, wo die Silhouette einer kleinen Frau zu erkennen ist, die in ein dunkles Umschlagtuch gehüllt, in dicken Schuhen dasteht und sich plötzlich die Ohren zuhält.

Es ist Sophie. Sie wartet darauf, daß die drei mit Stroh ausgelegten Kippkarren vorüberkommen, die die Leichen der Hingerichteten zum Massengrab auf dem Friedhof von Vaugirard bringen sollen. Sie hat Pierre Foucher angefleht, ihr zu sagen, welchen Weg sie nähmen, und sie ist hingeeilt.

Der Abend senkt sich über Paris, als sie die Glöckchen am Hals der Pferde und das Quietschen der Räder hört. Der Nieselregen hat die Menge auseinandergetrieben. Allein und ohne zu weinen geht sie hinter der Leiche des einzigen Mannes her, den sie bis zum Wahnsinn geliebt hat.

*31. Oktober 1812*

Es ist schon schlimm genug, den kreisenden Kopf von Mademoiselle de la Biliais zu sehen. Aber noch schlimmer ist es, wenn man auf der Place du Bouffay inmitten der keuchenden Menge steht, wenn man weiß, daß der Körper, dem man den Kopf abgeschlagen hat, umgekippt ist, und *den Kopf nicht herunterfallen sieht*. Der Atem, der vor Entsetzen stockt, und das unerträgliche Warten, das Grauen, das immer stärker wird, löst sich schließlich in einem in der Nacht durch das Feuillantinerinnenkloster gellenden Schrei, der Claudine aufschreckt, die, wie einst Tante Robin, im Hemd herbeiläuft und vor der Entdeckung zittert, die sie im Zimmer von Madame machen wird. Die Kinder, in tiefem und festem Schlaf, haben glücklicherweise nichts gehört.

Als Sophie aufwacht, hat sie *vergessen,* was tags zuvor im Lager von Grenelle geschehen ist. Nur eines ist ihr im erstarrten Gedächtnis geblieben: dieser alte, dieser ewige Alptraum des jungen Mädchens, das sie einmal war. Und wie die Narkose bei einem Operierten langsam nachläßt, kehrt der Schmerz zurück, durchzuckt sie mit feurigen Blitzen, erfaßt sie dann in so sanften, gleichmäßigen Wellen, daß man die Geschwindigkeit, die diese, einem galoppierenden Pferd ähnlich, schließlich erreichen, nicht glauben mag. Denn der Kummer ist ein Gift, das bei denen, die nicht weinen können, langsam wirkt.

Sie weiß, daß Fanneau tot ist, daß sie seine Stimme nie mehr hören, daß sie ihn nie mehr sehen, nie mehr berühren wird. Sie weiß es, hat es aber noch nicht wirklich begriffen. Einstweilen dringt das Gift in sie ein, verteilt sich und infiziert sie und ist so unerträglich, daß Übelkeit und Ekel sie befallen. Sie sucht die Schuld bei Orten und Dingen. Sie erträgt den Anblick des Sessels nicht mehr, in dem La Horie immer saß, und läßt ihn auf den Speicher bringen. Und hinten im kahlen Park die verfallene Kapelle, in der er schlief. Dieser Kupferstich, den er liebte. Diese Jacke, die er hat liegenlassen und deren Ärmel die Krümmung seiner Arme lebendig bewahrt haben. All dies ein unerträglicher Anblick. Auch die Stufe der Freitreppe, auf die er sich immer setzte, dieser Garten, durch den er mit einem Buch in der Hand spazierte; ihr Bild im Spiegel, diese Sophie, die so verstört und angegriffen aussieht, und die seine Frau war. Sie weiß, daß sie heute noch nicht einmal Victor, dem anderen, ihrem geliebten Kind, ins Gesicht sehen kann.

Sie verläßt das Haus. Man soll nicht auf sie warten.

Gleich ist sie wieder da. Sie muß zu Fuß durch Straßen gehen, die Fanneau nicht gehören. Sie hat eine große Auswahl in Paris: Sie haben so wenig zusammengelebt.

Mit dem gleichmäßigen Schritt einer Schlafwandlerin geht sie die Rue Saint-Jacques hinunter am Luxembourg vorbei. Von einem Droschkenkutscher muß sie sich beschimpfen lassen, weil er sie, aus der Rue du Pot-de-Fer kommend, beinahe überfahren hätte.

Schließlich weiß sie, wohin ihre Schritte sie geführt haben: zum Hotel Toulouse. Und als sie durch die Toreinfahrt geht, wird ihr auch der Grund ihres morgendlichen Besuches klar: Offiziell ist sie gekommen, um den Fouchers für die liebevolle Fürsorge zu danken, die diese ihr haben zuteil werden lassen. Nun ist sie nicht mehr die Person, die unglücklich durch die Straßen irrt, sondern die höfliche, pflichtbewußte Frau. Von der beruhigenden Unterhaltung mit Pierre, der die Gabe hat, zu reden, ohne etwas zu sagen, erhofft sie sich Linderung. Sie hofft auch, wenigstens einmal über Anne-Victoires Entbindungs- und Stillgeschichten in dumpfe Gleichgültigkeit zu versinken.

Doch Pierre ist nicht da, und Anne-Victoire ist mit ihrer Tochter Adèle einkaufen gegangen. Das Dienstmädchen bittet Sophie, im Salon zu warten: Madame werde nicht lange fortbleiben.

Da kann Sophie, sich selbst überlassen, der Versuchung nicht widerstehen, über den Flur zu dem Saal zu gehen, in dem der Ausschuß getagt und in dem Fanneau die letzten Tage seines Lebens zugebracht hat. Doch es ist wirklich nicht der richtige Augenblick, um dort in stillem Gedenken zu verharren. Fenster und Türen stehen sperrangelweit offen, Dienstpersonal ist dabei, Fußboden, Möbel und Wandtäfelung zu wienern, als hätte der Prozeß, der dort stattgefunden hat, Spuren der Verwesung hinterlassen.

Sophie weicht in den Salon zurück. Um die Zeit zu überbrücken, nimmt sie die auf einem Tisch liegende Morgenausgabe des *Journal de Paris* zur Hand. In einem Bericht über das Urteil stößt sie auf La Hories Namen und auf die Bekanntgabe seiner Hinrichtung. Einige Zeilen für zwölf Leichen, die man morgen vergessen haben wird, und in den anderen Zeitungsspalten geht das Leben weiter. Während der von Kugeln zerlöcherte Leib ihrer großen Liebe in der Grube von Vaugirard verfault, wird den Pariser Badbesuchern mitgeteilt, daß die Vigier-Badewannen der Tuilerien zu ihrem Platz unter der Brücke gebracht worden sind, wo sie überwintern. Bei Gagliani, dem Buchhändler in der Rue Vivienne, bringt Miss Edgeworth ihren neuen vierbändigen Roman *Fanny oder die Memoiren eines Waisenmädchens und ihrer Wohltäter* heraus. In der Komischen Oper wird *Aucassin und Nicolette* gegeben, in der Kaiserlichen Musikakademie *Das befreite Jerusalem* und im Französischen Theater *Der Geizige*.

Im September hat der Militärgouverneur, Graf Rostopchine, in Moskau die Einwohner der Stadt vor den französischen Truppen gewarnt: »Bewaffnet Euch, womit auch immer, besonders aber mit Forken, die zum Kampf gegen die Franzosen um so besser geeignet sind, als diese ungefähr so schwer wie Strohbündel sind; wenn wir sie schon nicht besiegen können, so werden wir sie in Moskau, sollten sie die Kühnheit haben, hier einzudringen, ins Feuer werfen.« Und dann, heißt es in der Zeitung weiter, hat er aus dem Ostrog- und Yaman-Gefängnis achthundert Verbrecher herausgeholt. Als Gegenleistung für ihre Freiheit verlangt man von ihnen, daß sie vierundzwanzig Stunden nach der Ankunft der französischen Truppen die Stadt in Brand setzen. Sophie sieht plötzlich vor ihrem geistigen Auge, wie der kleine, feiste Korse sich zischend in den Flammen windet. Das beruhigt sie.

In der Rue Saint-Jacques gibt es einen Buchverleiher namens Royol. Ein freundlicher Alter, der mit seinen Kniehosen à la française, seinem Rock aus Berkan, den buntgewebten Strümpfen, hochhackigen Schnallenschuhen und seiner gepuderten Perücke immer noch herumläuft wie vor der Revolution. Auch das Getue und die Affektiertheit seiner Jugendzeit hat der wunderliche Kauz nicht abgelegt. Als Sophie, die Leseratte, ins Feuillantinerinnenkloster zog, hat sie ein Jahresabonnement bei ihm bestellt.

Nie setzt sie einen Fuß in seine Höhle, denn sie behauptet, er stinke wie sechsunddreißig Teufel. Eugène und Victor aber hat sie aufgetragen, ihr Bücher mitzubringen und sie sogar als erste zu lesen, um ihr langweilige Lektüre zu ersparen. Die beiden fühlen sich sehr geschmeichelt, daß sie ihrer Mutter die Bücher aussuchen dürfen. Ganz versessen aufs Lesen, haben beide schon Stunden beim alten Royol zugebracht. Was sie dort entdecken, gehört zum Besten wie auch zum Schlechtesten. Und zum Schlechtesten zählen uninteressante, rührselige Romane wie die vergänglichen Werke eines Ducray-Duminil oder Pigault-Lebrun. Binnen kurzem haben sie alles verschlungen, was das Erdgeschoß des Verleihers hergibt, und es zieht sie nun in das Zwischengeschoß, das der Alte »die Hölle« nennt, weil er hier, für x-beliebige Kundschaft unzugänglich, Bücher aufbewahrt, die er für anstößig oder deren Philosophie er für zu gewagt hält. Und dieses Zwischengeschoß wirkt auf Eugène und Victor um so anziehender, als es verschlossen ist.

Eines Nachmittags läßt Vater Royol die Kinder allein, im Glauben, sie seien artig, vergißt jedoch, die Tür zur Hölle abzuschließen. Sie schlüpfen hinein und entdecken eine ihnen völlig neue Literatur. Da geht es nicht mehr um *Die Reisen des Kapitän Cook,* um Grimm oder Walter Scott oder die *Reisen* von Spellanzani, sondern um gewisse, wenig verbreitete Werke von Diderot, Voltaire, Rousseau oder Restif de la Bretonne. Dort finden sich die *Liebschaften des Ritters von Faublas*, Erzählungen von La Fontaine, die mit den Fabeln, die sie im Unterricht durchgenommen haben, nichts zu tun haben, und sogar Gedichte, in denen Wörter schwarz auf weiß zu lesen sind, die sie nun wirklich nicht erwartet hätten. Einige dieser Bücher, wie *Organt*, ein unanständiges Gedicht von Saint-Just, sind mit delikaten Stichen illustriert, die ihre Bäckchen zum Glühen bringen.

Die Kinder sind von ihrer Entdeckung hellauf begeistert. Einer hat sich auf *Die indiskreten Kleinode* von Diderot, der andere auf *Das Verderben der Landfrau* von Restif gestürzt, und bäuchlings auf einem alten Teppich liegend, ihre Fäuste in die Wangen gegraben, blättern sie gierig Seite für Seite um. So sehr sind sie in ihre Lektüre vertieft, daß sie Vater Royol nicht zurückkommen hören. Wutentbrannt reißt der Alte ihnen die Bücher weg, befiehlt ihnen, wieder ins Erdgeschoß hinunterzugehen, und schließt die Hölle ab.

Am nächsten Tag eilt er ins Feuillantinerinnenkloster. Schon bei seinen ersten Worten fragt sich Sophie, ob er nicht vielleicht den Verstand verloren habe.

»Madame, Madame«, sagt er, »die Kinder haben die Hölle betreten. Ich hatte versehentlich – wie ist mir das peinlich – den Schlüssel in der Tür stecken lassen. Ich bitte vielmals um Entschuldigung. Ich habe sie auf der Stelle hinausgejagt; sie haben keine Zeit gehabt, sittlich Schaden zu nehmen ...«

»Was für eine Hölle?« fragt Sophie. »Was für ein Schlüssel? Was heißt denn sittlich Schaden nehmen? Was erzählen Sie mir denn da, Monsieur Royol?«

Er erklärt es ihr: das Zwischengeschoß, die schlechten Bücher ...

»Es gibt keine schlechten Bücher«, sagt Sophie gereizt. »Ich bin für eine freie Erziehung, Monsieur Royol. Lassen Sie sie doch lesen, was sie wollen.«

»Aber Madame: Diderot, Restif ... Sie sind noch recht jung!«

»Ich sage Ihnen doch, lassen Sie's gut sein. Entweder sie sind zu jung und verstehen nicht, was sie lesen, oder sie verstehen es, und dann sind sie nicht zu jung.

Freiheit, Monsieur Royol, Freiheit!«

Freiheit hin oder her: Sophie hat ernstere Sorgen, als die Lektüre ihrer Söhne zu zensieren. In den letzten Monaten hat Léopold, wiewohl dazu verpflichtet, fast kein Geld geschickt, und wieder einmal kämpft sie mit materiellen Schwierigkeiten, die immer beängstigendere Formen annehmen. Es ist schon wahr, daß die Lage der Franzosen in Spanien sich zusehends verschlechtert, doch Léopold geht wirklich zu weit. Wenn schon nicht um sie, so könnte er sich doch wenigstens um seine Kinder kümmern. Wie soll sie von den zweitausendfünfhundert Franc, die sie in einem Jahr bekommen hat, ihre Miete bezahlen, Claudine, die Unterrichtsstunden von Vater Larivière, das Essen für vier Personen, ihre eigene Kleidung und die ihrer Kinder? Von Zeit zu Zeit hebt sie also wie eine Diebin einen kleinen Notgroschen von dem Kapital ab, das sie auf Léopolds Veranlassung hin bei seinen Pariser Bankiers eingezahlt hat und für das sie eine Vollmacht hat. Später wird man ihr das vorhalten.

Auch um Abel, der jetzt fünfzehn Jahre alt ist, macht sie sich Sorgen. Er ist Leutnant und mit seinem Vater in der Spanienarmee, die in wilder Flucht auseinanderläuft. General Lucotte hat ihr diesbezüglich einen Brief geschrieben. Mit ansehen zu müssen, wie der Halbwüchsige untätig in einer sich auflösenden Armee herumlungert, beunruhigt diesen guten Familienvater, und er findet ihn noch zu jung, als daß er jetzt schon auf eine militärische Laufbahn vorbereitet werden sollte. Sophie täte gut daran, ihn wieder zu sich zu nehmen und in einem guten Pariser Gymnasium seine Schulzeit beenden zu lassen. General Hugo, fügt er hinzu, sei von seinen Amtsgeschäften über Gebühr in Anspruch genommen und habe keine Zeit, Ausbildung und Umgangsformen eines Heranwachsenden zu überwachen. Er wäre sicher damit einverstanden, sich von ihm zu trennen, wenn es zu Abels Bestem wäre.

Sophie würde sich freuen, wenn Abel, dessen gewinnendes Wesen und Zuverlässigkeit sie entzücken, zu ihr zurückkäme. In einem Brief wendet sie sich mit dieser Bitte an Léopold. Der aber ist auf Sophie wirklich schlecht zu sprechen und schickt Abel lieber ins Internat nach Pau. Sophie wird ihn erst im Herbst wiedersehen.

Im Juli kommt ein finsterer Geselle zu Besuch, der sich als Direktor des Napoleon-Gymnasiums vorstellt. Er würde sich geehrt fühlen, sagt dieser häßliche, verschlagen dreinblickende Mann, wenn er die Söhne des Generals Hugo zu den Schülern seiner Anstalt zählen dürfte. Er habe gehört, daß sie sehr begabt, leider Gottes aber allzusehr sich selbst überlassen seien. Und er wirft einen gestrengen Blick in Richtung Garten, wo Eugène und Victor, an einen Kastanienbaum gelehnt, lesen und dabei an Grashalmen kauen. Gewiß, für eine Frau, allein auf sich gestellt, sei es keine leichte Aufgabe, Knaben zu erziehen. Das wisse er. Deshalb habe er sich als erfahrener Pädagoge erlaubt, zu ihr zu kommen, um ihr einige Ratschläge zu erteilen. General Hugo würde seine Handlungsweise sicherlich gutheißen. Ist es nicht an der Zeit, daß ihre Söhne diesen gefährlichen Freiraum verlassen und sich der nützlichen Disziplin eines Gymnasiums unterwerfen? Ist denn ernsthaftes Lernen in einem Garten möglich?

Sophie, die sich kaum beherrschen kann, dankt dem gräßlichen Direktor für seine Mühe und begleitet ihn zur Tür. Sie werde es sich überlegen und ihm ihre Entscheidung mitteilen.

Sie hat zwar eine große Abneigung gegen diesen finsteren Menschen, das Gespräch mit ihm hat sie aber doch beunruhigt. Sie legt größten Wert darauf, daß Eugène und Victor etwas lernen. Sie für eine glanzvolle Zukunft zu rüsten, liegt ihr am Herzen, und gleichzeitig sieht sie, wie glücklich sie im Garten des Feuillantinerinnenklosters sind. So fragt sie sich, ob für die Zukunft nicht anderes wichtig sei: eine Kindheit ohne entmutigende Zwänge, ein Stundenplan, in dem Spiel und Arbeit miteinander verbunden sind. In ein oder zwei Jahren tut eine strenge Zucht vielleicht not, aber schon jetzt?

In anderen Augenblicken sagt sie sich, daß der Direktor möglicherweise doch recht hat, daß seine Erfahrung als Erzieher nicht unwichtig ist. Vielleicht ist die strikte Disziplin, die nur in einem Gymnasium vermittelt werden kann, für die Erziehung der Menschen nötig? Läuft sie nicht Gefahr, wenn sie ihnen dies aus Liebe erspart, ihr junges Leben zu verpfuschen? Die Frage ist: Soll sie ihnen, auf die Gefahr hin, daß sie ihre Zukunft aufs Spiel setzt, die Freiheit lassen, oder soll sie die Söhne zu ihrem eigenen Wohl in dieses düstere Gymnasium bringen? Wie sehr ihr Fanneau jetzt fehlt! Er könnte ihr einen vernünftigen Rat geben. Er würde ihr helfen, die richtige Entscheidung zu treffen.

Eugène und Victor, die sie befragt, sind am Boden zerstört. Sie trauen sich nicht, allzu laut zu protestieren, denn sie wissen, daß Sophie ein solches Verhalten nicht duldet, Victor aber erinnert sie vorsichtig an das Versprechen, das sie ihnen gegeben hat, als sie das Gymnasium für Adlige verließen: Sie würde sie nie wieder in ein Internat stecken. Ist sie mit ihrer Arbeit, ihren täglichen Fortschritten nicht zufrieden?

Eine Woche lang geht Sophie sorgenvoll im Garten auf und ab. Ist es La Hories Schatten in den Alleen, der ihr zuflüstert, daß nur die Freiheit zählt? Ist es die sommerliche Pracht der Bäume und Blumen, die ihre Entscheidung beeinflußt oder vielleicht auch das Wissen darum, daß das alles keinen Bestand hat? Sie hat ihre Wahl getroffen.

»Die Entscheidung ist gefallen«, sagt sie zu den Kindern. »Ihr kommt nicht ins Internat.«

Und sie hat gut daran getan, ihnen diesen schönen Sommer im Feuillantinerinnenkloster noch einmal zuzubilligen. Im Herbst erfahren sie, daß der Garten einer Verlängerung der Rue d'Ulm weichen muß. Sie kann zwar weiterhin das Haus mieten, doch die Miete übersteigt derzeit ihre Möglichkeiten, und schließlich war es der Garten, an dem sie so sehr hing. Sie geben das Feuillantinerinnenkloster also auf. Die Kinder sind sehr traurig, Sophie weniger. Sie hat hier zu viele glückliche Erinnerungen, als daß sie nicht Qualen litte. Fast ist sie froh, daß die kleine Kapelle hinten im Garten bald nicht mehr existieren wird.

Am 31. Dezember 1813 ziehen sie wieder einmal um. Mit Hilfe der Fouchers hat Sophie neben dem Hotel Toulouse in der Rue des Vieilles-Thuileries eine Mietwohnung gefunden. Diese liegt im Erdgeschoß eines Stadthauses aus der Zeit Ludwig XV. Ein kleiner Garten gehört dazu, der aus einem winzigen Stück Rasen, drei Bäumen und einem handtuchgroßen Gemüsebeet besteht. Verglichen mit dem Garten im Feuillantinerinnenkloster ist das Ganze zum Lachen, aber die Miete ist sehr viel billiger. Für die Jungen nimmt sie sogar noch die zweite Etage dazu, während die Familie Lucotte, die gerade aus Spanien heimgekehrt ist, in der ersten einzieht.

Zwischen den Lucottes und den Fouchers fühlt sich Sophie weniger einsam. Die Kinder werden für den Verlust des Feuillantinerinnenklosters ein wenig durch die Freude entschädigt, wieder mit ihren Kameraden aus Madrid spielen zu können. Und zusammen mit den kleinen Fouchers ist die lustige Bande komplett. Mit der Kutsche des Generals Lucotte, die im Schuppen abgestellt ist, spielen sie Schiff. Sie teilen sich in zwei Gruppen auf. Die einen steigen in den Wagen: Das sind die Passagiere. Die anderen verwandeln sich in Wellen. Sie kriechen unter den Wagen und rütteln ihn aus Leibeskräften, wobei sie die Federn in eine schlingernde Bewegung versetzen, bis General Lucotte zur Rettung seines Gefährts schreitet und Vorhängeschlösser an den Türen anbringen läßt.

Die Kinder, nicht faul, finden schnell etwas anderes: Aus Verpackungskisten im Hof bauen sie ein Bollwerk. Diesmal werden wegen der Holzsplitter, der blauen Flekken und der Tränen, die dabei fließen, die Mütter böse.

Mit ihren achtunddreißig Jahren sieht Rosalie Lucotte immer noch blendend aus. Geistvoll und charmant im Umgang, dazu noch musikalisch begabt, gewinnt sie viele Gäste für ihren Salon. Dabei hat sie kein einfaches Leben gehabt. Sie stammt aus einem Adelsgeschlecht der Vorrevolutionszeit; während der Schreckensherrschaft starben Vater und Großvater auf dem Schafott; die Familie wurde auseinandergerissen. Rosalie konnte dem Tod nur dadurch entrinnen, daß sie als Fünfzehnjährige einer »Revolutionsheirat« mit einem Gerichtsschreiber zustimmte, der sich in sie verliebt hatte und von dem sie zwei Kinder hat, Armand und Honorine. Nachdem sie ihre erste Ehe rechtmäßig hatte auflösen lassen, hat sie 1801 im Alter von fünfundzwanzig Jahren General Lucotte geheiratet. Diesmal war es eine Liebesheirat. Mit ihm hat sie vier weitere Kinder, von denen zwei sehr früh gestorben sind. Sie gibt auch Amato, dem unehelichen Sohn des Generals, den letzten Schliff.

Die Lucottes führen eine ausgezeichnete Ehe, und oft beneidet Sophie sie um ihre Harmonie. Der General ist stolz auf seine Frau und sehr in sie verliebt. Er wird nicht müde, in Prosa und Versen ein Loblied auf sie zu singen.

Er ist nicht der einzige. Eugène und Victor lieben Rosalie abgöttisch. Die Bewegungen ihrer Volants, ihr hochgeschnürter Busen, der in den modischen Dekolletés offen zutage liegt, und die Schmachtlocken an ihrem hübschen Hals erregen vor allem Victors frühreife Sinnlichkeit.

Das Kind, das bei Vater Larivière das Reimen lernt, hat einen Zehnzeiler gedichtet, den er Madame Lucotte zum 1. Januar 1814, nicht ohne über und über rot zu werden, geschenkt hat:

*Madame, an diesem schönen Tage,*
*An dem ein neues Jahr beginnt,*
*Wünsch ich Ihnen gute Jahre,*
*Aus Seid' und Gold gesponn'ne Tage,*
*Und vor allem für Ihr Alter*
*Liebe Kinder und viel Reichtum.*
*Es ist mir ein großes Vergnügen,*
*Madame, und damit will ich schließen,*
*Ihnen meine Huldigung*
*Und Liebe darzubringen.*

Und wenden wir uns Sophie zu, so sehen wir, wie sie mit Rosalie zu jenem unbändigen Lachen zurückfindet, das ihr immer heilsame Medizin gegen die Schrecken des Lebens war.

Während die Kinder im Hof der Rue des Vieilles-Thuileries Krieg spielen, überrennen die russischen, österreichischen und preußischen Armeen, die sich gegen Frankreich verbündet haben, die Napoleonischen Truppen und rücken auf Paris vor. Nunmehr scheint der Einmarsch unvermeidlich. Paris stellt sich darauf mehr mit Neugier als mit leidenschaftlicher Verteidigungsbereitschaft ein, obwohl die Nationalgarde sich in den Stadtvierteln neu formiert und die staatsbürgerlichen Uniformen wieder herausgeholt werden. Noch schreit man nicht: »Es lebe der König!«, doch ruft auch keiner mehr: »Es lebe der Kaiser!«

Mehrmals am Tag informieren sich die Bewohner der Rue des Vieilles-Thuileries im Hotel Toulouse über die Lage, und General Lucotte hat an den Wänden große Generalstabskarten angebracht, auf denen die Truppenbewegungen eingezeichnet sind.

Eines Morgens, Ende März, gerät Paris in helle Aufregung. Seit den frühen Morgenstunden donnern die Kanonen. Verwundetentransporte rollen über die Boulevards. In aller Eile werden auf den Straßen große Plakate geklebt, die die Bewohner vor den schrecklichen Kosaken warnen. Sie sollen mit Blut getränkte Lanzen, Bärenfellmützen und Ketten aus Menschenohren tragen. Gegen Mittag wird gemeldet, daß die Verbündeten die Barrière du Maine überschritten hätten. Deshalb schreien die

Leute: »Es lebe der König!« und winken mit weißen Taschentüchern. Geräuschvoll schwenken Reiter weiße Fahnen. Weiße Kokarden werden unter den Passanten verteilt, und Sophie in ihrer Freude ist nicht frei von Melancholie. Hätte Fanneau zwei Jahre länger gelebt ... Der größte Teil der Senatoren und der zivilen und militärischen Behörden habe sich schon den Royalisten angeschlossen, heißt es.

Und da steigen auch schon die angekündigten Ungeheuer ausgerechnet im Hof ihres Hauses ab. Paris hat kapituliert, die Sieger müssen beherbergt werden. General Lucotte ist nicht da. Sophie und Rosalie werden aufgefordert, einen Oberst und vierzig Soldaten unterzubringen.

»Ich habe wohl ein Zimmer für Sie, aber keine Kaserne!« sagt Sophie zu einem Oberst, der doppelt so groß ist wie sie, und stampft mit dem Fuß auf.

Die Kinder, Zeuge dieser Szene, finden, daß ihre Mutter wirklich vor nichts Angst hat. Dennoch sind sie von den Ungeheuern enttäuscht. Ganz gewöhnliche Soldaten sind das, kein einziges Menschenohr hängt ihnen am Hals, und widerspruchslos suchen sie sich ein Lager im Stroh oder auf der Straße.

Der Usurpator ist auf die Insel Elba verbannt worden. Zu dieser Zeit etwa schleppt Rosalie Sophie eines Tages zur Passage des Panoramas, wo ein Schuhmacher die schönsten grünen Schuhe dieses Frühlings anfertigt. Diese machen Furore, denn Grün ist die Farbe des Kaiserreichs, und man gefällt sich darin, dieses fortan mit Füßen zu treten. Rosalie, der noch ein kümmerlicher Rest an persönlichem Vermögen geblieben ist, kann sich den

Torheiten der Mode nicht ganz entziehen, besonders wenn der neue Stil etwas Aufrührerisches hat. Und da sie weiß, daß Sophie für Kleidung im Augenblick kein Geld hat, überschüttet sie sie mit Geschenken und bittet sie inständig, sie »ihr zuliebe« anzunehmen.

Sie sind also aus den Passages des Panoramas mit einer ganzen Schuhkollektion nach Hause gekommen: grünen, zartgrünen, apfelgrünen und bronzegrünen. Außerdem haben sie weißen Perkal und Spitzen gekauft, und als sie bei Debauve in der Rue des Saints-Pères vorbeikommen, auch noch Schokolade.

Am Tag des Dankgottesdienstes in der Kathedrale Notre-Dame sind Abel, Eugène und Victor besonders stolz auf ihre Mutter, denn mit ihren zweiundvierzig Jahren sieht sie noch immer wie ein junges Mädchen aus. Sie postieren sich an dem Fenster, das Pierre Foucher im Saint-Jean-Turm des Justizpalastes gemietet hat, damit sie den königlichen Zug sehen können. Die drei, die gerade den Lilienorden bekommen haben – die Lilie ist aus Silber und hängt an einem schwarzen Moiréband –, haben sich zum Gedenken an den bedauernswerten Herzog von Enghien und auch an Victors »Patenonkel« Victor Fanneau de La Horie eine weiße Kokarde an den Hut gesteckt. Übrigens wird Victor das Büchlein von Tacitus, das La Horie ihm am Tag vor seiner Verhaftung geschenkt hat, sein ganzes Leben lang aufbewahren.

Es ist soweit. Léopold schickt seiner Familie keinen Pfennig mehr. Wie Sophie erfahren hat, ist Léopold nach seiner Rückkehr aus Spanien mit der Verteidigung von Thionville beauftragt worden. Er hat sich dort mit dem

Fräulein Thomas häuslich niedergelassen und stellt sie aller Welt als »Generalin Hugo« vor.

Im Mai bittet Sophie die Lucottes und Fouchers, sich um Eugène und Victor zu kümmern und fährt mit Abel nach Thionville. Sie wird ihr blaues Wunder erleben.

Sophie wäre besser in Paris geblieben, denn ihr Ehemann empfängt sie wie eine tollwütige Hündin. Diesmal ist kein König Joseph da, um sie zu verteidigen, und Léopold nutzt das aus. Ohne Rücksicht auf Abel beleidigt er Sophie ausgiebig und droht sogar, ihr die Knochen zu brechen. »Meine Sophie de Châteaubriant«, das war einmal! Léopold ist die Sanftmut selbst, wenn er innerlich ruhig ist. Gerät er aber in Wut, überschreitet er die Grenzen des Erlaubten. Der arme Abel muß mehrmals eingreifen, um seine Mutter zu beschützen.

Und wie es so ihre Art ist, behandelt Sophie ihn von oben herab. Das bewahrt sie jedoch nicht davor, ihrerseits von Léopold und zugleich von Catherine Thomas auf alle erdenkliche Weise gedemütigt zu werden. Die Wut der Thomas' ist um so größer, als Sophies unverhoffter Besuch der Crème von Thionville die Augen darüber geöffnet hat, wer die echte Generalin ist.

Léopold schiebt Sophie und Abel in irgendeinen Winkel seines Hauses ab und weist das Personal an, sie wie Aussätzige zu behandeln. Dann mietet er unter Catherines Namen in der Nähe von Thionville ein Schlößchen und zieht sich mit ihr dorthin zurück. Sophie und Abel bleiben allein in Thionville.

Eugène und Victor in Paris haben Sehnsucht nach Sophie und bitten sie in einem herzzerreißenden Brief, möglichst schnell wieder nach Hause zu kommen. Dazu ist sie jedoch erst bereit, wenn sie bekommen hat, wofür sie nach Thionville gefahren ist: das Geld, das sie zum Leben und für die Erziehung ihrer Kinder braucht.

Léopold ist jedoch so unausstehlich, daß Sophie Anfang Juni die Trennung von Tisch und Bett und eine Pension von dreitausend Franc beantragt. Er antwortet mit einer Scheidungsklage. Grund: Ehebruch. Wieder taucht La Hories Name auf. Gleichzeitig holt er zu einem sehr grausamen Schlag gegen sie aus.

Aus Paris bekommt Sophie einen Brief mit der Mitteilung, Léopold habe seiner Schwester – besagter Goton Martin-Chopine, die sie in Nancy so sehr haßte – die Vollmacht erteilt, Sophies Wohnung bis zum Verkauf ihres Mobiliars versiegeln zu lassen. Er hat seine Schwester ferner darum gebeten – und das macht Sophie rasend –, den Fouchers die Kinder wegzunehmen und sie bis auf weiteres bei sich in der Rue du Vieux-Colombier zu behalten.

Man kann sich vorstellen, mit welchem Eifer die Martin-Chopine sich ans Werk macht! Sophie springt in die erstbeste Postkutsche, kommt jedoch nicht mehr rechtzeitig in Paris an. Ihre Wohnung ist versiegelt, Eugène und Victor sind verschwunden. In ihrer Verzweiflung sucht sie bei den Fouchers Zuflucht, die über das Geschehene sehr verbittert sind.

Obwohl Pierre sich höchst ungern in die Angelegenheiten anderer Leute mischt, hat er in Sophies Abwesenheit versucht, wenigstens die Entführung der beiden Kinder zu verhindern, die natürlich nicht wußten, wie ihnen geschah. Vergebens. Und dann hat er Léopold umgehend einen Brief geschrieben und versucht, mäßigend auf ihn einzuwirken.

*Paris, den 18. Juni 1814*

»Herr General!
Ich schreibe Ihnen, weil es mir das Herz zerreißt. Gestern abend wurde ich in die Wohnung von Madame Hugo gerufen. Dort sah ich, wie Madame Martin – im Besitz Ihrer Vollmacht – in aller Eile die gerichtlichen Siegel

anbringen ließ. Die Kinder hatte sie schon abholen lassen. Weder dieser unerfreuliche Auftritt noch der schlechte Eindruck, den diese Szene auf mich machte, sind es, die mich besonders traurig stimmen. Es ist vielmehr das Los Ihrer Kinder, die einer Madame Martin ausgeliefert sind, deren Charakter, Benehmen und vor allem deren Herz Sie besser kennen dürften als ich. Zudem erfüllt es mich auch mit Sorge, mit ansehen zu müssen, wie das Mobiliar, der Haushalt, den Madame Hugo sich mühsam zusammengespart hat, versteigert wird, und zwar weniger zu Ihrem Nutzen als zu dem der Leute, die es sich angelegen sein lassen, mit Ihnen über die Einnahmen aus diesem Verkauf abzurechnen. Ich rede von Verkauf, weil ich habe munkeln hören, daß es in einigen Tagen dazu kommen werde. In Ihrem wohlverstandenen Interesse rate ich Ihnen, nichts zu überstürzen. Zum äußersten Mittel zu greifen, hat immer noch Zeit …

Madame Martins Vorgehen ist ein Beweis dafür, daß die Eintracht in Ihrem Hause bei weitem noch nicht wiederhergestellt ist. Das bereitet uns allen Kummer und tiefen Schmerz. Wenn Sie schon nicht in gutem Einvernehmen miteinander leben können, so ruinieren Sie sich wenigstens nicht gegenseitig mit Gerichtsverfahren. Bringen Sie sich nicht an den Bettelstab. Oh, mein lieber General, könnten Sie sehen, wie verzweifelt Ihre Kinder waren, könnten Sie erkennen, welches Los ihnen beschieden sein wird, Sie würden der unheilvollen Entwicklung, die Ihre Zwistigkeiten nehmen und deren Opfer hauptsächlich Sie selbst sein werden, Einhalt gebieten. Sie haben möglicherweise Feinde, Neider, und diese werden ganz sicher Kapital aus einem solchen Gerichtsverfahren, wie es offenbar in Thionville eingeleitet wird, schlagen, um Ihnen bei Ihrer Beförderung zu schaden. Sie gefährden Ihre gesellschaftliche Stellung und verschleudern zudem Ihr Vermögen.

Nehmen Sie einem alten Freund diese Überlegungen nicht übel. Ich verehre Madame Hugo. Ihnen gilt meine Liebe und Wertschätzung. Was gäbe ich darum, könnte ich Sie miteinander versöhnen. Doch noch einmal: Sollte dies unmöglich sein, so beantragen Sie in beiderseitigem Einvernehmen die Trennung von Tisch und Bett. Sorgen Sie für den Unterhalt, die Erziehung und das Fortkommen Ihrer drei Kinder. Die Gerichte sollten nicht über wechselseitige Beschuldigungen zu entscheiden haben. Nichts möge den guten Ruf, den Sie sich als Soldat erworben haben, schmälern.

Haben Sie Vertrauen zu mir. Die Worte eines Mannes, der zu Eintracht rät, können nicht verdächtig sein. Ich glaube, mein lieber General, daß es Ihren beiden Kindern, die in Paris sind, an dem Ort, an dem sie sich zur Zeit befinden, in jeder Hinsicht miserabel geht. Sie sollten ins Auge fassen – und das empfiehlt sich bis zu Madame Hugos Rückkehr –, Ihre Kinder in einem ordentlichen Erziehungsheim unterzubringen.

Madame Hugo wollte uns schreiben. Wir haben aber keinen Brief von ihr erhalten. Dieses Schweigen beunruhigt uns vollends. Ich will offen mit Ihnen reden: Wir sind ihr in tiefer Zuneigung verbunden, was Sie sicherlich nicht überraschen wird und woran Sie gewiß auch keinen Anstoß nehmen werden.

Ich schreibe dem anständigen Soldaten, der Sie sind, und bitte diesen um eine Nachricht von Madame Hugo.«

Ein raffinierter Brief: Nicht zuletzt das Argument, er könne möglicherweise seiner Beförderung schaden, sollte Léopolds Gemüt in Wallung bringen. Später wird er sich tatsächlich damit einverstanden erklären, seine Klage zurückzuziehen und die Trennung von Tisch und Bett zu beantragen.

Sophie ist einstweilen ohne ihre Kinder und kann nicht in ihre Wohnung. Sie muß bis zum 5. Juli warten; erst dann werden aufgrund einer vom Gericht des Departements Seine ausgesprochenen einstweiligen Verfügung die Siegel von ihrer Wohnung entfernt. Außerdem bekommt sie die Erlaubnis, Eugène und Victor vorübergehend wieder zu sich zu nehmen.

Léopolds Wut wäre vielleicht verraucht, hätte er nicht erfahren, daß Sophie in diesen beiden Punkten gewonnen hat. Er ist innerlich um so mehr auf Krieg eingestellt, als er Anfang September als Gouverneur von Thionville durch General Curto abgelöst worden ist. Dieser Akt der Ungnade gibt ihm die notwendige Zeit, Sophie auf gesetzlichem Wege schwer zu belasten und überall lautstark zu verkünden, daß er sie, die er nur noch *Teufelin, verfluchte Mutter, geldgieriges Weib* und ähnliches schimpft, noch nie so sehr *verabscheut* habe wie jetzt.

Im September kommt er nach Paris, bezieht mit Catherine Thomas eine Wohnung, die er unter ihrem Namen gemietet hat, und meldet sich selbst unter einer zweiten Adresse an, um zu vermeiden, daß man ihn des Konkubinats beschuldigt. Nunmehr vor Ort und von Catherine aufgestachelt, die sich in ihrem Haß nicht geschlagen gibt, liefert er Sophie eine erbarmungslose Schlacht. Er macht einen erneuten Versuch, Sophie auf die Straße werfen und ihre paar Möbelstücke entfernen zu lassen; es gelingt ihm, Eugène und Victor in einem Pensionat seiner Wahl unterzubringen; und er macht Sophie überdies schreckliche Szenen: brüllt herum, beschimpft sie und spuckt ihr ins Gesicht, in Gegenwart der Lucottes, des Hauswarts und der Gaffer, die von diesem ganzen Spektakel angelockt werden.

Diese Raserei richtet sich schließlich gegen ihn selbst. Laut einstweiliger Verfügung wird Léopold eine getrennte Wohnung zugewiesen. Ferner darf Sophie ihre Möbel und ihre Wohnung behalten, und Léopold muß ihr eine Pension von monatlich hundert Franc aussetzen. Was die Kinder betrifft, so bleibt Abel bei Sophie und setzt seine Soldatenlaufbahn fort. Die beiden anderen, für die der Vater das Sorgerecht hat, werden ab Februar 1815 auf seine Kosten in einem Pensionat untergebracht.

Das Pensionat Cordier, in das Léopold Eugène und Victor hat einsperren lassen, ist kein Luxusgymnasium. Da es in der engen und dunklen Rue Sainte-Catherine-Saint-Germain in unmittelbarer Nachbarschaft des Abbaye-Gefängnisses liegt, könnte man meinen, es sei ein Teil dieser Anstalt. Es besteht aus einem einstöckigen Hauptgebäude zwischen zwei Höfen, von denen der eine, in dem ein indischer Walnußbaum steht, als Pausenhof dient.

Geleitet wird die Anstalt von einem merkwürdigen Greis, den man, obwohl er die Priesterweihe nie empfangen hat, »Abbé Cordier« nennt. Der einstige Freimaurer ist ein begeisterter Anhänger Rousseaus, dessen armenische Tracht er mit seinem Pelzrock und seiner Kappe imitiert. Stets hat der Alte seine gewaltige Metalldose mit feingeschnittenem Tabak dabei, den er den lieben langen Tag schnupft. Allerdings benutzt er das gute Stück auch, um faulen oder frechen Schülern damit auf den Kopf zu schlagen. Verglichen mit seinem Stellvertreter Monsieur Decotte, dem Mathematiklehrer, ist er jedoch kein Bösewicht. Dieser geht nämlich so weit, Victors Schubfach mit einem Dietrich zu öffnen, um dessen Gedichthefte zu konfiszieren.

Im Pensionat Cordier gibt es nur wenige Schüler: an die zwanzig, lediglich sechs davon sind Pensionäre. Auf Bitten des Generals hin haben Eugène und Victor ein eigenes Zimmer bekommen, eine kleine, unwohnliche

Zelle, in der man im Sommer keine Luft bekommt, und da sie natürlich ungeheizt ist, im Winter friert.

Nach geltendem Gesetz müssen private Anstalten wie das Pensionat Cordier Schüler, die älter als zehn Jahre sind, in ein staatliches Internat zum Unterricht schicken. Eugène und Victor, Pensionäre bei Cordier, sind deshalb gleichzeitig Externe im Louis-le-Grand-Gymnasium.

Man macht mit ihnen Spaziergänge zum Institut de France, in den Dom der Sorbonne, in die Ebene von Vaugirard, um sich die Truppenbewegungen der Alliierten anzusehen, zum Champs-de-Mars oder in den Bois de Boulogne. Sonntags gehen sie in Saint-Germain-des-Prés, der Kirche mit den drei Türmen, zur Messe. Sie haben wenig Freizeit. Die großen Ferien beginnen Ende August und enden Mitte Oktober.

Die beiden Kinder, die immer an ihren Auslauf gewöhnt waren, sind todtraurig, daß man sie in dieses finstere Gemäuer eingeschlossen hat. Soviel ist sicher: Wenn ihre Mutter die Vorstellung von Freiheit in ihnen wachruft, so verbinden sie mit ihrem Vater die Vorstellung von Gefängnis.

Was kann Sophie tun? Nichts. Vorübergehend, und das wird bis 1818 andauern, hat Léopold das Sorgerecht für die Kinder, und sie sind von ihm abhängig. Wie damals, als sie im Gymnasium in Madrid waren, kann Sophie sie nur besuchen, und das tut sie jeden Tag. Auch Abel, der weiterhin als Vermittler zwischen seinen Eltern steht, schickt sie zu ihnen.

Die Möglichkeiten des Gesetzes schöpft Léopold voll aus; er ersinnt immer raffiniertere Bosheiten. Um Sophie noch weiter zu demütigen, vertraut er das Taschengeld seiner Kinder und die Sorge für ihren Unterhalt seiner Schwester Martin-Chopine an. Dies tut er, um Sophie noch weiter ihrer mütterlichen Vorrechte zu berauben.

Als er im März 1815 nach Thionville zurückgerufen wird, ergreift er Vorsichtsmaßnahmen:

»Meine liebe Schwester,
aufgrund eines sehr ehrenvollen Auftrags bin ich gezwungen, mich aus der Hauptstadt zu entfernen. Meine beiden Kinder, die bei Monsieur Cordier untergebracht sind, übergebe ich Deiner Obhut. Ich wünsche nicht, daß sie unter irgendeinem Vorwand ihrer Mutter überlassen oder ihrer Aufsicht unterstellt werden. Nur Dir vertraue ich sie an, und nur Dir gegenüber ist Monsieur Cordier verantwortlich ...«

Eine sauertöpfische und bösartige Witwe, diese Goton Martin-Chopine. Sie haßt ihre Schwägerin und läßt ihre Wut an ihren beiden Neffen aus, die sie mit übertriebener Strenge anfaßt. Da sie in der Rue du Vieux-Colombier, ganz in der Nähe des Pensionats wohnt, hat sie diese unter Kontrolle. Daß seine Schwester engherzig ist, weiß Léopold. Aber im Augenblick ist er eher darauf bedacht, Rache an Sophie zu nehmen, als für das Glück seiner Kinder zu sorgen.

Eugène und Victor ist diese geizige und heimtückische Tante ein Graus. Kein gutes Haar läßt sie an ihrer Mutter. Sie reden sie mit »Madame« an und begegnen ihr mit eisiger Kälte. Außerdem ist sie – dieser Brief von Léopold bezeugt es – eine Petze:

»Meine liebe Goton,
(...) ich muß schon sagen, daß mich ihr Styl (sic) und die Ansprüche, die sie an Dich stellen, empören. Diesen Herren fiele wohl eine Perle aus der Krone, würden sie Dich mit ›Tante‹ anreden und Dir liebevolle und respektvolle Briefe schreiben. Für das Betragen der Kinder muß man

die verfluchte Mutter verantwortlich machen. Daher will ich ihnen nicht allein die Schuld geben, sie sollen sich aber nicht einbilden, sie könnten alle halbe Jahre ein neues Kleidungsstück kaputtmachen, und ich würde ihnen schon ein neues dafür geben. Die Löcher müssen geflickt werden, und sehen sie damit nicht anständig aus, so haben sie sich das selbst zuzuschreiben ...«

In seiner Dummheit und Rachsucht geht Léopold so weit, seinen Söhnen Briefe zu schreiben, in denen er ihre Mutter beleidigt. Voller Empörung weisen Eugène und Victor ihren Vater in die Schranken.

»Was den Schluß Deines Briefes betrifft, so können wir Dir nicht verhehlen, wie sehr es uns schmerzt, daß Du unsere Mutter ein ›elendes Geschöpf‹ genannt hast, und das in einem Brief, den wir bekommen haben, nachdem er geöffnet und gelesen worden ist. Wir haben die Korrespondenz zwischen Mama und dir gesehen: Was hättest Du damals getan, als Du sie kennenlerntest und es Dir gefiel, Dein Glück bei ihr zu suchen, was hättest Du mit einer Person angefangen, die dreist genug gewesen wäre, eine solche Sprache zu führen? Sie ist die geblieben, die sie immer gewesen ist, und wir denken heute noch über sie, wie Du damals über sie gedacht hast.

Auf solche Gedanken hat uns Dein Brief gebracht. Habe die Güte, und denke über den Unseren nach.

Deine Dir stets in Liebe und Respekt ergebenen Söhne,

E. Hugo  
V. Hugo«

Sie sind fünfzehn und dreizehn Jahre alt!

So kaltgestellt zu werden, trifft Sophie empfindlich, und auch die beiden Kinder leiden darunter. Dieses »Deine Dir stets in Liebe und Respekt ergebenen Söhne« ist natürlich nur eine Floskel. Nach Ansicht seiner Söhne schadet Léopold mit seiner ungeschickten und nachtragenden Art in Wirklichkeit sich selbst am meisten. Die Mutter, die ihnen weggenommen worden ist und die beschimpft wird, lieben sie um so mehr. Sie haben nur das eine Bedürfnis, nur die eine Hoffnung: wieder bei ihrer Mutter zu sein.

In den finsteren Mauern des Pensionats Cordier reagieren sie sich – besonders Victor – mit Gedichten ab. Während der vierjährigen Internatszeit wird Victor seine Schulhefte mit Gedichten vollschreiben. Sophie teilt sich mit Rosalie Lucotte die Rolle der Muse.

> FÜR MAMA ZU IHREM GEBURTSTAG: HEILIGE SOPHIE
> *Liebe, gute Mama, die du von Kindheit an*
> *Mich aufgezogen und genährt,*
> *Nimm dies als Tribut der Dankbarkeit,*
> *Den einer deiner Söhne dir zollt.*
> *Vergebens raubt mir des Abends das Unglück,*
> *das schwer auf der Brust mir lastet, die Freiheit.*
> *Die Freude und Zärtlichkeit dieses entzückten*
> *Herzens*
> *will ich hinausschreien.*
> *Was verdanke ich dir nicht alles, oh, meine*
> *geliebte Mutter?*
> *Du schenktest das Leben mir,*
> *Stilltest an deiner Brust mich, und ich verdanke*
> *mein Leben*
> *Nur deiner umsichtigen Liebe,*
> *Wenn ich mit Dankbarkeit*
> *mir den Wert deiner Wohltaten vergegenwärtige,*
> *So kann ich dich nur bewundern und als*
> *Belohnung*
> *Dir meine zärtlichen Wünsche schenken.*

Liest Sophie solche Verse, schmilzt sie dahin und leidet um so mehr unter der Trennung. Sie liebt *alle* ihre Kinder, gewiß. Doch an Victor hängt sie besonders. Aus tausendundeinem Grund: Er hat genau dieselben Augen wie Fanneau.

Die Hundert Tage sind angebrochen. Léopold, der nach Thionville zurückgerufen worden ist, hat keine Zeit mehr, Sophie ständig zu attackieren. Zwar sieht Sophie ihre Kinder, die Léopold der Martin-Chopine anvertraut hat, nicht häufiger als sonst, sie fühlt sich aber auch nicht mehr so beklommen. Beunruhigt über den Gang der Ereignisse, treffen sich jetzt einige überzeugte Monarchisten allabendlich in Sophies Salon, um die Neuigkeiten des Tages zu kommentieren.

Wenn von Sophies »Salon« die Rede ist, so ist das nicht ganz wörtlich zu nehmen; ihre geringen Mittel gestatten ihr nicht, glanzvolle Empfänge zu geben; doch so bescheiden der Rahmen auch ist, die Gäste sind sehr unterhaltsam. Außer den Lucottes, die oft herunterkommen, gehört der Graf Cornet dazu, ein aus Nantes stammender Senator und Pair von Frankreich. Dann der Graf Volney, ebenfalls ein Pair. Er symbolisiert ein »Stück Heimat« für Sophie; beide bekannten sich zu den Ideen von 89 und waren 91 bitter enttäuscht. Heute ist er ein treuer Anhänger der Bourbonen. Da er keine Erben hat, denkt er daran, seine Pairswürde Victor, Sophies Jüngstem, zu vermachen. Ein geniales Kind, wie er findet, für das er eine Schwäche hat.

Die politischen Diskussionen werden immer lebhaft, sobald der Marquis von Coriolis erscheint, dessen Witz und südländische, urwüchsige Art Sophie sehr erheitern. Auch er hat sich von den jakobinischen Ideen, denen er einmal anhing, losgesagt. Der Marquis, ein Vetter von Mirabeau und als sehr junger Mann Mitglied der »Freunde der Verfassung«, gesteht seine Irrtümer ein: »Ich hatte dort meinen Sitz«, sagt er, »ich steckte voller verworrener und leidenschaftlicher Gefühle, gab mich eine Zeitlang Täuschungen hin, war dann sehr schnell ernüchtert. Zuerst habe ich das Volk vergöttert, dann verabscheut.«

Auch Freunde von La Horie, die ihm treu geblieben sind, kommen: Etienne Bodin etwa, oder, wenn er in Paris ist, sein Bruder Fanneau-Reynier.

Bei ihren Besuchen im Pensionat Cordier erzählt Sophie ihren Söhnen, was sie über die politische Situation weiß. Im Haß auf den Usurpator erzogen, sind Eugène und Victor glühende kleine Royalisten. Eugène besingt in einer Ode den Mord am Herzog von Enghien, und Victor kritzelt nicht nur auf seine Hefte »Es lebe der König!«, nein, mit seinen vierzehn Jahren hat er soeben auch unter dem Titel *Irtamène* eine Tragödie in Versform gedichtet. Er hat sie natürlich seiner Mutter gewidmet, und sie schließt mit folgendem Vers: »Wenn man die Tyrannen haßt, muß man die Könige lieben.« Mit anderen Worten: Nieder mit Bonaparte, der meinen Patenonkel getötet hat! Es lebe Ludwig XVIII.!

Sollten Exil und Abgeschiedenheit den jungen Dichtern förderlich sein? Über ihr Dasein als Internatsschüler trösten sich Eugène und Victor mit Versen hinweg. Victor schreibt seine Hefte mit Oden, Balladen, Epigrammen, Fabeln, Liedern, Novellen, Akrostichen und verschiedenen Elegien voll. Seine erste Leserin ist Sophie. Ungeduldig wartet er auf ihre Besuche, um ihr vorzutragen, was er am Tag zuvor geschrieben hat.

Aufmerksam verfolgt Sophie das literarische Gestammel

ihrer Söhne und ermutigt sie, auf diesem Wege weiterzugehen. Einmal aus persönlicher Neigung, dann aber auch aus Widerspruchsgeist. Sie weiß, daß Léopold die Jungen für das Polytechnikum bestimmt hat und sie, wie Victor sich ausdrückt, »lebenslänglich zur Mathematik verurteilen« will. Sie hingegen drängt sie in Richtung schöne Literatur. Victor hat ein ehrgeiziges Ziel, das er in einem seiner Hefte aus dem Jahre 1816 sehr klar formuliert: »Ich will ein Chateaubriand werden oder gar nichts.« Sophie sieht ihn schon als Pair von Frankreich oder als Mitglied der Académie Française. Von ihren drei Söhnen macht ihr Eugène die größten Sorgen: Er ist überempfindlich, und sein Gemüt verfinstert sich jeden Tag mehr.

Von Natur aus ist er schon immer äußerst eifersüchtig gewesen, besonders auf Victor, dem er altersmäßig am nächsten ist. Eine Rivalität, die Victor oft noch mit seinen Hänseleien schürt. Sophie erinnert sich an Szenen in Spanien. Es ging um Weintrauben. Eugène zählte jede einzelne Beere, um sicher zu sein, daß Victor nicht drei mehr hatte als er. Einerseits verbindet sie wirkliche Liebe, andererseits trennt sie ein ständiger Wettstreit, bei dem Victor häufig gewinnt, weil er schneller und besser als sein älterer Bruder ist. Und Sophie, die eigentlich eine Schwäche für Victor hat, zwingt sich oft, Eugène vorzuziehen, weil sie ihn für verletzbarer hält.

*Januar 1818*

Die Wahrsagerin aus der Rue de Tournon, die auf Sophies Schicksalsweg zahlreiche Häuser voraussah, hat recht behalten. Wieder einmal zieht sie um, denn die Miete in der Rue des Vieilles-Thuileries ist inzwischen für sie zu hoch. In einem Haus in der Rue des Petits-Augustins, zwischen Seine und Rue Jacob hat sie eine Wohnung in der dritten Etage gefunden. Nur schade, daß sie diesmal ohne Garten auskommen muß.

Am 3. Februar hat das Zivilgericht im Departement Seine über Sophies und Léopolds Antrag entschieden und auf Trennung von Tisch und Bett erkannt. Léopold tobt, denn das Sorgerecht für die drei Kinder ist diesmal Sophie zugesprochen worden; obendrein muß er ihr eine jährliche Pension von dreitausend Franc zahlen.

In Wirklichkeit sind die Kinder groß geworden. Abel, der zwanzig Jahre alt ist, hat zwei Jahre in der königlichen Armee gedient. Er ist jetzt Oberleutnant mit halbem Sold und teilt seine Zeit zwischen der Literatur und seinen Geschäften auf. Dieser dicke, fröhliche Junge verdient bereits seinen Lebensunterhalt und hilft Sophie und seinen Brüdern, soweit seine Mittel es ihm erlauben. Eugène und Victor, die achtzehn und sechzehn sind, beenden gerade ein einjähriges Studium der höheren Mathematik, nachdem sie zuvor die letzte Klasse des sprachlichen Zweigs hinter sich gebracht hatten. Léopold hat es ihnen aufgezwungen, weil er noch immer glaubt, sie seien auf dem Weg zum Polytechnikum. Sophie hat ihnen geraten, Léopold nicht vor den Kopf zu stoßen und den Schluß des Schuljahres abzuwarten, der auch das Ende ihrer Gymnasialzeit bedeutete. Zu Beginn des nächsten Schuljahres werden sie sich an der juristischen Fakultät einschreiben.

Im August bekommt Sophie ihre Söhne endlich zurück. In der Rue des Petits-Augustins herrscht große Freude. Die drei jungen Leute geben sich alle Mühe, Sophie die harten Jahre, die hinter ihr liegen, vergessen zu lassen.

Am Abend geht sie in Begleitung ihrer drei »Pagen« spazieren. Oder man bleibt zu Hause, und Eugène und Victor legen Abel und Sophie ihre jüngsten Werke zur

Beurteilung vor. Es kommt zu heftigen Diskussionen. Sophie, die eine Vorliebe fürs Klassische hat, hält Voltaires Tragödien noch immer für unvergleichliche Meisterwerke. Sie streiten sich über Chateaubriand. Sophie mag *Atala* nicht, während die Jungen, besonders Victor, die Erzählung in den Himmel heben. Offen gesagt hat diese Geschichte über die Wilden sie sehr gelangweilt, und sie brüllt vor Lachen, als eine Parodie auf *Atala,* mit dem Titel *Ah! là! là!*, erscheint. Als eines Tages im Familienkreise beschlossen wird, das langweiligste Buch von allen mit der Siegespalme auszuzeichnen, wählt Sophie *Atala*, während die Jungen für die *Die neue Heloise* stimmen, über die Victor sagt, daß dieses Werk als Pflichtlektüre mit Sicherheit zu den Höllenstrafen gehöre.

Sophie hat auch sehr gute Ideen; sie könnten von einer Journalistin stammen. Sie ermuntert ihre Söhne immer wieder, sich von den Tagesereignissen inspirieren zu lassen. Als zum Beispiel auf Beschluß der königlichen Regierung im August 1818 die Statue Heinrichs IV. auf dem Pont Neuf wieder aufgestellt werden soll, besteht sie auf ihrer Teilnahme an diesem Ereignis. Victors Ode auf die Ermordung des Herzogs von Berry findet ebenfalls ihren Beifall, und sie ermutigt ihn, Chateaubriand einen Besuch abzustatten, was, wie sie meint, seiner literarischen Zukunft nicht schaden könne.

Diese Frau, der nur ein kurzes Leben mit ihrer großen Liebe vergönnt war, widmet nunmehr ihre ganze Energie, all ihre Fürsorge der Zukunft ihrer Söhne, besonders der Victors. Einen großen Schriftsteller aus ihm zu machen bedeutet für Sophie, Fanneau zu neuem Leben zu erwecken.

Der Winter des Jahres 1819 ist besonders streng. Die kleinen Kamine versagen ihren Dienst: Sophie bekommt die Zimmer in ihrer Wohnung nicht warm. Wenn sie morgens aufwachen, ist das Wasser in den Kannen auf dem Waschtisch gefroren. Nach dem Abendessen geht Sophie mit Eugène und Victor meistens ins Hotel Toulouse. Auch Abel verläßt das Haus, geht aber seine eigenen Wege.

Um warm zu werden, legen sie ihren Weg bis zur Rue des Vieilles-Thuileries im Laufschritt zurück. Sophie, die ein amarantrotes Kleid aus Merinowolle angezogen hat, hüllt sich fest in ihr gelbes, mit Palmetten verziertes Kaschmirtuch, das sie den ganzen Abend nicht ablegt.

Man sitzt in Anne-Victoires Zimmer, das leichter zu heizen ist als der Salon. Der eine Sessel am Kamin ist für Sophie bestimmt, der andere für Pierre Foucher, dessen Gesundheit angegriffen ist. Die drei Frauen, Sophie, Anne-Victoire und ihre sechzehnjährige Tochter Adèle, sind mit Stickarbeiten beschäftigt. Gesprochen wird nicht, da Pierre Foucher jede Unterhaltung anstrengt. Und in der Stille der verrinnenden Abendstunden ist nur das Knistern der Holzscheite, das Ticken der Wanduhr oder der Ruf eines Vogels im Park zu hören. Von Zeit zu Zeit läßt Sophie ihre Nadel ruhen, öffnet ein silbernes Tabaksdöschen – ein Geschenk von Fanneau – und reicht es Pierre Foucher, der ebenfalls schnupft.

Von Zeit zu Zeit ist auch ein Glucksen zu hören: Eugène und Victor, die sich langweilen und allerlei stumme Clownerien treiben. Dann hebt Adèle die Augen von ihrem Stickzeug und wirft ihnen ein Lächeln zu.

Sophies Sympathie für Adèle hält sich in Grenzen. Diese große, ein wenig pummelige Brünette mit ihrem sehr regelmäßigen Profil und dem Getue einer verschüchterten Kleinbürgerin geht ihr auf die Nerven. Sie hat etwas Geziertes, Püppchenhaftes. Und wie sie ihren Knicks macht, immer rot wird, und einem nie offen in die Augen sehen kann. Alles deutet auf ein hinterhältiges Wesen hin. Ganz die Mutter. Das war schon immer so.

Merkwürdigerweise scheinen diese für die Jungen eigentlich wenig unterhaltsamen Abende Eugène und auch Victor zu begeistern, der ab sieben Uhr abends durch nervöses Trampeln zu verstehen gibt, daß es Zeit ist, zum Hotel Toulouse zu gehen. Die beiden Jungen haben einen Grund, den Sophie nicht kennt: Beide sind in Adèle Foucher verliebt. Eugène heimlich; Victor offen. Sophie aber hat nichts gemerkt.

Um neun Uhr verabschiedet sich Sophie und geht mit ihren Söhnen nach Hause. Da die dickköpfige Bretonin sich geweigert hat, ihr Umschlagtuch bei den Fouchers abzulegen, tritt sie jetzt überhitzt in die Kälte. Mit dem Ergebnis, daß sie sich im Februar mit einer schweren Lungenentzündung ins Bett legen muß. Trotz der guten Pflege ihrer Söhne zieht sich ihre Genesung bis zum Frühjahr hin. Sie will jedoch nicht zugeben, daß sie krank geworden ist, weil sie sich nicht vernünftig angezogen hat. Die Schuld gibt sie der schlecht beheizbaren Wohnung, die im Winter zu feucht und im Sommer stickig ist. Eigentlich aber kann sie auf einen Garten nicht verzichten und mag darum diese hochgelegene Wohnung nicht. Abel merkt, daß sie anfällig ist, und verspricht, eine neue Unterkunft zu suchen, die ihren Wünschen entspricht.

In Issy, in der Nähe von Paris, haben die Fouchers für die Ferien ein Haus mit Garten gemietet. Victor ist nicht erbaut, kann er doch nun Adèle nicht mehr jeden Abend sehen; das sagt er Sophie aber nicht, als er sie anfleht, das Abendessen doch in Issy einzunehmen. Mehrmals in der Woche mieten sie einen Wagen, kaufen unterwegs körbeweise Obst und fahren zu den Fouchers aufs Land, und in dieser Luft bekommt Sophie wieder Farbe, und Victors Züge heitern sich auf. Eugène aber schmollt. Victor hat ihn ins Vertrauen gezogen, und er weiß nun, daß er nicht Adèles Auserwählter ist. Er kann machen, was er will, immer steht er im Schatten seines jüngeren Bruders. Anläßlich der Blumenspiele in Toulouse im letzten Frühjahr hat dieser die goldene Lilie der Dichtkunst bekommen, er, Eugène, hingegen ging leer aus. Und nun auch noch Adèle ...

*26. April 1820*

In Sophies Wohnung. Es ist später Vormittag. Sophie ist allein. Vor einer guten halben Stunde sind Anne-Victoire und Pierre Foucher fortgegangen, doch Sophie steht immer noch unter dem Eindruck des soeben Gehörten. Was? Victor und Adèle?

Sie ist sofort mißtrauisch geworden, als Anne-Victoire hereinschneite; sie vorneweg mit Bänderhut und vorgestreckter Brust, gefolgt von Pierre, der so steif war, als hätte er einen Stock verschluckt. Noch nie hatte sie ihn so gesehen. Mißtrauisch war sie schon, allerdings nicht allzusehr. Die Neuigkeit, die Anne-Victoire ihr präsentiert, überrascht sie wie die Syphilis den niederen Klerus, wie man in Nantes zu sagen pflegte.

ADÈLE UND VICTOR SIND VERLIEBT.

Die Hände auf dem Rücken verschränkt, geht Sophie mit großen Schritten in ihrem Zimmer auf und ab und wirbelt bei jeder Wende ihr Kleid durch die Luft. Victor und Adèle? Ihr schöner, blonder Victor mit diesem durch den Rost gefallenen Stück halbverbrannter Kohle? Victor unsterblich in Adèle verliebt? Wer, bitte schön, schreibt ihr Briefe? Und wer will sie heiraten? Und wer verbringt seine Zeit damit, um das Hotel Toulouse herumzuschleichen, wenn man glaubt, er sei in der Vorlesung? In seinem Alter?

Ah! Ihre gute Nase hat sie nicht getäuscht, als sie, ohne so recht zu wissen warum, dieser Adèle mißtraute. Anne-Victoire hat sich sicher geirrt. Adèle muß davon geträumt haben, Victor zu heiraten; der hat seinen Schabernack mit ihr getrieben, und sie hat sich in ihrer Einfalt nicht wehren können. Kein Wunder. Schon damals im Feuillantinerinnenkloster, als sie noch klein waren, gab Dédèle, man lasse sich das auf der Zunge zergehen: Dédèle!, keine Ruhe, bis er sie endlich auf der Schaukel anschubste oder in der Schubkarre herumfuhr. Nein, unmöglich, das kann nicht Victor gewesen sein, der ... Anne-Victoire aber behauptet, einen Brief gelesen zu haben, den Adèle aus Ungeschicklichkeit – ungeschickt ist sie also auch noch! – hat fallen lassen. Einen glühenden Liebesbrief von Victor. GLÜHEND. Das ist wohl wahr: Victor ist leicht entflammbar und schreibt dann irgendeinen Unsinn. Und Anne-Victoire behauptet, Adèle sei ganz verändert, sei blaß, nervös und habe keine Appetit mehr – und obendrein ist sie also nicht einmal gesund!

Daß sie von dem Treiben der beiden – offenbar dauert das jetzt schon ein Jahr – nichts gemerkt hat, ärgert Sophie am meisten. Obwohl sie, weiß Gott, alles, was ihre Söhne und besonders Victor betrifft, aufmerksam verfolgt. Anscheinend ist Anne-Victoire, dieses Dummerchen, schlauer als sie, da sie den beiden auf die Schliche gekommen ist und das Gespräch mit ihrer Tochter gesucht hat.

Wenn sie es so recht bedenkt, ist dieser Vorstoß sehr merkwürdig. Ist es jetzt etwa üblich, daß die Eltern eines Mädchens einem Jungen die Ehe antragen? Das wäre wirklich neu. Pierre jedenfalls sah ganz verlegen aus.

Sophie war von dieser Enthüllung so verblüfft, daß ihre Reaktion eher grob ausfiel. Victor mit Adèle verheiraten? Niemals! Warum nicht? Erstens, weil Victor zu jung ist. Zweitens, weil er am Anfang einer Schriftstellerkarriere steht, die sich zwar glänzend anläßt, aber seine ganze Aufmerksamkeit und seine uneingeschränkte Freiheit erfordert. Und drittens hat er keinen Pfennig. Wie könnte dieser arme Kerl für den Unterhalt von Frau und Kindern sorgen?

Anne-Victoire – warum spricht eigentlich immer sie, während Pierre vor sich hin sieht und kein Wort sagt? –, Anne-Victoire hat sofort einen Rückzieher gemacht. Sie wünscht natürlich auch nicht, daß die beiden Kinder sofort heiraten. Aha, sie gibt also zu, daß sie noch Kinder sind ... Da sie sich aber nun einmal lieben und sich für ihren Geschmack ein wenig zu oft sehen, als daß das nicht unvorsichtig wäre – du verstehst mich doch, nicht wahr ... –, könnte man sie doch zumindest miteinander verloben. Das hätte den Vorteil, daß der Klatsch, der über Victors häufige Besuche im Viertel langsam entstanden ist, zum Schweigen gebracht werden würde.

Sophie läßt nicht mit sich reden. Von Heirat und Verlobung will sie nichts hören. Und sollte Anne-Victoire sich um die Tugend und den guten Ruf ihrer Tochter Sorgen machen, nun gut, so muß man die beiden eben trennen. Im übrigen wird sie sich Victor vornehmen, und zwar jetzt gleich.

Sie hat ihn in den Salon gerufen. Er ist ganz rot geworden, als er sah, wer zu dieser morgendlichen Stunde zu Besuch gekommen war. Und als Sophie ihm in einem Ton, der keinen Widerspruch duldete, bedeutete, daß sie ihm verbiete, Adèle mit seinen häufigen Besuchen zu belästigen, ja, sie überhaupt noch zu sehen, wich alles Blut aus seinem Gesicht, und wortlos hat er den Raum verlassen.

Und seitdem läuft sie wie eine verwundete Löwin hin und her.

In Wirklichkeit hat sie den Fouchers nicht *alles* gesagt, was sie denkt. Den Gedanken an eine Ehe zwischen Victor und Adèle hat sie vor allem deshalb so heftig zurückgewiesen, weil sie in ihrem mütterlichen Stolz für Victor etwas ganz anderes erträumt als die Tochter eines kleinen Beamten beim Kriegsgericht. Gewiß fehlt es ihr nicht an freundschaftlichen Gefühlen für Pierre. Doch zuzulassen, daß Victor seine Tochter heiratet, ist eine andere Sache. Dazwischen liegen Welten. Was? Dieses Kind, das sie so verbissen vor dem Tode gerettet hat, ihr Baby, das Fanneaus Augen hat, dessen Erwachen und Heranwachsen sie mit solcher Liebe begleitet hat, ihr Victor soll seinen jungen Ruhm an der Seite dieser dummen, kleinen Gans begraben? Kommt nicht in Frage.

Sophie ist so verstört, daß sie laut vor sich hin redet.

»Nicht, solange ich lebe!«

Die Abende verbringen sie nun nicht mehr im Hotel Toulouse, wo Adèle sich in Sehnsucht verzehrt; ihre Eltern haben ihr gesagt, daß Victor seiner Mutter gehorchen und sie nicht mehr sehen wolle. Diese Unterwürfigkeit nimmt Adèle Victor übel.

In der Rue des Petits-Augustins geht es auch nicht gerade fröhlich zu. Sophie bleibt bei dem, was sie gesagt hat, ist aber tief betrübt, mitansehen zu müssen, wie Victor seinen Seelenschmerz mit sich herumschleppt. Denn das tut er wirklich, der Dummerjan. Adèles Namen kommt ihm nie mehr über die Lippen, doch Sophie ahnt, daß das Mädchen ihm nicht aus dem Sinn will. So ermuntert sie ihn, auszugehen und sich abzulenken, sie, die sie ihre Söhne vor der Welt, ihrem Lärm und ihren Eitelkeiten immer gewarnt hat.

Mit der Zeit wird sich schon alles einrenken, sagt sie sich, und von dieser jugendlichen Idylle, die im Keim erstickt worden ist, wird bald nichts mehr übrig sein. An jungen Mädchen herrscht in Paris kein Mangel. »Victor, ist dir nicht aufgefallen, wie hübsch die kleine Lucotte wird?«

Doch das Gegenteil tritt ein. In ihrer Ungeschicklichkeit hat Sophie nicht bedacht, daß die Trennung, die sie Victor und Adèle aufgezwungen hat, eine Liebelei in eine Leidenschaft verwandelt, mit einem für beide wenig glücklichen Ende.

In diesen Tagen macht nur Eugène ein fröhliches Gesicht. Das ist ihm schon lange nicht mehr passiert.

Im Januar 1821 zieht Sophie zum letztenmal um. Abel hat sein Versprechen gehalten: Er hat eine Wohnung in der Rue de Mézières, ganz in der Nähe von Saint-Sulpice gefunden und gemietet. Sie liegt im Erdgeschoß und hat einen kleinen Garten. Dort wird er in Zukunft mit seiner Mutter und seinen Brüdern wohnen. Als Sophie vom Fenster aus Gras und Bäume sieht, ist sie außer sich vor Freude. Die Wohnung, die lange Zeit leergestanden hat, ist leider in einem recht schlechten Zustand: Die Farbe blättert ab, die ausgebleichten Tapeten kommen von den Wänden, die rissigen Decken haben sich dunkel verfärbt. Der verlassene Garten ist von Brombeergestrüpp überwuchert und ganz verwildert. Das beste wäre, ein Trupp Arbeiter würde sich Wohnung und Garten vornehmen.

»Nun gut, Kinder«, sagt Sophie, »wir sind arm und krempeln eben selbst die Ärmel auf.«

Sie kann es nicht abwarten und läßt ihre Möbel sofort

in die Rue de Mézières bringen. Es gehe mit den Arbeiten schneller voran, wenn man an Ort und Stelle sei, behauptet sie. Sie werden am Anfang irgendwie kampieren, das ist nicht weiter schlimm. Und los geht's: Sie putzen, sägen, nageln, rühren Gips an, spannen Stoffe und kleben Tapeten. Um den Garten wollen sie sich später kümmern.

Nicht zum erstenmal betätigen sich die drei jungen Leute handwerklich. Sophie, ein Kind des 18. Jahrhunderts, hat ihren *Emile* gelesen und ihre Söhne von klein auf an den Umgang mit Werkzeugen gewöhnt, damit sie alleine zurechtkämen, sollte es sie zufällig wie Robinson auf eine menschenleere Insel verschlagen.

Nach und nach wird die Wohnung heller und wirkt bald fast wie neu. Oben auf ihren Leitern haben Victor und Eugène allmählich die Decken gestrichen. Abel hat den Transport schwerer Lasten übernommen und macht Einkäufe.

Manchmal suchen sie im Stadtviertel Rat bei dem einen oder anderen der zahlreichen Handwerker; diese haben freilich für diese Frau mit ihren drei Söhnen, die sich in Tischler, Anstreicher und Tapezierer verwandeln, nur ein Lächeln übrig. So hat Victor zum Beispiel gelernt, zwei Holzstücke schwalbenschwanzförmig miteinander zu verbinden und Martinslack herzustellen, was sehr schwierig ist.

Unterdessen ist Sophie eifrig damit beschäftigt, meterlange Bahnen Barchent, den sie preisgünstig erstanden hat, gelb zu färben. Sie will damit die Wände im Salon bespannen. Da sie zu klein ist, um über den Rand des auf dem Feuer brodelnden Farbbottichs zu reichen, hat sie sich auf ein Bänkchen gestellt. Immer wieder ruft sie den einen oder anderen der Jungen zu Hilfe, denn der kochendheiße Stoff muß mit einem Stock hochgehoben und ausgebreitet werden, damit die Farbe gleichmäßig einzieht. Sophie macht das Färben Spaß. Sie hat eine kindliche Freude daran zuzuschauen, wie das Gewebe, als sei Hexerei im Spiel, seine Farbe verändert.

Zu viert kommen sie mit der Arbeit gut voran. Im Frühjahr ist die Wohnung bewohnbar.

»Und jetzt der Garten«, sagt Sophie.

Sie ist unermüdlich. Die Jungen, denen das Gärtnern weniger Spaß macht als die handwerkliche Arbeit im Haus, würden gern eine Pause einlegen. Doch Sophie macht sie darauf aufmerksam, daß man im Frühjahr die Vorbereitungen für die Sommerblumen trifft; und sie machen sich ihr zuliebe ans Werk.

Das ist ein hartes Stück Arbeit. Es gilt, das Gestrüpp abzuschneiden und das Unkraut, das eine erstaunliche Kraft entwickelt hat, herauszureißen, es muß umgegraben, geharkt, die Bäume müssen beschnitten werden.

Von den vier Amateurgärtnern ist Sophie am aktivsten. Ihre Liebe zum Garten ist so groß, und sie war so traurig, als sie keinen hatte, daß sie sich weder wie Victor beklagt, daß sie vom Umgraben Blasen in den Handflächen bekommt, noch über Kreuzschmerzen jammert wie Eugène. Mit ihren fast neunundvierzig Jahren wird Sophie wieder die Bäuerin von achtzehn, die sich in der Renaudière auf einem Beet so lange verbissen abmühte, bis es tadellos aussah.

Doch diesmal tut sie des Guten zuviel. Sie ist in Schweiß gebadet. Abel merkt plötzlich, wie abgespannt sie aussieht; Haarsträhnen kleben an ihrer verschwitzten Stirn. Er beschwört sie, für heute Schluß zu machen. Übrigens ziehen Wolken auf; gleich wird es anfangen zu regnen.

Doch Sophie wird ärgerlich und schickt ihn fort. Sie hört auf, wann *sie* will, und sie will erst, wenn sie jeweils eine Reihe purpurfarbener Dahlien und weißer Stockrosen an der großen Mauer entlang gesetzt hat. Und wenn es regnet, um so besser, das wird sie erfrischen.

Sie tut sowieso nur, was sie will, und Abel, der das weiß, geht achselzuckend weg.

Es regnet jetzt stark, und noch immer rutscht Sophie auf den Knien am Beet entlang und drückt ihre Zwiebeln in die weiche Erde. Als sie eine Stunde später ins Haus geht, ist sie tropfnaß, aber zufrieden.

»Ihr werdet sehen, wie schön meine Blumen im Herbst sind!« sagt sie und wringt sich die Haare aus.

Noch am selben Abend bekommt sie Schüttelfrost und legt sich fiebrig glühend ins Bett. In der Nacht steigt das Fieber. Der Kopf brennt. Sie ringt nach Luft, sie muß sich aufsetzen, um nicht zu ersticken. Ihre Söhne will sie nicht wecken. Sitzend wartet sie auf den Morgen. Victor findet sie halb bewußtlos, in der Hand ein rotgefärbtes Taschentuch.

Die Erkältung vom Vortag ist ihr auf die empfindliche Lunge geschlagen und hat zu einer Lungenstauung geführt. Der herbeigerufene Arzt macht ihnen wenig Hoffnung. Er verordnet einen Aderlaß, trockenes Schröpfen, Senf- und Blasenpflaster.

Die drei Jungen lösen sich bei Sophie ab, doch die Kranke wird täglich schwächer. Sie ißt fast nichts mehr und hat kaum noch die Kraft, die vom Arzt reichlich verordneten angesäuerten Getränke zu sich zu nehmen.

Am 27. Juni 1821 ist sie ruhiger und schläft ein. Eugène und Victor nutzen die Zeit, solange Sophie schläft, und ziehen sich zum Lesen in den Garten zurück. Von Zeit zu Zeit sehen sie nach der Kranken. Es ist gegen drei Uhr nachmittags. Noch immer ist Sophie nicht aufgewacht. Ihr eingeschrumpfter Kopf hinterläßt kaum einen Abdruck auf dem Kopfkissen, ihre Arme liegen brav auf dem umgeschlagenen Bettuch. Mit ihrem auf der Schulter liegenden Zopf sieht sie wie ein artiges Kind aus.

»Ich glaube, es geht ihr besser«, sagt Eugène, »seit heute mittag ist sie nicht aufgewacht.«

»Bald ist sie wieder gesund«, sagt Victor.

Er küßt seine Mutter auf die Stirn und fährt entsetzt zurück.

Ihre purpurfarbenen Dahlien wird Sophie im Herbst nicht mehr blühen sehen.

# Epilog

Nach dem Tod seiner Mutter hat Eugène sich in sein Zimmer eingeschlossen und will mit niemandem reden.

Abel und Victor haben sich um die Beerdigung gekümmert, wobei Etienne Bodin sie unterstützt hat. Gleich am folgenden Tag, dem 28. Juni, ist Sophie nach einem Gottesdienst in der Jungfrauenkapelle in Saint-Sulpice auf dem Friedhof von Vaugirard beigesetzt worden. Jahre später läßt Victor sie auf den Père-Lachaise-Friedhof überführen, wo sie unter dem Namen »Gräfin Hugo« begraben liegt.

Der General weigert sich, nachtragend wie er ist, seinen Söhnen für das Begräbnis der Frau, die er immerhin einmal seine »Sophie von Châteaubriant« genannt hatte, auch nur einen Pfennig zu geben. Drei Wochen später läßt er sich standesamtlich mit Catherine Thomas trauen, die achtzehn Jahre lang auf diesen Augenblick gewartet hat.

Genau ein Jahr nach dem Tod seiner Mutter heiratet Victor Hugo Adèle Foucher in Saint-Sulpice. Sein Hochzeitsmahl findet in eben jenem Sitzungssaal des Kriegsgerichts statt, wo Victor Fanneau de La Horie, sein »Patenonkel«, zum Tode verurteilt worden ist. Victor und Adèle werden viele Kinder bekommen und ebenso viele Unannehmlichkeiten.

Während ihres Hochzeitsmahls bekommt Eugène Hugo, vom Tod seiner Mutter sehr mitgenommen, seinen ersten Tobsuchtsanfall. Fünfzehn Jahre später – er schleppt sich in dieser Zeit von einer Irrenanstalt zur nächsten – stirbt er.

Abel heiratet eine Freundin von Adèle Foucher, die hochbegabte junge Malerin Julie Duvidal de Montferrier.

# NACHWORT

Über alle Personen, die dem erlauchten Victor Hugo nahestanden, selbst über die weniger Interessanten, ist viel geschrieben und mancher Streifen gedreht worden, eine Person freilich ist im Dunkeln geblieben: seine Mutter, Sophie Trébuchet, Gattin des Generals Hugo.

Die Biographien über den Schriftsteller erinnern meist nur flüchtig an sie. Man erwähnt sie, weil der »Großvater der Republik« schließlich eine Mutter haben mußte, immer aber gab man ihrer mütterlichen Rolle den Vorzug vor ihrer weiblichen Existenz. Dabei war das kurze Leben der Sophie Trébuchet, die siebzehn Jahre vor der Revolution in Nantes geboren wurde und während der Restauration im Alter von neunundvierzig Jahren starb, bewegt und keineswegs reizlos.

Warum dieses Schweigen? Ganz einfach, weil Sophie Trébuchets Leben der gängigen Moral des 19. und der ersten Hälfte unseres Jahrhunderts nicht entsprach. Sophie hatte nämlich einen Geliebten, an dem sie leidenschaftlich hing. Um das geschönte Bild des Nationalhelden, zu dem Victor Hugo geworden war, nicht zu trüben, hat man das Leben dieser Frau unterschlagen. Es hätte nicht so recht zu der Mutter einer solchen Geistesgröße gepaßt.

Erst 1930 hat ein Biograph, Louis Guimbaud, ihr eine Arbeit gewidmet. Es ist bis heute die einzige geblieben, und sie ist zudem in ihrer Intention begrenzt, wie man an ihrem Titel *Die Mutter von Victor Hugo* erkennen kann. Louis Guimbaud gebührt allerdings das Verdienst, als erster die Wahrheit geschrieben zu haben, wenn auch die Art und Weise, wie er seine Heldin von jeder Schuld freispricht, uns heute etwas übertrieben vorkommen mag. Ein Beispiel: »Wie schwer die Verfehlung dieser Frau auch gewesen sein mag, wir können ihr in diesem Augenblick weder unser Mitgefühl noch unsere Sympathie, ja nicht einmal unsere Bewunderung versagen.«

Victor Hugo selbst, ein verdammter Lügner, wenn es seiner eigenen Legendenbildung diente oder seinen Interessen entgegenkam, trug noch erheblich dazu bei, daß der Nebel sich verdichtete. Er dachte sich nicht nur eine adlige Abstammung väterlicherseits aus, die Edmond Biré im Jahre 1902 falsifizierte, sondern verfälschte auch die Wahrheit bezüglich seiner Mutter, besonders in den Erinnerungen, die er seiner Frau Adèle diktierte und die 1863 unter dem Titel *Victor Hugo, ein Zeitzeuge berichtet* erschienen.

Was genau wußten die Kinder über die Liaison ihrer Mutter mit Victor Fanneau de la Horie, der Victors Patenonkel war oder vielleicht auch mehr? Was wissen unsere Kinder über unser Leben? Sicherlich mehr, als wir glauben.

Als sein »Patenonkel« zusammen mit den Verschwörern des Komplotts, das Malet 1812 angezettelt hatte, hingerichtet wurde, war Victor zehn Jahre alt. Was dieses Kind von der Beziehung seiner Mutter zu La Horie verstanden, zufällig entdeckt oder erraten hat, werden wir nie erfahren. Wir können aber Vermutungen anstellen, da wir wissen, wie neugierig und frühreif er war und was er bewußt verschwieg.

Man kann die Verwirrung des kleinen Jungen erahnen: eifersüchtig auf die Mutter, wie es alle Kinder sind, hin- und hergerissen zwischen dem Bild eines abwesenden Vaters, dessen ruhmreiche Taten seiner jugendlichen Eitelkeit schmeichelten, und diesem »Patenonkel«, der im Feuillantinerinnenkloster Vaterstelle an ihm vertrat, ihm in schulischen Dingen die Richtung wies und den er in der Rolle des Hausherrn erlebte. War La Horie in Wirklichkeit Victor Hugos richtiger Vater? Ich möchte es gerne glauben.

Welche Vorsicht Sophie auch immer hat walten lassen, um ihre Gefühle für La Horie zu verbergen, man kann sich keineswegs vorstellen, daß ihre drei Söhne nicht begriffen haben, welche Bedeutung dieser für ihre Mutter hatte.

Die Biographen nach Edmond Biré und Louis Guimbaud haben die Wahrheit annähernd rekonstruiert und widersprechen, soweit es Sophie betrifft, in vielen Punkten *Victor Hugo, ein Zeitzeuge berichtet*. Unter anderem stellen sie fest, daß »meine aus der Vendee stammende Mutter, die Freundin von Madame de La Rochejacquelein« dieser wahrscheinlich nie begegnet ist; daß Léopold Hugo 1797 bei Sophies Vater nicht um ihre Hand hat anhalten können, aus dem einfachen Grund, weil dieser schon seit vierzehn Jahren tot war; daß Jean-François Trébuchet weder »Reeder« gewesen war noch »einer von diesen ehrenwerten Bürgern, die nie aus ihrer Stadt herauskommen«, sondern ein armer Kapitän auf großer Fahrt im Dienste von Reedern aus Nantes, die mit »schwarzem Elfenbein« und verschiedenen anderen Produkten handelten, was ihn öfter ans Ende der Welt führte als in seine eigene Stadt zurück. Schließlich haben sie die Wahrheit über Sophies und Léopolds miserable Ehe ans Licht gebracht sowie über Léopold, diesen »Helden mit dem so sanften Lächeln«, das eigentlich nur seinen Kindern galt.

Ferner ist festzuhalten, daß Sophie Trébuchets Biographen allesamt Männer sind. Sieht man einmal von Guimbaud und Maurois ab, so haben sie alle sich entweder mit Victor Hugo oder mit dem General Hugo identifiziert. In Sophie sahen sie die Mutter oder die schuldige Ehefrau. Das erklärt, warum sie La Hories Rolle in ihrem Leben schamhaft übergehen. Man schreibt über ihn, er sei »ein Freund der Familie« oder »ein Freund des Generals Hugo«, den sie »aus Barmherzigkeit« oder »auf Befehl ihres Ehemannes« im Feuillantinerinnenkloster versteckt habe. Selbst heute noch kenne ich Leute, die Sophie verurteilen, weil sie sich gewissermaßen stellvertretend für Léopold Hugo wie betrogene Ehemänner fühlen!

Es ist kein Zufall, über welche Frau man eine Biographie schreibt. Ich habe versucht, Sophie Trébuchets Leben zu erzählen, einmal weil es viele dunkle Stellen in dieser Geschichte gibt, die mein Interesse am Schicksal dieser Frau geweckt haben, an ihrem Mut, sich über die Tabus ihrer Zeit hinwegzusetzen. Zum anderen fiel mir auf, daß sich ein tragisches Motiv durch ihr ganzes Leben zieht, beginnend mit dem Tod der Mutter und dem Verschwinden des Vaters, über die grauenhaften Bilder der Schreckensherrschaft, die wie dunkle Schatten über ihrer Jugend lagen, bis hin zur Hinrichtung ihres Geliebten.

Und nicht zuletzt hat es mir die Widersprüchlichkeit dieser Sophie Trébuchet angetan, die Anhängerin von Voltaire und Royalistin ist, die mit den Leuten der Vendee sympathisiert, aber einen Blauen heiratet; notgedrungen sparsam, wirft sie das Geld zum Fenster hinaus für die, die sie liebt; diese rücksichtslose und zugleich sanfte Sophie, absolut treu und so geschickt in der Kunst, einen ungeliebten Ehemann zu betrügen. Ich mochte die Hartnäckigkeit, mit der sie ihren Willen durchsetzt, ihre reaktionären Anwandlungen und ihre avantgardistischen Ideen, schließlich die Kraft, die sie aus der Einsamkeit schöpft.

Ich habe also versucht, ihre Geschichte auf meine Art zu erzählen. Ich bin dabei vorgegangen wie jemand, der Vorarbeiten für einen Film, eine Reportage oder eine polizeiliche Ermittlung macht, die sich auf Vergangenes beziehen. Dies über drei Jahre. Ich bin an die Orte gefahren, wo sie gelebt hat, um die Luft zu atmen, die sie geatmet hat, und mir anzusehen, was von dem, was sie gesehen hat, übriggeblieben ist. Ich habe einen Fanneau de La Horie getroffen, einen Nachkommen des Bruders von Sophies Geliebtem, der mir Familienpapiere gezeigt hat und darunter vor allem ein Porträt seines eigenen Großvaters, der Victor Hugo sehr ähnlich sieht.

Mit meinen weiblichen Sinnen, meinem weiblichen Instinkt und meiner weiblichen Logik habe ich herauszufinden versucht, was für die Männer, die Sophies Geschichte verstehen wollten, im Dunkeln geblieben war.

Auf der Basis von genauen Fakten und Details, von überlieferten Äußerungen oder Briefstellen habe ich wie eine Detektivin meine Schlüsse gezogen und meine Informationen unter dem Einfluß der einem jeden Schriftsteller eigenen medialen Fähigkeiten ergänzt. So bin ich Tag für Tag, Monat für Monat zu Sophie Trébuchet geworden und habe ihr selbst, um sie lebendiger zu machen, das Wort erteilt.

Das Ergebnis ist dieses Buch. Es ist keine Biographie im klassischen Sinne, aber auch kein Roman.

Meine Absicht ist, die Hugo-Verehrer herauszufordern, deren wissenschaftliche Strenge der Phantasie keinen Raum läßt. Mit Sicherheit wird man an meinen Dialogen herumnörgeln und Beweise ihrer Echtheit verlangen. Dann werde ich einfach den Gegenbeweis fordern! Man wird es mir übelnehmen, daß ich behaupte, statt nur zu vermuten, besonders was Victor Hugos Abstammung betrifft. Victor Hugo, ein kümmerlicher Säugling, sah seinen beiden älteren Brüdern – beide dicke, pausbäckige Babys, Imitationen des Generals Hugo – nicht ähnlich. Victor hieß Victor nach seinem »Patenonkel«, den Sophie ausgesucht hatte, und er war immer ihr Lieblingssohn. Das genügt mir. Ich verlange nicht, daß man alle Boulevards in Frankreich, die nach Victor Hugo benannt sind, jetzt nach La Horie benennt.

Mein einziges Bestreben war, eine Geschichte zu erzählen, die ich sehr aufregend fand und die diese Sophie Trébuchet, die so verkannt wurde, vielleicht aus dem Dunkel hervortreten läßt. Der Beweis: In Nantes, ihrer Geburtsstadt, trägt nur ein kleiner, trauriger Platz ihren Namen mit ihrem Geburts- und ihrem Todesdatum. Man hat sich übrigens in letzterem geirrt: Sophie ist 1821, nicht 1819 gestorben.

*Paris, 13. Juni 1982*

# ANMERKUNGEN

Die bibliographischen, geographischen und historischen Zusätze der Autorin sind mit (A) gekennzeichnet, die Begriffserläuterungen der Übersetzerin sind mit einem (Ü) versehen.

12 *Ginganballen aus Lorient:* Gingan ist ein grober Baumwollstoff, der in Indien hergestellt wurde. In Lorient hatte die französische Ostindische Kompanie ihre Lagerhallen. (Ü)

17 *Meereseinhorn:* Im Original ist die Rede von »licorne de mer«, was wörtlich übersetzt Narwal heißt. Dessen charakteristisches Merkmal sind zwei waagrechte Stoßzähne. Da Kapitän Trébuchet Seemannsgarn spinnt, wenn er das Meeresungeheuer mit dem einen Horn des gleichnamigen christlichen Fabelwesens ausstattet, wird der Narwal seiner Erzählung hier Meereseinhorn genannt. (Ü)

19 *»Marquis von Carabas«:* Anspielung auf Charles Perraults Märchen, in dem der Müllerssohn dank der List und Tücke des *Gestiefelten Katers* zum falschen Marquis von Carabas wird. (Ü)

27 *Isle de France:* Das ist die Insel Mauritius im Indischen Ozean. (Ü)

29 *in einer mondlosen Nacht ...:* ein Vers aus Victor Hugos Gedicht *Oceano Nox.* (Ü)

37 *als Arzt auf der Isle de France ...:* wo er am 29. Prairial des Jahres IX (18. Juni 1801) heiratet. Er ist der Stammvater einer Familie, an die der Name der ehemaligen Pflanzung »Hoffnung Trébuchet« noch erinnert. (A)

43 *Ach Mama, soll ich ...:* Ah, vous dirai-je, maman ... Il pleut, il pleut, bergère ... Malbrough s'en va-t'en guerre ...

*den jungen Trommlern ...:* Anspielung auf das Lied *Trois Jeunes Tambours.* (Ü)

*Mais que fait la beauté*
*A mon cœur attristé*

*Quand des pleurs, je lis*
*Aux yeux d'Amaryllis ...*

49 *»Es gärt überall ...«:* Pierre Foucher: Souvenirs, Plon 1929, p. XVII. (A)

52 *Taille:* von den Leibeigenen beziehungsweise Nichtadligen zu zahlende Steuer. (Ü)

53 *»Alle Menschen sind gleich ...«:* Mellinet: Histoire de la commune de Nantes, t. VI. (A)

57 *eine Menge Schaulustiger ...:* Zeugnis von Marat, zitiert nach Frantz Funck-Brentano: Légendes et Archives de la Bastille, Hachette 1898, p. 265: »Ich lehnte am äußersten Ende der Absperrung, die in Richtung Bastille den Garten, der sich längs der Anlage von Beaumarchais erstreckt, abtrennt. Neben mir stand Mademoiselle Contat von der Comédie-Française; wir blieben bis zum Ende ...« (A)

*zwei Verrückte:* In der damaligen Zeit entledigte man sich der Geistesgestörten, indem man sie – oft auf Wunsch der Angehörigen – ins Gefängnis steckte. (A)

66 *Assignaten:* Papiergeld der ersten französischen Republik. (Ü)

68 *Bocage:* Landschaftstyp im Nordwesten Frankreichs, mit schachbrettartig angelegten kleinen Feldern, die durch Hecken und Baumreihen begrenzt sind. Zentrum des Aufstandes in der Vendee. (Ü)

73 *der Uhrmacher Bologniel ... eine herrliche Sammlung alter Uhren zusammenklaut:* Als dem Komitee der Prozeß gemacht wird, muß seine Frau sie zurückgeben. Archives de la Loire Inférieure, L. 201. (A)

83 *... hat gegen diese Idee [des »chemischen Mittels«] nichts einzuwenden:* die hundertfünfzig Jahre später in den Lagern der Nazis verwirklicht werden wird. (A)

84 *Sansculottiden:* Sansculotte war während der Französischen Revolution ein Spottname für die Revolutionäre. Mit Sansculottiden sind ihre aus Sophie Trébuchets Sicht abwegigen Ideen gemeint. (Ü)

97 *Ein wenig Saint-Preux ...:* Saint-Preux und Julie sowie Des Grieux und Manon sind zwei berühmte Liebespaare, ersteres aus dem Roman *Die Neue Heloise* von Jean-Jacques Rousseau, letzteres aus dem Roman *Manon Lescaut* von Antoine-François Prévost d'Exiles. (Ü)

100 *Ihre Stimmungen tanzen wie Schrotkugeln im Wald ...* Anspielung auf die Schießereien der mit Schrotflinten bewaffneten Vendeer in den Wäldern um Châteaubriant. (Ü)

102 *Chouans:* die königstreuen Gegner der französischen Revolution in der Bretagne. (Ü)

105 *»Das Veilchen verdoppelt, verdoppelt sich ...«:* La violette double, doublera ...

117 *Tu l'as connu, ma chère Eléonore*
*Ce doux plaisir, ce péche si charmant*
*Que tu craignais même en le désirant ...*

118 *Hic jacet, le major de notre bataillon*
*Universel rieur, il mourut de trop rire;*
*Gai jusque sur le Styx, il fit rire Pluton*
*Oh! Pour le coup, tes morts vont aimer leur empire!*

119 *Obskurantismus:* Bestreben, die Menschen absichtlich in Unwissenheit zu halten, ihr selbständiges Denken zu verhindern und sie an Übernatürliches glauben zu lassen. (Ü)

125 *Gipüre:* mit gedrehter Seide übersponnene Spitze, erhabene Stickerei. (Ü)

126 *des Gemeindehauses ...:* Das ehemalige Rathaus von Paris wurde während der Revolution Gemeindehaus genannt. Während der Commune wurde es in Brand gesteckt und völlig zerstört. Das heutige Rathaus erbaute man von 1873 bis 1883 an dieser Stelle. (A)

131 *als »einen Schurken beschrieb ...«:* Auszug aus einem Brief, den Hugo an Muscar schrieb. Zitiert nach Louis Guimbaud: La mère de Victor Hugo, Plon 1930. (A)

135 *die Übersetzung eines bretonischen Liedes:* Das man später in ihren Papieren findet. (A)
*Ecoute, jeune fille, fais ce que dois et fais-le bien:*
*J'ai vu dans une prairie une jeune cavale joyeuse,*
*Elle ne songeait qu'à s'ébattre,*
*Qu'a paître l'herbe verte et s'abreuver au ruisseau.*
*Fais ce que dois, jeune fille et fais-le bien!*
*Mais un jeune cavalier a passé,*
*Si beau, si bien fait, si vif, les habits brillants d'or et d'argent*
*Et la cavale en le voyant est restée immobile d'étonnement,*

*Elle s'est approchée, elle a allongé le cou à la barrière,*
*Et le cavalier l'a caressée et il a approché sa tête de la sienne,*
*Et puis après il l'a baisée et puis il l'a bridée et puis il l'a sanglée*
*Ah, jeune fille, fais ce que dois, ne fais que ce que tu dois et fais-le bien.*

136 *an den Reiher aus der Fabel ...:* Es handelt sich um die Fabel von La Fontaine: *Der Reiher.* (Ü)

139 *Hotel Aux Enfants de Bretagne in der Rue Taranne:* unweit des bekannten Café-Restaurants Lipp. (A)

142 *Paletotmarder:* Diebe, die auf das Stehlen von Mänteln spezialisiert waren. (Ü)

147 *»Königin der Merveilleuses«:* Als Merveilleuse bezeichnete man zur Zeit des Direktoriums eine Modedame. (Ü)

*»Unsere Liebe Frau des Thermidor«:* Der Thermidor bezeichnet den 11. Monat des Revolutionskalenders, in dem 1794 Robespierre gestürzt wurde. Unter Térézias Einfluß spielte ihr Mann, der Politiker Jean Lambert Tallien, bei der Entmachtung Robespierres eine wesentliche Rolle. (Ü)

154 *Pantagruel:* Inbegriff des Genußmenschen, Sohn des Gargantua, Hauptperson in Rabelais' *Gargantua und Pantagruel.* (Ü)

*Boulevard de Coblence:* Spottname für den Boulevard des Italiens, auf dem die jungen Royalisten promenierten, die aus der Emigration zurückgekehrt waren. (A)

*Jeunesse dorée:* aus dem Großbürgertum stammende junge Leute, die nach der Schreckensherrschaft durch ihre Haltung und Kleidung den Ton angaben. (Ü)

155 *Inc'oyables:* Zur Zeit des Direktoriums wurden Modenarren mit affektierter Aussprache »les incroyables« (wörtlich übersetzt: die Unglaublichen) genannt. (Ü)

156 *L'orchestre enfin soupire une molle cadence*
*On attendait la valse et la valse commence.*

158 *Au sein de Rose*
*Heureux bouton tu vas mourir*
*Moi, si j'étais bouton de rose*
*Je ne mourrais que de plaisir*
*Au sein de Rose.*

169 *Tivoli-Garten:* Dieser Garten lag dort, wo heute die Rue de Clichy und die Rue Saint-Lazare sich kreuzen. (A)
*Mouceaux-Garten:* So hieß früher der Monceau-Park. (A)
171 *Galone:* Tresse, Borte oder Litze, die als Schmuck an Livreen, Uniformen und Abendanzügen verwendet wird. (Ü)
178 *... wie die Syphilis über den niederen Klerus:* eine Redensart, die in Nantes üblich war, wie die Autorin am Ende des Romans erläutert. (Ü)
186 *Dolman:* mit Schnüren besetzte Jacke der Husaren. (Ü)
189 *»Aus Klosterwald in Schwaben ...«:* Brief zitiert nach Louis Barthou: Le Général Hugo, Librairie Hachette 1926. (A)
Ebenda auch die folgenden Briefe. (A)
199 *Stanislaus Leszczynski:* König von Polen, dessen Tochter Maria 1725 die Gemahlin von Ludwig XV. wurde und der 1766 in Nancy starb. (Ü)
200 *Brumaire:* »Nebelmonat«, zweiter Monat im französischen Revolutionskalender. Am 18. Brumaire (9. November 1799) wurde Napoleon nach einem Staatsstreich zum Ersten Konsul. (Ü)
*»bourgeois gentilshommes«:* Nach Molières Theaterstück *Le Bourgeois gentilhomme,* auf deutsch *Der Bürger als Edelmann.* (Ü)
201 *»Sardanapal«:* legendärer assyrischer König, Inbegriff des Lüstlings. (Ü)
202 *Ossian:* James Macpherson veröffentlichte 1760 die *Fragments of ancient poetry* und gab sie als alte gälische Lieder des blinden Helden und Sängers Ossian aus dem 3. Jahrhundert aus, die er angeblich gefunden und übersetzt hatte. Beeinflußte damit die gesamte europäische Literatur. (Ü)
210 *Und schon ist es zu spät ...:* Im Jahre 1821 wird Léopold Hugo seinem Sohn schreiben: »Zwar nicht auf dem Pindus, wohl aber auf einer der höchsten Spitzen der Vogesen auf einer Reise von Lunéville nach Besançon gezeugt, scheinst du die Nachwirkungen dieses nahezu ätherischen Ursprungs zu spüren.« Diese Enthüllung schmeichelte Victor Hugo in seiner notorischen Megalomanie. (A)
211 *»Lieber Bürger General ...«:* Brief vom 24. Januar 1802,

zitiert nach Victor Hugo, raconté par un témoin de sa vie, T. 1 et 2, Librairie internationale 1863. (A)

214 *Léopold Hugo an ...:* Brief zitiert nach Victor Hugo, raconté par un témoin de sa vie, a. a. O. (A)

*den 14. Ventôse im Jahr X:* 5. März 1802. (A)

219 *Pomona:* altitalienische Gottheit der Baumfrüchte. (Ü)

220 *Spartiaten:* in Sparta wohnende Herrenschicht, die ihre Söhne in strenger staatlicher Zucht zu Kriegstüchtigkeit und Gehorsam erzog. Zur Zeit Napoleons die Militärs, die sich den Idealen der Revolution und der Republik verpflichtet fühlten. (Ü)

225 *»Semper, in praelio ...«:* Sallust: Werke und Schriften, Lateinisch-Deutsch, hrsg. u. übers. von Wilhelm Schöne, unter Mitwirkung von Werner Eisenhut, Heimeran Verlag, München 1975, S. 111. (Ü)

226 *der Gestutzte:* Napoleon erhielt von seinen Soldaten den Spitznamen *Le petit Tondu,* auf deutsch *Der kleine Gestutzte.* (Ü)

*des Attentats in der Rue Saint-Nicaise ...:* Am 24. Dezember 1800 ging hier eine »Höllenmaschine« in die Luft, als der Erste Konsul auf dem Weg in die Oper vorüberkam. (A)

228 *Rue Neuve-des-Petits-Champs Nr. 76:* heute Rue Danielle-Casanova Nr. 22. Im Hotel Nantes starb Stendhal am 23. März 1842. (A)

*haben die Abwesenden recht ...:* in Abwandlung des französischen Sprichwortes: Les absents ont toujours tort, auf deutsch: Die Abwesenden haben immer unrecht. (Ü)

231 *»Mamelucken«:* Söldner islamischer Herrscher. (Ü)

*Freimaurerlogen:* La Horie war Mitglied der Société des Philadelphes. (A)

242 *»Ségliù mi latù ...«:* Ich will meine Milch ... gib mir einen Kuß ... gib mir einen Kuchen ... oder ... ich will nicht ins Bett geben. (A)

*»Cattivù«:* böser Junge. (A)

243 *»Passegiata«:* Spaziergang, Promenade. (Ü)

255 *Rue de Clichy:* dort, wo heute der Square de la Trinité ist. (A)

259 Rue du Mont-Blanc: heute Rue de la Chaussée-d'Antin. (A)

264 *NABOT A PEUR:* Zwerg hat Angst. Zitiert in Jean-François Chiappe: Georges Cadoudal ou la Liberté, Librairie académique Perrin. (A)

265 *»Nun ja, meine liebe Freundin ...«:* Bastia, den 29. Prairial im Jahre XII (18. Juni 1804). (A)

270 *»Monsieur de Courlandais«:* Eine Information, die von Herrn François-Xavier Fanneau de la Horie stammt. (A)

272 *»Täglich habe ich hier ...«:* Bastia, den 25. Pluviôse im Jahre XIII (15. Februar 1805). (A)

273 *»In meinem Alter ...«:* 22. Prairial im Jahre XIII (11. Juni 1805). (A)

275 *»Nachdem Sie sehr lange ...«:* September 1805 (A)

278 *Genoveva von Brabant:* Figur aus *La Legende dorée* von Jacques de Voragine (18. Jahrhundert). (A)

279 *Hotel Toulouse:* Dieses befand sich Ecke Rue du Regard und Rue du Cherche-Midi. (A)

282 *Bruder des Generals:* Damit ist Louis Suchet (1770–1826) gemeint, dem Napoleon viele Siege verdankte. (Ü)

283 *›Dieser Palast ...‹:* Jean de La Bruyère: Caractères, VI. La Bruyère (1645–1696), französischer Schriftsteller. (Ü)

286 *Fra Diavolo:* Michel Pezza, genannt Fra Diavolo, berühmter kalabrischer Brigant, Anführer einer Partisanenarmee, die im Sold der Königin Marie-Caroline von Neapel stand. (A)

289 *»Meinen Legionärssold verbrauche ich ...«:* Neapel, 11. März 1806. (A)

298 *Soldatenkind:* Es wurde auf Kompanie- oder Staatskosten zum Soldaten erzogen. (Ü)

309 *Mühle:* Bei diesem Spiel kommt es darauf an, mit einem Geldstück ein anderes aus einem Kreis hinauszuwerfen. (Ü)

316 *»Rot ward schon ...«:* Vergil: Äneis, hrsg. u. übers. v. Johannes Göttle, Ernst Heimeran Verlag, Bamberg 1965, Siebtes Buch, S. 237. (Ü)

319 *Kavalkade:* Spazierritt mehrerer Personen, (prächtiger) Aufzug zu Pferde. (Ü)

322 *»Nach einer mehr als sechsjährigen Verbannung ...«:* Brief zitiert nach Louis Le Barbier: Le Général de La Horie, Durjarric et Cie 1904. (A)

342 *Paumespieler:* Das Paumespiel ist ein dem Tennis verwandtes, altes französisches Ballspiel. (Ü)

344 *mayoral:* eine Art Postkutscher, der für die Dauer der Reise die Verantwortung für den Wagen trägt. (A)

345 *der junge Oberst Lefèbvre:* François Lefèbvre (1755–1820), Herzog von Danzig und Marschall von Frankreich. (Ü)

*Auditoren:* Personen, die ein Eingangsamt im Staatsrat bekleideten. (Ü)

354 *»Napoladron«:* Napo-larron, ein Wortspiel mit Napoleon und Spitzbube. (A)

*Operment:* arsenhaltiges Schwefelgemisch, das man als Insektenvertilgungsmittel verwandte. (A)

356 *die Truppen des Empecinado:* oder El Pacinado (der Pechschwarze), der berühmte Anführer der gegen die Franzosen rebellierenden Guerilleros. (A)

359 *Madrid, den 11. Juli 1811 ...:* Brief zitiert nach: Louis Guimbaud: La mère de Victor Hugo, Librairie Plon 1930. (A)

375 *BOUTON DE ROSE*
*Tu seras plus heureux que moi*
*Car je te destine à ma Rose*
*Et ma rose est ainsi que toi*
*Bouton de rose ...*

377 *Tiara:* dreifache Krone des Papstes. (Ü)

379 *Prinzessin von Lamballe:* Jede Frau, die durch diese Rue des Ballets geht, die in Rue Mahler umbenannt worden ist, überkommt heute noch ein unerklärliches, aber unvermeidliches Unwohlsein. (A)

381 *Tartarin:* Populär gewordene Gestalt aus einer Romantrilogie von Alphonse Daudet: *Tartarin de Tarascon* (1872), *Tartarin sur les Alpes* (1885) und *Port Tarascon* (1890). Umgangssprachlich die Bezeichnung für einen Prahlhans, der sich mit erfundenen Heldentaten brüstet. (Ü)

385 *zwei ehemalige Gesetzgeber:* Mitglieder der gesetzgebenden Körperschaft, von der Verfassung des Jahres VIII (1799) eingerichtet. (Ü)

386 *ein ehemaliger Tribun:* Mitglied des Tribunals, einer politischen Körperschaft, ebenfalls unter der Verfassung des Jahres VII eingerichtet, die bei Gesetzesvorhaben mitwirkte. (Ü)

388 »Wenn ich also umstellt bin ...«: Sallust, a. a. O., S. 53. (Ü) *»Wir aber, wir wollen ...«:* Sallust, a. a. O., S. 55. Hier sprechen Boten im Auftrag Gaius Manlius zu Marcius Rex. (Ü)

392 *»... Die Revolution ist erledigt.«:* Chateaubriand fügt hinzu: »Napoleon wurde so geliebt, daß Paris für einige Augenblicke im Freudentaumel war, ausgenommen die führenden Männer, die auf so groteske Weise verhaftet worden waren.« Mémoires d'outre-tombe, livre 22, chap. 1. (A)

395 *die Polizei in Fanneau-Reyniers Wohnung ...:* Archiv des Polizeipräsidiums, Akte A 320. (A)

399 *Der große Saal des Kriegsgerichts ...:* wo zehn Jahre später Victor Hugos und Adèle Fouchers Hochzeitsmahl stattfinden sollte. (A)

403 *drei Gruppen längs der Mauer ...:* heute die Métrostation Dupleix. (A)

404 *Friedhof von Vaugirard:* Heute befindet sich dort das Buffon-Gymnasium. (A)

413 *Rue de Vieilles-Thuileries:* heute die Rue du Cherche-Midi Nr. 44. (A).

415 *Madame, en ce jour si beau*
*Qui nous annonce un an nouveau*
*Je vous souhaite de bonnes années*
*Des jours de soie et d'or filés,*
*Et surtout en votre vieillesse*
*De bons enfants et des richesses.*
*Ainsi, Madame, pour en finir*
*C'est avec bien du plaisir*
*Que je vous présente en ce jour*
*Et mon hommage et mon amour.*

418 *das Büchlein von Tacitus ...:* heute in einer Vitrine im Victor-Hugo-Museum an der Place des Vosges zu sehen. (A)

420 *»Paris, den 18. Juni 1814 ...«:* Brief aus der Sammlung Louis Barthou, der in der Einleitung von Pierre Foucher: Souvenirs, Plon 1929 zitiert wird. (A)

424 *Rue Sainte-Catherine-Saint-Germain:* heute ungefähr dort, wo in Saint-Germain-des-Prés die Rue Gozlin in die Rue de Rennes mündet. (A)

428 *A MAMAN, POUR LE JOUR DE SA FÊTE: SAINTE-SOPHIE*
*Chère et bonne maman, toi qui dès mon enfance*
*M'élevas, me nourris*
*Accepte ce tribut de la reconnaissance*
*Que t'offre un de tes fils.*
*C'est en vain que le soir, le malheur qui m'oppresse*
*M'ôte la liberté*
*Je vais faire éclater la joie et la tendresse,*
*De ce cœur enchanté*
*Que ne te dois-je point? O mère tant chérie,*
*Tu me donnas le jour*
*Me nourris de ton lait et je ne dois la vie*
*Qu'à ton prudent amour,*
*Lorsque je me retrace avec reconnaissance*
*Le prix de tes bienfaits,*
*Je t'admire et ne peux t'offrir en récompense*
*Que de tendres souhaits.*

429 *Pair:* Mitglied des französischen Hochadels. (Ü)

432 *Rue Jakob:* heute Rue Bonaparte. (A)

436 *Blumenspiele in Toulouse:* franz. »Jeux floraux«, ein alljährlich stattfindender Dichterwettstreit. (Ü)

447 *»Wie schwer die Verfehlung ...«:* Louis Guimbaud: La mère de Victor Hugo, a. a. O., S. 208. (A)
*Edmond Biré:* ders.: Victor Hugo, avant 1830, Librairie Académique, Didier, Perrin et Cie 1902. (A)
*Victor Hugo, ein Zeitzeuge berichtet:* Victor Hugo, raconté par un témoin de sa vie, t. 1 et 2, Librairie Internationale 1863. (A)

# BIBLIOGRAPHIE


D'ALMERAS, Michel: *La Vie parisienne sous la Révolution et le Directoire,* Albin Michel.

– *La Vie parisienne sous le Consulat et l'Empire,* Albin Michel.

– *La Vie parisienne sous la Restauration,* Albin Michel.

BARRAS: *Mémoires,* Ed. littéraires et artistiques.

BARTHOU, Louis: *Le Général Hugo,* Librairie Hachette, 1926.

BENOIT-LÈVY, E.: *La Jeunesse de Victor Hugo,* Albin Michel, 1926.

BIRÉ, Edmond: *Victor Hugo, avant 1830,* Librairie Académique, Didier, Perrin et Cie, 1902.

CHIAPPE, Jean-François: *Georges Cadoudal ou la Liberté,* Librairie académique Perrin.

FARGE, Arlette: *Vivre dans la rue à Paris au XVIII^e^ siècle,* Archives Gallimard-Julliard.

FLOTTES, Pierre: *L'Eveil de Victor Hugo,* Gallimard, 1957.

FOUCHER, Pierre: *Souvenirs* (1772–1845), Plon, 1929.

FOUQUET, Mme.: *Recueil des remèdes faciles et domestiques.* Lyon – Jacques Certe – 1757.

FUNCK-BRENTANO, Frantz: *Légendes et Archives de la Bastille,* Hachette, 1898.

GABORY, Emile: *Le Voyage à Paris des 132 Nantais,* Librairie académique Perrin, 1933.

– *Le Pays nantais,* J. de Gigord.

GODECHOT, Jacques: *La Vie quotidienne en France sous le Directoire,* Hachette.

GOUDE, abbé Ch.: *Histoire de Châteaubriant, baronnie, ville et paroisse,* 1870, Laffitte, reprint 1980.

GUIMBAUD, Louis: *La Mère de Victor Hugo,* Plon, 1930.

*Mémoires* du General HUGO, Exelsior, 1934.

JOUHAUD, Pierre: *Paris dans le XIX^e^ siècle,* J. G. Dentu, 1809.

JUIN, Hubert: *Victor Hugo (1802–1843),* Flammarion.

LE BARBIER, Louis: *Le Général de La Horie,* Dujarric et Cie, 1904.

MADELIN, Louis: *La France de l'Empire,* Flammarion.

MAUROIS, André: *Olympio ou la vie de Victor Hugo,* Hachette.

MELCHIOR-BONNET, Bernardine: *La Conspiration du général Malet,* Del Duca.

MERCIER, Louis-Sébastien: *Le Tableau de Paris,* François Maspero.
REICHARD, Henri Auguste Ottocar: *Guide des voyageurs en France,* édition de Weimar de 1810, reprint 1970, Ed. Les Yeux ouverts.
ROBIQUET, Jean: *La Vie quotidienne au temps de Napoléon,* Hachette.
SAINT PIERRE, Michel de: *Monsieur de Charette,* La Table Ronde.
VENZAC, Géraud: *Les Origines religieuses de Victor Hugo,* Bloud et Gay.
– *Les Premiers Maîtres de Victor Hugo,* Bloud et Gay.
*Victor Hugo, raconté par un témoin de sa vie,* t. 1 et 2, Librairie internationale, 1863.
WISMES, Armel de: *Nantes et le pays nantais,* France-Empire.
WISMES, Gaëtan de: *Les Le Loup de la Biliais,* Imprimerie Lafolye à Vannes, 1893.
YOUNG, Arthur: *Voyages en France,* Armand Colin.

Ganz herzlich danke ich für ihre Hilfe:

Herrn François Xavier Fanneau de la Horie, der mir Einblick in die Dokumente seines Vorfahren gewährte.

Herrn Baron Armel de Wismes, Historiker und Romancier, wandelndes Gedächtnis der vergangenen Jahrhunderte in Nantes.

Herrn Xavier Lalloz, der mir den Zutritt zu Garten und Schloß von Saint-Just ermöglicht hat.

Dem Pfarrer von Petit-Auverné, der mir die Tür zur Renaudière öffnete.

Frau Luce Courville von der Stadtbibliothek Nantes.

Frau Noëlle Ménard von der Gemeindebücherei Châteaubriant, die mir das *echte* Haus von Tante Robin und Sophie Trébuchet gezeigt hat.

Und Jean-François Chiappe, den ich oft genug aufgestört habe, damit er meine Bildungslücken schließt.